Dr. Jean-Claude Zerey [Hrsg.]

Zweckgesellschaften

Rechtshandbuch

Philip Basler-Gretić, Rechtsanwalt, Luxemburg | **Danièle Buchler**, Rechtsanwältin, Luxemburg | **Dr. Kurt Dittrich**, Rechtsanwalt, Frankfurt am Main | **Dr. Florian Drinhausen**, Rechtsanwalt, Frankfurt am Main | **Vladimir Gryshchenko**, Düsseldorf | **Dr. Marcus Helios**, Rechtsanwalt, Düsseldorf | **Dr. Volker Kammel**, Rechtsanwalt, Frankfurt am Main | **Nicki Kayser**, Rechtsanwalt, Luxemburg | **Dr. Martin Krause**, Rechtsanwalt, Frankfurt am Main | **Tobias Kröger**, Steuerberater, Düsseldorf | **Ulrich Lotz**, Wirtschaftsprüfer, Steuerberater, Certified Public Accountant, Düsseldorf | **Laurent Schummer**, Rechtsanwalt, Luxemburg | **Anke Sonnenburg**, Unterschleissheim | **Hiltrud Thelen-Pischke**, Frankfurt am Main | **Dr. Jörg Wulfken**, Rechtsanwalt, Frankfurt am Main | **Dr. Jean-Claude Zerey**, Rechtsanwalt, Frankfurt am Main

Nomos

Die Deutsche Nationalbibliothek verzeichnet diese Publikation in der Deutschen Nationalbibliografie; detaillierte bibliografische Daten sind im Internet über http://dnb.d-nb.de abrufbar.

ISBN 978-3-8329-6602-7

1. Auflage 2013

Vorwort

Die Bedeutung der Zweckgesellschaften für die Wirtschaft vor der Finanzkrise von 2007, aber auch danach – wenn man die sogenannten „Abbaubanken" als eine besondere Form von Zweckgesellschaften betrachtet – steht in umgekehrtem Verhältnis zum Umfang und zur Tiefe der bisherigen juristischen Fachliteratur zu Zweckgesellschaften. Die wenigen juristischen Abhandlungen konzentrieren sich vor allem auf die bilanzrechtlichen Aspekte der Zweckgesellschaften. Dieses Rechtshandbuch schließt die vorhandenen Lücken, indem es die Zweckgesellschaft – dieses vielfältige Konstrukt der Praxis – aus unterschiedlichen Blickwinkeln (Aufsichts-, Bilanz-, Insolvenz-, Gesellschafts- und Steuerrecht) beleuchtet. Auch die Zweckgesellschaft nach Luxemburger Recht wird vorgestellt.

Frankfurt/M., August 2012 Jean-Claude Zerey

Inhaltsverzeichnis

Autorenverzeichnis

Philip Basler-Gretić, Avocat à la Cour (Rechtsanwalt) in Luxemburg, seit Oktober 2011 Managing Associate bei Linklaters LLP in Luxemburg. Er studierte Rechtswissenschaften in Straßburg, Frankreich und absolvierte einen Postdiplomstudiengang im Europarecht in Saarbrücken. Der Schwerpunkt seiner Tätigkeit liegt insbesondere im Bereich des Handels- und Gesellschaftsrechts, M&A, Private Equity, Um- und Restrukturierungen von Gesellschaften und Insolvenzrecht.

Danièle Buchler, Avocat à la Cour (Rechtsanwältin) in Luxemburg, ist seit Oktober 2009 Associate bei Linklaters LLP in Luxemburg. Sie studierte Jura in Paris, Frankreich und absolvierte einen LL.M.-Studiengang in internationalem Finanzrecht in London, Großbritannien. Der Schwerpunkt ihrer Tätigkeit liegt insbesondere im Bereich des Steuer- und Gesellschaftsrechts.

Dr. Kurt Dittrich, Rechtsanwalt Frankfurt/M., ist seit 2002 Partner im Bereich Strukturierte Finanzierung/Kapitalmarktrecht bei Linklaters LLP, Frankfurt und leitet das deutsche Verbriefungsteam. Von 2000 bis 2001 war er als Rechtsanwalt bei der Commerzbank Aktiengesellschaft, Frankfurt tätig. Nach Absolvierung seiner Berufsexamina arbeitete er als Rechtsanwalt bei Freshfields Bruckhaus Deringer, Frankfurt. 1996 wechselte er als Rechtsanwalt im Bereich Kapitalmarktrecht zu Oppenhoff & Rädler, Frankfurt und promovierte 1997. Er ist spezialisiert auf die Beratung zu strukturierten Kapitalmarktprodukten, insbesondere True Sale-Term- und Conduit-Transaktionen, synthetischen Verbriefungen, Derivaten und NPL-Finanzierungen. Im Bereich des Bank- und Kapitalmarktrechts hat er bereits zahlreiche Artikel publiziert.

Dr. Florian Drinhausen, Doktor der Rechtswissenschaften Universität Köln und Master of Laws at King's College in London ist seit 2001 für Linklaters LLP, zuerst als Junior Partner und seit 2004 als Partner im Bereich Gesellschaftsrecht und M&A tätig. Er berät namhafte DAX-und MDAX-Unternehmen in allen Fragen des Gesellschaftsrechts. Herr Drinhausen ist Autor zahlreicher Veröffentlichungen, Mitherausgeber der Zeitschrift BOARD sowie Lehrbeauftragter der Hochschule Fresenius und der Frankfurt School of Finance & Management.

Vladimir Gryshchenko, Dipl.-Volksw., arbeitet nach seinem Studium der Volkswirtschaftslehre in Freiburg seit 2010 im Bereich Securitisation Services bei Deloitte in Düsseldorf. Ein wesentlicher Schwerpunkt im Rahmen seiner Tätigkeit ist die bilanzielle Behandlung von strukturierten Finanzierungen insbesondere Verbriefungen nach HGB, IFRS und US-GAAP. Darüber hinaus umfasst sein Aufgabenfeld die Durchführung von Portfolioanalysen, Prüfungen im Hinblick auf Portfolioselektion und -servicing sowie Verifikationen von Verlusten im Rahmen der strukturierten Finanztransaktionen.

Dr. Marcus Helios, Rechtsanwalt, Steuerberater, ist nach Tätigkeiten für Hengeler Müller und Flick Gocke Schaumburg seit 2010 als Partner im Bereich Financial Services Tax der KPMG AG Wirtschaftsprüfungsgesellschaft in Frankfurt/M. und Düsseldorf tätig. Er ist Autor mehrerer Fachbücher und einer Vielzahl von Fachpublikationen sowie Mitherausgeber der Fachzeitschrift „Recht der Finanzinstrumente". Der Schwerpunkt seiner Tätigkeit liegt in der steuerlichen Beratung von Banken, Finanzdienstleistern, Immobilienfonds, Private Equity Fonds sowie national und international tätiger Konzerne in den Bereichen M&A, Umstrukturierung, Finanzierung, Finanzinstrumente sowie Produktentwicklung.

Dr. Volker Kammel ist Rechtsanwalt und seit 2003 Partner der Rechtsanwaltskanzlei Jones Day in Frankfurt/M. Von 1994 bis 2003 war er bei einer anderen Großkanzlei in Frankfurt tätig. Schwerpunkte seiner Tätigkeit sind die Sanierung und Refinanzierung von Unternehmen, die Beratung bei M & A-Transaktionen mit Krisenunternehmen und die Vertretung der Beteiligten in Insolvenzverfahren, häufig mit grenzüberschreitendem Bezug.

Nicki Kayser, LL.M. (Cantab.), ist Avocat à la Cour (Rechtsanwalt) in Luxemburg und Partner bei Linklaters LLP. Er ist im Bereich Bankrecht (Finanzierungen und Sicherheiten) und im Kapitalmarktrecht tätig, insbesondere im Bereich Debt Capital Markets. Er hat besondere Erfahrung im Bereich Verbriefungen, Fiduciary-Strukturen sowie hinsichtlich aller Arten von Schuldverschreibungen.

Dr. Martin Krause, Dipl.-Kfm., Rechtsanwalt, Steuerberater, Frankfurt am Main ist seit 2008 Partner im Frankfurter Büro der internationalen Anwaltssozietät Norton Rose LLP. Zuvor war er sechs Jahre lang Partner einer anderen Sozietät. Er arbeitet seit 1996 auf dem Gebiet des Asset Management. Sein Fokus richtet sich auf die Beratung von Finanzdienstleistern in regulatorischen Gestaltungs- und Dokumentationsfragen. Insbesondere berät er Asset Manager, Kredit- und Finanzdienstleistungsinstitute, versicherungsregulierte und andere institutionelle Investoren. Seine Kerngebiete sind UCITS, AIFM, MiFID, PRIPs, Solvency II, CRD sowie im nationalen Recht InvG, KWG, WpHG, VAG und AnlV.

Tobias Kröger, Dipl.-Kfm., Steuerberater, ist seit 2011 als Manager im Bereich Financial Services Tax der KPMG AG Wirtschaftsprüfungsgesellschaft in Düsseldorf tätig. Davor war er im Bereich Asset Management – Real Estate Tax bei PwC in Berlin tätig. Der Schwerpunkt seiner Tätigkeit liegt in der steuerlichen Beratung von Banken, Finanzdienstleistern, Immobilienfonds, Private Equity Fonds sowie national und international tätiger Konzerne in den Bereichen M&A, Umstrukturierung, Finanzierung, Finanzinstrumente sowie Produktentwicklung.

Ulrich Lotz, Dipl.-Ök., WP/StB/CPA, ist Partner bei Deloitte in Düsseldorf und leitet seit 2001 den Bereich Securitisation Services. Seine Tätigkeitsschwerpunkte liegen in der Prüfung und Beratung von Kreditinstituten, vor allem im Hinblick auf Verbriefungen und andere strukturierte Finanztransaktionen. Er befasst sich insbesondere mit der aufsichtsrechtlichen und bilanziellen Behandlung sowie dem Monitoring der Transaktionen.

Laurent Schummer, LL.M. (University of Chicago) ist Avocat à la Cour (Rechtsanwalt) und Partner bei Linklaters LLP. Neben allgemeinem Gesellschaftsrecht, M & A-Transaktionen, Joint Ventures und Konzernumstrukturierungen bearbeitet er auch Übernahmen, Aktienemissionen und Börsenzulassungen.

Anke Sonnenburg, Diplom-Anglistin Wirtschaftswissenschaften, Recht, Justus Liebig Universität, Giessen; University of Hertfordshire, England verantwortet seit 2009 als Managing Director den Bereich Corporate Development bei der pbb Deutsche Pfandbriefbank AG, München, in dem auch komplexe Restrukturierungsaufgaben sowie die Steuerung des strategischen Projektportfolios angesiedelt sind. Bis 2009 leitete sie den Bereich Business Steering Commercial Real Estate Origination und das European Business Development bei der Hypo Real Estate Holding AG, in München und London. Von 2004 bis 2006 betreute sie als Senior Manager im Bereich Debt Capital Markets der Eurohypo AG strategische M&A-Projekte, Joint Ventures und großvolumige NPL/SPL Portfoliotransaktionen. 1999 bis 2004 war sie in Vertrieb und Risikomanagement verantwortlich für die Vergabe bzw Votierung von internationalen gewerblichen Immobiliendarlehen.

Hiltrud Thelen-Pischke, Dipl.-Volksw., Universität Bonn, ist bei PricewaterhouseCoopers als Direktorin im Bereich Regulatory Services FS tätig und dort verantwortlich für Prüfung, Beratung und Qualitätssicherung von Fragen im Bereich Bankaufsichtsrecht. Frau Thelen-Pischke ist sowohl Mitglied der EBA-Expertengruppe zur Begutachtung regulatorischer Standards (EBA Banking Stakeholder Group) als auch Vorsitzerin der BFA/IDW-Arbeitsgruppe zum Thema Prüfungsberichtsverordnung. Des Weiteren ist sie Dozentin an der Frankfurt School of Finance and Management und ist regelmäßig Gastrednerin bei nationalen und internationalen Konferenzen. Im Rahmen ihres Regulatory Blogs (http://blogs.pwc.de/regulatory) informiert sie regelmäßig über aktuelle Entwicklungen im Aufsichtsrecht.

Dr. Jörg Wulfken ist Partner im Bereich Banking & Finance im Frankfurter Büro von Mayer Brown, Managing Partner Deutschland sowie Mitglied im internationalen Management Committee und dem Asian Board der Kanzlei. Nach dem Studium in Hamburg und der Promotion in Konstanz war er unter anderem als Rechtsanwalt und Partner für eine andere internationale Kanzlei in London und Frankfurt sowie operativ und in verschiedenen Management Positionen für die Bankgesellschaft Berlin und die Westdeutsche Landesbank tätig. Jörg Wulfken verfügt über umfangreiche Erfahrung im Hinblick auf die Vertretung und Beratung von Konsortialführern, Arrangeuren, Emittenten, Darlehensgebern und -nehmern, Fonds, Servicer sowie der öffentlichen Hand. Ein besonderer Fokus seiner Tätigkeit liegt auf Transaktionen mit notleidenden und nichtnotleidenden Kreditportfolios sowie auf dem Bereich Securitization. Jörg Wulfken ist Autor verschiedener Abhandlungen und Artikel zu Themen des Bank-, Kapitalmarkt- und Finanzrechts und ist regelmäßiger Referent bei Konferenzen sowie Dozent an der Frankfurt School of Finance & Management.

Dr. Jean-Claude Zerey, LL.M., Columbia Univ., N.Y., Rechtsanwalt, Frankfurt/M., Attorney-at-law New York, Solicitor of England and Wales ist seit 2010 Managing Director im Bereich Cross Assets Solutions bei Société Générale, Frankfurt. Bis 2009 war er als Managing Director und Global Head Regulatory Solutions im Bereich Capital Markets bei Dresdner Kleinwort, Frankfurt tätig. Von 2004 bis 2007 war er Chefsyndikus der Citigroup Global Markets Deutschland AG & Co. KGaA, verantwortlich für Deutschland, Zentral- und Osteuropa und seit 2005 Mitglied des Vorstandes. Nach Absolvierung seiner Berufsexamina und Promotion arbeitete er als Rechtsanwalt bei einer bekannten New Yorker Anwaltskanzlei. Von 1993 bis 1997 als Prokurist/Syndikus in der Rechtsabteilung der Deutschen Bank AG in Frankfurt. Von 1997 bis 2001 als Direktor/Justiziar in der Rechtsabteilung der Commerzbank AG in Frankfurt. Von 2001 bis 2004 als Direktor/Justiziar bei Merrill Lynch Capital Markets Bank Limited, Frankfurt. Der Schwerpunkt seiner Tätigkeit bei den unterschiedlichen Kreditinstituten lag insbesondere im Bereich der Derivate und strukturierten Kreditprodukte.

Abkürzungsverzeichnis

aA	anderer Ansicht
aaO	am angegebenen Ort
ABGB	Allgemeines bürgerliches Gesetzbuch (Österreich)
abgedr.	abgedruckt
abl.	ablehnend
ABl.	Amtsblatt
ABS	Asset Backed Securities
Abs.	Absatz
Abschn.	Abschnitt
abw.	abweichend/e
aE	am Ende
aF	alte Fassung
AG	Amtsgericht
AktG	Aktiengesetz
allg.	allgemein
allgA	allgemeine Ansicht
allgM	allgemeine Meinung
aM	anderer Meinung
Anh.	Anhang
Anm.	Anmerkung
Art.	Artikel
Aufl.	Auflage
ausdr.	ausdrücklich
ausf.	ausführlich
Az	Aktenzeichen
BaFin	Bundesanstalt für Finanzdienstleistungsaufsicht
BaKred	Bundesaufsichtsamt für das Kreditwesen
BB	BetriebsBerater
Bd.	Band
Begr.	Begründung
Bek.	Bekanntmachung
ber.	berichtigt
bes.	besonders
Beschl.	Beschluss
bespr.	besprochen
bestr.	bestritten
BFH	Bundesfinanzhof
BGBl.	Bundesgesetzblatt

Bl.	Blatt
bspw	beispielsweise
BT	Bundestag
BT-Drucks.	Bundestagsdrucksache
bzgl	bezüglich
bzw	beziehungsweise
CEBS	Committee of European Banking Supervisors
CLN	Credit Linked Note
CRD	Capital Requirements Directive
CRR	Capital Requirements Regulation
CTA	Contractual Trust Arrangement
ders.	derselbe
dh	das heißt
Dok.	Dokument
Drucks.	Drucksache
e.V.	eingetragener Verein
EAA	Erste Abwicklungsanstalt
ebd	ebenda
EGBGB	Einführungsgesetz zum Bürgerlichen Gesetzbuch
Einf.	Einführung
eingetr.	eingetragen
Einl.	Einleitung
einschl.	einschließlich
einschr.	einschränkend
Entsch.	Entscheidung
entspr.	entsprechend
Entw.	Entwurf
Erkl.	Erklärung
Erl.	Erlass; Erläuterung
EStG	Einkommensteuergesetz
etc.	et cetera
EU	Europäische Union
evtl	eventuell
EZB	Europäische Zentralbank
f, ff	folgende, fortfolgende
FMSA	Bundesanstalt für Finanzmarktstabilisierung (FMSA) (bis zum 23. Juli 2009 Finanzmarktstabilisierungsanstalt
FMSWM	FMS Wertmanagement Anstalt öffentlichen Rechts
Fn	Fußnote
GAAP	Generally Accepted Accounting Principles

geänd.	geändert
gem.	gemäß
GewO	Gewerbeordnung
GewStG	Gewerbesteuergesetz
ggf	gegebenenfalls
GmbH	Gesellschaft mit beschränkter Haftung
GmbHG	Gesetz betreffend die Gesellschaften mit beschränkter Haftung
grds.	grundsätzlich
GroMiKV	Groß- und Millionenkreditverordnung
GuV	Gewinn- und Verlustrechnung
hA	herrschende Auffassung
Hdb	Handbuch
HGB	Handelsgesetzbuch
hL	herrschende Lehre
hM	herrschende Meinung
Hrsg.	Herausgeber
hrsg.	herausgegeben
Hs	Halbsatz
iA	im Auftrag
IAS	International Accounting Standards
idF	in der Fassung
idR	in der Regel
idS	in diesem Sinne
iE	im Ergebnis
ieS	im engeren Sinne
IFRS	International Financial Reporting Standards
iHv	in Höhe von
inkl.	inklusive
insb.	insbesondere
insg.	insgesamt
InsO	Insolvenzordnung
InvG	Investmentgesetz
iS	im Sinne
iSd	im Sinne des
iSv	im Sinne von
iÜ	im Übrigen
iVm	in Verbindung mit
iwS	im weiteren Sinne
Kap.	Kapitel

KG	Kammergericht
krit.	kritisch
KstG	Körperschaftssteuergestz
KWG	Kreditwesengesetz
lit.	littera
Lit.	Literatur
LS	Leitsatz
m.Anm.	mit Anmerkung
mE	meines Erachtens
mind.	mindestens
Mio.	Millionen
Mitt.	Mitteilung(en)
mN	mit Nachweisen
MPV	Multi Purpose Vehicle
Mrd.	Milliarden
mwN	mit weiteren Nachweisen
mWv	mit Wirkung von
mzN	mit zahlreichen Nachweisen
n.r.	nicht rechtskräftig
n.v.	nicht veröffentlicht
Nachw.	Nachweise
nF	neue Fassung
Nov.	Novelle
NPL	Non-Performing Loan
Nr.	Nummer
o.a.	oben angegeben, angeführt
o.Ä.	oder Ähnliches
o.g.	oben genannt
OLG	Oberlandesgericht
PfandBG	Pfandbriefgesetz
resp.	respektive
RL	Richtlinie
Rn	Randnummer
Rspr	Rechtsprechung
s.	siehe
s.a.	siehe auch
s.o.	siehe oben
s.u.	siehe unten
SEC	Securities and Exchange Commission

SGB	Sozialgesetzbuch
Slg	Sammlung
SoFFin	Sonderfonds Finanzmarktstabilisierung
sog.	sogenannt/so gennant
SolvV	Solvabilitätsverordnung
SPE	Special/Single Purpose Entity
SPV	Special/Single Purpose Vehicle
u.a.	unter anderem
u.a.m.	und anderes mehr
uä	und ähnlich
uÄ	und Ähnliches
UCITS	Undertaking for Collective Investment in Transferable Securities
uE	unseres Erachtens
umstr.	umstritten
unstr.	unstreitig
usw	und so weiter
uU	unter Umständen
uVm	und Vieles mehr
v.	von/vom
VAG	Versicherungsaufsichtsgesetz
vgl	vergleiche
vorl.	vorläufig
wN	weitere Nachweise
WpHG	Wertpapierhandelsgesetz
WuB	Wirtschaft- und Bankrecht (Zeitschrift)
ZAG	Zahlungsdiensteaufsichtsgesetz
zB	zum Beispiel
ZBB	Zeitschrift für Bankrecht und Bankbetriebswirtschaft
ZHR	Zeitschrift für das gesamte Handels- und WirtschaftsrechtFachzeitschrift
ZIP	Zeitschrift für Wirtschaftsrecht und Insolvenzpraxis
zit.	zitiert
ZPO	Zivilprozessordnung
zT	zum Teil
zust.	zustimmend
zutr.	zutreffend
zw.	zweifelhaft
zzgl	zuzüglich

Teil 1 Einführung

§ 1 Definition, Rolle und Funktion von Zweckgesellschaften

Literatur: *Auerbach/Zerey (Hrsg.)*, Handbuch Verbriefungen, 2005; *Backers (Hrsg.)*, Transfergesellschaften, 2. Aufl. 2009; *Bartl* in: Meyer/Primozic (Hrsg.), Die Verbriefungstransaktion. Forderungsbasierte Unternehmensfinanzierung am Kapitalmarkt, 2011; *Dittrich/Schuff* in: Auerbach/Zerey (Hrsg.), Handbuch Verbriefungen, 2005; *Fabozzi* (Hrsg.), The Handbook of Fixed Income Securities, McGraw-Hill, 7. Aufl. 2005; *Hüttche*, Zweckgesellschaften (SPVs) nach HGB, IFRS und BiMoG in der Kreditkrise, 2008; *Kübler*, Gesellschaftsrecht, 5. Aufl. 1998; *Lewis*, Boomerang – The Meltdown Tour, Penguin Books, 2011; *ders.*, The Big Short, Penguin Books, 2011; *Liebscher*, Zweckgesellschaften und strukturierte Unternehmen im Konzernabschluß nach HGB und IFRS, 2010; *Meyer* in: Meyer/Primozic (Hrsg.), Die Verbriefungstransaktion, Forderungsbasierte Unternehmensfinanzierung am Kapitalmarkt, 2011; *PriceWaterHouseCoopers*, IFRS für Banken, 3. Aufl. 2005; *Primozic* in: Meyer/Primozic (Hrsg.), Die Verbriefungstransaktion, Forderungsbasierte Unternehmensfinanzierung am Kapitalmarkt, 2011; *Rößler*, Rechtliche Gestaltung von CTAs und Vorteile der Treuhandlösung, 2009; *Rutovitz* in: Meyer/Primozic (Hrsg.), Die Verbriefungstransaktion, Forderungsbasierte Unternehmensfinanzierung am Kapitalmarkt, 2011; *Schultz*, Das Special Purpose Vehicle – wirtschaftliche Besonderheiten und offene Rechtsfragen, in: Hommelhoff/Zätzsch/Erle (Hrsg.), Festschrift für Welf Müller zum 65. Geburtstag, München 2001; *Schruff*, Zur Konsolidierung von Special Purpose Entities im Konzernabschluss nach US-GAAP, IAS und HGB, Die Wirtschaftsprüfung 2002, 755 ff; *Seeger*, Contractual Trust Arrangements auf dem Prüfstand, DB 30.3.2007, 697–703; *Stock*, Die Einsetzung einer Transfergesellschaft unter besonderer Berücksichtigung betriebsverfassungs- und arbeitsförderungsrechtlicher Vorgaben, 2010; *Will*, Bad Banker, 2011; *Zerey* (Hrsg.), Finanzderivate, Rechtshandbuch, 2. Aufl. 2010; *ders.*, Rechtliche Probleme der Finanzierung von Leveraged Buyouts und Tender Offers durch Banken in den USA und in der Bundesrepublik Deutschland – Eine rechtsvergleichende Studie über die Rolle der Banken bei Unternehmenskontrolletransaktionen in den USA und in der Bundesrepublik Deutschland, 1994.

A. Definition

Es fehlt an einer einheitlichen Definition des Begriffs Zweckgesellschaft (Special Purpose Vehicle, „SPV“ oder Special Purpose Entity, „SPE“) sowohl in der inländischen Rechtsordnung als auch in der Fachliteratur. Es ist deshalb zielführend, wenn wir die wesentlichen Merkmale der Zweckgesellschaft erläutern, die nicht immer kumulativ und in unterschiedlicher Ausprägung je nach Art und Beweggründen der relevanten Transaktion auftreten. 1

Dieses Fehlen einer einheitlichen gesetzlichen Definition des Begriffs „Zweckgesellschaft“ ist nachvollziehbar, wenn man die Vielfältigkeit und flexible Gestaltung der Zweckgesellschaften betrachtet, die sich immer wieder neu erfinden muss, um den Anforderungen der Wirtschaft zu genügen, und die durch eine statische Rechtsnorm nur schwer erfasst werden 2 könnte. Hingegen finden sich in diversen Rechtsnormen[1] Definitionen dieses Begriffs oder Bezugnahmen auf diesen Begriff ohne Definition, wobei Ziel dieser Rechtsnormen die Regulierung im Sinne einer Einschränkung oder einer Privilegierung der Zweckgesellschaft ist. So finden sich Definitionen zB in § 1 Abs. 26 KWG,[2] § 231 Abs. 2 SolvV,[3] § 290 Abs. 1 iVm 2 Nr. 4 HGB[4] oder in SIC-12-1 auf der Ebene der IFRS[5], BaFin-Rundschreiben 15/2005 (VA) III. 3. d) bzw BaFin-Rundschreiben 4/2011 (VA),[6] die entweder zur Privilegierung von Zweckgesellschaften (wie im Fall der Verbriefungstransaktionen, s. § 6 Rn 15) oder zur Einschränkung der Rolle der Zweckgesellschaften führen (wie bei der Konsolidierung von Zweckgesellschaften nach den Rechnungslegungsnormen der IFRS, s. § 9 Rn 10 ff).

---

1 Bis vor wenigen Jahren wurden Zweckgesellschaften kaum in der Literatur und Rechtsprechung behandelt, s. Schultz, Das Special Purpose Vehicle – wirtschaftliche Besonderheiten und offene Rechtsfragen, S. 705, 729: „Die Bedeutung des SPV in der heutigen Wirtschaftspraxis steht in umgekehrt reziprokem Verhältnis zur Behandlung in deutscher Rechtsprechung und Literatur.".

2 „Zweckgesellschaften sind Unternehmen, deren wesentlicher Zweck darin besteht, durch Emission von Finanzinstrumenten oder auf sonstige Weise Gelder aufzunehmen oder andere vermögenswerte Vorteile zu erlangen, um von Refinanzierungsunternehmen oder Refinanzierungsmittlern Gegenstände aus dem Geschäftsbetrieb eines Refinanzierungsunternehmens oder Ansprüche auf deren Übertragung zu erwerben; unschädlich ist, wenn sie daneben wirtschaftliche Risiken übernehmen, ohne dass damit ein Rechtsübergang einhergeht.".

3 „Eine Verbriefungszweckgesellschaft ist ein Unternehmen, (...) das zu dem ausschließlichen Zweck der Durchführung einer oder mehrerer Verbriefungstransaktionen mit der Absicht errichtet wurde, die Verpflichtungen der Verbriefungszweckgesellschaft von denen des Originators zu isolieren und deren Anteilseigner das Recht haben, die mit ihrem Anteil an der Verbriefungszweckgesellschaft verbundenen Rechte uneingeschränkt zu verpfänden oder auszutauschen.".

4 (1) Die gesetzlichen Vertreter einer Kapitalgesellschaft (Mutterunternehmen) mit Sitz im Inland haben in den ersten fünf Monaten des Konzerngeschäftsjahrs für das vergangene Konzerngeschäftsjahr einen Konzernabschluss und einen Konzernlagebericht aufzustellen, wenn diese auf ein anderes Unternehmen (Tochterunternehmen) unmittel- oder mittelbar einen beherrschenden Einfluss ausüben kann (...).

(2) Beherrschender Einfluss eines Mutterunternehmens besteht stets, wenn ...

4. es bei wirtschaftlicher Betrachtung die Mehrheit der Risiken und Chancen eines Unternehmens trägt, das zur Erreichung eines eng begrenzten und genau definierten Ziels des Mutterunternehmens dient (Zweckgesellschaft). Neben Unternehmen können Zweckgesellschaften auch sonstige juristische Personen des Privatrechts oder unselbständige Sondervermögen des Privatrechts, ausgenommen Spezial-Sondervermögen im Sinn des § 2 Abs. 3 des Investmentgesetzes, sein.".

5 Die IFRS hat im Einklang mit dem Grundsatz „Substance over Form" als Kriterium für die Konsolidierung einer Zweckgesellschaft festgelegt (s. *PriceWaterhouseCoopers*, IFRS für Banken, 3. Aufl. 2005, S. 993: „Was unter dem Kriterium der wirtschaftlichen Beherrschung zu verstehen ist, welches schließlich zur Konsolidierung einer special purpose entity (SPE) nach SIC-12 führt, ist durch die IFRS nicht abschließend geregelt; SIC-12.10(a) bis (d) führt lediglich folgende Indikatoren als Beispiele auf, die auf eine wirtschaftliche Beherrschung hindeuten und somit für eine Konsolidierungspflicht sprechen:

→Abstimmung der Geschäftstätigkeit auf die Bedürfnisse eines anderen Unternehmens

→Entscheidungsmacht (Autopilot)

→Mehrheit der Chancen aus der SPE

→Mehrheit der Risiken aus der SPE.".

6 „Asset Backed Securities (ABS) sind in der Form des Schuldscheindarlehens an eine Gesellschaft (das so genannte Special Purpose Vehicle, SPV) für das gebundene Vermögen qualifiziert, wenn das SPV seinen Sitz im EWR hat, kein Kreditinstitut ist und aufgrund der Besicherung im Rahmen eines Treuhandvertrages Verzinsung und Rückzahlung des Darlehens gewährleistet sind (Nummer 4 Buchstabe b).

Anlagen in Aktien des SPV sind nach Maßgabe des § 1 Abs. 1 Nr. 12 AnlV und direkt wie auch indirekt über Holdinggesellschaften gehaltenen Beteiligungen an derartigen Unternehmen nach § 1 Abs. 1 Nr. 13 AnlV qualifiziert.

Eine Zuordnung von ABS des SPV oder der vorgenannten Anlagen zum Anlagekatalog setzt jedoch voraus, dass die Rundschreiben über Asset Backed Securities und Credit Linked Notes geregelten besonderen Anforderungen an die Anlage in derartigen Finanzierungsinstrumenten – insbesondere das Vorliegen eines externen Investment-Grade-Ratings einer anerkannten Ratingagentur – gegeben sind."

B. Wesentliche Merkmale einer Zweckgesellschaft

I. Abgrenzung von der initiierenden Gesellschaft

Das meines Erachtens wichtigste Merkmal einer Zweckgesellschaft ist die Abgrenzung oder Abtrennung von der (juristischen oder natürlichen) Person, die die Gründung der Zweckgesellschaft initiiert hat oder zu deren Gunsten bzw ultimativem Vorteil die Zweckgesellschaft gegründet worden ist (nachfolgend „Sponsor"). Diese Abgrenzung kann unterschiedlichen Zwecken dienen (zB Bilanzentlastung, Insolvenzschutz der Gläubiger oder Veränderung der Personalstruktur), die sämtlich auf eine rechtliche sowie wirtschaftliche Abtrennung hinauslaufen. 3

II. Insolvenzferne (Bankruptcy Remoteness)[7]

Die Zweckgesellschaft ist in der Regel so strukturiert, dass sie für ihre Verbindlichkeiten alleine haftet, während der Sponsor für die Verbindlichkeiten der Zweckgesellschaft nicht haftbar gemacht werden kann. Umgekehrt haftet die Zweckgesellschaft für die Verbindlichkeiten des Sponsors nicht. Diese Ausgestaltung kommt sowohl den Gläubigern des Sponsors als auch den Gläubigern der Zweckgesellschaft zugute. 4

III. Konkreter oder eng definierter Zweck

Das Merkmal des konkreten oder eng definierten Zwecks (Gesellschaftszweck) wird oft als wesentlich für das Vorliegen einer Zweckgesellschaft erwähnt.[8] Dies ist zu relativieren, da die Gründer jeder Gesellschaft einen (mehr oder weniger engeren oder weiteren) Gesellschaftszweck in ihrer Satzung festlegen (müssen).[9] Basierend auf dem Gesellschaftszweck unterscheidet man zwischen Einzweck- und Mehrzweckgesellschaften (Single/Special Purpose Vehicle, „SPV" und Multi Purpose Vehicle, „MPV"). Danach werden Einzweckgesellschaften zum Zweck der Durchführung einer einzelnen Transaktion, Mehrzweckgesellschaften dagegen zum Zweck der Durchführung mehrerer (in der Regel identischer oder sehr ähnlicher) Transaktionen ins Leben gerufen. 5

IV. Autopilot

Bei den meisten Zweckgesellschaften wird die Unternehmensführung und Entscheidungsfreiheit ihrer Organe durch einen sogenannten Autopiloten massiv eingeschränkt, so dass sämtliche Entscheidungen oder auf jeden Fall die wichtigsten Entscheidungen fest definierten Grundsätzen und Kriterien unterliegen,[10] die häufig in deren Satzungen vorgesehen sind. Der Corporate Service Provider (s. Rn 7), der das Tagesgeschäft der Zweckgesellschaft verantwortet, ist an die vorerwähnten Grundätze und Kriterien gebunden. 6

---

7 Häufig wird der englische Begriff „bankruptcy remoteness" mit dem deutschen Wort „Insolvenzfestigkeit" übersetzt, was mE nicht akkurat ist. Der Begriff „Insolvenzferne" scheint mir genauer zu sein. Zur Insolvenzferne s. ausführlich § 5 Rn 52 ff.

8 *PriceWaterhouseCoopers*, id., S. 990; *Rutovitz*, 6.14.1., S. 181.

9 S. statt vieler *Kübler* § 5, S. 32: „Daß Gesellschaften zur Erreichung bestimmter Zwecke gegründet werden, ergibt sich für die wichtigsten Formtypen unmittelbar aus dem Gesetz: nach § 705 BGB iVm §§ 105 II und 161 II HGB kommt keine Personengesellschaft und nach §§ 21, 22 und 57 BGB kein eingetragener Verein zustande, ohne daß die Gründer sich über den durch den Zusammenschluß zu verfolgenden Zweck geeinigt haben. § 23 III Nr. 2 AktG spricht stattdessen vom „Gegenstand des Unternehmens", während das GmbHG in den §§ 1 und 3 beide Begriffe gebraucht.".

10 *Schultz*, id., S. 706.

V. Schlanke Personal- und Organisationsstruktur

7 In der Regel verfügen Zweckgesellschaften über kein eigenes Personal und über keine komplexe Organisationsstruktur. Die routinierten, in jeder Gesellschaft anfallenden Aufgaben und Arbeiten werden in der Regel an darauf spezialisierte externe Dienstleister (sogenannte Corporate Service Providers)[11] ausgelagert. Der Grund für diese Auslagerung liegt darin, dass eine Übernahme der entsprechenden Dienstleistungen durch den Sponsor die erforderliche und gewünschte Abtrennung zwischen Sponsor und Zweckgesellschaft vernichten würde.

VI. Begrenzte Laufzeit

8 Häufig haben Zweckgesellschaften eine begrenzte Lebenszeit.[12] Zweckgesellschaften existieren, solange die Transaktionen andauern, für die die Zweckgesellschaft ins Leben gerufen worden ist, oder solange die im Bestand der Zweckgesellschaften befindlichen Vermögenswerte noch vorhanden sind.

VII. Sitz im Ausland

9 Aus steuerlichen, aufsichtsrechtlichen oder sonstigen Gründen befindet sich der Sitz der Zweckgesellschaft oft im Ausland.[13] In einigen Fällen sind Zweckgesellschaften mit Sitz in Ländern mit exotischen Rechtsordnungen jedoch aus deutschrechtlicher Sicht problematisch. So erlaubt zB das Versicherungsaufsichtsrecht inländischen Versicherungsunternehmen keine Anlagen in Wertpapiere, deren Emittenten als Zweckgesellschaften ihren Sitz auf den Cayman Islands oder in anderen Ländern mit ähnlich exotischen Rechtsordnungen haben.

VIII. Fehlendes bzw geringes Eigenkapital

10 In der Regel verfügen die Zweckgesellschaften über kein oder nur geringes Eigenkapital. Der Originator sieht in der Regel von der Gewährung von Eigenkapital an die Zweckgesellschaft ab, um eine Konsolidierungspflicht zu vermeiden, so dass die zur Erreichung des Gesellschaftszwecks erforderlichen finanziellen Mittel in der Regel Fremdkapitalcharakter haben. Da die Gläubiger der Zweckgesellschaft nicht auf die Bonität des Sponsors abstellen können, werden häufig Vermögenswerte im Bestand der Zweckgesellschaft zugunsten ihrer Gläubiger verpfändet. Um mögliche Liquiditätsengpässe bei Zweckgesellschaften zu verhindern, gewähren ihre Sponsoren häufig Liquiditätszusagen (sogenannte Liquidity Lines).

C. Wirtschaftliche Funktion – Transaktionsspezifische Zweckgesellschaften

I. Wirtschaftliche Funktion

11 Die wirtschaftliche Funktion der Zweckgesellschaft variiert je nach Transaktionsart, für die sie gegründet und eingesetzt wird. Allgemein lässt sich sagen, dass Zweckgesellschaften Transaktionen ermöglichen, die eine flexible und günstige Gesellschaftsstruktur aufweisen und deren rechtliche (insbesondere insolvenzrechtliche, s. Rn 4) und wirtschaftliche Abtrennung vom Sponsor für die Vertragspartner der Zweckgesellschaft von Bedeutung ist.

---

11 S. *Bartl*, Die Administration durch spezialisierte Dienstleister: besondere Anforderungen und Aufgaben – besonderer Teil, in: Meyer/Primozic, Die Verbriefungstransaktion – Forderungsbasierte Unternehmensfinanzierung am Kapitalmarkt, S. 195 ff.

12 *Schultz*, id., S. 707.

13 S. § 4 Rn 22; *Schultz*, ibid.

II. Kategorien (SPVs oder MPVs – je nach Transaktionsart)

Zweckgesellschaften werden in vielen unterschiedlichen Transaktionen als Intermediäre eingesetzt. So sind Zweckgesellschaften bei klassischen Refinanzierungstransaktionen von Banken sowie auch von großen multinationalen Konzernen eingesetzt, bei Verbriefungstransaktionen von Banken, Leasingtransaktionen, steuergetriebenen oder sonstigen Transaktionen. 12

1. Refinanzierungstransaktionen

Banken und multinationale Konzerne nutzen Zweckgesellschaften in steuergünstigen Rechtsordnungen, zB in den Niederlanden, zu ihrer Refinanzierung. Die Transaktionen sind in der Regel standardisiert und es handelt sich um Zweckgesellschaften, die Wertpapiere, idR Anleihen, emittieren und an den Kapitalmarkt verkaufen; der Erlös fließt an den Sponsor bzw die Muttergesellschaft zurück. 13

2. Verbriefungstransaktionen

In den letzten Jahren vor der Finanzkrise von 2007 wurden Zweckgesellschaften sehr oft im Zusammenhang mit Verbriefungstransaktionen eingesetzt. Dabei unterscheidet sich die Rolle der Zweckgesellschaft, je nachdem, ob es sich um eine synthetische Verbriefung oder um eine True-Sales Asset Backed Securities („ABS“)-Transaktion handelt. Bei True-Sales ABS erwirbt die Zweckgesellschaft die zugrunde liegenden Forderungen vom Sponsor, der in diesem Fall Originator heißt, mittels Abtretung und Übertragung (häufig durch stille Zession),[14] emittiert CLNs und zahlt mit deren Erlös den Kaufpreis für die zugrunde liegenden Forderungen an den Originator zurück. Bei synthetischen Verbriefungen überträgt der Originator der Zweckgesellschaft „nur“ das Ausfallrisiko[15] der zugrunde liegenden Forderungen mittels Garantie oder Credit Default Swap CDS[16] und die Zweckgesellschaft emittiert CLNs, deren Kapitalrück- und Zinszahlungen an das Kreditrisiko der zugrunde liegenden Forderungen gekoppelt ist.[17] Treten Verluste bei den zugrunde liegenden Forderungen ein, ist die Zweckgesellschaft unter dem CDS verpflichtet, dem Originator diese Verluste auszugleichen; dafür reduzieren sich entsprechend die Kapitalrück- und Zinszahlungen an die CLN-Gläubiger. 14

3. Leasing-Transaktionen

Zweckgesellschaften bei Leasing-Transaktionen (sogenannte „Objektgesellschaften“[18] in diesem Zusammenhang) dienen als Leasing-Geber, nachdem sie das Leasinggut erworben 15

---

14 S. statt vieler *Dittrich/Schuff* in: Auerbach/Zerey (Hrsg.), Handbuch Verbriefungen, 2005, S. 285 ff.

15 S. *Dittrich/Schuff*, id., S. 286: „Der wesentliche Unterschied zwischen beiden Transaktionsarten besteht darin, dass die Forderung im Rahmen einer True Sale-Transaktion tatsächlich verkauft und abgetreten wird und somit ein Aktivum die Bilanz des Verkäufers verlässt. Im Rahmen einer synthetischen Transaktion ist dagegen die jeweilige Forderung „lediglich“ Referenzaktivum, dh es findet ein synthetischer Risikotransfer dergestalt statt, dass Zahlungsausfälle, die das jeweilige Aktivum betreffen, auf den Investor allokiert werden.“; *Kölbl-Vogt* in: Zerey (Hrsg.), Finanzderivate, 2. Aufl. 2010, § 8 Rn 2.

16 S. *Zerey* , id., § 7 Rn 1.

17 *Fabozzi (Hrsg.),* Handbook of Fixed Income Securities, McGraw-Hill, 7. Aufl. 2005, S. 466: „The CLN has three main components: the SPV, the collateral, and the credit default swap. The issuance proceeds from the CLN are used by the SPV to purchase pre-agreed collateral to fund the CDS. The SPV simultaneously enters into a CDS with a highly rated swap counterparty (such as a dealer), whereby it sells credit protection in return for receiving an ongoing premium. The SPV grants a security interest in the collateral against the SPV's performance under the preceding CDS. The SPV may also enter into an interest rate swap (or a cross-currency swap) to reduce interest-rate risk and to tailor the required cash flows of the note. The package is a CLN that performs similarly to a sovereign bond. CLNs are bought by investors who appreciate the increase in yield versus a sovereign bond and do not need liquidity.“.

18 *PriceWaterhouseCooopers*, id., S. 604-605.

und finanziert haben. Der Vorteil für den Leasing-Nehmer ist, dass er durch die Einschaltung der Leasingobjektgesellschaft (zur bankaufsichtsrechtlichen Behandlung der Leasingobjektgesellschaften s. § 6 Rn 14) sicher sein kann, dass er keinen weiteren Risiken ausgesetzt ist, da die Leasing-Zweckgesellschaft keine weiteren Geschäfte betreibt.

4. Sonstige Transaktionen

16 Die Auflistung der Transaktionen, bei denen Zweckgesellschaften eingesetzt werden, kann hier nur beispielhaft erfolgen. Neben den bereits erwähnten Transaktionsarten gibt es eine Reihe von weiteren strukturierten Finanzierungen, bei denen Zweckgesellschaften wichtig sind. Unter Basel I waren zB Zweckgesellschaften im Zusammenhang mit der Emission von Tier I- oder Tier II-Kapital als Eigenmittel für Banken sehr beliebt. Aus steuerlichen und gesellschaftsrechtlichen sowie aus Marktgründen wurden insbesondere Zweckgesellschaften mit Sitz im U.S.-Bundesstaat Delaware eingesetzt. Ferner werden Zweckgesellschaften zur Durchführung von Akquisitionsfinanzierungen,[19] Projektfinanzierungen oder Emissionen von Zertifikaten gegründet. Schließlich können auch Kapitalanlagegesellschaften und Abbaubanken (sogenannte „Bad Banks") als Zweckgesellschaften betrachtet werden, da auch bei ihnen häufig mehrere der vorerwähnten Merkmale der Zweckgesellschaften (konkreter oder eng definierter Zweck, schlanke Organisations- und Personalstruktur, rechtliche und wirtschaftliche Abtrennung vom Sponsor, usw) vorliegen (ausführlich s. § 3 Rn 1 ff).

Eine besondere Art von Zweckgesellschaften sind auch die sogenannten Transfergesellschaften.[20] Transfergesellschaften werden als Transfermaßnahme gegründet, die gemäß § 110 SGB III den Zweck verfolgen „Arbeitnehmer, die auf Grund einer Betriebsänderung oder im Anschluss an die Beendigung eines Berufsausbildungsverhältnisses von Arbeitslosigkeit bedroht sind", zu unterstützen, indem sie ihnen eine Beschäftigung für eine begrenzte Zeit geben, während sie durch die zuständige Agentur für Arbeit vermittelt werden[21]. Ferner bezwecken Transfergesellschaften die Entlastung von arbeitsrechtlichen Risiken gegenüber der insolvenzgefährdeten Muttergesellschaft bei gleichzeitiger Sicherung des Arbeitnehmer-Know-How durch entgeltliche Arbeiternehmerüberlassung an die Muttergesellschaft durch die Transfergesellschaft.

Als eine weitere besondere Kategorie von Zweckgesellschaften können die CTAs betrachtet werden. CTAs oder Treuhand-Modelle sind Strukturen im Dienst der betrieblichen Altersvorsorge, deren Verbindlichkeiten (Rückstellungen für die Direktzusagen an die Arbeitnehmer) aus der Bilanz des jeweiligen Unternehmens/Sponsors mit dem doppelten Ziel ausgegliedert sind, einerseits die Pensionszusagen der Arbeitnehmer des Unternehmens/Sponsors konkursfest zu machen und andererseits die Bilanz des Unternehmens/Sponsors zu entlasten (s. § 5 Rn 44, 65 ff).[22]

D. Die Kritik an den Zweckgesellschaften – Vor- und Nachteile

17 Die Zweckgesellschaften sind insbesondere nach der Bankenkrise in 2007, aber auch schon davor mit dem Enron-Fall in Verruf gekommen. Sie gelten als Synonym für verschleierte Bi-

19 S. *Zerey*, Rechtliche Probleme, S. 34, 38: „In dieser Version nimmt die Strohgesellschaft der Käufer einen Kredit durch eine Bank auf, den sie für den Erwerb der Aktien der Zielgesellschaft verwendet. Danach wird sie mit der Zielgesellschaft fusioniert und die neue durch die Fusion entstandene Gesellschaft übernimmt die (alten) Schulden der Strohgesellschaft und räumt dem Kreditgeber Sicherheiten an ihrem Vermögen ein.".

20 *Backers (Hrsg.)*, Transfergesellschaften, 2. Aufl. 2009; *Stock*, Die Einsetzung einer Transfergesellschaft unter besonderer Berücksichtigung betriebsverfassungs- und arbeitsförderungsrechtlicher Vorgaben, 2010.

21 Das letzte Beispiel einer solchen Gesellschaft war die Transfergesellschaft für die Schlecker-Angestellten.

22 Vgl. ausführlich *Rößler*, Rechtliche Gestaltung von CTAs und Vorteile der Treuhandlösung, 2009; *Seeger*, Contractual Trust Arrangements auf dem Prüfstand, DB 30.3.2007, 697–703.

lanzen, versteckte Verluste, undurchsichtige Transaktionen und jegliche Art von Umgehungstransaktionen. Dabei werden oft die Vorteile und die wirtschaftliche Notwendigkeit von Zweckgesellschaften vergessen. Wie jede Institution und jedes Konstrukt der Praxis kann auch die Zweckgesellschaft für dubiose Zwecke missbraucht werden.

I. Effizienter Mechanismus zum Gläubigerschutz und Finanzierungen

Durch die Insolvenzferne („Bankruptcy Remotness", s. § 5 Rn 25 ff, 44 ff) der Zweckgesell- 18
schaft werden die Gläubiger der Zweckgesellschaft sowie die Gläubiger des Sponsors von der möglichen Insolvenz des jeweils anderen Markteilnehmers geschützt. Dies erhöht die Rechtssicherheit und die Transparenz für die Gläubiger und ermöglicht demzufolge die effiziente Durchführung von Kapitaltransaktionen. Dies ist vor allem der Fall bei Refinanzierungstransaktionen und Verbriefungstransaktionen sowie bei Unterstützungskassen und CTAs (s. Rn 16).

II. Niedrige Kosten

Durch die schlanke Personal und Organisationsstruktur der Zweckgesellschaften bleiben die 19
Transaktionskosten gering, so dass das Ziel des Gläubigerschutzes bzw der Durchführung der jeweiligen Transaktion kosteneffizient erreicht werden kann.

III. Zweckgesellschaften als Vehikel zur „Verschönerung der Bilanzen"

Nach Enron[23] und insbesondere nach der Finanzkrise von 2007 haben Zweckgesellschaften 20
den Ruf, dass sie vor allem als Verschönerungsmechanismen der Bankbilanzen dienen.[24] Die Finanzkrise wurde u.a. durch die Liquiditätszusagen von Banken/Sponsoren an „ihre" Zweckgesellschaften, die vor allem in Verbriefungstransaktionen investiert hatten, hervorgerufen. Da die Liquiditätszusagen für die Zweckgesellschaften und die vorerwähnten Liquiditätszusagen[25] weder ausreichend waren noch auf der Bilanz der Banken/Sponsoren erschienen, war das Problem nicht sichtbar. Als jedoch die Zinskurve sich änderte und gleichzeitig das sogenannte „Roll-over-Risiko" eingetreten ist, konnten die Banken/Sponsoren aus ihren Liquiditätszusagen in Anspruch genommen werden, was zu Insolvenzen und einer Gefährdung des gesamten Finanzsystems führte. Das Beispiel der Rhineland Funding Capital Corporation (RFCC) der Düsseldorfer IKB ist repräsentativ dafür.[26]

23 Für eine vereinfachte Darstellung der Enron-SPV-Struktur s. unter Diagramm 1. Der Enron-Fall ist zu einem Zeitpunkt eingetreten, als die zwischenzeitlich verschärften IFRS-Konsolidierungsregeln noch nicht galten, so dass die Enron-Zweckgesellschaft nicht konsolidiert wurde. Dadurch wurden Verluste bei der Zweckgesellschaft auf Ebene des Enron-Konzerns nicht berücksichtigt bis es zu spät war. Dabei handelt es sich um eine sogenannte „zyklische Transaktion" („cyclical transaction"), dh eine Transaktion, bei der Risiken und Chancen beim Enron-Konzern blieben, obwohl es durch die Einschaltung der Zweckgesellschaft so aussah, als ob die Zweckgesellschaft eine Drittpartei sei. Der Zusammenbruch des Enron-Konzerns hat zu gerichtlichen Prozessen gegen die Enron-Vorstände und deren Wirtschaftsprüfer (Arthur Andersen) sowie zur Auflösung der Wirtschaftsprüfungsgesellschaft Arthur Andersen geführt und war der erste Anstoß für die neuen IFRS-Konsolidierungsregeln.

24 Für eine Betrachtungsweise der Zweckgesellschaften und ihrer Rolle in der Finanz- und Bankenkrise von 2007 aus einem Blickwinkel zwischen Wirtschaftskrimi und Wirtschaftsjournalismus s. Lewis, Boomerang, S. 158: „With Röthing's help IKB created, in effect, a bank incorporated in Delaware and listed in Dublin, Ireland, called Rhineland Funding. They didn't call it a bank. If they had called it a bank, people might have asked why it was not regulated. They called it a "conduit", a word that had the advantage that no one understood what it meant."; *Will*, Bad Banker, 421 ff.

25 S. *Hüttche*, S. 21 ff.

26 Für eine vereinfachte Darstellung der RFCC-Struktur s. Diagramm 2.

Diagramm 1: Vereinfachte Darstellung Enron*

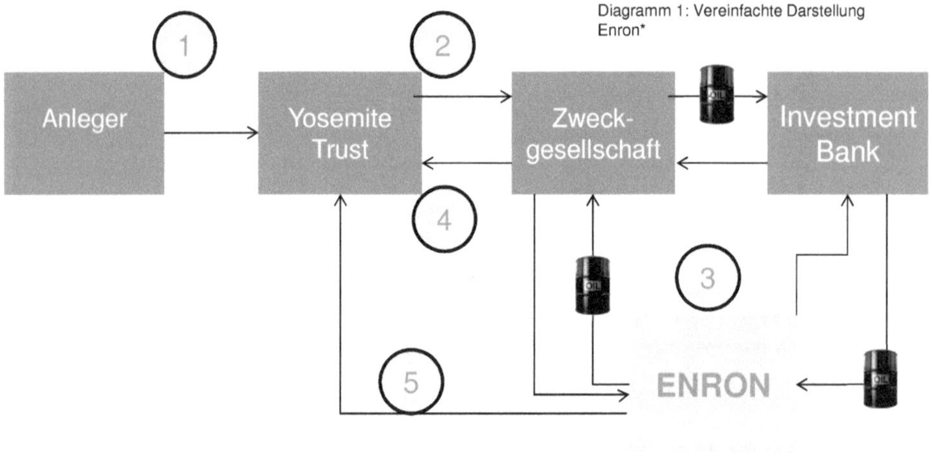

1. Die Anleger investieren in Anleihen im Wert von USD 800 Mio., die von Yosemite emittiert wurden.

2. Yosemite übergibt die USD 800 Mio. einer durch eine Investmentbank kontrollierte Zweckgesellschaft auf den Cayman Islands.

3. Die Zweckgesellschaft startet einen Kreislauf von Transaktionen, in der USD 800 Mio. zunächst an Enron gehen, dann an die Investmentbank und zurück an die Zweckgesellschaft. Öl fließt geplanterweise in die entgegengesetzte Richtung, von Enron zur Zweckgesellschaft und dann an die Investmentbank und letztendlich zurück zu Enron. Die Transaktionen gleichen sich letztendlich aus.

4. Die Zweckgesellschaft führt die USD 800 Mio. zurück an Yosemite.

5. Eine Tochtergesellschaft von Enron gibt Yosemite Geld über einen „magischen Geldschein", der den Anlegern von Yosemite 8,25% Zinsen verspricht.

*Quelle: Enron documents, U.S. Senate Permanent Subcommitee on Special Investigations

Diagramm 2 Vereinfachte Darstellung RFCC*

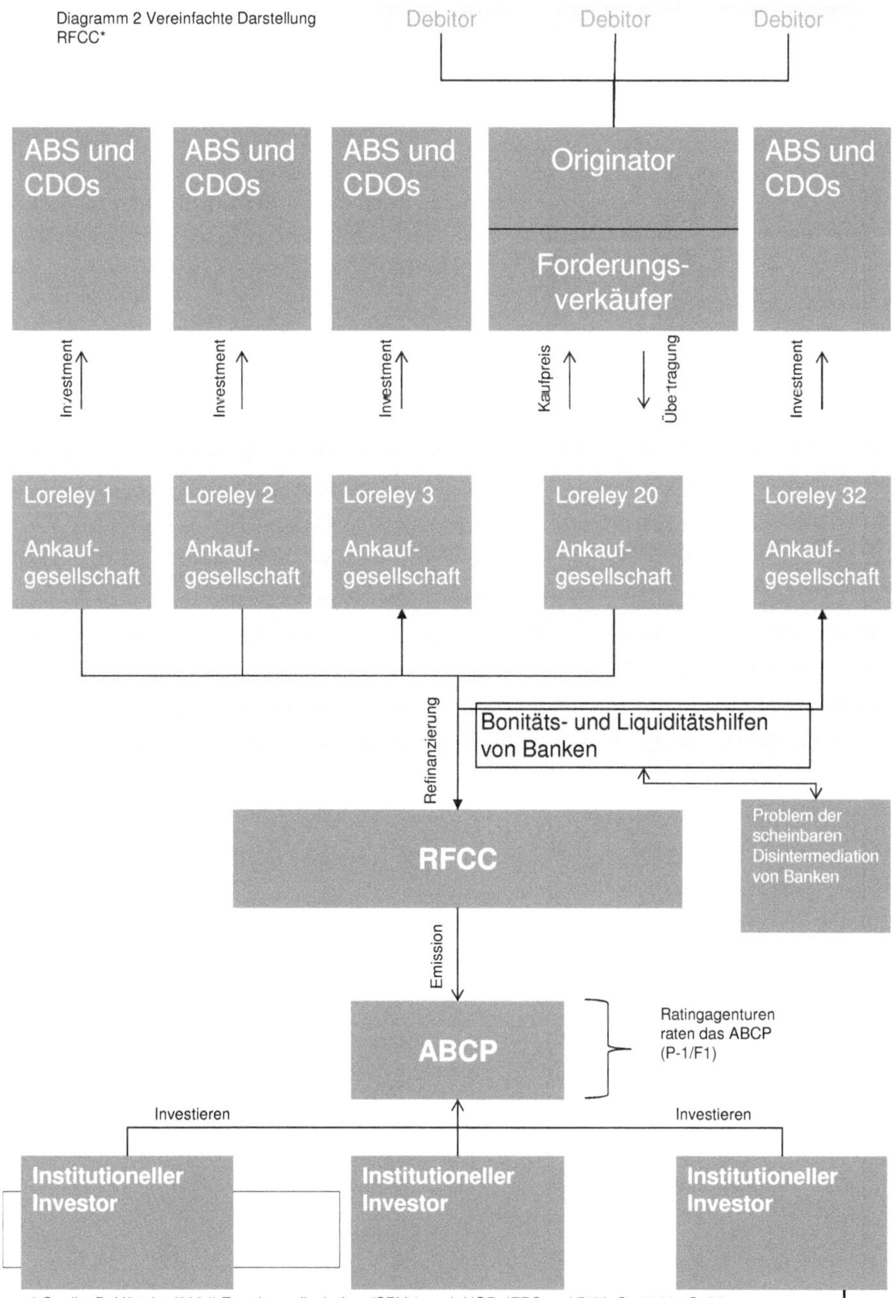

* Quelle: B. Hüttche (2004) Zweckgesellschaften (SPVs) nach HGB, IFRS und BilMoG, 2008, S. 22.

E. Fazit

21 Zweckgesellschaften sind ein wichtiges Instrument, das die Praxis zur Effizienzsteigerung hauptsächlich für Finanzierungstransaktionen entwickelt hat. Die Rechtsordnung hat nachträglich die Zweckgesellschaften anerkannt und reguliert. Die jüngsten Missbräuche und Skandale im Hinblick auf Zweckgesellschaften dürfen die Vorteile dieses Instruments für die Wirtschaft (erhöhte Effizienz, Gläubigerschutz, vereinfachte Refinanzierungsmöglichkeiten usw.) nicht gering erscheinen lassen.

§ 2 Strukturierte Finanzierungen

Literatur: *Bartsch*, Die Geister, die ich rief… – Das Trauerspiel der aktuellen Finanzmarktkrise in drei Akten, NJW 3337 f; *Boos/Fischer/Schulte-Mattler*, Kreditwesengesetz, Kommentar, 4. Aufl. 2012; *Kessler/Kröner/Köhler*, Konzernsteuerrecht, National – International, 2. Aufl. 2008; *König/van Aerssen*, Das Rundschreiben des Bundesaufsichtsamtes für das Kreditwesen zur „Veräußerung von Kundenforderungen im Rahmen von Asset-Backed Securities-Transaktionen durch deutsche Kreditinstitute“, WM 1997, 1777 ff; *Kusserow/Dittrich*, Rechtsprobleme bei Asset-Backed Securities-Transaktionen deutscher Kreditinstitute unter besonderer Berücksichtigung datenschutzrechtlicher Aspekte, WM 1997, 1786 ff; *Linkert*, Bankruptcy-Remoteness, RIW 2008, 104 ff; *Reischauer/Kleinhans*, Kreditwesengesetz (KWG), Loseblatt-Kommentar, Stand: 7/2012; *Schimansky/Bunte/Lwowski*, Bankrechts-Handbuch, 4. Aufl. 2011; *Schmid*, Steuerliche Aspekte der True-Sale-Verbriefung – NLP-Transaktionen über ein deutsches Ankaufsvehikel, Kreditwesen 2005, 991 ff; *Schmid/Dammer*, Neue Regeln zur Gewerbesteuer bei Asset-Backed-Securities Transaktionen nach dem Kleinunternehmerförderungsgesetz, BB 2003, 819 ff; *Thelen-Pischke*, Die aufsichtsrechtliche Konsolidierung von Zweckgesellschaften unter Berücksichtigung der Auswirkungen des BilMoG, IRZ 2010, 187 ff; *Zeising*, Asset Backed Securities (ABS) – Grundlagen und neuere Entwicklungen, BKR 2007, 311 ff; *Zwirner/Busch*, Zweckgesellschaften – Definition und Behandlung im Konzernabschluss, IRZ 7 ff.

Zweckgesellschaften kommt im Rahmen strukturierter Finanzierungstransaktionen – insbesondere bei Verbriefungen – große Bedeutung zu. Durch die Übertragung von Vermögenswerten auf eine nur für die Zwecke einer oder mehrerer Transaktionen gegründete Zweckgesellschaft können diese Vermögenswerte dergestalt „isoliert“ werden, dass diese in der Insolvenz der übertragenden Gesellschaft deren Gläubigern nicht mehr zur Verfügung stehen.[1] 1

Verbriefungen oder ABS-Transaktionen haben seit Mitte der neunziger Jahre in Deutschland zunehmend an Bedeutung gewonnen, wenngleich die Marktentwicklung in den letzten Jahren durch die Finanzkrise stark beeinträchtigt wurde. Bei **Asset-Backed Securities (ABS)** handelt es sich um Schuldverschreibungen oder andere Instrumente, die meist einen Zahlungsanspruch gegen eine Zweckgesellschaft verbriefen und am Kapitalmarkt platziert werden.[2] Mit dem Emissionserlös finanziert die Zweckgesellschaft den Erwerb von Vermögensgegenständen (zB Forderungen oder Wertpapiere) von einem Dritten, dem sog. Originator. Die so erworbenen Vermögensgegenstände stehen den ABS-Investoren als Haftungsmasse zur Verfügung. Dem Originator fließt über den (diskontierten) Kaufpreis für die Vermögenswerte letztlich eine Finanzierung zu.[3] Banken können darüber hinaus – sofern die ABS-Transaktionen einen wesentlichen Risikotransfer zur Folge haben – mit der Transaktion eigenkapitalentlastende Effekte erzielen.[4] 2

1 *Tollmann* in: Boos/Fischer/Schulte-Mattler, Kreditwesengesetz, Vor §§ 22 a–22 o Rn 2 a.
2 *Jahn* in: Schimansky/Bunte/Lwowski, Bankrechts-Handbuch, § 114 a Rn 1.
3 *Kusserow/Dittrich* WM 1997, 1786; *König/van Aerssen* WM 1997, 1777.
4 Vgl Rundschreiben Nr. 4/97 des BAKred vom 19.3.1997, veröffentlicht in WM 1997, 1821 ff.

A. Kennzeichen von Zweckgesellschaften bei strukturierten Finanzierungen – Insolvenzferne

3 Zweckgesellschaften sind für Zwecke einer oder mehrerer Finanzierungstransaktionen gegründete Gesellschaften, die neben diesen Transaktionen keine weitere Geschäftstätigkeit entfalten; dies wird in der Satzung der Zweckgesellschaft und in den von dieser abgeschlossenen Verträgen festgeschrieben.[5] Hierdurch sowie durch weitere Strukturmerkmale wird die Insolvenz der Zweckgesellschaft faktisch unwahrscheinlich; man spricht insoweit von **„bankruptcy remoteness"**.[6]

4 Im Zuge der Einführung des Refinanzierungsregisters wurde in § 1 Abs. 26 KWG auch eine **Legaldefinition der Zweckgesellschaft** geschaffen.[7]

I. Insolvenzferne

5 Die Ratingagenturen haben in diesem Zusammenhang sog. **„bankruptcy remoteness"-Kriterien** veröffentlicht, die bei Transaktionen, die ein Rating erhalten sollen, einzuhalten sind.

1. Eingeschränkter Geschäftszweck

6 Im Mittelpunkt steht dabei zunächst, dass der oben beschriebene Verkauf von Vermögenswerten **regresslos** ist, dh dass die Vermögenswerte ausschließlich der Zweckgesellschaft (und damit mittelbar deren Gläubigern) zustehen und nicht sonstigen Dritten (einschließlich insbesondere des Originators).[8]

2. Eingeschränkter Rückgriff, Klagbarkeitsbeschränkung, Sicherheitentreuhänder

7 Weiterhin müssen sich alle Gläubiger der Zweckgesellschaft verpflichten, ihre Forderungen gegen die Zweckgesellschaft nur nach Maßgabe einer vorab vertraglich vereinbarten **Gläubigerreihenfolge** geltend zu machen.[9] Da die Zweckgesellschaft im Wesentlichen nur über Einkünfte aus den von ihr erworbenen Vermögenswerten verfügt, beschränkt sich ferner der Rückgriff der Gläubiger der Zweckgesellschaft auf diese Einkünfte (sog. **Limited Recourse-Klauseln**). Solche Limited Recourse-Klauseln können nach deutschem Recht im Rahmen der Vertragsfreiheit grundsätzlich wirksam vereinbart werden, soweit sie insbesondere nicht zwingende Haftungsvorschriften wie die Haftung der Zweckgesellschaft für Vorsatz (§ 276 Abs. 3 BGB) umgehen.[10]

8 An allen Vermögenswerten der Zweckgesellschaft werden darüber hinaus einem Treuhänder Sicherungsrechte eingeräumt, welche dieser im Verwertungsfall für die Gläubiger der Zweckgesellschaft verwertet.[11] Da ein solcher **Sicherheitentreuhänder** somit die Interessen der Gläubiger der Zweckgesellschaft unter Beachtung der oben genannten Gläubigerreihenfolge wahrt, besteht kein Interesse der Gläubiger mehr, die Zweckgesellschaft direkt in An-

---

5 *Zwirner/Busch* IRZ 2011, 7, 8; *Brogl* in: Reischauer/Kleinhans, Kreditwesengesetz, 115 § 1 KWG Rn 437; *Thelen-Pischke* IRZ 2010, 187, 188.

6 *Linkert* RIW 2008, 104, 105.

7 Nach § 1 Abs. 26 KWG sind Zweckgesellschaften „Unternehmen, deren wesentlicher Zweck darin besteht, durch Emission von Finanzinstrumenten oder auf sonstige Weise Gelder aufzunehmen oder andere vermögenswerte Vorteile zu erlangen, um von Refinanzierungsunternehmen oder Refinanzierungsmittlern Gegenstände aus dem Geschäftsbetrieb eines Refinanzierungsunternehmens oder Ansprüche auf deren Übertragung zu erwerben; unschädlich ist, wenn sie daneben wirtschaftliche Risiken übernehmen, ohne dass damit ein Rechtsübergang einhergeht.".

8 *Gerth* in: Boos/Fischer/Schulte-Mattler, § 232 SolvV Rn 22.

9 Vgl *Bartsch* NJW 2008, 3337, 3337.

10 *Jahn* in: Schimansky/Bunte/Lwowski, Bankrechts-Handbuch, 4. Aufl. 2011, § 114 a Rn 15 h.

11 *Zeising* BKR 2007, S. 311, 313 f.

spruch zu nehmen. Daher verzichten die Gläubiger der Zweckgesellschaft in den mit dieser geschlossenen Verträgen darauf, die Zweckgesellschaft in Anspruch zu nehmen, insbesondere die Zweckgesellschaft zu verklagen oder ein Insolvenzverfahren über diese zu beantragen (sog. **No Petition-Klauseln**). Auch die in den No Petition-Klauseln vorgesehenen Klagbarkeitsbeschränkungen (sog. pactum de non petendo) sind, soweit sie insbesondere nicht zwingende Haftungsvorschriften wie die Haftung der Zweckgesellschaft für Vorsatz (§ 276 Abs. 3 BGB) umgehen, wirksam.[12]

Dies gewährleistet, dass Verfahren gegen die Zweckgesellschaft unter Wahrung der vor der Transaktion zwischen allen Gläubigern der Zweckgesellschaft vereinbarten Rahmenbedingungen ausschließlich durch den Sicherheitentreuhänder geführt werden. 9

3. Unabhängigkeit der Gesellschafter und der Geschäftsführung

Wichtig ist darüber hinaus die **Unabhängigkeit** der Zweckgesellschaft. Die Gesellschafter der Zweckgesellschaft sollen keinen – den Zwecken der Finanzierungstransaktionen zuwiderlaufenden – Einfluss auf die Zweckgesellschaft nehmen. Gesellschafter der Zweckgesellschaft sollen daher nicht der Originator oder mit ihm verbundene Unternehmen sein, sondern an der Transaktion ansonsten nicht weiter beteiligte (neutrale) Einheiten (insb. Stiftungen oder „**charitable trusts**"), deren Interesse ausschließlich darin liegt, für ihre Tätigkeit ein (begrenztes) Entgelt zu erhalten. Auch die Geschäftsführer der Zweckgesellschaft sollen neutral sein, dh durch unabhängige Dienstleister (**Corporate Service Provider**) gestellt werden. 10

4. Keine Arbeitnehmer

Zur Vermeidung arbeitsrechtlicher Ansprüche bzw etwaiger Haftungsansprüche beschäftigen Zweckgesellschaften in aller Regel keine Arbeitnehmer. Die Zweckgesellschaft wird von verschiedenen **Dienstleistern** verwaltet, die auch dafür sorgen, dass die Zweckgesellschaft ihren Verpflichtungen gegenüber Dritten nachkommt. Die Direktoren sowie die Büroräume werden durch den bereits genannten Corporate Service Provider gestellt. Ein Kontenverwalter kümmert sich um Überweisungen und die Überwachung eingehender Zahlungen. Die Vermögenswerte der Zweckgesellschaft werden ebenfalls durch einen Dienstleister verwaltet. Im Falle von ABS-Transaktionen erfolgt der Einzug der verbrieften Forderungen in der Regel durch den insoweit als Inkassostelle handelnden Originator. Dies ist bei deutschen Verbriefungen aufgrund des Bankgeheimnisses (im Falle von Bankforderungen) und verschiedener steuerlicher Vorgaben meist zwingend. 11

II. Vermeidung steuerlicher Belastungen

Das oben beschriebene geschlossene System funktioniert naturgemäß nur insoweit, als die Gläubiger der Zweckgesellschaft vertraglich gebunden werden. Dies ist in Bezug auf gesetzliche Verpflichtungen – insbesondere Steuern – nicht möglich. Bei der Wahl des Sitzstaates der Zweckgesellschaft wird daher stets darauf geachtet, dass sich durch die Transaktion keine zusätzlichen **steuerlichen Belastungen** ergeben. Den Ratingagenturen sind die steuerlichen Folgen einer Transaktion auf die Zweckgesellschaft im Rahmen eines Rechtsgutachtens darzustellen. 12

12 *Gerth* in: Boos/Fischer/Schulte-Mattler, § 232 SolvV Rn 19.

B. Deutsche Zweckgesellschaften bei strukturierten Finanzierungen

I. Steuerliche Rahmenbedingungen in Deutschland

13 Aufgrund der steuerlichen Rahmenbedingungen wurden und werden für deutsche strukturierte Finanzierungstransaktionen oft **ausländische Zweckgesellschaften** (insbesondere auf den Kanalinseln, in Luxemburg, Irland und den Niederlanden) genutzt. Einer Nutzung deutscher Zweckgesellschaften stand und steht insbesondere die Gewerbesteuer entgegen.[13]

14 Da deutsche Zweckgesellschaften in der Rechtsform der Gesellschaft mit beschränkter Haftung organisiert sind und somit grundsätzlich der Gewerbesteuer unterliegen, werden diese grundsätzlich auch mit **Gewerbesteuer** belastet. Im Rahmen der Gewerbesteuer wären 25% (früher 50%) der auf die von der Gesellschaft emittierten Schuldverschreibungen anfallenden Zinsen nicht abzugsfähig (§ 8 Nr. 1 GewStG). Daraus würde ein erheblicher Gewerbeertrag resultieren, der nach § 6 GewStG Besteuerungsgrundlage für die Gewerbesteuer ist.[14]

15 Durch das Kleinunternehmerförderungsgesetz wurde die GewStDVO geändert[15] und zumindest teilweise Abhilfe geschaffen. Profitierten vorher nur Kreditinstitute iSd § 1 Abs. 1 KWG vom „Bankenprivileg" des § 19 GewStDVO, demzufolge unter bestimmten Voraussetzungen durch die Refinanzierung ihrer Bankgeschäfte mittels Fremdkapital gerade keine anteilige **gewerbesteuerrechtliche Hinzurechnung** der darauf entfallenden Zinsbelastung ausgelöst wurde, so dehnt § 19 Abs. 3 Nr. 2 GewStDVO dieses Privileg auch auf Gewerbebetriebe (Zweckgesellschaften) aus, die nachweislich ausschließlich unmittelbar oder mittelbar Kredite oder Kreditrisiken aus Bankgeschäften im Sinne des § 1 Abs. 1 S. 2 Nr. 2, 3 und 8 des KWG von Kreditinstituten im Sinne des § 1 KWG oder von in § 3 Nr. 2 KWG genannten Gewerbebetrieben erwerben und Schuldtitel zur Refinanzierung des Kaufpreises für den Erwerb solcher Kredite oder zur Refinanzierung von für die Risikoübernahmen zu stellenden Sicherheiten ausgeben.

16 Daraus folgt jedoch im Umkehrschluss, dass diese Sonderregelung dann nicht weiterhilft, wenn es sich bei dem Originator nicht um eine Bank, sondern um ein sonstiges Unternehmen handelt bzw wenn andere Forderungen (zB Leasing- oder Handelsforderungen) verbrieft werden.[16] Das gesetzgeberische Ziel, die **Refinanzierung** der Unternehmen zu fördern, wird somit lediglich mittelbar dadurch erreicht, dass durch die gewonnene Rechtssicherheit für Banken die Refinanzierung durch ABS gefördert wird und Banken die regulatorisch frei werdenden Mittel zur weiteren Kreditvergabe nutzen können.

17 Zwar hat der Gesetzgeber das „Bankenprivileg" mit dem Jahressteuergesetz 2009 auch auf bestimmte Formen des **Finanzierungsleasings** ausgeweitet (§ 19 Abs. 4 GewStDVO), so dass die in diesem Bereich spezialisierten Unternehmen nunmehr gewerbesteuerlich ebenfalls privilegiert sind. Die Privilegierung gilt aber nur für nach dem KWG regulierte Finanzdienstleistungsinstitute, so dass sich hieraus nur sehr eingeschränkt positive Auswirkungen ergeben.

---

13 *Oho* in: Kessler/Kröner/Köhler, § 10 Rn 187; *Schmid* Zeitschrift Kreditwesen 2005, 991.

14 Auch bei ausländischen Zweckgesellschaften wird eine Gewerbesteuerbelastung mit dem Argument diskutiert, dass das Forderungsinkasso regelmäßig an den Verkäufer der Forderung (zurück-)delegiert wird, um die Abtretung nicht offenlegen zu müssen, und daraus möglicherweise eine steuerliche Präsenz (Betriebsstätte) in der Bundesrepublik resultiert. Das reine Inkasso sollte indessen keine Betriebsstätte einer ausländischen Zweckgesellschaft in Deutschland begründen.

15 Gesetz zur Förderung von Kleinunternehmen und zur Verbesserung der Unternehmensfinanzierung vom 31.7.2003 (BGBl. I 2003, 1550 ff).

16 *Schmid/Dammer* BB 2003, 819, 821.

II. Eigenkapitalanforderungen

Darüber hinaus werden Zweckgesellschaften zur Vermeidung von Transaktionskosten in der Regel möglichst nur mit geringem **Eigenkapital** ausgestattet. Auch hier ergaben sich in Deutschland zunächst dadurch Nachteile, dass die Gesellschaft mit beschränkter Haftung über ein Mindestkapital von 25.000 EUR verfügen musste. Durch die Einführung der Unternehmergesellschaft ist dieses Erfordernis nahezu abgeschafft worden. Allerdings ist eine Unternehmergesellschaft, die mit einem geringeren Stammkapital als 25.000 EUR gegründet worden ist, besonderen Regelungen zur Thesaurierung ihres Jahresüberschusses unterworfen.[17] 18

III. Gesetzliche Privilegien

Einige Staaten haben inzwischen gesetzliche Erleichterungen bzw besondere Strukturen für Zweckgesellschaften geschaffen, die den Anreiz für die Nutzung solcher Zweckgesellschaften erhöhen. Zu nennen sind in diesem Zusammenhang insbesondere gesetzliche Klarstellungen zur Anerkennung von Limited Recourse- und No Petition-Klauseln sowie die Schaffung sog. **Compartment- oder Cell-Gesellschaften.** In Letzteren bilden die „Compartments" oder „Cells" Sondervermögen innerhalb der Zweckgesellschaft, dh Gläubiger eines „Compartments" (bzw einer „Cell") können nicht auf Vermögenswerte eines anderen „Compartments" (bzw einer anderen „Cell") zugreifen. Hierdurch wird die aus Kostengründen erstrebenswerte mehrfache Nutzung einer Zweckgesellschaft (zB im Rahmen eines Emissionsprogramms) erheblich erleichtert.[18] 19

IV. Infrastruktur

In einigen Staaten hat sich eine **„Zweckgesellschaftsindustrie"** entwickelt, dh die für eine Zweckgesellschaft erforderlichen Dienstleister stehen kurzfristig zur Verfügung und sind mit den von ihnen zu erbringenden Dienstleistungen vertraut. Zweckgesellschaften können dort schnell und unkompliziert gegründet werden. 20

Für Verbriefungen von Bankforderungen steht diese Infrastruktur über die **True Sale-Initiative** der deutschen Banken seit einiger Zeit für Bankenverbriefungen auch in Deutschland zur Verfügung. Hier können in kurzer Zeit Gesellschaften mit beschränkter Haftung als Verbriefungszweckgesellschaften als Töchter von drei deutschen Stiftungen gegründet werden. 21

---

17 Vgl § 5 a Abs. 3 GmbHG.

18 Eine Abgrenzung verschiedener Transaktionen innerhalb einer Zweckgesellschaft ist zwar auch vertraglich durch entsprechend ausgestaltete „Limited Recourse"-Klauseln möglich, bietet jedoch nicht dieselbe Sicherheit wie ein gesetzliches Privileg.

§ 3 Zweckgesellschaften als ein Instrument in der Bewältigung von Bankenkrisen

Die Konzeption von Abwicklungsanstalten und Zweckgesellschaften nach dem Finanzmarktstabilisierungsfondsgesetz als Sonderform einer Zweckgesellschaft

Literatur: *Doll/Piaskowski* in: Bolder/Wargers (Hrsg.), Modell „Bad Bank“, Hintergrund – Konzept – Erfahrungen, Ein Praxisbericht zur Arbeit der Ersten Abwicklungsanstalt, Wiesbaden 2012; *Liebrich/Wulfken* in: Grieser/Heemann (Hrsg.), Bankenaufsicht nach der Finanzmarktkrise, Frankfurt 2011.

1 Zweckgesellschaften haben auch als Instrumente zur Bewältigung von Banken- und Finanzkrisen besondere Bedeutung erlangt. Am 11.12.2009 hat die Bundesanstalt für Finanzmarktstabilisierung (FMSA) die Erste Abwicklungsanstalt (EAA) und am 8.7.2010 die FMS Wertmanagement Anstalt öffentlichen Rechts (FMS-WM) errichtet. Damit wurden in Deutschland zwei sogenannte Abwicklungsanstalten geschaffen, die über Vermögenswerte von ursprünglich nominal ca. 258 Milliarden EUR verfügen.

A. Gesetzliche Grundlagen

2 Mit der Errichtung der beiden Abwicklungsanstalten wurde von dem Modell der sogenannten Bad Banks Gebrauch gemacht, das mit dem Gesetz zur Fortentwicklung der Finanzmarktstabilisierung vom 23.7.2009 in das Finanzmarktstabilisierungsfondsgesetz (FMStFG) aufgenommen wurde. Hierdurch wurde Banken die Möglichkeit eingeräumt, ihre Bilanzen durch Übertragung auf Zweckgesellschaften zu entlasten. Der Gesetzgeber hat drei Bad Bank-Modelle vorgesehen:

- Das Zweckgesellschaftsmodell nach § 6 a FMStFG,
- Bundesrechtliche Abwicklungsanstalten nach § 8 a FMStFG,
- Landesrechtliche Abwicklungsanstalten nach § 8 b FMStFG.

3 Genutzt wurde mit der EAA und der FMS-WM ausschließlich das Modell der bundesrechtlichen Abwicklungsanstalt nach § 8 a FMStFG. Die Stabilisierungsmaßnahmen waren allerdings von vornherein befristet und sind – bis auf Nachbefüllungen in bestehende Abwicklungsanstalten[1] – ausgelaufen. Mittlerweile ist aber das Zweite Finanzmarktstabilisierungsgesetz (2. FMStG) in Kraft getreten.[2] Mit der Verabschiedung dieses Gesetzes wird der Ban-

1 Mit dem am 1.1.2011 in Kraft getretenen „Gesetz zur Restrukturierung und geordneten Abwicklung von Kreditinstituten, zur Errichtung eines Restrukturierungsfonds für Kreditinstitute und zur Verlängerung der Verjährungsfrist der aktienrechtlichen Organhaftung“ (Restrukturierungsgesetz, BGBl. I, 1990) können Kreditinstitute und Finanzholdinggesellschaften, für die bereits eine Abwicklungsanstalt errichtet wurde, gemäß § 13 Abs. 1 b FMStFG weitere Risikopositionen und nicht-strategienotwendige Geschäftsbereiche auf die für das jeweilige Kreditinstitut errichtete Abwicklungsanstalt übertragen.

2 Bei Redaktionsschluss stand die Ratifizierung des Gesetzes durch den Bundespräsidenten noch aus.

kenaufsicht zum zweiten Mal die Möglichkeit eingeräumt, mit verschiedenen Instrumenten die Finanzindustrie zu stärken und damit zur Stabilisierung des Finanzsystems beizutragen. Insofern können das Zweckgesellschaftsmodell nach § 6 a FMStFG sowie die bundesrechtlichen bzw landesrechtlichen Abwicklungsanstalten nach § 8 a und § 8 b FMStFG wieder genutzt werden. Das vorliegende Gesetz sieht beim Zweckgesellschaftsmodell im Vergleich zur ausgelaufenen Regelung sogar eine bedeutende Erweiterung vor: Während nach der alten Regelung lediglich „strukturierte" Wertpapiere in eine Zweckgesellschaft eingebracht werden durften, ist diese Voraussetzung nunmehr weggefallen, so dass alle Arten von Wertpapieren in eine Zweckgesellschaft übertragen werden können. Damit können auch Emissionen souveräner europäischer Schuldner in eine Zweckgesellschaft ausgelagert werden.

B. SPV-Modell nach § 6 a FMStFG

Das Zweckgesellschaftsmodell sieht vor, dass berechtigte Institute (Kreditinstitute und Finanzholdinggesellschaften mit Sitz in Deutschland einschließlich ihrer in- und ausländischen Tochterunternehmen) ihre bis zum 31.12.2010 erworbenen Wertpapiere an ausschließlich für sie gegründete Zweckgesellschaften übertragen können. Die Zweckgesellschaften müssen ihren Sitz in Deutschland haben, ihre Rechtsform ist gesetzlich nicht vorgeschrieben. Anbieten würden sich insbesondere Gesellschaften mit beschränkter Haftung. Diese Zweckgesellschaften finanzieren den Ankauf der Wertpapiere durch die Ausgabe von mit einer Garantie des Sonderfonds für Finanzmarktstabilisierung (SoFFin) unterlegten Schuldtiteln an das übertragende Unternehmen. Der SoFFin ist ein Sondervermögen der Bundesrepublik Deutschland. Da der Bund unmittelbar für die Verbindlichkeiten des SoFFin haftet, sind die Schuldtitel keinen anderen Bewertungsrisiken ausgesetzt und bei der europäischen Zentralbank repo-fähig. Das Gesetz sieht ausdrücklich vor, dass die Schuldtitel nicht handelbar sind. 4

Der Übertragungswert der Wertpapiere ist entweder der tatsächliche wirtschaftliche Wert oder neunzig Prozent ihres Buchwertes vom 31.12.2010 bzw dem 30.9.2011, wobei der Buchwert vom 30.9.2011 der maximale Übertragungswert ist.[3] Der Abschlag von zehn Prozent vom jeweiligen Buchwert ist allerdings nur soweit vorzunehmen, als das übertragene Kreditinstitut eine Kernkapitalquote von mindestens sieben Prozent einhalten kann. 5

Vor der Übertragung auf eine Zweckgesellschaft müssen die berechtigten Institute sämtliche Risiken der übertragenen Wertpapiere offenlegen sowie Stresstests durchführen. Ferner werden ein tragfähiges Geschäftsmodell sowie eine angemessene Kapitalausstattung des übertragenden Unternehmens vorausgesetzt. 6

Ferner soll der SoFFin im Gegenzug für seine Garantien eine marktgerechte Vergütung erhalten. Diese Vergütung besteht aus drei Elementen: 7

- Einer individuell festzulegenden Prämie für das Ausfallrisiko,
- einer Marge sowie
- einem Ausgleichsbetrag.

Der Ausgleichsbetrag berechnet sich aus der Differenz zwischen dem Übertragungswert und dem sogenannten Fundamentalwert. Der Fundamentalwert berechnet sich aus dem Übertragungswert abzüglich eines durch den SoFFin im Einzelfall festgelegten Abschlags für weitere Risiken des übertragenen Wertpapierportfolios. Der Ausgleichsbetrag wird an die Zweckgesellschaft für die Laufzeit der Garantie, maximal jedoch für die Dauer von zwanzig Jahren, jährlich aus den an die Eigentümer/Anteilseigner zahlbaren Ausschüttungen gezahlt. Ist das übertragende Unternehmen eine Tochtergesellschaft, haftet die Muttergesellschaft für den 8

3 Die Stichtage entsprechen dem Entwurf des 2. Finanzmarktstabilisierungsgesetzes.

Ausgleichsbetrag. In Vorjahren nicht gezahlte Beträge sind in den nachfolgenden Jahren nachzuholen. Zahlungen können bis zur Hälfte des Grundkapitals des übertragenden Unternehmens zum Zeitpunkt des Inkrafttretens des Gesetzes durch mit Stimmrecht ausstattbare Vorzugsaktien erfolgen. Reichen die zahlbaren Ausgleichsbeträge nicht aus, müssen diese Verluste durch Ausstoßkürzungen an die Anteilseigner ausgeglichen werden. Diese gesetzlich vorgegebene Nachhaftung betrifft ausschließlich übertragende Institute in der Form der Aktiengesellschaft. Für anderweitig organisierte übertragende Unternehmen werden die Nachhaftungspflichten durch den SoFFin in den Garantiebedingungen festgeschrieben. Ein positiver Saldo zugunsten der Zweckgesellschaft, der sich nach der vollständigen Verwertung der Wertpapiere ergeben kann, wird den Anteilseignern überlassen.

C. Anstaltsmodell

9 Gemäß § 8 a Abs. 1 S. 1 FMStFG können Abwicklungsanstalten von der FMSA als teilrechtsfähige Anstalten des öffentlichen Rechts errichtet werden. Öffentlich-rechtliche Anstalten sind eine anerkannte Form der mittelbaren Staatsverwaltung. Anstaltsträger ist die FMSA. Abwicklungsanstalten werden als organisatorisch und wirtschaftlich selbstständige Einheiten errichtet, die unter ihrem Namen auftreten, handeln, Rechte und Pflichten begründen sowie Vermögen halten können. Abwicklungsanstalten sind teilrechtsfähig im Verhältnis zu Dritten, im Verhältnis zur FMSA sind sie organisatorischer Teil. Im Gegensatz zu Zweckgesellschaften nach § 6 a FMStFG, wo die FMSA lediglich im Bereich des Servicing weisungsberechtigt ist, obliegt ihr gegenüber Abwicklungsanstalten eine umfassende Überwachungs- und Rechtsaufsichtspflicht. Ferner übernimmt sie die Verwaltungs- und Koordinationsaufgaben für Abwicklungsanstalten. Die Verwaltung der Vermögenswerte der Abwicklungsanstalten obliegt jeder Abwicklungsanstalt hingegen selbst. Alle weiteren Festlegungen wie Sitz, Eigenmittelausstattung Aufgaben, Organisation und Auflösung, Leitung und Besetzung der Leitungsgremien werden – nach Zustimmung der FMSA – durch die Statuten der jeweiligen Abwicklungsanstalt festgelegt. Die Statuten sind im Bundesanzeiger zu veröffentlichen.

10 Um das Anstaltsmodell in Anspruch nehmen zu können, sind die Anteilsinhaber der übertragenden Gesellschaft entsprechend ihrer Beteiligungsquote zum Ausgleich etwaiger Verluste der jeweiligen Abwicklungsanstalt zu verpflichten. Kommen diese ihren Haftungsverpflichtungen nicht nach, haftet die übertragende Gesellschaft gegebenenfalls subsidiär. Im Außenverhältnis besteht eine gesamtschuldnerische Haftung der Anteilseigner, es sei denn, bei dem Anteilseigner handelte es sich um ein Bundesland. Die Haftung von Sparkassenverbänden beschränkt sich in einer ersten Stufe auf die von der übertragenden Gesellschaft an diese auszuschüttenden Beträge. Die gesetzlichen Vorgaben sind bei den beiden existierenden Abwicklungsanstalten in den jeweiligen Statuten umgesetzt. Da die gesetzlichen Haftungsvorgaben Spielräume lassen, muss für eine präzise Risikoanalyse der Abwicklungsanstalten die jeweilige Satzung analysiert werden.[4]

D. Erlaubte Aktiva: Wertpapiere, Risikopositionen und nicht strategienotwendige Geschäftsbereiche

11 Während nach § 6 a FMStFG gegründete Zweckgesellschaften lediglich Wertpapiere erwerben dürfen, können in Abwicklungsanstalten nach § 8 a FMStFG Risikopositionen sowie nichtstrategienotwendige Geschäftsbereiche übertragen werden. Für beide Begriffe gibt es keine Legaldefinition. Der Begriff Risikoposition wird in § 8 FMStFG konkretisiert als Forderungen, Wertpapiere, derivative Finanzinstrumente, Rechte und Pflichten aus Kreditzusa-

4 Für weitere Einzelheiten siehe *Liebrich/Wulfken* in: Grieser/Heemann (Hrsg.).

gen oder Gewährleistungen und Beteiligungen, jeweils nebst zugehörigen Sicherheiten. Der Begriff „nicht strategienotwendiger Geschäftsbereich" ist weit auszulegen und umfasst Aktiva und auch Passiva aller Art.

E. Welche Kriterien der Assetselektion sind aus Sicht des übertragenden Instituts sinnvoll?

Die Assetselektion erfolgt mit dem Ziel, das abgebende Institut schneller wieder profitabel zu machen, die Liquiditätssituation zu verbessern, Transparenz über die verbleibenden Risiken und das Risikomanagement zu schaffen und somit das Vertrauen der Kunden und Märkte, insbesondere das Vertrauen des Kapitalmarktes in das Institut, zurückzugewinnen und nachhaltig zu stärken, was sich dann auch in einem verbesserten Rating widerspiegeln sollte. Im Ergebnis ist das abgebende Institut auch (wieder) in der Lage, sein besichertes (zB Pfandbriefe) und unbesichertes Funding (zB Commercial Paper) im geplanten Volumen zu platzieren. Die Stabilisierung von als systemrelevant eingestuften Instituten ist eine wichtige Maßnahme zur Stabilisierung des gesamten Finanzmarktes. 12

Grundgedanke ist die Befreiung des abgebenden, am Markt verbleibenden „strategischen" Instituts von sämtlichen „(Alt-)Lasten". Diese Lasten können erhöht risikobehaftete Assets umfassen, Assets mit deutlich gesunkenem Marktwert, komplexe Assets mit hohen operativen Kosten – getrieben durch Risiken, eine ungünstige Refinanzierungsstruktur und hohe regulatorische Anforderungen – oder Assets, für die es aufgrund externer Faktoren im gegebenen Umfeld keinen Markt mehr gibt. Weiterhin kommen Assets in Frage, die nicht mehr zum strategischen Geschäftsfeld des abgebenden Instituts gehören sollen. Als nicht strategisch können bestimmte Produkte, aber auch bestimmte Regionen definiert werden, wobei in diesem Fall die selektierten Assets nicht notwendigerweise ausfallgefährdet oder erhöht risikobehaftet sein müssen. Eine weitere wichtige Überlegung bei der Assetselektion sind die Fundingstrukturen mit den damit verbundenen Fundingkosten des Portfolios, die durch geschickte Selektion ebenfalls optimiert werden können. 13

Die einzelnen Selektionskriterien spielen in der Regel ineinander; zB führt ein erhöhter Risikogehalt eines Assets zu höherer Kapitalunterlegungspflicht und zieht oft höhere Fundingkosten nach sich, weil der unbesichert zu refinanzierende Anteil größer ist. Die nachfolgend systematisch dargestellten, wesentlichen Kriterien sind also keineswegs isoliert zu betrachten und haben Schnittmengen im Portfolio. Ziel ist das „Derisking & Deleveraging" des verbleibenden Portfolios. 14

I. Regionale Selektion

Selektiert werden Assets aus Ländern, in denen die strategische Bank künftig nicht mehr tätig sein möchte. Steuerliche Implikationen bei der Übertragung von Assets über die Landesgrenzen hinweg werden bei der Selektion in der Regel wirtschaftlich berücksichtigt. Für Kreditinstitute mit Erlaubnis zum Betreiben des Pfandbriefgeschäftes, zB Pfandbriefbanken, wird ein wesentliches Entscheidungskriterium für die Definition der künftigen Zielmärkte die Möglichkeit der besicherten Refinanzierung durch öffentliche oder Hypothekenpfandbriefe sein. Bei der Definition der „Deckungsstockfähigkeit" bestimmter Assets kommt es unter anderem auf die Belegenheit der Sicherheiten an. Diese müssen in einem Mitgliedstaat der Europäischen Union, einem anderen Vertragsstaat des Abkommens über den europäischen Wirtschaftsraum, in der Schweiz, in den USA, in Kanada oder in Japan belegen sein.[5] 15

5 Vgl § 13 Abs. 1 PfandBG, Januar 2011.

Auch die regionale Struktur des Deckungsstocks, der von den Ratingagenturen regelmäßig überprüft wird, ist ein Kriterium bei der Assetselektion.

II. Produktselektion

16 Zu den Produkten, welche nicht mehr zum Zielgeschäft einer Bank gehören, zählen im Allgemeinen hoch strukturierte Produkte, wie zB die in der Finanzkrise 2007/2008 prominent diskutierten CMBS und RMBS, welche eine Ratingverbesserung, zB durch „Monoline Insurer", erlangten. Daneben können Produkte mit vielen Optionalitäten, welche sowohl systemisch als auch personell einen komplexen Überwachungs- und Bearbeitungsaufwand nach sich ziehen, aus Risikoerwägungen heraus selektiert werden. Betrachtet man die Finanzierungsstruktur einer Transaktion und den damit verbundenen Risikogehalt, kommen Junior- oder Mezzanin-Finanzierungsteile, also eigenkapitalnahe Finanzierungsprodukte mit erhöhtem inhärenten Ausfallrisiko als definierte Produkte außerhalb des Kerngeschäftes in Betracht. Die Bank könnte auch entscheiden, bestimmte Einzelrisiken nicht mehr oder nur noch selektiv zu begleiten.

III. Risikogehalt

17 Je nach Assetklasse oder Finanzinstrument können Selektionskriterien im Wesentlichen zur Reduzierung von Markt-, Liquiditätsrisiken oder Adressrisiken, insbesondere Kreditrisiken, angewandt werden. Beispielhaft sollen im Folgenden einige Überlegungen zum Kreditrisiko aufgezeigt werden: Höhe des ausstehenden Darlehensbetrages, Restlaufzeit und erwartete Prolongationsquote, Sicherheiten, Beleihungsauslauf („Loan to Value"; Verhältnis des Darlehensbetrages zum Beleihungswert der Sicherheit) und die Zahlungshistorie (Gab es Unregelmäßigkeiten?). Neben der Erfüllung der Zahlungsleistung (Zins und Tilgung), werden unter anderem die Kundenbonität, die Ertragskraft des Finanzierungsgegenstandes (Cash Flow), die Einhaltung von vereinbarten Transaktionsauflagen sowie die Drittverwendungsfähigkeit der Sicherheit bei der Bemessung des Ausfallrisikos berücksichtigt.

18 Zinsänderungs- und Währungsrisiken werden in der Regel bei Transaktionsabschluss durch Derivate abgesichert („Hedging"), welche, soweit möglich bzw gewünscht, durch Novation auf die Abwicklungsanstalt übergehen. Hierbei werden – je nach Hedgingkonzept der abgebenden Bank – sowohl Micro- als auch Macrohedge-Strukturen verwendet. Microhedges sind der Einzeltransaktion direkt zuordenbar, Macrohedges werden aus Effizienzgründen für große Portfolioteile abgeschlossen.

19 Jedes Kreditgeschäft kann durch verschiedene Faktoren negativ beeinflusst und somit ausfallgefährdet werden. Daher werden auf Kreditrisiken in Banken Portfolioansätze angewendet, welche die Korrelation von Verlustrisiken aus einzelnen Krediten mit externen Daten anreichern und modellieren. Ein aus der Portfoliotheorie bekanntes Risiko ist zB das Konzentrationsrisiko. Konzentrationsrisiken können geographischer Natur oder produktbezogen sein. Entsprechend kann bei der Portfolioselektion das Ziel der Minderung von Konzentrationsrisiken berücksichtigt werden.

IV. Eigenkapitalunterlegung (Risk weighted Assets)

20 Banken könnten die Assets danach aussuchen, bestimmte risikogewichtete Aktiva(Risk weighted Asset „RWA")-Quoten zu erreichen. Der oben exemplarisch beschriebene Risikogehalt von Assets oder Finanzmarktprodukten bestimmt die Höhe des Eigenkapitals, wel-

ches durch die Bank nach Basel II[6] für die risikogewichteten Aktiva zu unterlegen ist. Für die Bemessung des Adressrisikos gibt es den IRB(Foundational)-Ansatz, und den AIRB(Advanced IRB)-Ansatz.[7] Diesbezüglich besteht für die Banken ein Wahlrecht, wobei an den IRB-Ansatz bestimmte Voraussetzungen geknüpft sind. Vor diesem Hintergrund kann die abgebende Bank zB entscheiden, eine bestimmte Ziel-RWA-Quote für das strategische Portfolio vorzugeben, die nach Portfolioübertragung zu erreichen ist. Das durch den Portfolioübertrag frei werdende Eigenkapital kann für strategisches Neugeschäft mit einem besseren Risiko-/Ertragsverhältnis eingesetzt werden und trägt somit zur Verbesserung der Portfoliostruktur in der Bank bei.

V. Ökonomisches Kapital

Eine weitere, dem spezifischen Risikoprofil der Bank angepasste Risiko- und Kapitalsteuerung kann durch das aufsichtsrechtlich vorgeschriebene interne Kapitaladäquanzverfahren („Internal Capital Adequacy Assessment Process", kurz ICAAP bzw Risikotragfähigkeitsanalyse genannt) erfolgen. Dieses Verfahren bemisst die Angemessenheit der Kapitalausstattung zum Risikoprofil mit dem Ziel, eine angemessene Kapitalausstattung unter Beachtung aller wesentlichen Risiken aus ökonomischer Perspektive langfristig sicherzustellen. Die Risikokosten bestimmter Portfolien oder Portfolioteile können demnach aus regulatorischer oder aus ökonomischer Sicht ermittelt und durch Assetselektion entsprechend optimiert werden. 21

VI. Fundingüberlegungen

1. Fristenkongruenz

Das Geschäftsmodell vieler Banken lag in der Arbitrage der Zinserträge langfristig abgeschlossener Risikoaktiva und deren Refinanzierung mit kurzfristigen und somit zinsgünstigen Kapitalmarktmitteln. Dieses Modell war profitabel, solange die Kapitalmärkte funktionierten, dh die Banken sich untereinander uneingeschränkt jederzeit kurzfristig Geld zur Verfügung stellten. In der Krise 2008 stellten die Banken den Geldhandel untereinander weitgehend ein. Dieses Phänomen wiederholt sich in der aktuellen Staatsfinanzierungskrise. Kurzfristiges Geld wurde ein rares Gut und verteuerte sich. Der positive Arbitrageeffekt der Fristentransformation wurde ins Negative gekehrt. Folglich können Asset- und Liability-Profilüberlegungen bei der Portfolioselektion eine Rolle spielen. 22

2. Fundingkosten

Je höher der besicherte Anteil der Refinanzierung ist, desto geringer sind die Fundingkosten. Diese Tatsache alleine ist jedoch kein Selektionskriterium, sondern kann im Zusammenhang mit der Ertragsseite gesehen werden. Die Refinanzierungs- und Risikokosten werden bei der Preisbildung zum Vergabezeitpunkt in der Regel berücksichtigt. Veränderungen im Kapitalmarkt im Zeitraum nach Vergabe können jedoch zu einem Selektionsbedarf führen. 23

6 Vgl Capital Accord („Basel II"), Internationaler Standard des Basler Ausschusses für Bankenaufsicht über die Gesamtheit der Eigenkapitalvorschriften, http://www.finma.ch/d/finma/internationales/gremien/basel/Seiten/capital-accord.aspx; abgerufen am 23.1.2012.

7 Vgl Basel II, Mindestkapitalanforderungen, http://www.bundesbank.de/bankenaufsicht/bankenaufsicht_basel_saeule1.php; abgerufen am 23.1.2012.

VII. Zielkunden

24 Definierte Zielkunden sollten möglichst nicht den oben genannten Kriterien unterliegen und auch nicht auf die Abwicklungsanstalt übertragen werden. Nach erfolgter Portfoliobereinigung und Restrukturierung ist die Ertragsseite wesentlich, um die Bank aus der Krise zu führen und sie als aktiven, verlässlichen Marktteilnehmer zu positionieren.

VIII. Übertragung von Zweckgesellschaften oder Konzernteilen/ Tochtergesellschaften

25 Zweckgesellschaften, welche die übertragende Bank schon in der Verwertungsphase einer Transaktion übernommen hat, sowie einzelne Teilinstitute oder Tochtergesellschaften sind grundsätzlich ebenfalls auf eine Abwicklungsanstalt übertragbar.

F. Beschreibung der Transferwege

26 Das FMStFG sieht verschiedene Übertragungswege vor. Da § 6 a FMStFG auf Wertpapiere beschränkt ist, stellen sich hier keine besonderen Fragen. Die Übertragung erfolgt nach allgemeinem Wertpapierrecht, in der Regel durch Einigung und Übertragung. Die Übertragung von Risikopositionen und nicht strategienotwendigen Geschäftsbereichen erfolgt im Regelfall im Wege der Umwandlung (Abspaltung oder Ausgliederung). Nur wenn eine Umwandlung rechtlich nicht möglich ist oder anderweitig zu negativen Transferfolgen führen würde (zB nachteilige steuerliche Auswirkungen oder negative aufsichtsrechtliche Konsequenzen in anderen Jurisdiktionen), kommen Einzelrechtsübertragungen (Vertragsübernahme oder Abtretung) oder sogenannte „synthetische Übertragungen“ durch Unterbeteiligungen, Garantien oder Derivate in Betracht. Sofern sich einzelne Aktiva oder Passiva wegen zivilrechtlicher Vorgaben (etwa nach ausländischen Rechtsordnungen) oder vertraglichen Vereinbarungen nicht auf eine Abwicklungsanstalt übertragen lassen, können sie im Wege der Unterbeteiligung, einer Garantie oder im Rahmen einer Treuhandvereinbarung (wirtschaftlich) übertragen werden. Übertragungen im Rahmen des § 8 a FMStFG können insolvenzrechtlich nicht angefochten werden. Zivilrechtliche Abtretungs- und Übertragungshindernisse stehen einer Übertragung nicht entgegen. Die Übertragung stellt keinen wichtigen Grund für eine außerordentliche Kündigung von Rechtsverhältnissen dar. Die im Zusammenhang mit einer Übertragung erforderliche Erhebung, Verarbeitung und Nutzung von personenbezogenen Daten ist gesetzlich ausdrücklich erlaubt. Die im Wege einer Vereinbarungstreuhand an eine Abwicklungsanstalt übertragenen Risikopositionen und nicht strategienotwendigen Geschäftsbereiche fallen nicht in die Insolvenzmasse des übertragenden Kreditinstituts.

G. Asset Management und Verwertung

27 Die Abwicklungsanstalten sind in den bislang bekannten externen Lösungen EAA und FMS-WM (im Gegensatz zu einer bankintern abgegrenzten Einheit) nicht als Kredit- oder Finanzdienstleistungsinstitute im Sinne des KWG aufgestellt und gelten nicht als Wertpapierdienstleistungsunternehmen im Sinne des Wertpapierhandelsgesetzes oder als Versicherungsunter-

nehmen im Sinne des Versicherungsaufsichtsgesetzes. Die Anwendbarkeit des KWG und des WpHG ist in den Statuten der EAA und der FMS-WM geregelt.[8]

Gemäß Statut obliegt der Abwicklungsgesellschaft die Aufgabe, zum Zwecke der Stabilisie- 28
rung des abgebenden Instituts und zum Zwecke der Stabilisierung des Finanzmarktes Risikopositionen und nicht strategienotwendige Geschäftsbereiche zu übernehmen und gewinnorientiert zu verwerten und abzuwickeln. Zur Erfüllung ihrer Aufgabe ist die Abwicklungsanstalt befugt, alle Arten von Bank- oder Finanzdienstleistungsgeschäften zu betreiben, die diesen Zwecken dienen.[9] Die Rechtsaufsicht obliegt der FMSA, während die Bundesanstalt für Finanzdienstleistung (BaFin) die Einhaltung der anwendbaren Rechtsvorschriften des KwG und des WPHG überwacht und bestimmte Informations- und Prüfrechte wahrnimmt.

Bei der FMS-WM, als Beispiel, erfolgt die Abwicklung und Verwertung gemäß Statut nach 29
einem vom Vorstand vorgeschlagenen und vom Verwaltungsrat der Abwicklungsanstalt zu beschließenden Abwicklungsplan, dessen Einhaltung und Fortschritt regelmäßig im Abwicklungsbericht dokumentiert wird. Der Abwicklungsplan enthält Art und Umfang der geplanten Transaktionen zur Verwertung und Abwicklung des übernommenen Portfolios. Materielle Abweichungen zu diesem Abwicklungsplan sind von dem Verwaltungsrat zu beschließen und von der FMSA zu genehmigen. Gesetzliche Vorgaben für die Inhalte des Abwicklungsplans umfassen neben der Anwendung vernünftiger kaufmännischer Beurteilung einen vollständigen Zahlungsplan, eine Kapitalflussrechnung sowie eine Darstellung der Vermögens-, Finanz- und Ertragslage der Abwicklungsanstalt. Daneben muss der Abwicklungsplan bis zur Auflösung der Abwicklungsanstalt die jederzeitige Zahlungsfähigkeit der Abwicklungsanstalt gewährleisten, ohne dabei bestehende Verlustausgleichspflichten von zB Haftungsbeteiligten oder dem SoFFin gegenüber der Abwicklungsanstalt sowie gegenüber der FMSA zu berücksichtigen.[10]

Die Separierung des nichtstrategischen Portfolios in einer Abwicklungsanstalt hat diverse 30
Vorteile. Die drei Wesentlichen sind:

- die Bilanzierung und somit auch die Bewertung erfolgen nach HGB, nicht nach IFRS, und unterliegen somit weniger den Marktschwankungen;
- keine Eigenkapitalunterlegungspflicht nach Basel II
- kein Zeitdruck bei der Abwicklung, dh erhöhte Risikoabschläge bei Portfolioverkäufen, wie man sie zB aus dem Non-Performing/Sub-Performing Loan(„NPL/SPL“)-Geschäft kennt, müssen nicht in Kauf genommen werden.

---

8 Vgl § 2 Abs. 4 des Statuts der FMS Wertmanagement: „Auf die Abwicklungsanstalt sind die §§ 3, 6 Absatz 2 und 3, die §§ 6 a, 7 bis 9, 14, 22 a bis 22 o, 24 Absatz 1 Nummer 6, 8, 11 bis 14 sowie Absatz 1 a, 2 und 4, die §§ 25, 25 a Absatz 1 Satz 1 und Satz 8, die §§ 25 b bis 25 h, 26 Absatz 1 Satz 1 bis 3, § 29 Absatz 2 Satz 1 und Absatz 3, die §§ 37, 39 bis 44 a, 44 c, 47 bis 49, 54, 55 a, 55 b, 56, 59, 60 und 60 a des Kreditwesengesetzes sowie die §§ 9 und 10 des Wertpapierhandelsgesetzes entsprechend anzuwenden; sie gilt als Verpflichtete im Sinne des § 2 Absatz 1 des Geldwäschegesetzes“ iVm § 2 Abs. 3 Satz 2 des Statuts der FMS-WM: „Die Abwicklungsanstalt (...) betreibt keine Geschäfte, die einer Zulassung nach der Richtlinie 2006/48/EG des Europäischen Parlaments und des Rates vom 14. Juni 2006 über die Aufnahme und Ausübung der Tätigkeit der Kreditinstitute (ABl. L177 vom 30. Juni 2006, S. 1) oder der Richtlinie 2004/39/EG des Europäischen Parlaments und des Rates vom 21. April 2004 über Märkte für Finanzinstrumente, zur Änderung der Richtlinien 85/611/EWG und 93/6/EWG des Rates und der Richtlinie 2000/12/EG des Europäischen Parlaments und des Rates und zur Aufhebung der Richtlinie 93/22/EWG des Rates (ABl. L 145 vom 30. April 2004, S. 1) in der jeweils geltenden Fassung bedürfen.“ sowie Statut der Ersten Abwicklungsanstalt § 2 Abs. 3 und 4.

9 § 2 Abs. 2 Statut der Ersten Abwicklungsanstalt, 2010, https://www.aa1.de/fileadmin/aa1-website/content/downloads/20101222-Statut-EAA.pdf; abgerufen am 16.1.2012.

10 § 5 Abs. 3 Statut der FMS Wertmanagement AöR, http://www.fms-wm.de/Deutsch/wir-ueber-uns/struktur/struktur.html; Statut (PDF); abgerufen am 16.1.2012.

31 Der letzte dieser exemplarisch genannten Vorteile bestimmt die Abwicklungsstrategie in Abwicklungsgesellschaften. Bestimmte Assetklassen können im Zeitverlauf mit Verbesserung der Konjunktur oder Erholung des Marktumfelds eine Ratingverbesserung oder Werterholung erfahren (zB Reduzierung der Leerstandsquote in Immobilien). Die Herausforderung zur Definition der besten Strategie besteht in der Bestimmung des Abwicklungszeitpunktes vor dem Hintergrund der Maßgabe der Wertmaximierung. Der Abwicklungsplan auf Teilportfolioebene erfolgt „top down"; im Gegensatz zu der aus NPL/SPL-Portfoliotransaktionen bekannten Vorgehensweise, wo „bottom up" für jedes Einzelasset eine Verwertungsstrategie mit einer Detailplanung zu Abwicklungszeit und -wert entwickelt wird. Eine Einzelassetbetrachtung vor Übertragung auf die Abwicklungsanstalt ist kaum praktikabel, berücksichtigt man die bei einer Rettungsmaßnahme geforderte Umsetzungsgeschwindigkeit und die schiere Größe der übertragenen Portfolien.

32 Da die Abwicklungsanstalt keinen Zeitdruck bei dem Verkauf hat und deshalb keine hohen Abschläge zum Buchwert akzeptieren muss, kommt es bei anstehenden Verkaufsentscheidungen und der Prüfung des Kaufpreises im Wesentlichen auf die Höhe der bereits gebildeten Wertberichtigungen an. Hier liegt ein weiterer wesentlicher Unterschied der Vorgehensweise der Abwicklungsanstalten zu Unternehmen, die sich auf die Bearbeitung von Portfolien mit notleidenden Krediten spezialisiert haben. Letztgenannte stellen in der Regel den barwertigen Cash Flow des Teilportfolios (kumuliert aus den darunterliegenden Einzelassets) den für die Bearbeitung dieses Assets oder Teilportfolios über die Laufzeit hinweg anfallenden, barwertigen Kosten gegenüber. Zu berücksichtigen sind ggf auch tatsächliche Funding- oder Risikokosten sowie Derivate. Der so errechnete Wert fundiert eine mögliche Verkaufsentscheidung und rechtfertigt ggf auch Abschläge zum ursprünglichen Kaufpreis.

33 Während der Schwarz-Weiß-Ansatz bei der Definition der Abwicklungsstrategie in „halten" („hold to maturity") versus „verkaufen" („asset sale") liegt, ist ein wesentlicher, weiterer Werttreiber die erfolgreiche „Restrukturierung" von Darlehen. Kritischer Faktor ist hierbei die rechtliche Zugriffsmöglichkeit. Zu beachten ist dabei u.a. der Kündigungsstatus oder die Frage nach der Offenlegung der geänderten Eigentumsverhältnisse dem Kunden gegenüber. Maßgeblich für eine erfolgreiche Restrukturierung ist die Kooperationsbereitschaft des Darlehensnehmers.

H. Refinanzierung: Wie refinanzieren sich Abwicklungsanstalten?

34 Abwicklungsanstalten können grundsätzlich mit oder ohne eigene Refinanzierungsfähigkeit ausgestaltet werden. Nachfolgend wird dargestellt, wie sich eine Abwicklungsanstalt mit eigener Refinanzierungstätigkeit refinanzieren kann. Dabei kann man zwischen langfristigen und kurzfristigen Refinanzierungsinstrumenten unterscheiden. Zu den Emissionen im langfristigen Bereich zählen Schuldscheine an institutionelle Investoren. Unbesicherte Inhaberpapiere (Debt Issuance-Program/institutionelle Anleger) sowie Namenspapiere, emittiert über ein Medium-TermNote- oder Debt Issuance-Programm, können kurz-, mittel- oder langfristig ausgestaltet sein.

35 Die Abwicklungsanstalt ohne Bankenstatus kann keine Pfandbriefe emittieren. Somit bleibt dieses Mittel der langfristigen Refinanzierung Banken mit Pfandbriefgeschäftserlaubnis vorbehalten.

36 Abwicklungsanstalten zugängliche kurzfristige Produkte umfassen im Wesentlichen Commercial Paper. Ohne Bankstatus haben Abwicklungsanstalten keinen direkten Zugang zu Zentralbanken. Kurzlaufende Liquidität kann über Repo-Geschäfte mit Banken generiert

werden. Wird diese „Durchleitfinanzierung" durch die abgebende Bank mittels Reverse-Repo-Geschäft gestellt, werden dabei Marktrisiken für die Bank im Wesentlichen vermieden.[11]

Da die abzubauenden Portfolien auch zu einem großen Teil in Fremdwährungen zu refinanzieren sind, nutzen die Abwicklungsanstalten die Möglichkeit, Commercial Paper und Repos direkt in der jeweiligen Währung abzuschließen. 37

Der Zugang zum Kapitalmarkt fällt den Abwicklungsanstalten aufgrund ihres guten Ratings, welches im Wesentlichen auf die Eigentümer abstellt, relativ leicht. Die FMS-WM hält durch die Garantie der Bundesrepublik Deutschland deren AAA- (Standard & Poor's, Fitch) bzw Aaa-Rating (Moody's). Im Falle der EAA wird diese als Länderrisiko NRW beurteilt. Die Verlustausgleichspflicht der Beteiligten ist Grundlage für die hohen Ratings der EAA von Aa1 (Moody's), AA- (Standard & Poor's) und AAA (Fitch). 38

Abwicklungsanstalten sind operative Gesellschaften mit eigenen Geschäftsräumen, Mitarbeitern und sonstigen operativen Verbindlichkeiten. Sie sind daher nicht „insolvenzfest", wie das bei Zweckgesellschaften zB bei Verbriefungen üblicherweise der Fall ist. Ihre Kreditwürdigkeit und damit ihr Rating könnten daher zum einen auf der Qualität der Aktiva beruhen. Da diese für Investoren aber nur schwer transparent zu machen ist, beruht die Kreditwürdigkeit und damit der Zugang zum Kapitalmarkt vor allem auf der Haftungsausgleichverpflichtung ihrer Eigentümer. Diese Vorgabe des Finanzmarktstabilisierungsfondsgesetzes wird in den Statuten der einzelnen Abwicklungsanstalten umgesetzt und hieraus ergeben sich die Haftungsbeteiligungen der Eigentümer im Einzelnen. Die Haftungsregelungen müssen bei der Analyse der Kreditwürdigkeit der jeweiligen Abwicklungsanstalt analysiert werden. 39

Die Haftung der Zweckgesellschaften nach § 6 a FMStFG ist vergleichsweise einfach. Zum einen handelt es sich hier nicht um operative Gesellschaften mit Mitarbeitern, Mietverpflichtungen usw, zum anderen refinanzieren sich diese Zweckgesellschaften durch die Ausgabe von Schuldverschreibungen, die durch den SoFFin garantiert und von der übertragenen Bank wiederum erworben werden. Insofern ist das Kreditrisiko dieser Zweckgesellschaften mit der des Bundes gleichzusetzen. 40

11 Vgl *Doll/Piaskowski* in: Bolder/Wargers (Hrsg.), S. 232 ff.

Teil 2 Zweckgesellschaften nach deutschem Recht

§ 4 Gesellschaftsrechtliche Behandlung

Literatur: *Bärwaldt/Schabacker*, Wirksamkeitserfordernisse grenzüberschreitender Unternehmensverträge i.S.d. § 291 AktG, AG 1998, 182; *Baumanns/Wirbel*, Joint Venture, Münchener Handbuch des Gesellschaftsrechts, Band 1, 2009, § 28; *Bauschatz*, Internationale Beherrschungs- und Gewinnabführungsverträge, Der Konzern 2003, 805; *Bayer*, Der Anwendungsbereich des Mitbestimmungsgesetzes, ZGR 1977, 173; *Beitzke*, Zur Entwicklung des internationalen Konzernrechts, ZHR 138 (1974), 533; *Brandi*, Die Europäische Aktiengesellschaft im deutschen und internationalen Konzernrecht, NZG 2003, 889; *Clemm*, Die Grenzen der Weisungsfolgepflicht des Vorstands der beherrschten AG bei bestehendem Beherrschungsvertrag, ZHR 141 (1977), 197; *Duden*, Zur Mitbestimmung in Konzernverhältnissen nach dem Mitbestimmungsgesetz, ZHR 141 (1977), 145; *Ebenroth*, Das Verhältnis zwischen Gesellschaftervereinbarung, Gesellschaftssatzung und Investitionsvertrag, JZ 1987, 265; *Emmerich/Habersack*, Aktien- und GmbH-Konzernrecht, Kommentar, 5. Aufl., 2008; *Emmerich/Habersack*, Konzernrecht, 9. Aufl., 2008; *Habersack*, Das Konzernrecht der „deutschen" SE, ZGR 2003, 725; *Hahn*, Grenzüberschreitende Gewinnabführungs- und Beherrschungsverträge, IPRax 2002, 107; *Harbarth*, Dual Headed Companies, AG 2004, 573; *Hoffmann-Becking*, Der Einfluss schuldrechtlicher Gesellschaftsvereinbarungen auf die Rechtsbeziehungen in der Kapitalgesellschaft, ZGR 1994, 442; *Hopt*, Konzernrecht: Die europäische Perspektive, ZHR 171 (2007), 199; *Jaecks/Schönborn*, Die Europäische Aktiengesellschaft, das internationale und das deutsche Konzernrecht, RIW 2003, 254; *Kindler*, Münchener Kommentar zum BGB, Band 11, Internationales Wirtschaftsrecht, 4. Aufl., 2006; *ders.*, Hauptfragen des Konzernrechts in der internationalen Diskussion, ZGR 1997, 449; *Kronke*, Grenzüberschreitende Personengesellschaftskonzerne – Sachnormen und Internationales Privatrecht, ZGR 1989, 473; *Lange*, Der grenzüberschreitende Vertragskonzern im Recht der Personenhandelsgesellschaften, IPRax 1998, 438; *Langenfeld/Wirth*, Joint Venture im internationalen Wirtschaftsverkehr, 1990; *Lutter*, Der Anwendungsbereich des Mitbestimmungsgesetzes, ZGR 1977, 195; *Maul*, Probleme im Rahmen von grenzüberschreitenden Unternehmensverbindungen NZG 1999, 741; *dies.*, Konzernrecht der „deutschen" SE – Ausgewählte Fragen zum Vertragskonzern und den faktischen Unternehmensverbindungen, ZGR 2003, 743; *Pfeiffer*, Neues Internationales Vertragsrecht, EuZW 2008, 622; *Schaumburg*, Internationale Joint Venture, 1999; *Schiessel*, Haftung im grenzüberschreitenden Konzern, RIW 1988, 951; *Schilling*, Bemerkungen zum Europäischen Konzernrecht, ZGR 1978, 415; *Schulte/Pohl*, Joint-Venture-Gesellschaften, 2008; *Schulte/Schwindt/Kuhn*, Joint Venture, 2009; *Selzner/Sustmann*, Der grenzüberschreitende Beherrschungsvertrag, Der Konzern 2004, 85; *Spahlinger/Wegen*, Internationales Gesellschaftsrecht in der Praxis, 2005, S. 99 ff; *Spickhoff*, Der verbotswidrige Rückerwerb eigener Aktien – Internationales Privatrecht und europäische Rechtsangleichung, BB 1997, 2593; *Stengel*, Joint Venture, Beck´sches Handbuch der Personengesellschaften, 2009, § 21; *Teichmann*, ECLR Die Einführung der Europäischen Aktiengesellschaft, ZGR 2002, 383; *Ulrich*, Gewinnabführungsverträge im GmbH-Konzern, GmbHR 2004, 1000.

A. Vertragssystem

1 Bei einer Zweckgesellschaft lassen sich – ähnlich wie bei einem Joint Venture – drei **Gruppen** von Verträgen unterscheiden: Der **Gesellschaftsvertrag**, die **Gesellschaftervereinbarung** (sofern die Zweckgesellschaft mehrere Gesellschafter hat) sowie **Leistungsverträge** zwischen den Gesellschaftern oder der Zweckgesellschaft. Gesellschaftsrechtlich sind der Gesellschaftsvertrag und die Gesellschaftervereinbarung relevant; diese werden nachfolgend dargestellt.

I. Gesellschaftsvertrag

1. Allgemeines

2 Neben etwaigen Gesellschaftervereinbarungen ist die Gestaltung des Gesellschaftsvertrags bzw der Satzung der Zweckgesellschaft von entscheidender Bedeutung. Dort sind die gesellschaftsrechtlichen Bestimmungen zur Verfassung der Zweckgesellschaft enthalten. In der Regel unterliegt die Gestaltung des Gesellschaftsvertrags bzw der Satzung bestimmten gesetzlichen Vorgaben. Häufig enthält der Gesellschaftsvertrag der Zweckgesellschaft auch Regelungen, die der **Umsetzung** von in einer Gesellschaftervereinbarung getroffenen Vereinbarungen dienen. Typische Beispiele sind Regelungen zu den Kompetenzen einzelner Gesellschaftsorgane und zu deren Zusammensetzung sowie Regelungen zu Mehrheitserfordernissen für Beschlüsse in Organen der Zweckgesellschaft. Aufgrund häufig bestehender gesetzlicher **Publizitätspflichten** für den Gesellschaftsvertrag verzichten die Gesellschafter einer Zweckgesellschaft oft darauf, vertrauliche Regelungen, wie beispielsweise Stimmbindungen oder Finanzierungs- und Budgetfragen, in den Gesellschaftsvertrag selbst aufzunehmen. Diese finden sich dann nur in der Gesellschaftervereinbarung.

3 Bei **Errichtung** und **Ausstattung** der Zweckgesellschaft sind viele **Gestaltungsvarianten** denkbar: Die Zweckgesellschaft kann Betriebe oder einzelne Vermögensgegenstände enthalten. Die Zweckgesellschaft kann jedoch auch lediglich Leistungen auf vertraglicher Grundlage beziehen oder als Holding fungieren, in welche die Partner Beteiligungen an anderen Gesellschaften einbringen. **Mischformen**, bei denen beispielsweise die Zweckgesellschaft selbst operative Aufgaben wahrnimmt, zugleich aber über Tochtergesellschaften verfügt, kommen in der Praxis häufig vor.

2. Rechtsform der Zweckgesellschaft

4 Große Bedeutung hat die Wahl der für die Zweckgesellschaft am besten geeigneten Rechtsform. Bevorzugt werden dabei Rechtsformen, welche größtmöglichen Gestaltungsspielraum, insbesondere hinsichtlich der **Einflussmöglichkeiten** der Gesellschafter auf die Geschäftsleitung der Gesellschaft, erlauben sowie einfach und rechtssicher zu verwalten sind. Die Wahl der Rechtsform der Zweckgesellschaft und die genaue Ausgestaltung des Gesellschaftsvertrags hängt davon ab, in welchem Land und nach welchem Recht die Zweckgesellschaft gegründet wird und welche Rechtsformen danach zur Verfügung stehen.[1]

5 In Deutschland wird als Rechtsform für eine Zweckgesellschaft häufig die **GmbH** oder die **GmbH & Co. KG** gewählt. Letzteres liegt darin begründet, dass mit der GmbH & Co. KG

1 Zu den möglichen Rechtsformen in verschiedenen Ländern vgl MünchHdb GesR VI/*Süß* § 48.

steuerrechtliche Vorteile einer Personengesellschaft mit der Haftungsbeschränkung einer Kapitalgesellschaft kombiniert werden können.[2] Die Rechtsform der Aktiengesellschaft (AG) oder die vergleichbare Rechtsform der Kommanditgesellschaft auf Aktien (KGaA) finden hingegen weniger Zuspruch. Der Grund dafür liegt im Wesentlichen darin, dass die AG im Vergleich zur GmbH oder GmbH & Co. KG weniger flexibel bei der Ausgestaltung des Verwaltungssystems ist und weniger Einfluss der Gesellschafter auf die Geschäftsleitung ermöglicht.[3] Auch die Verwaltung der AG und KGaA erfordert in der Regel mehr Aufwand als die der GmbH bzw GmbH & Co. KG.[4] Eine offene Handelsgesellschaft (OHG) hat gegenüber der GmbH und der GmbH & Co. KG wiederum den Nachteil, dass eine Haftungsbegrenzung im Außenverhältnis nicht erreicht wird. Die GmbH ihrerseits hat zunächst den Vorteil, dass grundsätzlich die persönliche Haftung der Gesellschafter ausgeschlossen ist (§ 13 Abs. 2 GmbHG). Die GmbH ist wie die AG körperschaftlich organisiert, doch sind die Strukturen flexibler, beispielsweise ist es der Gesellschafterversammlung der GmbH möglich, bindende Weisungen an die Geschäftsführer zu erteilen.[5] Auch der Kapitalschutz ist bei der GmbH weniger streng ausgestaltet als bei der AG. Da die Gesellschafter einer Zweckgesellschaft in der Regel alle Anteile an der Gesellschaft halten, können sie aufgrund des umfassenden Weisungsrechts der Gesellschafterversammlung (§ 37 Abs. 1 GmbHG) in hohem Maß direkt Einfluss auf die Geschäftsführung einer GmbH nehmen. Zudem lässt sich der **Gesellschaftsvertrag** einer GmbH weitgehend **flexibel** ausgestalten. So können neben den gesetzlich vorgesehenen Organen der Gesellschaft weitere Organe mit bindenden Entscheidungskompetenzen in der Satzung der GmbH geschaffen werden. Das bei der AG geltende Gebot der Satzungsstrenge (§ 23 Abs. 5 AktG) gilt für die GmbH nicht.

Weitere Flexibilität wurde für die GmbH jüngst dadurch geschaffen, dass die Regelungen 6
über die Mindesteinlage und Teilbarkeit von Geschäftsanteilen geändert wurden. Vor Inkrafttreten des Gesetzes zur Modernisierung des GmbH-Rechts und zur Bekämpfung von Missbräuchen (MoMiG)[6] musste die Einlage eines GmbH-Gesellschafters mindestens 100 EUR betragen und durch 50 teilbar sein. Aufgrund des neu gefassten § 5 Abs. 2 S. 1 GmbHG muss der Nennbetrag jedes Geschäftsanteils nur noch auf volle Euro lauten; der Mindestnennbetrag beträgt nun 1 EUR.

Als in der Praxis nachteilig wird häufig das für den Gesellschaftsvertrag und die Übertra- 7
gung von GmbH-Anteilen geltende Beurkundungserfordernis gesehen.[7] Dies kann neben steuerrechtlichen Aspekten einen weiteren Vorteil der GmbH & Co. KG darstellen, deren Gesellschaftsvertrag grundsätzlich nicht der notariellen Beurkundung bedarf (anders ist dies bei der Gründung der Komplementär GmbH) und auch nicht beim Handelsregister eingereicht werden muss.[8]

Neue Möglichkeiten für die Wahl der Rechtsform einer Zweckgesellschaft bieten die **supra-** 8
nationalen Gesellschaftsformen. Als alternative Rechtsform für eine Zweckgesellschaft

2 *Schulte* in: Schulte/Schwindt/Kuhn § 2 Rn 116; *Stengel* in: Beck´sches Handbuch der Personengesellschaften § 21 Rn 93.

3 Mehr Flexibilität besteht bei der Ausgestaltung der Satzung einer KGaA, da für die Ausgestaltung des Verhältnisses der Gesellschafter untereinander dieselben Vorschriften wie für die KG gelten (§ 278 Abs. 2 AktG); § 23 Abs. 5 AktG findet insoweit keine Anwendung, vgl etwa *Hüffer*, AktG, § 278 Rn 18.

4 Ein Überblick über die einzelnen Gesellschaftsformen und ihre Vor- und Nachteile findet sich bei *Schulte* in: Schulte/Schwindt/Kuhn § 2 Rn 16 ff.

5 Siehe § 37 Abs. 1 GmbHG.

6 Gesetz zur Modernisierung des GmbH-Rechts und zur Bekämpfung von Missbräuchen vom 23.10.2008, BGBl. I, 2026.

7 Formbedürftig ist die Übertragung von KG-Anteilen nur dann, wenn diese zusammen mit den GmbH-Anteilen veräußert werden, BGH NJW 1986, 2642, 2643; *Watermeyer* in: Beck´sches Handbuch der Personengesellschaften § 12 Rn 105 f.

8 *Watermeyer* in: Beck´sches Handbuch der Personengesellschaften § 12 Rn 10 ff.

kommt die Europäische Gesellschaft (**SE**) in Betracht. Bei der SE handelt es sich um eine Kapitalgesellschaft mit einem in Aktien zerlegten Grundkapital von mindestens 120.000 EUR. Ein großer Vorteil der SE ist die Möglichkeit der grenzüberschreitenden Sitzverlegung in einen anderen Mitgliedstaat der EU, ohne dass die Auflösung der Gesellschaft droht oder es einer Neugründung bedarf.[9] Ähnlich wie die AG wird die SE aber nur in Ausnahmefällen als Rechtsform für eine Zweckgesellschaft taugen.[10] Dagegen sprechen die bereits zur AG aufgeführten Erwägungen wie das hohe Grundkapital sowie die strengen Formvorschriften und Formalien, die für Satzung und Verwaltung der SE ebenso wie bei der AG zu beachten sind. Noch nicht verabschiedet ist das Statut der sog. Europäischen Privatgesellschaft (SPE).

3. Kollisionsrecht

9 Bei internationalen Sachverhalten ist neben der Wahl der passenden Gesellschaftsform auch das Kollisionsrecht zu beachten. Dies gilt besonders dann, wenn die Zweckgesellschaft nicht in dem Land errichtet werden soll, in dem sie tätig wird. Bei der Bestimmung, welches Gesellschaftsstatut auf eine Gesellschaft Anwendung findet, stehen sich zwei Theorien gegenüber. Nach der sog. **Sitztheorie** findet auf eine Gesellschaft das Recht des Staates Anwendung, in dem diese ihren Verwaltungssitz – also den Ort ihrer tatsächlichen Geschäftsleitung – hat.[11] Innerhalb von EU und EWR ist die Sitztheorie aufgrund der **Niederlassungsfreiheit** von Unternehmen, die nach dem Recht eines EU-Mitgliedstaates gegründet wurden, nur noch eingeschränkt anwendbar.[12] Der Sitztheorie steht die sog. **Gründungstheorie** gegenüber, wonach auf eine Gesellschaft – unabhängig von ihrem tatsächlichen Verwaltungssitz – das Recht ihres Gründungsstaates Anwendung findet. Die Gründungstheorie hat durch die jüngere Rechtsprechung des EuGH in der EU und dem EWR erheblich an Bedeutung gewonnen.[13] Die auf Basis der europäischen Niederlassungsfreiheit (Art. 43 ff EGV) ergangenen Entscheidungen führen dazu, dass Gesellschaften, die nach dem Recht eines EU- bzw EWR-Mitgliedstaates gegründet wurden, aufgrund der Niederlassungsfreiheit ihren Verwaltungssitz in jeden anderen Mitgliedstaat der EU bzw des EWR verlegen dürfen, wenn das Recht ihres Gründungsstaates dies erlaubt.[14] Für Gesellschaften, die nach dem Recht eines Nicht-EU- bzw EWR-Staates (**Drittstaat**) gegründet wurden, bleibt der Meinungsstreit allerdings bis auf Weiteres relevant.[15] In Deutschland ist nach Änderung von § 4 a GmbHG und § 5 AktG, die für die GmbH, AG und KGaA einen Verwaltungssitz im Ausland zulassen, davon auszugehen, dass die Sitztheorie nach dem Willen des Gesetzgebers weitgehend zugunsten

9 MünchKommAktG/*Oechsler* Vor Art. 1 VO (EG) 2157/2001 Rn 9; *Wenz* AG 2003, 185, 194.

10 Zur genaueren Struktur einer Zweckgesellschaft in der Form der SE *Brandi* NZG 2003, 889, 895.

11 BGHZ 97, 269, 272; *Ebenroth* JZ 1987, 265, 267; MünchHdb GesR VI/*Thölke* § 1 Rn 61.

12 Ausführlich zu Sitz- und Gründungstheorie und der Rechtsprechung des EuGH zur Niederlassungsfreiheit Semler/Stengel/*Drinhausen* Einl. C Rn 7 ff.

13 Semler/Stengel/*Drinhausen* Einl. C Rn 7 ff.

14 Dem Gründungsstaat ist es nach der Rechtsprechung des EuGH jedoch gestattet, die Verlegung des Verwaltungssitzes unter Beibehaltung der Gründungsrechtsform zu verbieten, siehe EuGH NJW 2009, 569 („Cartesio"); dazu *Frobenius* DStR 2009, 487, 488; *Kindler* IPRax 2009, 189, 192; *Sethe/Winter* WM 2009, 536, 538.

15 Vgl zu den Argumenten für und wider die einzelnen Theorien MünchHdb GesR VI/*Thölke* § 1 Rn 61 ff, BGH NJW 2009, 289 zu Schweizer Gesellschaft; nach Art. XXV des deutsch-amerikanischen Freundschaftsvertrags (BGBl. II 1965, 487 ff) gelten Gesellschaften, die gemäß den Gesetzen und sonstigen Vorschriften des einen Vertragsteils in dessen Gebiet errichtet sind, als Gesellschaft dieses Vertragsteils und werden im Gebiet des anderen Vertragsteils anerkannt. Diese Regelung, die auf der Gründungstheorie aufbaut, geht der Sitztheorie vor. Siehe auch unter www.bmj.de den Referentenentwurf eines Gesetzes zum Internationalen Privatrecht der Gesellschaften, Vereine und juristischen Personen, in dessen Zuge in den Art. 10 ff EGBGB ein Gesellschaftskollisionsrecht kodifiziert werden soll, dessen grundsätzliches Anknüpfungsmerkmal der Registrierungsort einer Gesellschaft sein soll.

der Gründungstheorie aufgegeben ist.[16] Abzuwarten bleibt, ob durch den neu gefassten § 4 a GmbHG die GmbH ähnlich wie die englische Limited eine über die nationalen Grenzen hinweg genutzte Gesellschaftsform wird.

4. Internationale Zuständigkeit

Für die internationale Zuständigkeit von Gerichten gilt hinsichtlich des Gesellschaftsvertrages die ausschließliche Zuständigkeit des Art. 22 Nr. 2 EuGVVO. Die Zweckgesellschaft ist regelmäßig eine juristische Person oder besitzt zumindest eine hinreichend festgefügte Organisation und tritt selbstständig im Rechtsverkehr auf (zu den Grundsätzen der EuGVVO siehe Rn 17 ff). Im Interesse einer Konzentrierung aller den Status einer Gesellschaft bzw juristischen Person betreffenden Streitigkeiten gewährt Art. 22 Nr. 2 EuGVVO den Gerichten des EU-Mitgliedstaats, in dem die juristische Person bzw Gesellschaft ihren Sitz hat, die international ausschließliche Zuständigkeit für die Entscheidung von Klagen betreffend 10

1. die Gültigkeit oder Nichtigkeit einer Gesellschaft oder juristischen Person,
2. die Auflösung einer Gesellschaft oder juristischen Person sowie
3. die Gültigkeit oder Nichtigkeit der Beschlüsse von Organen einer Gesellschaft oder juristischen Person.[17]

In diesen Bereichen haben gem. Art. 23 Abs. 5 EuGVVO Gerichtsstandsvereinbarungen keine rechtliche Wirkung.

II. Gesellschaftervereinbarung

1. Allgemeines

Hat die Zweckgesellschaft mehrere Gesellschafter, wird oft eine Gesellschaftervereinbarung abgeschlossen. Da die Gesellschaftervereinbarung die wesentlichen Abreden der Beteiligten enthält, ist sie in der Regel sehr ausführlich. Sie eignet sich besonders für die **vertraulichen Absprachen** zwischen den Partnern, da sie in aller Regel keinen gesetzlichen Publizitätspflichten unterliegt und sich darin häufig vom Gesellschaftsvertrag der Zweckgesellschaft unterscheidet.[18] In aller Regel vereinbaren die Parteien, die Gesellschaftervereinbarung streng vertraulich zu behandeln. 11

2. Form

Die Gesellschaftervereinbarung kann grundsätzlich **formfrei** abgeschlossen werden. Gilt deutsches Recht, macht auch die durch den Abschluss der Gesellschaftervereinbarung entstehende BGB-Gesellschaft die Einhaltung besonderer Formvorschriften nicht erforderlich. Enthält die Gesellschaftervereinbarung jedoch Regelungen, die ihrerseits zur wirksamen Begründung die Einhaltung bestimmter Formvorschriften, zB **notarielle Beurkundung**, erfordern, 12

---

16 *Hoffmann* ZIP 2007, 1581, 1586; *Kuhn* in: Schulte/Schwindt/Kuhn § 3 Rn 17; *Seibert* RWS- Dokumentation 23, 56; aA *Kindler* IPRax 2009, 189, 197; siehe auch unter www.bmj.de den Referentenentwurf eines Gesetzes zum Internationalen Privatrecht der Gesellschaften, Vereine und juristischen Personen, in dessen Zuge in den Art. 10 ff EGBGB ein Gesellschaftskollisionsrecht kodifiziert werden soll, dessen grundsätzliches Anknüpfungsmerkmal der Registrierungsort einer Gesellschaft sein soll. Zur fortwährenden Anwendung der Sitztheorie zur Bestimmung des Gesellschaftsstatuts von Unternehmen, die außerhalb von EU und EWR gegründet wurden, siehe aber jüngst BGH NJW 2009, 289 („Trabrennbahn"), wonach eine nach Schweizer Recht gegründete Aktiengesellschaft nach Verlegung ihres Verwaltungssitzes nach Deutschland als Personengesellschaft deutschen Rechts zu behandeln ist.

17 Geimer/Schütze/*Geimer* Art. 22 EuGVVO Rn 138 f; *Kropholler*, Europäisches Zivilprozessrecht Art. 22 EuGVVO Rn 33 ff; Rauscher/*Mankowski* Art. 22 Brüssel I-VO Rn 28 ff.

18 So muss beispielsweise der Gesellschaftsvertrag einer deutschen GmbH gem. § 8 GmbHG bei der Anmeldung mit eingereicht werden und ist in den Registerakten einsehbar.

kann dies auf die gesamte Gesellschaftervereinbarung ausstrahlen.[19] Wenn die Gesellschaftervereinbarung beispielsweise die Verpflichtung zum Erwerb von GmbH-Geschäftsanteilen (notarielle Form des § 2 Abs. 1 GmbHG) oder Grundstücken (notarielle Beurkundung gem. § 311 b Abs. 1 BGB) vorsieht, ist sie aus diesem Grund insgesamt notariell zu beurkunden, wenn die entsprechenden Regelungen in einem untrennbaren Zusammenhang mit den übrigen Regelungen der Gesellschaftervereinbarung stehen.

3. Kollisionsrecht

13 Bei **internationalen Sachverhalten** stellt sich regelmäßig die Frage nach dem für die Gesellschaftervereinbarung **maßgeblichen Recht.** Die Gesellschaftervereinbarung ist zuallererst eine schuldrechtliche Vereinbarung, so dass für sie grundsätzlich das nach dem **Vertragsstatut** ermittelte Recht gilt. Da es bei der Geltung deutschen Rechts zu der bereits angesprochenen Gründung einer BGB-Innengesellschaft kommt, stellt sich die Frage, ob das auf diese Regelungen anwendbare Recht nach dem **Gesellschafts**- anstelle des **Vertragsstatuts** zu ermitteln ist.[20] Richtigerweise wird danach zu differenzieren sein, ob die Gesellschaftervereinbarung bereits eine nach außen hervortretende Organisation – also eine BGB-Außengesellschaft – begründet, mit der Folge, dass an das Gesellschaftsstatut anzuknüpfen wäre.[21] Dies wird jedoch in aller Regel nicht der Fall sein, so dass das Vertragsstatut anwendbar bleiben wird.

14 Das auf die Gesellschaftervereinbarung nach dem Vertragsstatut anwendbare Recht bestimmte sich für deutsche Gerichte bis zum Inkrafttreten der Rom I-Verordnung[22] nach Art. 27 ff EGBGB, die von dem Grundsatz ausgingen, dass die **Parteien** das maßgebliche Recht **selbst bestimmen** können. Nur wenn keine Rechtswahl getroffen wurde, musste bestimmt werden, mit welcher Rechtsordnung der Vertrag die engsten Verbindungen aufwies (Art. 28 Abs. 1 EGBGB). Hinsichtlich der Form des Vertrags war Art. 11 EGBGB zu beachten. Hiernach war der Vertrag formwirksam, wenn er den Formerfordernissen des Geschäftsrechts (vorliegend dem Vertragsstatut) oder des Ortsrechts (Recht des Staates, in dem das Rechtsgeschäft vorgenommen wird) entsprach.[23]

15 Inhaltlich haben sich im deutschen Internationalen Privatrecht auch nach Inkrafttreten der Rom I-Verordnung im Bereich des vertraglichen Kollisionsrechts keine wesentlichen Änderungen ergeben.[24] Art. 3 Rom I-VO geht ebenfalls von dem Grundsatz der Rechtswahlfreiheit aus. Sollte es an einer ausdrücklichen oder konkludenten Rechtswahl fehlen, finden sich in den Art. 4 ff Rom I-VO Anknüpfungsmomente für bestimmte Vertragstypen.[25] Für die Formgültigkeit eines Vertrages verlangt Art. 11 Rom I-VO, wie sein Pendant Art. 11 EGBGB, dass der Vertrag den Formvorschriften des Geschäfts- oder des Ortsrechts genügt.[26]

---

19 Grundlegend zum Formerfordernis bei einem GmbH-Vorgründungsvertrag entsprechend § 2 GmbHG: BGH DB 1988, 223; BGH ZIP 1988, 89; BGH WM 1973, 67, 68; Baumbach/Hueck GmbHG/*Hueck/Fastrich* § 2 Rn 29; Scholz/*Emmerich* GmbHG § 2 Rn 83 mwN.

20 Zur Anwendbarkeit des Gesellschaftsstatuts auf die GbR siehe MünchHdb GesR VI/*Thölke* § 1 Rn 44; *Ebenroth* JZ 1988, 265, 266.

21 Vgl MünchHdb GesR VI/*Thölke* § 1 Rn 46; MünchKommBGB/*Kindler* IntGesR Rn 524; Palandt/*Thorn* Anh. zu Art. 12 EGBGB Rn 10, wonach für einen Vorvertrag, der die Modalitäten für die Gründung einer Gesellschaft regelt, grundsätzlich das Vertragsstatut gilt. Das Gesellschaftsstatut kann daher allenfalls dann maßgeblich sein, wenn die Gesellschaftervereinbarung bereits den Gesellschaftsvertrag der BGB-Gesellschaft darstellt.

22 Verordnung (EG) Nr. 593/2008 vom 17.6.2008 über das auf vertragliche Schuldverhältnisse anzuwendende Recht; in Kraft getreten am 17.12.2009.

23 *Kroppholler* Internationales Privatrecht § 41 III 5; MünchKommBGB/*Spellenberg* Art. 11 EGBGB Rn 44; Palandt/*Thorn* Art. 11 EGBGB Rn 2.

24 Eine Synopse der Vorschriften des EGBGB und der Rom I-VO befindet sich bei *Kindler* IPRax 2008, 365 f.

25 *Pfeiffer* EuZW 2008, 622, 625.

26 *Kindler* IPRax 2008, 365 f.

Bei Zweckgesellschaften enthält die Gesellschaftervereinbarung in aller Regel auch **Nebenabreden**, die die Zweckgesellschaft betreffen.[27] Insbesondere wenn als Zweckgesellschaft eine Kapitalgesellschaft fungieren soll, enthalten diese Nebenabreden häufig außerhalb der Satzung getroffene Vereinbarungen, die für die gesamte Dauer der Zweckgesellschaft maßgeblich sind. Sind sämtliche Gesellschafter der Zweckgesellschaft zugleich Vertragspartner der Gesellschaftervereinbarung, hat sich der BGH in mehreren Entscheidungen über die Trennung der beiden Rechtssphären hinweggesetzt und eine unmittelbare Geltung der schuldrechtlichen Gesellschaftervereinbarung auf der Ebene der Gesellschaft angenommen (zB eine Absprache aller Gesellschafter, dass die Abberufung eines Gesellschafters aus seiner Stellung als Geschäftsführer nur mit Zustimmung aller Gesellschafter erfolgen könne).[28] Aus diesem Grund wird teilweise vertreten, das auf solche Nebenabreden anwendbare Recht bestimme sich nach dem Gesellschaftsstatut der Zweckgesellschaft und nicht nach dem Vertragsstatut.[29] Dem ist zuzustimmen. Es ist aber im Einzelfall genau zu untersuchen, welche Vereinbarungen in der Gesellschaftervereinbarung in Bezug auf die Zweckgesellschaft getroffen werden. Denn nicht jede Regelung in Bezug auf die Zweckgesellschaft kann dazu führen, dass das Gesellschaftsstatut der Zweckgesellschaft insoweit auch für die Gesellschaftervereinbarung maßgeblich ist. Soweit die Gesellschafter schuldrechtliche Vereinbarungen treffen, die nicht in die Struktur der Gesellschaft eingreifen, bleibt das Vertragsstatut maßgeblich.[30] Nur solche Absprachen, welche die Struktur der Gesellschaft betreffen, sind nach dem Gesellschaftsstatut anzuknüpfen.[31] 16

4. Internationale Zuständigkeit

Ein wichtiger Aspekt ist die internationale Zuständigkeit von Gerichten.[32] Die internationale Zuständigkeit wird grundsätzlich dadurch bestimmt, ob ein streitiger Sachverhalt einen sog. **Inlandsabzug** aufweist, der es rechtfertigt, dass der Rechtsstreit von den Gerichten eines Landes entschieden wird.[33] Die Bestimmung der internationalen Zuständigkeit eines Gerichts erfolgt in der EU nach den Regeln der Verordnung über die gerichtliche Zuständigkeit und die Anerkennung und Vollstreckung von Entscheidungen in Zivil- und Handelssachen (sog. „**EuGVVO**").[34] 17

In der Praxis häufig anzutreffen sind sog. **Gerichtsstandsvereinbarungen** – also die Festlegung einer bestimmten Gerichtszugehörigkeit. Ergänzt wird eine Gerichtsstandsvereinbarung häufig durch eine sog. **Schiedsvereinbarung**, wonach Streitigkeiten zur Entscheidung an ein Schiedsgericht verwiesen werden.[35] 18

Die Voraussetzungen für eine wirksame Gerichtsstandsvereinbarung normiert Art. 23 EuGVVO. Danach können die Parteien vereinbaren, dass ein Gericht oder die Gerichte eines Mitgliedstaates über bereits entstandene oder über künftig aus einem bestimmten Rechtsver- 19

27 MünchHdb GesR I/*Baumanns/Wirbel* § 28 Rn 29; *Göthel* RIW 1999, 566, 568; *Stengel* in: Beck'sches Handbuch der Personengesellschaften § 21 Rn 115.

28 BGHZ 29, 385, 391; BGH NJW 1983, 1910; BGH NJW 1987, 1890.

29 *Ebke* IPRax 1983, 18, 21 f; *Göthel* RIW 1999, 566, 569; *Mäsch* NJW 1996, 54, 55.

30 *Ebke* IPRax 1983, 18, 21 f; *Göthel* RIW 1999, 566, 569; *Mäsch* NJW 1996, 54, 55.

31 Für Beispiele von Absprachen, die in die Struktur der Gesellschaft eingreifen, siehe *Göthel* RIW 1999, 566, 569.

32 Siehe zu Einzelheiten zur internationalen Zuständigkeit nach der EuGVVO *Kropholler* Europäisches Zivilprozessrecht Einl. EuGVVO Rn 1 ff; Rauscher/*Staudinger* Einl. Brüssel I-VO Rn 1 ff.

33 *von Hoffmann/Thorn* Internationales Privatrecht § 3 Rn 28; *Kropholler* Internationales Privatrecht § 58 I S. 606 f.

34 VO (EG) Nr. 44/2001 vom 22.12.2000.

35 Ausführlich zu Schiedsvereinbarungen MünchKommBGB/*Martiny* Vor Art. 27 EGBGB Rn 107 ff; *Kuhn* in: Schulte/Schwindt/Kuhn § 8 Rn 32 ff; zum Verhältnis EuGVVO zur Schiedsgerichtsbarkeit siehe *Kropholler* Europäisches Zivilprozessrecht Art. 1 EuGVVO Rn 41 ff.

hältnis entstehende Rechtsstreitigkeiten entscheiden sollen. Partei einer solchen Vereinbarung muss aber mindestens ein Unternehmen im Sinne des Art. 60 EuGVVO mit Sitz in einem EU-Mitgliedstaat sein.[36] Ferner muss die Gerichtsstandsvereinbarung formell den Anforderungen des Art. 23 Abs. 1 S. 3 lit. a) bis c) EuGVVO genügen.[37] Sofern die Parteien nichts anderes vereinbart haben, begründet die Gerichtsstandsvereinbarung eine **ausschließliche Zuständigkeit** des gewählten Gerichts.

20 Treffen die Parteien keine Gerichtsstandsvereinbarung, normiert Art. 2 Abs. 1 EuGVVO den **Grundsatz**, wonach das Gericht international zuständig ist, in dessen Mitgliedstaat der Beklagte seinen Wohnsitz hat. Bei Gesellschaften und juristischen Personen wird diese Anknüpfung an den Wohnsitz dahin gehend modifiziert, dass alternativ der satzungsmäßige Sitz, die Hauptverwaltung oder die Hauptniederlassung maßgeblich sind (Art. 60 EuGVVO). Sollte der Beklagte keinen Sitz im Hoheitsgebiet eines Mitgliedstaats haben, richtet sich die internationale Zuständigkeit gem. Art. 4 Abs. 1 EuGVVO nach den nationalen Vorschriften des Staates, dessen Gericht angerufen wird, sofern keine ausschließliche Zuständigkeit nach Art. 22, 23 EuGVVO vorliegt. Keine Anwendung findet in diesem Fall jedoch die Zuständigkeitsregel des Art. 22 Nr. 2 EuGVVO.[38] Weil die mit der Gesellschaftervereinbarung einhergehende Gründung einer Innengesellschaft regelmäßig keine hinreichend festgefügte Organisation und Teilnahme am Rechtsverkehr aufweist, handelt es sich hierbei nicht um eine Gesellschaft oder juristische Person im Sinne dieser Vorschrift. In Deutschland wird nach ganz hM in den gesetzlich nicht geregelten Fällen[39] die internationale Zuständigkeit aufgrund der vergleichbaren Interessenlage in analoger Anwendung der Regeln über die **örtliche Zuständigkeit** ermittelt. Die örtliche Zuständigkeit indiziert insoweit die internationale Zuständigkeit.[40]

B. Typische Regelungen

21 In dem folgenden Abschnitt werden typische Regelungen des Gesellschaftsvertrags und einer Gesellschaftervereinbarung behandelt.

I. Rechtsform und Sitz

22 In der Regel wird der tatsächliche **Verwaltungssitz** der Zweckgesellschaft in dem Land gewählt, in dem die Zweckgesellschaft tätig werden soll. Die Parteien müssen deshalb entscheiden, ob die Zweckgesellschaft nach der Rechtsordnung dieses Landes oder nach einer anderen Rechtsordnung gegründet werden soll. Zu berücksichtigen ist dabei insbesondere, in welchem Umfang das entsprechende Land die Beteiligung ausländischer Gesellschafter an einem inländischen Unternehmen zulässt und welche Anforderungen insoweit erfüllt werden

36 Geimer/Schütze/*Geimer* Art. 23 EuGVVO Rn 16 ff; Rauscher/*Mankowski* Art. 23 Brüssel I-VO Rn 2; zum Begriff des Sitzes von Gesellschaften und juristischen Personen *Kropholler* Europäisches Zivilprozessrecht Art. 60 EuGVVO Rn 2.

37 Für Details siehe Geimer/Schütze/*Geimer* Art. 23 EuGVVO Rn 95 ff; *Kropholler* Europäisches Zivilprozessrecht Art. 23 EuGVVO Rn 30 ff; Rauscher/*Mankowski* Art. 23 Brüssel I-VO Rn 14 ff.

38 Art. 22 Nr. 2 EuGVVO erklärt für Klagen, die die Gültigkeit, Nichtigkeit oder Auflösung einer Gesellschaft oder juristischen Person bzw die Gültigkeit von Beschlüssen ihrer Organe zum Gegenstand haben, das Gericht des Mitgliedstaats für ausschließlich zuständig, in dessen Hoheitsgebiet die Gesellschaft oder juristische Person ihren Sitz hat.

39 Regelungen über die internationale Zuständigkeit finden sich in § 606 a Abs. 1 ZPO, § 640 a Abs. 2 ZPO.

40 *Von Hoffmann/Thorn* Internationales Privatrecht § 3 Rn 38; *Kropholler* Internationales Privatrecht § 56 III S. 589.

müssen.[41] Die Möglichkeit, eine ausländische Rechtsform zu nutzen – also die Zweckgesellschaft nicht nach der Rechtsordnung des Ziellandes zu gründen – besteht nur, wenn dies sowohl der Verwaltungssitzstaat als auch der Gründungsstaat erlauben (vgl dazu bereits Rn 4 ff). Auch wenn danach die Verwendung einer ausländischen Rechtsform zulässig ist, sind eventuelle Beschränkungen des Verwaltungssitzstaates in Bezug auf das Tätigwerden von Auslandsgesellschaften zu beachten (zB besondere Firmenzusätze, die deutlich machen, dass es sich um eine ausländische Rechtsform handelt).[42] Soll sich der Verwaltungssitz der Zweckgesellschaft beispielsweise in Deutschland befinden, kann die Zweckgesellschaft jede Rechtsform haben, die nach dem Recht eines EU- bzw EWR-Mitgliedstaates zur Verfügung steht, vorausgesetzt, der betreffende Staat erlaubt Gesellschaften, ihren Verwaltungssitz in einem anderen Mitgliedstaat zu nehmen. Entsprechendes gilt für Gesellschaften, die nach dem Recht eines US-Bundesstaates gegründet sind und ihren Verwaltungssitz in Deutschland haben.[43]

II. Finanzierung

Von besonderer Bedeutung ist die Frage der Finanzierung der Zweckgesellschaft. In der Regel wird ein sog. **Business Plan** erstellt, der die erwarteten Erträge und Kosten in den ersten drei bis fünf Jahren enthält. Auf Basis dieses Business Plans wird vereinbart, welche Finanzierungsbeiträge die Parteien zu leisten haben, ob es sich um Bar- oder Sachleistungen handeln soll und auf welche Weise sie zu erbringen sind, beispielsweise als Einlage in die Zweckgesellschaft oder als Darlehen. Werden Sachleistungen gegen Gewährung von Anteilen gewährt, müssen nationale Regelungen zur Kapitalaufbringung beachtet werden (bspw § 5 Abs. 4 GmbHG für die deutsche GmbH). 23

Auch **Nachschusspflichten** der Gesellschafter sollten geregelt werden, damit bei Auftreten von Mehrkosten gegenüber dem Business Plan deren Verteilung bereits im Vorhinein geregelt ist. Neben der Regelung des Ob von Nachschusspflichten bietet sich an, in der Gesellschaftervereinbarung auch zu regeln, wie weitere Mittel zur Verfügung gestellt werden sollen. In der Praxis erfolgt die Zuführung weiterer Liquidität durch Gesellschafter in der Regel entweder über die Bereitstellung eines – ggf mit Rangrücktritt versehenen – Darlehens, als Einzahlung in die Kapitalrücklage der Zweckgesellschaft oder im Wege der Zeichnung neuer Anteile. Jede Form der Finanzierung hat Vor- und Nachteile und insbesondere auch Auswirkungen auf das Verhältnis der Partner untereinander. Erfolgt beispielsweise die Zuführung weiterer Liquidität durch Zeichnung neuer Anteile nur seitens eines Partners, führt dies in der Regel zur Verschiebung des Stimmengewichts zu dessen Gunsten, wenn nicht stimmrechtslose Anteile gewährt werden (die im Gegenzug zB einen Gewinnvorzug bieten, wie etwa stimmrechtslose Vorzugsaktien bei der deutschen AG). Diese Fragen sind im Einzelfall sorgfältig zu regeln; bei der möglichen Ausgestaltung sind Vorgaben des Gesellschaftsstatuts der Zweckgesellschaft zu beachten. 24

41 So werden bspw Investitionsgenehmigungen in China nur in Bezug auf einen festgelegten Geschäftszweck erteilt. Ausländische Investitionen können in Abhängigkeit von der Branche in Form einer ausschließlich vorübergehenden Repräsentanz, einer Zweckgesellschaft oder eines vollständig ausländisch investierten Unternehmens (Wholly Foreign Owned Enterprise (WFOE)) erfolgen. Siehe hierzu *Barth/Lock* RIW 2008, 337. Siehe zu Investitionsmöglichkeiten in Indien *Parameswaran* RIW 2009, 356 ff.

42 Solche Beschränkungen dürften jedoch grundsätzlich nur noch bei Wahl eines Drittstaates als Verwaltungssitzstaat oder bei Wahl der Rechtsform eines Drittstaates in Betracht kommen, nicht hingegen für eine Gesellschaft in der Rechtsform eines EU- bzw EWR-Mitgliedstaates, die ihren Verwaltungssitz in einem anderen EU-/EWR-Mitgliedstaat nimmt.

43 Siehe Art. XXV des deutsch-amerikanischen Freundschaftsvertrags (BGBl. II 1965, 487 ff).

III. Verfassung der Zweckgesellschaft (Corporate Governance)

25 Regelungen zur Besetzung der Geschäftsleitungs- und Aufsichtsorgane der Zweckgesellschaft und Regelungen zu den für deren Beschlussfassung erforderlichen Mehrheiten sind üblicherweise eng verknüpft mit einem Katalog von Beschlussgegenständen. In der Regel gilt: Je geringer die Bedeutung eines Beschlussgegenstands ist, desto eher kann der entsprechende Beschluss auch gegen den Willen des Gesellschafters und einzelner Partner gefasst werden. Für besonders **wichtige Entscheidungen**, beispielsweise Bestellung und Abberufung der Mitglieder von Geschäftsleitungs- und Aufsichtsorganen, Beschlussfassung über Budgets, Satzungsänderungen, Kapitalerhöhungen und – soweit das Recht der Zweckgesellschaft dies zulässt – Geschäftsordnungen für Aufsichts- und Geschäftsleitungsorgane, wird häufig Einstimmigkeit vereinbart. Hinsichtlich der Besetzung von Organen der Zweckgesellschaft steht im Mittelpunkt der Regelung die Frage, ob einzelne oder mehrere Partner das Recht haben sollen, Personen in Organe der Zweckgesellschaft zu entsenden. Dies kann entweder durch satzungsmäßig verankerte Entsenderechte geregelt werden (soweit das Recht der Zweckgesellschaft dies zulässt) oder außerhalb der Satzung im Wege einer Stimmbindungsvereinbarung unter den Gesellschaftern der Zweckgesellschaft. Die Regelung in der Satzung der Zweckgesellschaft hat insbesondere den Vorteil, dass die entsprechenden Satzungsregeln automatisch auch Erwerber einer Beteiligung an die Zweckgesellschaft binden. Da die Satzung der Zweckgesellschaft jedoch wiederum häufig zwingenden gesetzlichen Publizitätspflichten unterliegt, werden trotz dieses Vorteils viele Hauptabreden in der Gesellschaftervereinbarung getroffen, während die Satzung der Zweckgesellschaft nur die nicht vertraulichen Abreden enthält.

IV. Beteiligungsverhältnisse und Auflösung von Pattsituationen

26 Sind die Beteiligungsverhältnisse an der Zweckgesellschaft so ausgestaltet, dass es bei Beschlüssen zu Pattsituationen (auch „**Deadlocks**“ genannt) kommen kann, sollten Regelungen zu deren Auflösung getroffen werden. Pattsituationen entstehen typischerweise, wenn zwei Partner gleich hohe Beteiligungen an einer Zweckgesellschaft übernehmen. Ebenso können Pattsituationen aber eintreten, wenn Entscheidungen Einstimmigkeit erfordern, wie dies gerade für wichtige Entscheidungen oft vereinbart wird.[44] Solche Gestaltungen begründen einen Zwang zur Einigung, geben jedoch jedem einzelnen Partner im Gegenzug eine sehr starke, einem Vetorecht gleichkommende, Rechtsposition. Sofern die Partner nicht allein auf die Wirkung eines solchen Einigungszwangs vertrauen wollen, ist es erforderlich, Regelungen zur Auflösung derartiger Pattsituationen in der Gesellschaftervereinbarung oder der Satzung aufzunehmen. Keine der in der Praxis verwendeten Regelungen schafft es jedoch, derartige Pattsituationen in allen Fällen wirklich überzeugend aufzulösen.

27 Verbreitet finden sich zunächst Regelungen, wonach der im Patt befindliche Beschlussgegenstand durch eine Reihe paritätisch mit Vertretern der Partner besetzter Gremien eskaliert wird. Diese Gremien sind üblicherweise auf höheren Eskalationsebenen durch immer höherrangigere Vertreter der Partner besetzt. Diesem Mechanismus liegt die Erwartung zugrunde, dass mit zunehmender Distanz der befassten Entscheidungsträger neue Einigungsmöglichkeiten eröffnet werden. Derartige Regelungen haben sich in vielen Fällen in der Praxis bewährt, geraten jedoch oft an ihre Grenzen, wenn die aufzulösende Pattsituation grundlegende Entscheidungen über die Zweckgesellschaft betrifft. In diesen Fällen wird häufig versucht, die Pattsituation durch einen Dritten auflösen zu lassen, der entweder als Schiedsrichter agiert oder in einem auch mit Vertretern der Partner besetzten Gremium über die ausschlaggeben-

---

44 Siehe dazu näher MünchHdb GesR I/*Baumanns/Wirbel* § 28 Rn 59 ff; *Schulte* in: Schulte/Schwindt/Kuhn § 4 Rn 174 ff.

de Stimme verfügt. Angesichts der regelmäßig grundlegenden Bedeutung solcher Entscheidungen, sind die dazu berufenen neutralen Dritten mit dieser Rolle jedoch oft überfordert.

Lassen sich entstandene Pattsituationen auf den vorstehenden Wegen nicht auflösen, bleibt nur, sie entweder dauerhaft – häufig zum Nachteil der Zweckgesellschaft – fortbestehen zu lassen oder die Zweckgesellschaft selbst aufzulösen. Zu diesem Zweck werden vielfach sog. **„Buy-Sell-Optionen"** vereinbart (auch bekannt unter den etwas martialischen Begriffen „Shotgun Option" oder „Russisches Roulette"). Diese funktionieren letztlich nach einem einheitlichen Muster: Die Gesellschafter der Zweckgesellschaft vereinbaren, dass bei wiederholtem Vorliegen einer unauflöslichen Pattsituation ein Partner berechtigt sein soll, sämtliche Anteile an der Zweckgesellschaft zu übernehmen. In der Regel ist das Durchlaufen eines langwierigen und formalisierten Schlichtungsverfahrens Voraussetzung für das Eingreifen einer solchen Bestimmung. Um Meinungsverschiedenheiten über den zum Ankauf berechtigten Partner und die Höhe des Kaufpreises zu vermeiden, wird vorgesehen, dass ein Partner einen Preis vorschlägt, zu dem er bereit ist, seine Beteiligung an der Zweckgesellschaft zu verkaufen bzw die Beteiligung des anderen Partners zu erwerben. Der andere Partner hat sodann das Recht zu entscheiden, ob er kaufen oder verkaufen will. Bei Zweckgesellschaften mit mehr als zwei Gesellschaftern funktionieren derartige Ankauf-Verkauf-Vereinbarungen mit einigen Abweichungen grundsätzlich ebenfalls. Die entscheidende Schwäche dieser Klauseln liegt aber darin, dass sie letztlich nur bei annähernd gleich starken und in gleichem Umfang an der Zweckgesellschaft interessierten Parteien ihre Wirksamkeit entfalten. 28

V. Einziehungsregeln

Von besonderer Bedeutung sind Regelungen über die Einziehung von Geschäftsanteilen. Der Gesellschaftsvertrag sieht häufig die Möglichkeit vor, bei Vorliegen definierter Voraussetzungen Geschäftsanteile eines Gesellschafters gegen dessen Willen einzuziehen. Dies wird besonders häufig für den Fall des Kontrollwechsels bei einem Gesellschafter oder des Eintritts der Insolvenz eines Gesellschafters vereinbart. Der Aufnahme weiterer Einziehungsgründe, wie zB der schwerwiegenden Verletzung von Verpflichtungen aus der Gesellschaftervereinbarung, stehen keine grundsätzlichen Bedenken entgegen.[45] Die Zwangseinziehung von Geschäftsanteilen der Zweckgesellschaft erfolgt regelmäßig gegen eine Einziehungsvergütung, deren Höhe jedoch in aller Regel unter dem Wert der eingezogenen Anteile liegt.[46] 29

VI. Wettbewerbsverbote

Gilt deutsches Recht, können sich Einschränkungen für den zulässigen Umfang eines Wettbewerbsverbots im Gesellschaftsvertrag nach § 1 GWB und § 138 BGB ergeben.[47] Auch ohne ausdrückliche Vereinbarung eines Wettbewerbsverbots ergibt sich bei Geltung deutschen Rechts ein ungeschriebenes Wettbewerbsverbot der Gesellschafter aus der allgemeinen gesellschaftsrechtlichen Treuepflicht.[48] Die Befreiung von einem ausdrücklichen oder stillschweigend vereinbarten Wettbewerbsverbot erfordert einen Gesellschafterbeschluss, dessen 30

45 Zu den Grenzen bei Geltung deutschen Rechts im Falle einer GmbH BGH ZIP 1995, 567; BGH ZIP 2003, 759; OLG Celle GmbHR 1998, 140, 142; OLG Dresden NZG 2001, 809; Scholz/*Westermann* GmbHG § 34 Rn 16. Siehe für die AG *Hüffer* § 237 Rn 12 ff mwN.

46 Zu Schranken bei der Zulässigkeit von Bestimmungen, die Einziehung unter Verkehrswert vorsehen, siehe BGHZ 32 151, 155 f; BGHZ 65, 22, 28 f; BGHZ 116, 359, 374; BGHZ 144, 365, 366; Baumbach/Hueck GmbHG/*Hueck/Fastrich* § 34 Rn 25 ff; Scholz/*Westermann* GmbHG § 34 Rn 29 ff.

47 Siehe zum Konkurrenzverbot der GmbH-Gesellschafter und § 1 GWB BGH ZIP 1988, 1080; *Ivens* DB 1988, 215 ff; siehe zur Vereinbarkeit eines Wettbewerbsverbots mit § 138 BGB *von der Osten* GmbHR 1989, 450, 451.

48 BGHZ 89, 162, 166; BGH GmbHR 1988, 334, 335; MünchHdb GesR I/*Baumanns/Wirbel* § 28 Rn 73; *von der Osten* GmbHR 1989, 450, 451 f.

Mehrheitserfordernisse ausdrücklich im Gesellschaftsvertrag geregelt sein sollten. Ist dies nicht gewünscht, kann im Einzelfall die Befreiung von einem Wettbewerbsverbot nur im Wege der Änderung des Gesellschaftsvertrags beschlossen werden, so dass der entsprechende Beschluss den Anforderungen an einen satzungsändernden Beschluss genügen muss.

VII. Stimmverbote

31 Da die meisten Gesellschaftsrechte das Rechtsinstitut eines Stimmverbots kennen, empfiehlt sich die Regelung von Stimmverboten in der Satzung der Zweckgesellschaft. Andernfalls können Stimmverbote erhebliche Auswirkungen haben. Gilt beispielsweise deutsches Recht, unterliegt der mehrheitlich an einer Zweckgesellschaft in der Rechtsform der GmbH beteiligte Gesellschafter nach § 47 Abs. 4 GmbHG einem Stimmverbot bei Beschlussfassung über Verträge der Zweckgesellschaft mit dem Mehrheitsgesellschafter bzw mit ihm verbundener Unternehmen.[49]

VIII. Stimmbindungsvereinbarungen

32 Die Gesellschaftervereinbarung enthält regelmäßig Stimmbindungsvereinbarungen in Bezug auf definierte Beschlussgegenstände, beispielsweise die Besetzung von Geschäftsleitungs- und Aufsichtsorganen der Zweckgesellschaft, Satzungsänderungen, Kapitalerhöhungen sowie grundlegende Strukturänderungen der Zweckgesellschaft, wie Umwandlungen oder auch Börsengang. In aller Regel legen die Partner einen Katalog der Entscheidungen fest, bei denen die Stimmbindungsvereinbarung eingreifen soll. Ergänzt werden solche Stimmbindungsvereinbarungen durch entsprechende Regelungen in der Satzung der Zweckgesellschaft, die für einen Katalog von Beschlussgegenständen bestimmte Mehrheiten vorsehen.

33 Stimmbindungsvereinbarungen sind jedenfalls nach deutschem Recht zulässig und formlos wirksam.[50] Führen Stimmbindungsvereinbarungen jedoch zu Verstößen gegen zwingende gesetzliche Regelungen, insbesondere gesellschaftsrechtliche **Stimmverbote** (für die GmbH § 47 Abs. 4 GmbHG), sind sie unzulässig und bei Geltung deutschen Rechts damit auch nichtig.[51] Stimmbindungsvereinbarungen können in Konflikt zu den **Treuepflichten** der Gesellschafter treten, beispielsweise wenn in der Person eines Mitglieds des Verwaltungs- oder Aufsichtsorgans der Zweckgesellschaft ein wichtiger Grund für dessen Abberufung vorliegt, die Stimmbindungsvereinbarung jedoch zugleich die Verpflichtung begründet, diese Person nicht abzuberufen. Gilt deutsches Recht, geht in solchen Fällen die gesellschaftsrechtliche Treuepflicht der Stimmbindungsvereinbarung vor.[52]

34 Probleme bereitet regelmäßig die Durchsetzung von Stimmbindungsvereinbarungen, da diese lediglich vertragliche Abreden darstellen und daher jeder Gesellschafter grundsätzlich nicht gehindert ist, sein Stimmrecht auch in Verletzung bestehender Stimmbindungsvereinbarungen wirksam auszuüben. Etwas anderes gilt nur, wenn in der Satzung der Zweckgesellschaft Mehrheitserfordernisse für entsprechende Beschlüsse verankert sind, die aufgrund der erforderlichen Mehrheit sicherstellen, dass derartige Beschlüsse nicht unter Verletzung einer Stimmbindungsvereinbarung gefasst werden können. Zur Durchsetzung von Stimmbindungsvereinbarungen stehenden Beteiligten daher in aller Regel lediglich die allgemeinen

---

49 BGHZ 68, 107, 112; allgemein zum Stimmverbot eines Gesellschafters siehe Scholz/*K. Schmidt* GmbHG § 47 Rn 99 f; BGHZ 56, 47; BGHZ 80, 69; BGHZ 97, 28.

50 Siehe jedoch Ausführungen zur Formbedürftigkeit die Gesellschaftervereinbarung; BGHZ 48, 169; BGH ZIP 1983, 432; BGH WM 1987, 10, 11.

51 BGHZ 48, 163, 166 f; 108, 21, 29; *Lübbert,* Abstimmungsvereinbarungen 1971, S. 154 ff; Hachenburg/*Hüffer* GmbHG § 48 Rn 77; Scholz/*K. Schmidt* GmbHG § 47 Rn 39.

52 Siehe hierzu *Lutter/Hommelhoff* GmbHG § 47 Rn 17; Scholz/*K. Schmidt* GmbHG § 47 Rn 41.

prozessualen Wege der Klageerhebung und des einstweiligen Rechtsschutzes zur Verfügung.[53] Insbesondere der einstweilige Rechtsschutz ist in der Praxis von besonderer Bedeutung, da gerichtliche Entscheidungen im Streitfall regelmäßig zu spät kommen werden. Gilt deutsches Recht für die Zweckgesellschaft, ist anerkannt, dass einem Gesellschafter die Ausübung seines Stimmrechts auch im Wege der einstweiligen Verfügung untersagt werden kann.[54]

IX. Vinkulierung und Erwerbsvorrechte

Hat die Zweckgesellschaft mehrere Gesellschafter, vereinbaren die Parteien in der Praxis oft, 35
dass die Beteiligung an der Zweckgesellschaft nur mit Zustimmung der übrigen Gesellschafter übertragen werden darf (sog. **Vinkulierung**).[55] Diese Beschränkung wird regelmäßig in der Satzung der Zweckgesellschaft verankert.

Ergänzt werden Vinkulierungsbestimmungen in der Regel durch **Erwerbsvorrechte** zuguns- 36
ten der nicht ausscheidenden Partner. Vinkulierung und Erwerbsvorrechte dienen gemeinsam dazu, Veränderungen des Gesellschafterkreises im Rahmen der Zweckgesellschaft nicht ohne Zustimmung der übrigen Partner stattfinden zu lassen. Wegen der häufig für die Satzung der Zweckgesellschaft geltenden gesetzlichen Publikationspflichten werden Erwerbsvorrechte in aller Regel in die Gesellschaftervereinbarung und nicht in die Satzung der Zweckgesellschaft aufgenommen. Hierbei ist zu beachten, dass solche Erwerbsvorrechte zu ihrer wirksamen Vereinbarung die Einhaltung bestimmter Formvorschriften erfordern können und dies auf die Gesellschaftervereinbarung im Ganzen ausstrahlen kann (siehe dazu auch Rn 12 ff). Beziehen sich Erwerbsvorrechte beispielsweise auf den Erwerb von Geschäftsanteilen einer GmbH, sind sie nach § 15 Abs. 4 GmbHG nur mit notarieller Beurkundung wirksam.

Im Rahmen der Ausgestaltung der Erwerbsvorrechte ist zunächst eine genaue Festlegung der 37
Tatbestände erforderlich, bei denen das Erwerbsvorrecht eingreifen soll. Häufigster Anwendungsfall von Erwerbsvorrechten ist der Fall des veräußerungswilligen Partners. In der Regel nicht als Erwerbsvorrechte ausgestaltet werden dagegen Kontrollwechsel und Insolvenz eines Partners, die regelmäßig Gegenstand von in der Satzung der Zweckgesellschaft verankerten Einziehungsklauseln sind (siehe dazu auch Rn 29 ff).

Strukturell werden Erwerbsvorrechte entweder über ein **Vorkaufsrecht** der verbleibenden 38
Partner oder über eine sog. **Andienungspflicht** geregelt. Ein Vorkaufsrecht[56] greift grundsätzlich erst ein, wenn der veräußerungswillige Partner einen Kaufvertrag über die Veräußerung der Anteile an der Zweckgesellschaft mit einem Dritten abgeschlossen hat. Die übrigen Partner haben dann im Rahmen des Vorkaufsrechts die Möglichkeit, innerhalb einer vereinbarten Frist die verkauften Anteile selbst zu den mit dem Dritten vereinbarten Bedingungen zu erwerben. Die Vereinbarung eines Vorkaufsrechts hat für die verbliebenen Partner den Nachteil, dass ihr Erwerbsvorrecht erst zu einem sehr späten Zeitpunkt eingreift (nach Abschluss eines Kaufvertrags) und der erwerbsbereite Dritte daher in aller Regel bereits detaillierte Informationen über die Zweckgesellschaft erhalten hat; ferner sind sie an die mit dem Dritten vereinbarten Erwerbskonditionen gebunden. Eine solche Situation kann durch die Vereinbarung von Andienungspflichten vermieden werden. Diese verpflichten einen veräuße-

53 Siehe dazu ausführlich BGHZ 48, 163, 169 ff; *Lutter/Hommelhoff* GmbHG § 47 Rn 18 ff; MünchHdb GesR I/*Weipert* § 34 Rn 85 ff; Scholz/*K.Schmidt* GmbHG § 47 Rn 55 ff.

54 OLG Hamburg NJW 1992, 186; LG München ZIP 1994, 1858 f; MünchHdb GesR I/*Weipert* § 34 Rn 91; *v. Gerkan* ZGR 1985, 167, 187 ff.

55 *Stephan* in: Schaumburg S. 122; allgemein zur Vinkulierung bei der GmbH *Lutter/Hommelhoff* GmbHG § 15 Rn 57 ff; bei der AG MünchKommAktG/*Bayer* § 68 Rn 34 ff.

56 Bei Geltung deutschen Rechts siehe die Regelungen in §§ 463 ff BGB.

rungswilligen Partner dazu, seinen Anteil an der Zweckgesellschaft zunächst den übrigen Partnern zum Kauf zu vereinbarten Konditionen anzubieten. Da eine Andienungspflicht nur dann ihren Zweck erfüllt, wenn die Konditionen des Ankaufs bereits verbindlich vereinbart sind, enthalten die entsprechenden Klauseln detaillierte Regelungen über die Festlegung des Kaufpreises für die anzudienenden Anteile an der Zweckgesellschaft. Komplettiert werden sie häufig mit Schiedsgutachterabreden, wonach im Streitfall ein neutraler Dritter zur Entscheidung berufen wird. Nehmen die übrigen Partner ihr Recht zum Ankauf der angedienten Anteile nicht innerhalb der vereinbarten Frist wahr, ist der veräußerungswillige Partner berechtigt, die angedienten Anteile an einen Dritten zu verkaufen. Die übrigen Gesellschafter der Zweckgesellschaft sind in diesem Fall regelmäßig verpflichtet, ihre Zustimmung zur Veräußerung der Anteile an den Dritten zu erteilen. Zur Absicherung der verbliebenen Partner kann dem Andienungsverfahren ein Vorkaufsrecht nachgelagert werden, unter dem die verbliebenen Partner das Recht haben, zu den mit dem erwerbswilligen Dritten vereinbarten Konditionen die Anteile an der Zweckgesellschaft doch noch zu erwerben.

X. Geheimhaltung

39 Eine **Geheimhaltungsklausel** (auch englisch „Non-Disclosure Klausel") in der Gesellschaftervereinbarung ist Standard. Dort regeln die Partner, welche Informationen über die Zweckgesellschaft an Außenstehende weitergegeben werden dürfen und wie dies zu geschehen hat. Üblich ist ferner eine Regelung über die vertrauliche Behandlung der im Rahmen des von anderen Partnern erhaltenen Informationen. Üblicherweise wird in der Geheimhaltungsklausel auch festgelegt, dass die Geheimhaltungsverpflichtung für eine bestimmte Zeit nach Beendigung der Zweckgesellschaft fortgelten soll.

C. Die Zweckgesellschaft im Konzern

I. Grenzüberschreitende Beherrschungs- und Gewinnabführungsverträge

1. Deutsches beherrschtes Unternehmen

a) Zulässigkeit grenzüberschreitender Beherrschungs- und Gewinnabführungsverträge

40 Die sachrechtliche Zulässigkeit von Beherrschungs- und Gewinnabführungsverträgen einer ausländischen Obergesellschaft mit einer beherrschten Gesellschaft, die deutschem Recht unterliegt, wurde in der älteren Literatur bestritten. Zur Begründung wurde hauptsächlich angeführt, dass bei einem grenzüberschreitenden Beherrschungsvertrag die deutsche Mitbestimmung unterlaufen werde, da ein ausländisches herrschendes Unternehmen der deutschen Mitbestimmung nicht unterliegt und auf diese Weise die Einflussmöglichkeiten der Arbeitnehmer in der Konzernspitze abgeschnitten werden.[57] Ferner bestünden Risiken hinsichtlich der prozessualen Durchsetzbarkeit von Minderheiten- und Gläubigerschutzvorschriften, weil es an einer effektiven ausländischen Vollstreckungshilfe fehle und ein ausländisches Gericht möglicherweise nicht zur Anwendbarkeit des deutschen Konzernrechts gelange.[58] Die Rechtsprechung und die heute überwiegende Ansicht in der Literatur halten grenzüberschreitende Beherrschungs- und/oder Gewinnabführungsführungsverträge hingegen sowohl mit deutschen Unternehmen als beherrschter Gesellschaft als auch als herrschender Gesellschaft für zulässig.[59] Hierfür spricht zum einen, dass der Gesetzgeber selbst nicht von einer lückenlo-

57 Vgl etwa *Däubler* RabelsZ 39 (1975), 444, 466 ff; *Duden* ZHR 141 (1977), 145, 180 ff.

58 Vgl *Beitzke* ZHR 138 (1974), 533, 537 f; *Meilicke* FS Hirsch 1968, 99, 118 ff.

59 BGHZ 119, 1; *Bärwaldt/Schabacker* AG 1998, 182, 186; *Emmerich/Habersack* AG/GmbH-KonzernR § 291 Rn 37 a; GroßkommAktG/*Assmann* Einl. Rn 641; MünchKommBGB/*Kindler* IntGesR Rn 749 ff; *Jaecks/Schönborn* RIW 2003, 25, 264 jeweils mwN.

sen Mitbestimmung auf Konzernebene ausgegangen ist.[60] Dem Argument der mangelnden Durchsetzbarkeit von Minderheiten- und Gläubigerrechten ist wiederum entgegenzuhalten, dass mit der EuGVVO[61] inzwischen ein Gesetzeswerk besteht, das die Anerkennung ausländischer Urteile im EU-Raum einheitlich regelt[62] und sich oftmals ohnehin ein inländischer Gerichtsstand ergeben wird[63] (siehe dazu Rn 11 ff). Schließlich steht das Diskriminierungsverbot des Art. 12 EG-Vertrag jedenfalls einer Nichtanerkennung grenzüberschreitender Beherrschungs- und Gewinnabführungsverträge zwischen Gesellschaften deutschen Rechts und Unternehmen entgegen, die dem Recht eines EU-Mitgliedstaates unterliegen.[64] Auch das Aktiengesetz setzt die Möglichkeit grenzüberschreitender Beherrschungsverträge zumindest innerhalb der EU und des EWR voraus: § 305 Abs. 2 Nr. 1 und Nr. 2 AktG enthalten besondere Vorgaben für die Ausgestaltung der Abfindungsregelung im Vertrag für den Fall, dass das herrschende Unternehmen „eine Aktiengesellschaft oder Kommanditgesellschaft auf Aktien mit Sitz in einem Mitgliedstaat der Europäischen Union oder in einem anderen Vertragsstaat des Abkommens über den Europäischen Wirtschaftsraum ist".[65]

b) Kollisionsrecht

Von entscheidender Bedeutung für die Bestimmung des auf grenzüberschreitende Beherrschungs- und Gewinnabführungsverträge anwendbaren Rechts ist die Rechtsnatur solcher Verträge. Da mit dem Abschluss von Beherrschungs- und Gewinnabführungsverträgen organisationsrechtliche Änderungen, insbesondere für die Geschäftsleitung des beherrschten Unternehmens, eintreten, geht die ganz überwiegende Meinung davon aus, dass es sich um **Organisationsverträge mit satzungsänderndem Charakter** handelt.[66] Beherrschungs- und Gewinnabführungsverträge sind auf der Ebene des Kollisionsrechts als gesellschaftsrechtliche und nicht als schuldrechtliche Verträge zu qualifizieren. Die kollisionsrechtlichen Regelungen zu schuldrechtlichen Verträgen (Art. 27 ff EGBGB) finden daher keine Anwendung. Stattdessen gelten die Grundsätze des internationalen Konzernrechts, wonach im Falle einer beherrschten deutschen Gesellschaft deutsches Konzernrecht maßgeblich ist, soweit es dem Schutz der deutschen Gesellschaft, deren Minderheitsbeteiligten oder Gläubigern dient (siehe Rn 42 ff). Aufgrund der gesellschaftsrechtlichen Qualifikation des Beherrschungs- und Gewinnabführungsvertrags ist eine Rechtswahl nicht zulässig; eine entsprechende Klausel wäre unwirksam.[67] 41

c) Deutsches Sachrecht

Die Voraussetzungen und Rechtsfolgen von grenzüberschreitenden Beherrschungs- bzw Gewinnabführungsverträgen, die deutschem Recht unterliegen, entsprechen grundsätzlich denen für Beherrschungs- und Gewinnabführungsverträge zwischen deutschen Gesellschaften. Dies hat zur Folge, dass im Falle einer abhängigen AG, KGaA (§ 278 AktG) oder SE mit Sitz 42

60 Dies ergibt sich aus § 5 Abs. 3 MitbestG; siehe MünchKommBGB/*Kindler* IntGesR Rn 751 ff.
61 VO (EG) Nr. 44/2001 des Rates vom 22.12.2000 über die gerichtliche Zuständigkeit und die Anerkennung und Vollstreckung von Entscheidungen in Zivil- und Handelssachen.
62 *Selzner/Sustmann* Der Konzern 2003, 85, 94 f.
63 *Emmerich/Habersack* AG/GmbH-KonzernR § 291 Rn 37 a; MünchKommAktG/*Altmeppen* Einf. § 291 Rn 47.
64 *Emmerich/Habersack* AG/GmbH-KonzernR § 291 Rn 37 a; *Selzner/Sustmann* Der Konzern 2003, 85, 96.
65 Zu den Auswirkungen der Verpflichtung des § 305 Abs. 2 AktG beim grenzüberschreitenden Beherrschungs- bzw Gewinnabführungsvertrag siehe Rn 42 ff.
66 BGH NJW 1989, 295; *Emmerich/Habersack* AG/GmbH-KonzernR § 291 Rn 25; MünchKommAktG/*Altmeppen* § 291 Rn 25; *Spahlinger/Wegen* C XII Rn 370; *Selzner/Sustmann* Der Konzern 2003, 85, 88; *Ulrich* GmbHR 2004, 1000, 1003.
67 *Bärwaldt/Schabacker* AG 1998, 182, 186; MünchKommBGB/*Kindler* IntGesR Rn 760; *Spahlinger/Wegen* C XII Rn 370.

in Deutschland (Art. 9 Abs. 1 lit. c) ii), 10 SE-VO) die §§ 293 ff AktG anzuwenden sind. Für den Abschluss des Beherrschungs- und Gewinnabführungsvertrags bedarf es gemäß § 293 Abs. 1 AktG der Zustimmung der Hauptversammlung der verpflichteten Gesellschaft. Ob eine Zustimmung der Anteilseignerversammlung der herrschenden ausländischen Gesellschaft erforderlich ist, richtet sich nach deren Gesellschaftsstatut; die Regelung des § 293 Abs. 2 AktG bezweckt nur den Schutz der Gesellschafter einer deutschem Recht unterstehenden herrschenden Gesellschaft und gilt folglich nicht für eine ausländische herrschende Gesellschaft.[68] Der Abschluss des Beherrschungs- bzw Gewinnabführungsvertrags sowie der Name bzw die Firma des ausländischen herrschenden Unternehmens sind in das Handelsregister der deutschen beherrschten Gesellschaft einzutragen (§ 294 AktG). Soweit die Regelungen des Aktienkonzernrechts auf beherrschte GmbH und Personenhandelsgesellschaften entsprechende Anwendung finden,[69] gilt dies auch bei Beherrschung durch ein ausländisches Unternehmen.

43 Inhaltlich muss der Beherrschungs-/Gewinnabführungsvertrag einen angemessenen Ausgleich (§ 304 AktG) und einen Abfindungsanspruch (§ 305 AktG) für außenstehende Aktionäre der beherrschten Gesellschaft vorsehen. Darauf, dass die Rechtsordnung des herrschenden Unternehmens ebenfalls solche Regelungen kennt, kommt es nicht an.[70] Zu beachten ist dabei insbesondere § 305 Abs. 2 Nr. 1 und Nr. 2 AktG: Danach müssen zwingend Aktien des herrschenden Unternehmens als Abfindung angeboten werden, wenn das herrschende Unternehmen seinen Sitz in einem Mitgliedstaat der EU bzw des EWR und eine der AG oder KGaA entsprechende Rechtsform hat[71] sowie nicht von einem anderen Unternehmen abhängig (im Sinne des § 17 AktG) ist oder im Mehrheitsbesitz eines anderen Unternehmens (im Sinne des § 16 AktG) steht (§ 305 Abs. 2 Nr. 1 AktG); dem Aktionär kann aber angeboten werden, nach seiner Wahl auch eine Barabfindung zu beziehen.[72] Wenn das herrschende Unternehmen (unabhängig von seiner eigenen Rechtsform und seinem Sitz)[73] seinerseits von einer der AG oder KGaA entsprechenden Gesellschaft mit Sitz innerhalb von EU/EWR abhängig ist oder in ihrem Mehrheitsbesitz steht, müssen nach Wahl des herrschenden Unternehmens entweder Aktien seiner Obergesellschaft oder eine Barabfindung angeboten werden (§ 305 Abs. 2 Nr. 2 AktG). Die Verpflichtung zur Gewährung von Aktien erstreckt sich also ausdrücklich auch auf ausländische herrschende Gesellschaften, die ihren Sitz in der EU bzw dem EWR haben. Daraus folgt zugleich, dass herrschende Gesellschaften mit Sitz in einem Drittstaat nicht verpflichtet sind, den Aktionären einer beherrschten Gesellschaft deutschen Rechts eine Abfindung in Aktien anzubieten, auch wenn sie eine der AG oder KGaA entsprechende ausländische Rechtsform haben; für sie gilt vielmehr – wie für herrschende Un-

---

68 *Hüffer* AktG § 293 Rn 18; KölnerKommAktG/*Koppensteiner* § 293 Rn 43; MünchKommBGB/*Kindler* IntGesR Rn 760; *Spahlinger/Wegen* C XII Rn 371.

69 Siehe MünchHdb GesR IV/*Krieger* §§ 68 ff; zu Personengesellschaften siehe *Kronke* ZGR 1998, 473 ff; *Lange* IPRax 98, 438 ff.

70 So zu verstehen MünchKommBGB/*Kindler* IntGesR Rn 761; *Spahlinger/Wegen* C XII Rn 378, die davon ausgehen, dass die Vorschriften zum Schutz der abhängigen Gesellschaft ohne Vorbehalte Anwendung finden.

71 Dies sind zB die in Art. 1 der Publizitätsrichtlinie (Erste Richtlinie 68/151/EWG des Rates vom 9.3.1968, veröffentlicht in ABl. EG Nr. L 65 vom 14.3.1968, S. 8) aufgelisteten Rechtsformen, vgl Schmidt/Lutter/*Stephan* AktG § 305 Rn 37. Heranziehen lässt sich auch die Auflistung von Aktiengesellschaften im Anhang I der SE-VO (VO (EG) Nr. 2157/2001 des Rates vom 8.10.2001 über das Statut der Europäischen Gesellschaft (SE), veröffentlicht in ABl. EG Nr. L 294 vom 10.11.2001, S. 1). Da eine SE gemäß Art. 10 SE-VO wie eine Aktiengesellschaft ihres Sitzstaates zu behandeln ist, gelten die Verpflichtungen des § 305 Abs. 2 Nr. 1 und Nr. 2 AktG auch für SE sowohl mit Sitz in Deutschland als auch in einem anderen EU- bzw EWR-Mitgliedstaat.

72 Bürgers/Körber/*Schenk* AktG § 305 Rn 14; *Emmerich/Habersack* AG/GmbH-KonzernR § 305 Rn 12; *Hüffer* AktG § 305 Rn 14.

73 *Emmerich/Habersack* AG/GmbH-KonzernR § 305 Rn 14; *Hüffer* AktG § 305 Rn 9; MünchHdb GesR IV/*Krieger* § 70 Rn 119.

ternehmen in allen übrigen Rechtsformen – die Verpflichtung zur Barabfindung gemäß § 305 Abs. 2 Nr. 3 AktG.[74]

Teilweise wird vertreten, in dem Beherrschungs-/Gewinnabführungsvertrag einer deutschen Gesellschaft mit einem herrschenden ausländischen Unternehmen müsse zudem ausdrücklich festgelegt werden, dass der Vertrag deutschem Sachrecht unterliegt (sog. **Loyalitätsklausel** oder Loyalitätserklärung des ausländischen herrschenden Unternehmens); anderenfalls sei der Vertrag unwirksam.[75] Die Loyalitätsklausel soll verhindern, dass sich eine Vertragspartei vor einem ausländischen Gericht auf eine – aus Sicht des deutschen Rechts unwirksame – Rechtswahl berufen kann, wenn der ausländische Richter den aus deutscher Sicht gesellschaftsrechtlich zu qualifizierenden Vertrag als schuldrechtlichen Vertrag ansieht und die Rechtswahl deshalb für zulässig hält.[76] Nach wohl überwiegender und zutreffender Auffassung kann eine Loyalitätsklausel zwar zweckmäßig sein, um Rechtsunsicherheiten und Schwierigkeiten bei der Durchsetzung deutschen Konzernrechts vor ausländischen Gerichten zu vermeiden, sie ist aber nicht zwingend erforderlich.[77] Zunächst steht das Erfordernis der Aufnahme einer solchen Klausel im Widerspruch zur Unzulässigkeit einer Rechtswahl im (grenzüberschreitenden) Unternehmensvertrag; das deutsche Recht kann nicht einerseits eine Rechtswahl in Unternehmensverträgen für unwirksam halten, andererseits aber die Aufnahme einer – unwirksamen – Rechtswahlklausel zugunsten des deutschen Rechts zur Wirksamkeitsvoraussetzung des Vertrages machen. Ferner enthält das deutsche Sachrecht keine Grundlage für die Unwirksamkeit eines Unternehmensvertrags, der eine derartige Klausel nicht enthält, da weder gesetzliche Vorschriften noch allgemeine Rechtsgrundsätze existieren, die besagen, dass Verträge unwirksam sind, wenn sie keine Regelungen enthalten, die gewährleisten, dass zwingendes deutsches Sachrecht auch von ausländischen Gerichten beachtet wird und durchsetzbar ist.[78] 44

Im Rahmen von grenzüberschreitenden Beherrschungsverträgen wird verbreitet angenommen, dass die Geschäftsleitung der deutschen abhängigen Gesellschaft nachteilige Weisungen im Sinne von § 308 Abs. 1 S. 2 AktG nur ausführen darf, wenn die herrschende ausländische Gesellschaft Vermögen im Inland besitzt oder sich verpflichtet hat, die Vollstreckung rechtskräftiger Urteile über Ansprüche der abhängigen Gesellschaft aus dem Vertrag hinzunehmen.[79] Dagegen ließe sich zwar anführen, dass § 308 Abs. 2 AktG eine Ausnahme von der Folgepflicht ausdrücklich nur für den Fall vorsieht, dass die für die beherrschte Gesellschaft nachteilige Weisung offensichtlich nicht den Belangen des herrschenden Unternehmens bzw des Konzerns dient und im Übrigen eine uneingeschränkte Folgepflicht statuiert. Dennoch ist der genannten Ansicht im Grundsatz zu folgen: Die Regelungen zur Folgepflicht und ihren Ausnahmen in § 308 Abs. 1 und 2 AktG beruhen letztlich auf dem Verständnis, dass mögliche Nachteile der beherrschten Gesellschaft infolge der Ausführung von Weisungen durch die Ausgleichspflichten des herrschenden Unternehmens nach den §§ 302 ff AktG ausgeglichen werden.[80] Daher nimmt die herrschende Meinung auch bei Beherrschungsverträgen 45

74 Bürgers/Körber/*Schenk* AktG § 305 Rn 15; *Hüffer* AktG § 305 Rn 10; MünchHdb GesR IV/*Krieger* § 70 Rn 119.

75 *Einsele* ZGR 1996, 40, 47; *Selzner/Sustmann* Der Konzern 2003, 85, 95; Staudinger/*Großfeld* IntGesR Rn 575.

76 *Selzner/Sustmann* Der Konzern 2003, 85, 95 f, nach deren Ansicht allerdings das Fehlen einer Loyalitätsklausel nicht zur Unwirksamkeit des Unternehmensvertrags führt.

77 *Hüffer*AktG § 291 Rn 13; KölnerKommAktG/*Koppensteiner* Vor § 291 Rn 195; MünchKommAktG/*Altmeppen* Einl. §§ 291 ff Rn 49; *Neumayer* ZVglRWiss 83 (1984), 129, 153 f; *Spahlinger/Wegen* C XII Rn 374; im Ergebnis auch *Selzner/Sustmann* Der Konzern 2003, 85, 95 f.

78 Vgl *Bärwaldt/Schabacker* AG 1998, 182, 185; *Selzner/Sustmann* Der Konzern 2003, 85, 96.

79 MünchKommAktG/*Kindler* IntGesR Rn 761; Spindler/Stilz/*Veil* AktG Vor § 291 Rn 49; Staudinger/*Großfeld* IntGesR Rn 577.

80 Vgl MünchKommAktG/*Altmeppen* § 308 Rn 104.

zwischen deutschen Unternehmen an, dass die Folgepflicht nicht mehr besteht, wenn die Fähigkeit des herrschenden Unternehmens zur Erfüllung von Ausgleichsansprüchen wegfällt oder gefährdet erscheint.[81] Ist dementsprechend bei einem grenzüberschreitenden Beherrschungsvertrag nicht sichergestellt, dass Ausgleichsansprüche gegen die herrschende Gesellschaft auch durchsetzbar sind – etwa, weil ein inländischer Vollstreckungstitel im Ausland nicht anerkannt wird oder ein ausländisches Gericht die Ausgleichspflichten des deutschen Konzernrechts nicht anerkennt –, kann ebenfalls keine Folgepflicht bestehen.

2. Deutsches herrschendes Unternehmen

46 Im Falle eines deutschen herrschenden Unternehmens unterliegt der Beherrschungs- bzw Gewinnabführungsvertrag grundsätzlich den konzernrechtlichen Regelungen des **Gesellschaftsstatuts der abhängigen Gesellschaft.** Das ausländische Sachrecht bestimmt auch, ob der Beherrschungs- bzw Gewinnabführungsvertrag überhaupt **zulässig** ist.[82] Ferner richten sich die **Grenzen der Leitungsmacht** nach diesem Recht, ebenso eine eventuelle Durchgriffshaftung.[83] Dem deutschen Vertragskonzernrecht ähnliche Regelungen existieren in Slowenien,[84] Kroatien,[85] Portugal,[86] Brasilien[87] und Taiwan.[88] Andere Rechtsordnungen gehen grundsätzlich von der Akzeptanz solcher Unternehmensverträge aus, wollen aber keine Leitungsmacht des herrschenden Unternehmens akzeptieren, da es insofern an Regelungen fehlt, die eine besondere Ausgleichspflicht statuieren.[89]

47 Problematisch sind Fallkonstellationen, in denen zwischen einer herrschenden inländischen Gesellschaft und einer ausländischen Gesellschaft ein Beherrschungs- und/oder Gewinnabführungsvertrag abgeschlossen werden soll, die maßgebliche Rechtsordnung des abhängigen Unternehmens solche Verträge nicht kennt und die ausländische Rechtsordnung deshalb auch keine besonderen Vorschriften zum Schutz der Gläubiger und Gesellschafter der abhängigen oder der herrschenden Gesellschaft vorsieht.[90] Eine Qualifikation nach der lex fori führt zu dem Ergebnis, dass zwischen den Parteien ein Vertrag geschlossen wurde, den es als solchen nach der maßgeblichen Rechtsordnung jedoch nicht geben kann. In diesen Fällen kann eine funktionale Auslegung weiterhelfen. In Fällen, in denen der deutschen Rechtsterminologie entnommene Begriffe sich im ausländischen Recht nicht wiederfinden, ist ergänzend eine **funktionale Auslegung** der Sammel- und Normengruppenbegriffe der Kollisionsnorm möglich.[91] Diese mittlerweile von Rechtsprechung[92] und Lehre akzeptierte Ergänzung zu der lex fori-Qualifikation sieht vor, dass sich die in den Kollisionsnormen verwendeten Begriffe der deutschen Rechtsterminologie auf Vorgänge und die sie regelnden ausländischen Normen erstrecken, die in der ausländischen Sozial- und Rechtsordnung vergleichbare Ordnungszwecke verfolgen, wie es bei den deutschen Begriffen der Fall ist.[93] Kennt beispielswei-

81 MünchKommAktG/*Altmeppen* § 302 Rn 38 und § 308 Rn 122; *Clemm* ZHR 141 (1977), 179, 203, 206; *Emmerich/Habersack* AG/GmbH-KonzernR § 308 Rn 64; wohl auch Schmidt/Lutter/*Langenbucher* AktG § 308 Rn 34; aA Kölner KommAktG/*Koppensteiner* § 308 Rn 49.
82 Spindler/Stilz/*Veil* AktG Vor § 291 Rn 50.
83 *Bärwaldt/Schabacker* AG 1998, 182, 187; MünchKommBGB/*Kindler* IntGesR Rn 762.
84 Art. 467 f GWG.
85 Art. 473 ff kroatisches HGG.
86 Siehe zu Art. 493 ff des Gesetzbuches der Handelsgesellschaften *Lutter/Overrath* ZGR 1991, 394, 406.
87 Siehe zu Kapitel XXI des brasilianischen Aktiengesetzes *Comporato* in: Lutter, Konzernrecht im Ausland, S. 42 ff.
88 *Hopt* EuZW 1999, 577; *Kalss* ZHR 171 (2007), 147.
89 Bezogen auf Italien und Österreich vgl *Oelkers* Der Konzern 2007, 570, 572 Fn 18.
90 Siehe zu den konzernrechtlichen Regelungen in einzelnen Ländern *Lutter*, Konzernrecht im Ausland.
91 MünchKommBGB/*Sonnenberger* Einl. vor Art. 3 EGBGB Rn 514; *v. Hoffman/Thorn* § 6 Rn 27.
92 BGHZ 47, 324; BGHZ 44, 121 ff; BGH NJW 1967, 1177.
93 MünchKommBGB/*Sonnenberger* Einl. vor Art. 3 EGBGB Rn 514.

se die Rechtsordnung des ausländischen abhängigen Unternehmens keine konzernrechtlichen Regelungen, besteht im Rahmen der funktionalen Auslegung die Möglichkeit, in sogenannten „Randzonen" des Kernbereichs des betreffenden Ordnungsziels nach einschlägigen Normen zu suchen.[94] Als einen solchen Randbereich ist das „allgemeine" Gesellschaftsrecht der Rechtsordnung des abhängigen Unternehmens anzusehen. So kann bspw aufgrund eines vermeintlichen Gewinnabführungsvertrags Geld an die deutsche „Muttergesellschaft" geflossen sein. Sollte diese Gesellschafterin des ausländischen Unternehmens gewesen sein, dann müssen diese Zahlungen bspw mit den Kapitalerhaltungsregeln der ausländischen Rechtsordnung in Einklang stehen, deren Ordnungsziel, ebenso wie die konzernrechtliche Grundanknüpfung, der Gläubiger- und Aktionärsschutz ist.[95]

Wenn die herrschende deutsche Gesellschaft eine AG, KGaA oder SE (mit Sitz in Deutschland)[96] ist, stellt sich die Frage, ob **§ 293 Abs. 2 AktG** (entsprechend) anwendbar ist mit der Folge, dass der Unternehmensvertrag nur wirksam wird, wenn die Hauptversammlung der AG oder KGaA ihm zugestimmt hat. Die **überwiegende Ansicht** hält die Zustimmung der Hauptversammlung gemäß § 293 Abs. 2 AktG nur für erforderlich, wenn das maßgebliche Konzernrecht der ausländischen Gesellschaft oder der Vertrag Regelungen vorsieht, die den §§ 302 bis 305 AktG entsprechen.[97] 48

§ 293 Abs. 2 AktG dient dem Schutz der Aktionäre einer herrschenden AG oder KGaA vor den Auswirkungen, die der Abschluss eines Beherrschungs- bzw Gewinnabführungsvertrags für die herrschende Gesellschaft mit sich bringt, also in erster Linie den Ausgleichspflichten der §§ 302 ff AktG. Nach den oben dargestellten Grundsätzen finden, neben dem Konzernrecht der beherrschten Gesellschaft, stets auch solche konzernrechtlichen Vorschriften des Gesellschaftsstatuts der herrschenden Gesellschaft Anwendung, die diese, ihre Anteilseigner oder Gläubiger schützen. Daher ist von der grundsätzlichen Anwendbarkeit des § 293 Abs. 2 AktG auszugehen, wenn eine AG, KGaA oder SE deutschen Rechts als herrschende Gesellschaft an einem grenzüberschreitenden Beherrschungs- bzw Gewinnabführungsvertrag beteiligt ist. Für den Abschluss von Beherrschungs- und Gewinnabführungsverträgen zwischen nationalen Gesellschaften gilt das Zustimmungserfordernis jedoch unabhängig davon, ob der herrschenden Gesellschaft eine Inanspruchnahme aus diesen Vorschriften droht.[98] Dementsprechend kann hinsichtlich des Zustimmungserfordernisses auch beim grenzüberschreitenden Beherrschungs- bzw Gewinnabführungsvertrag nicht danach differenziert werden, ob das ausländische Konzernrecht oder der Vertrag den §§ 302 ff AktG gleichwertige Ausgleichsvorschriften zulasten der herrschenden Gesellschaft vorsieht. Überzeugender erscheint es, die Zustimmung der Hauptversammlung einer herrschenden AG, KGaA oder SE mit Sitz im Inland zu einem grenzüberschreitenden Beherrschungs- und Gewinnabführungsvertrag unabhängig davon zu verlangen, ob der Vertrag der herrschenden Gesellschaft den §§ 302 ff AktG entsprechende Verpflichtungen auferlegt. Dies dient auch der Rechtssicherheit, da sich ansonsten stets die Frage stellen wird, ab welchem Maß an Verpflichtungen eine Hauptversammlungszustimmung zur Wirksamkeit des Vertrags erforderlich wird; in der Praxis dürfte 49

94 MünchKommBGB/*Sonnenberger* Einl. vor Art. 3 EGBGB Rn 515.

95 Siehe hierzu mit Länderbeispielen *Kalss* ZHR 171 (2007), 146, 174 ff.

96 Für eine SE mit Sitz in Deutschland gelten die §§ 291 ff gemäß Art. 9 Abs. 1 lit. c) ii) SE-VO ebenso wie für eine AG, siehe dazu bereits Rn 8.

97 *Hüffer*AktG § 293 Rn 18 (mit der Maßgabe, dass die deutsche Obergesellschaft die Beibringungslast für die „ungefährliche" ausländische Rechtslage trage); Kölner KommAktG/*Koppensteiner* § 293 Rn 43; MünchHdb GesR IV/*Krieger* § 70 Rn 22; ablehnend MünchKommAktG/*Altmeppen* § 293 Rn 121, der den Grund für die Zustimmungsbedürftigkeit darin sieht, dass eine AG/KGaA als herrschende Gesellschaft verpflichtet sein kann, außenstehende Aktionäre der beherrschten Gesellschaft in Aktien abzufinden (§ 305 Abs. 2 AktG), was bei grenzüberschreitenden Beherrschungsverträgen selten der Fall sein dürfte; offen gelassen bei *Emmerich/Habersack* AG/GmbH-KonzernR § 293 Rn 6 a.

98 *Emmerich/Habersack* AG/GmbH-KonzernR § 293 Rn 8.

dies regelmäßig dazu führen, dass die Zustimmung im Zweifel aus Vorsichtsgründen eingeholt wird, um eine Nichtigkeit des Vertrags zu vermeiden.

II. Andere grenzüberschreitende Unternehmensverträge

50 Im Ergebnis, aber mit unterschiedlichen Begründungen, nimmt die überwiegende Ansicht an, dass auf grenzüberschreitende Unternehmensverträge, die nicht Beherrschungs- oder Gewinnabführungsverträge sind (also etwa die in § 292 AktG aufgeführten Arten von Unternehmensverträgen), grundsätzlich das Gesellschaftsstatut des Unternehmens Anwendung findet, das die **vertragstypische Leistung** erbringt.[99] Bei Verträgen im Sinne von § 292 AktG gilt also grundsätzlich das Recht des Unternehmens, das sich verpflichtet, einen Teil seines Gewinns abzuführen oder seinen Betrieb zu verpachten. Nach der Gegenansicht sollen diese Unternehmensverträge nicht gesellschaftsrechtlich, sondern vertragsrechtlich anzuknüpfen sein, also nach Art. 3 ff Rom I-VO,[100] da der Gesetzgeber die in § 292 AktG genannten Unternehmensverträge als normale Austauschverträge angesehen habe.[101]

51 Der hM ist grundsätzlich zu folgen, da auch die in § 292 AktG genannten Arten von Unternehmensverträgen strukturändernde Wirkung für die verpflichtete Gesellschaft entfalten und in die Leitungsmacht der Geschäftsführung bzw die Gewinnverwendung eingreifen. Daher sind diese Unternehmensverträge kollisionsrechtlich ebenso zu qualifizieren wie Beherrschungs- und Gewinnabführungsverträge und folglich dem Gesellschaftsstatut des verpflichteten Unternehmens zu unterstellen. Eine Rechtswahl ist daher nicht möglich. Dies gilt unabhängig davon, ob das verpflichtete Unternehmen zugleich – sei es durch Mehrheitsbeteiligung oder durch einen Beherrschungsvertrag – von dem anderen Unternehmen beherrscht wird.[102]

52 Verpflichtet sich also eine inländische AG, KGaA oder SE zur Teilgewinnabführung im Sinne von § 292 Abs. 1 Nr. 2 AktG oder zur Verpachtung oder Überlassung ihres Betriebs im Sinne von § 292 Abs. 1 Nr. 3 AktG an ein ausländisches Unternehmen, sind die Vorschriften der §§ 293 ff AktG über den Abschluss, die Änderung und Beendigung von Unternehmensverträgen anzuwenden. Insbesondere bedarf es zur Wirksamkeit der Verträge der Zustimmung der Hauptversammlung der AG, KGaA oder SE (§ 293 Abs. 1 AktG). Ob eine Zustimmung der Anteilseignerversammlung des ausländischen Unternehmens erforderlich ist, richtet sich nach dessen Gesellschaftsstatut.

53 Verpflichtet sich umgekehrt ein ausländisches Unternehmen zu entsprechenden Leistungen gegenüber einem Unternehmen deutschen Rechts, gelten die den §§ 293 ff AktG entsprechenden ausländischen Vorschriften. Handelt es sich bei dem deutschen Unternehmen um eine AG, KGaA oder SE, ist die Zustimmung ihrer Hauptversammlung zum Abschluss des Unternehmensvertrags gemäß § 293 Abs. 2 AktG erforderlich.

---

99 Spindler/Stilz/*Veil* Vor § 291 Rn 52; im Ergebnis auch MünchKommAktG/*Altmeppen* Einl. §§ 291 ff Rn 52 f und *Spahlinger/Wegen* C XII Rn 388, die dies allerdings daraus ableiten, dass die vertragstypische Leistung im Rahmen der Unternehmensverträge im Sinne des § 292 AktG in der Regel von einem beherrschten Unternehmen zu erbringen sei, so dass dessen Gesellschaftsstatut auf das gesamte Konzernverhältnis schon nach allgemeinen Grundsätzen Anwendung finde; ferner Kölner KommAktG/*Koppensteiner* Vor § 291 Rn 190, der eine Zuordnung zum Gesellschaftsstatut ablehnt und das Ergebnis auf eine Sonderanknüpfung stützt. Dies sei erforderlich, da die Normen im Rahmen des Unternehmensvertrags, die zum Schutz der Gesellschaft, ihrer Anteilseigner und Gläubiger dienen, einen international nicht austauschbaren Normenkomplex darstellten, weil ihr materieller Anwendungsbereich sich stets nur auf inländische Gesellschaften beschränke. Die Verweisung des Kollisionsrechts auf das fremde Recht laufe daher aufgrund fehlender Anwendbarkeit seines Sachrechts auf die Gesellschaft stets ins Leere.

100 VO (EG) Nr. 593/2008, ABl. EG Nr. L 177/6 v. 17.6.2008.

101 *Einsele* ZGR 1996, 40, 50; *Neumayer* ZVglRWiss. 83 (1984), 129, 160 ff.

102 Ebenso Spindler/Stilz/*Veil* Vor § 291 Rn 52.

Bei Gewinngemeinschaften im Sinne von § 292 Abs. 1 Nr. 1 AktG erbringen beide Vertragsteile die vertragstypische Leistung. Sie begründet eine BGB-Gesellschaft zwischen den beteiligten Unternehmen.[103] Da diese BGB-Gesellschaft in der Regel keine Außenwirkung haben wird, sondern es sich um eine bloße Innengesellschaft handeln wird, könnte die Gewinngemeinschaft statt dem Gesellschaftsstatut auch dem Vertragsstatut unterstellt werden.[104] Die beteiligten Unternehmen könnten somit nach Maßgabe der Art. 3 ff Rom I-VO das anwendbare Recht wählen.[105] Da die Gewinngemeinschaft vom deutschen (Sach)Recht als Unternehmensvertrag qualifiziert wird, erscheint es jedoch überzeugender, sie auch auf kollisionsrechtlicher Ebene nicht als bloßen schuldrechtlichen Vertrag, sondern als Unternehmensvertrag zu qualifizieren und somit wie bei Unternehmensverträgen allgemein an das Gesellschaftsstatut anzuknüpfen. Anderenfalls könnten die konzernrechtlichen Schutzbestimmungen zugunsten von (Minderheits-)Gesellschaftern und Dritten, die bei Abschluss eines Gewinngemeinschaftsvertrags zwischen inländischen Gesellschaften zu beachten wären, im Fall der Gewinngemeinschaft mit einer Auslandsgesellschaft durch Wahl eines Rechts, das keine vergleichbaren Bestimmungen enthält, unterlaufen werden. Da bei der Gewinngemeinschaft beide Vertragsteile die vertragstypische Leistung erbringen, müssen allerdings die konzernrechtlichen Schutzvorschriften beider Gesellschaftsstatute kumulativ angewendet werden.[106] Aufgrund der gesellschaftsrechtlichen Anknüpfung ist auch hier eine Rechtswahl zugunsten eines Gesellschaftsstatuts oder einer „dritten“ Rechtsordnung nicht möglich. 54

III. Grenzüberschreitender faktischer Unterordnungskonzern

Das deutsche Konzernrecht des faktischen Konzerns sieht zum Schutz der abhängigen Gesellschaft ein System des Einzelausgleichs für nachteilige Maßnahmen vor (§§ 311 ff AktG).[107] Beim faktischen Unterordnungskonzern gilt folglich ebenfalls die **Grundregel**, dass das Konzernrecht der abhängigen Gesellschaft maßgeblich ist.[108] Die Rechte des Mehrheitsaktionärs bestimmen sich nach dem Statut der Gesellschaft, deren Aktionär er ist.[109] Zu beachten ist hinsichtlich der Regelungen der §§ 311 bis 318 AktG, dass diese nur Anwendung finden, wenn eine AG, KGaA oder SE (mit Sitz in Deutschland) beherrscht wird.[110] Sollte eine deutsche GmbH oder Personenhandelsgesellschaft von einem ausländischen Unternehmen aufgrund einer Mehrheitsbeteiligung faktisch beherrscht werden, unterliegt das Konzernverhältnis gleichfalls deutschem Konzernrecht (siehe Rn 42 ff). 55

Hinsichtlich solcher Regelungen, die den Schutz der ausländischen Obergesellschaft oder deren Minderheitsgesellschafter bezwecken, ist ausländisches Recht anwendbar. So ist beispielsweise das Erfordernis einer Zustimmung der Anteilseignerversammlung der Obergesellschaft nach deren Personalstatut zu beurteilen.[111] Wenn die Obergesellschaft eine AG, KGaA oder SE (mit Sitz in Deutschland) ist, kann daher die Zustimmung ihrer Hauptversammlung zu Strukturmaßnahmen in der Untergesellschaft nach den Grundsätzen der 56

103 *Hüffer* AktG § 292 Rn 4; MünchKommAktG/*Altmeppen* § 292 Rn 12.
104 Vgl zur vertragsrechtlichen Anknüpfung bei Innengesellschaften MünchHdb GesR VI/*Thölke* § 1 Rn 41.
105 VO (EG) 593/2008, ABl. EG Nr. L 177/6 v. 17.6.2008.
106 Vgl Kölner KommAktG/*Koppensteiner* Vor § 291 Rn 192 und allgemein zum Gleichordnungskonzern Rn 43.
107 *Brandi* NZG 2003, 889, 893.
108 BGH NZG 2005, 214, 215.
109 MünchKommBGB/*Kindler* IntGesR Rn 763.
110 *Emmerich/Habersack* AG/GmbH-KonzernR § 311 Rn 21.
111 MünchKommBGB/*Kindler* IntGesR Rn 764.

„Holzmüller“-/„Gelatine“-Rechtsprechung des BGH[112] erforderlich sein.[113] Die Obergesellschaft darf in diesem Fall ohne die Zustimmung ihrer Hauptversammlung die Umsetzung der Strukturmaßnahme nicht veranlassen.

57 Ferner gilt das Verbot des Anteilserwerbs gemäß § 71 d S. 2 AktG auch für ausländische Tochtergesellschaften einer AG, KGaA oder SE (mit Sitz in Deutschland), da die Vorschrift dem Kapitalschutz der AG, KGaA bzw SE dient.[114] Daher darf ein im Sinne von § 17 AktG abhängiges oder im Sinne von § 16 AktG im Mehrheitsbesitz der AG, KGaA oder SE stehendes Unternehmen Aktien der AG, KGaA oder SE nur unter den Voraussetzungen des § 71 Abs. 1 Nr. 1 bis 5, 7 und 8, Abs. 2 AktG erwerben und besitzen.

D. Sonstige Regelungen zu verbundenen Unternehmen

I. Mitteilungspflichten

58 § 20 Abs. 1 AktG statuiert für Unternehmen, die mehr als 25% der Anteile einer AG oder KGaA (bei Letzterer iVm § 278 Abs. 3 AktG) deutschen Rechts halten, die Pflicht, dies der Gesellschaft schriftlich mitzuteilen. Zur Mitteilung verpflichtet sind sowohl inländische als auch ausländische Unternehmen. Die Einbeziehung ausländischer Unternehmen ist nach allgemeiner Meinung dadurch gerechtfertigt, dass es sich um eine mitgliedschaftliche Informationspflicht handelt, für die das **Personalstatut der inländischen Gesellschaft** maßgeblich ist.[115] Die Mitteilungspflichten des § 21 Abs. 1 und Abs. 2 AktG hingegen finden nach überwiegender Ansicht auf grenzüberschreitende Konzernverbindungen keine Anwendung, weil Adressat der Regelung nur eine deutschem Recht unterliegende AG, KGaA oder eine SE mit Sitz im Inland ist, die Anteile an einer Kapitalgesellschaft (Abs. 1) bzw einem Unternehmen (gleich welcher Rechtsform, Abs. 2) hält, das zumindest seinen Verwaltungssitz im Inland hat.[116] Weitere praxisrelevante Mitteilungspflichten ergeben sich aus den §§ 21 ff WpHG. Bei Erreichen gewisser Schwellenwerte an einer börsennotierten inländischen Gesellschaft ist der Erwerber der Beteiligungen danach verpflichtet, der Gesellschaft selbst und der BaFin Mitteilung zu machen. Ohne Belang sind dabei die Herkunft bzw das Gesellschaftsstatut des Erwerbers.

II. Aufsichtsratbestellung

59 § 100 Abs. 2 AktG enthält Beschränkungen für die Bestellung von Aufsichtsratsmitgliedern einer deutschen Aktiengesellschaft, die auch im Rahmen grenzüberschreitender Konzernverbindungen Bedeutung erlangen können. Gemäß Art. 47 Abs. 2 lit. a) SE-VO gelten diese Beschränkungen auch für den Aufsichtsrat einer SE mit Sitz in Deutschland, ferner gemäß § 278 Abs. 3 für die KGaA (für deren Aufsichtsrat gilt zusätzlich § 287 Abs. 3 AktG). Für die Besetzung des Aufsichtsrats einer **Konzerngesellschaft, die ausländischem Recht unterliegt,** findet § 100 AktG keine Anwendung, stattdessen gelten allein die Vorschriften des ausländischen Gesellschaftsstatuts.

60 Im Rahmen der **Höchstzahl von Aufsichtsratsmandaten** gemäß § 100 Abs. 2 S. 1 Nr. 1 AktG ist bei grenzüberschreitenden Unternehmensverbindungen zu beachten, dass Mandate in

112 BGH NZG 2004, 571, 574 („Gelatine I“); BGH NZG 2004, 575, 578 („Gelatine II“); BGH NJW 1982, 1703 („Holzmüller“).

113 MünchKommAktG/*Altmeppen* Einl. §§ 291 ff Rn 41 und § 293 Rn 122.

114 Vgl MünchKommAktG/*Oechsler* § 71 Rn 62; *Spickhoff* BB 1997, 2593; Spindler/Stilz/*Cahn* § 71 d Rn 31.

115 Statt vieler MünchKommBGB/*Kindler* IntGesR Rn 778.

116 *Emmerich/Habersack* AG/GmbH-KonzernR § 21 Rn 8; *Hüffer* AktG § 21 Rn 3; MünchHdb GesR IV/*Krieger* § 68 Rn 144; aA Kölner KommAktG/*Koppensteiner* § 21 Rn 4.

Aufsichtsgremien ausländischer Gesellschaften nicht mitzuzählen sind; erfasst sind nur Mandate in Aufsichtsgremien inländischer Rechtsformen, die kraft Gesetzes zu bilden sind.[117]

Nach § 100 Abs. 2 S. 1 Nr. 2 AktG ist es dem gesetzlichen Vertreter eines abhängigen Unternehmens untersagt, Mitglied im Aufsichtsrat der Obergesellschaft zu sein. Die Intention dieser Regelung ist die effektive Erfüllung der Überwachungsfunktion durch den Aufsichtsrat.[118] Die Regelung dient dem Schutz der Obergesellschaft.[119] Bei grenzüberschreitenden Unternehmensverbindungen ist dementsprechend das **Personalstatut der herrschenden Gesellschaft** maßgeblich. Einem Mitglied der Geschäftsleitung eines ausländischen abhängigen Unternehmens ist es folglich verwehrt, Aufsichtsratsmitglied einer deutschen Obergesellschaft zu sein.[120] Entsprechendes gilt gemäß § 100 Abs. 2 S. 1 Nr. 2 AktG für Mitglieder der Geschäftsleitung eines in- oder ausländischen Unternehmens, dessen Aufsichtsorgan ein Vorstand/geschäftsführender Direktor der inländischen AG, KGaA oder SE angehört (sog. Überkreuz-Verflechtung). 61

III. Mitbestimmung der Arbeitnehmer in Gesellschaftsorganen

Hinsichtlich der Arbeitnehmermitbestimmung in Gesellschaftsorganen gelten grundsätzlich für jedes Konzernunternehmen die Vorschriften ihres Gesellschaftsstatuts. Für Unternehmen, die deutschem Recht unterliegen, gelten daher die deutschen Mitbestimmungsgesetze (Drittelbeteiligungsgesetz, Mitbestimmungsgesetz, Montanmitbestimmungsgesetz, Mitbestimmungsergänzungsgesetz oder das MgVG,[121] für die SE ferner das SEBG). Mit Ausnahme des MgVG und des SEBG gewähren die deutschen Mitbestimmungsgesetze grundsätzlich nur im Inland beschäftigten Arbeitnehmern einer deutschem Recht unterliegenden Gesellschaft Mitbestimmungsrechte. Bei einem grenzüberschreitenden Konzern werden daher einer deutschen Konzernspitze zur Ermittlung der Schwellenwerte der Mitbestimmungsgesetze Arbeitnehmer, die von ihren ausländischen Tochtergesellschaften im Ausland beschäftigt werden, grundsätzlich nicht zugerechnet.[122] Eine Zurechnung der (im Inland beschäftigten) Arbeitnehmer von Unternehmen ausländischer Rechtsform zu einer deutschen Konzernspitze soll jedoch ausnahmsweise dann stattfinden, wenn das Unternehmen ausländischer Rechtsform seinen Verwaltungssitz im Inland hat.[123] Ebenfalls zugerechnet werden im Inland beschäftigte Arbeitnehmer von deutschen „Enkelgesellschaften" der deutschen Konzernspitze, und zwar auch dann, wenn die Tochtergesellschaft ihrerseits ausländischem Recht unterliegt.[124] Die Mitbestimmung nach den deutschen Mitbestimmungsgesetzen beschränkt sich ferner auf Unternehmen, die eine der in dem jeweils einschlägigen Mitbestimmungsgesetz aufgelisteten 62

---

117 *Hüffer* AktG § 100 Rn 3; MünchHdb GesR IV/*Hoffmann-Becking* § 30 Rn 7 a; aA MünchKommAktG/*Habersack* § 100 Rn 16.

118 MünchHdb GesR IV/*Hoffmann-Becking* § 30 Rn 10; *Spahlinger/Wegen* XII Rn 414; Spindler/Stilz/*Spindler* § 100 Rn 21.

119 MünchKommBGB/*Kindler* IntGesR Rn 787.

120 *Hüffer* AktG § 100 Rn 5; MünchKommBGB/*Kindler* IntGesR Rn 787; Spindler/Stilz/*Spindler* § 100 Rn 22.

121 Gesetz zur Umsetzung der Regelungen über die Mitbestimmung der Arbeitnehmer bei einer Verschmelzung von Kapitalgesellschaften aus verschiedenen Mitgliedstaaten vom 21.12.2006, BGBl. I, 3332 ff.

122 Vgl *Ulmer/Habersack* in Ulmer/Habersack/Henssler, Mitbestimmungsrecht, § 1 MitbestG Rn 6 und § 5 MitbestG Rn 55. Umstritten ist, ob dies auch für Arbeitnehmer gilt, die die ausländischen Konzernuntergesellschaften in inländischen Betrieben oder Zweigniederlassungen beschäftigen: Gegen deren Einbeziehung *Bayer* ZGR 1977, 173, 178; *Lutter* ZGR 1977, 195, 208; *Ulmer/Habersack* in: Ulmer/Habersack/Henssler, Mitbestimmungsrecht, 2. Aufl. 2006, § 5 MitbestG Rn 55; für Einbeziehung *Duden* ZHR 141 (1977), 145, 185; MünchKommAktG/*Gach* § 5 MitbestG Rn 10; GroßkommAktG/*Oetker* § 5 MitbestG Rn 33. Zur Einbeziehung von nur vorübergehend im Ausland beschäftigten Arbeitnehmern siehe *Henssler* in: Ulmer/Habersack/Henssler, Mitbestimmungsrecht, § 3 MitbestG Rn 38.

123 *Ulmer/Habersack* in: Ulmer/Habersack/Henssler, Mitbestimmungsrecht, § 5 MitbestG Rn 55.

124 *Ulmer/Habersack* in: Ulmer/Habersack/Henssler, Mitbestimmungsrecht, § 5 MitbestG Rn 55.

inländischen Rechtsformen haben; Unternehmen ausländischer Rechtsform unterliegen also nicht den deutschen Mitbestimmungsgesetzen.[125] Nach herrschender und zutreffender Auffassung gilt dies auch dann, wenn das Unternehmen ausländischer Rechtsform seinen Verwaltungssitz in Deutschland hat.[126] Ob eine Konzernobergesellschaft ausländischer Rechtsform verpflichtet ist, einen mitbestimmten Aufsichtsrat einzurichten, und ob in Deutschland beschäftigten Arbeitnehmern des Konzerns Mitwirkungsrechte zustehen, richtet sich daher ausschließlich nach den Vorgaben ihres Gesellschaftsstatuts. Zu beachten ist im Fall einer ausländischen Konzernspitze allerdings § 5 Abs. 3 MitbestG, wonach einer Teilkonzernspitze in der Rechtsform einer AG, KGaA oder GmbH die in Deutschland beschäftigten Arbeitnehmer ihrer Tochtergesellschaften zugerechnet werden, so dass bei der deutschen Teilkonzernspitze uU ein mitbestimmter Aufsichtsrat einzurichten ist.[127]

63 Modifikationen erfährt die Mitbestimmung im Fall einer SE oder einer Gesellschaft, die an einer grenzüberschreitenden Verschmelzung im Sinne der §§ 122 a ff UmwG beteiligt war, als Konzernobergesellschaft. Im Fall der SE unterliegt die Mitbestimmung der Arbeitnehmer entweder einer Vereinbarung, die die Unternehmensleitungen der Gründungsgesellschaften mit einem besonderen Verhandlungsgremium der Arbeitnehmer abgeschlossen haben, oder den §§ 34 ff SEBG. Entsprechendes gilt für die Mitbestimmung in einer AG, KGaA oder GmbH, die aus einer grenzüberschreitenden Verschmelzung durch Neugründung entstanden ist oder an einer grenzüberschreitenden Verschmelzung durch Aufnahme als aufnehmende Gesellschaft beteiligt war: Die Mitbestimmung der Arbeitnehmer unterliegt wiederum entweder einer Vereinbarung oder den Vorschriften der §§ 23 ff MgVG. Im Gegensatz zu den übrigen deutschen Mitbestimmungsgesetzen sehen sowohl die §§ 34 ff SEBG als auch die §§ 23 ff MgVG die Beteiligung von im Ausland beschäftigten Arbeitnehmern der Gesellschaft selbst sowie ihrer Tochtergesellschaften an der Mitbestimmung vor. In grenzüberschreitenden Konzernen mit einer SE oder einer Gesellschaft, die an einer grenzüberschreitenden Verschmelzung beteiligt war, als Konzernspitze kann daher der Kreis der an der Mitbestimmung zu beteiligenden Arbeitnehmer wesentlich größer sein als bei einer nationalen Rechtsform als Konzernobergesellschaft. Im Gegenzug wird allerdings der Grad der Mitbestimmung – also der Anteil der Arbeitnehmervertreter im Aufsichts- oder Verwaltungsorgan – nach den Auffangregelungen des SEBG und des MgVG grundsätzlich auf dem Stand „eingefroren“, der zum Zeitpunkt der SE-Gründung bzw des Wirksamwerdens der grenzüberschreitenden Verschmelzung maßgeblich war.[128] Ein späteres Über- oder Unterschreiten von Schwellenwerten der Mitbestimmungsgesetze führt daher in diesen Fällen nicht zu einer Anhebung oder Absenkung des Mitbestimmungsgrades.

IV. Nichtigkeit bestimmter Stimmbindungsverträge

64 Gemäß § 136 Abs. 2 S. 1 AktG sind Verträge nichtig, durch die sich ein Aktionär verpflichtet, nach Weisung der Gesellschaft, des Vorstands oder des Aufsichtsrats der Gesellschaft oder nach Weisung eines abhängigen Unternehmens sein Stimmrecht in der Hauptversammlung auszuüben. Schutzzweck der Regelung ist es, die von der Verwaltung unabhängige Ausübung der Aktionärsrechte in der Hauptversammlung zu sichern.[129] Die Regelung gilt für alle Aktionäre einer deutschen Aktiengesellschaft, KGaA oder SE mit Sitz in Deutschland un-

125 GroßkommAktG/*Oetker* § 1 MitbestG Rn 8; *Ulmer/Habersack* in: Ulmer/Habersack/Henssler, Mitbestimmungsrecht, § 1 MitbestG Rn 6.

126 GroßkommAktG/*Oetker* § 1 MitbestG Rn 10; MünchKommAktG/*Gach* § 1 MitbestG Rn 14; *Ulmer/Habersack* in: Ulmer/Habersack/Henssler, Mitbestimmungsrecht, § 1 MitbestG Rn 6 a.

127 GroßkommAktG/*Oetker* § 5 MitbestG Rn 43 ff; *Ulmer/Habersack* in: Ulmer/Habersack/Henssler, Mitbestimmungsrecht, § 5 MitbestG Rn 68 ff.

128 Siehe § 35 Abs. 1 SEBG für die SE und § 24 Abs. 1 MgVG für die grenzüberschreitende Verschmelzung.

129 *Hüffer* § 136 Rn 25; MünchKommAktG/*Schröer* § 136 Rn 17.

abhängig davon, ob es sich um aus- oder inländische Aktionäre handelt. Sie findet daher auch im Rahmen grenzüberschreitender Konzernverbindungen unter Beteiligung einer deutschen Aktiengesellschaft, KGaA oder SE mit Sitz im Inland Anwendung. Die Zulässigkeit von Stimmbindungsverträgen über die Ausübung von Stimmrechten in Unternehmen, die ausländischem Recht unterliegen, richtet sich hingegen allein nach deren Gesellschaftsstatut, § 136 Abs. 2 AktG findet auf Unternehmen ausländischer Rechtsform keine Anwendung.

V. Zeichnungs-, Erwerbs- und Besitzverbote

Praxisrelevante Zeichnungs-, Erwerbs- und Besitzverbote bezüglich Aktien einer deutschen Aktiengesellschaft, KGaA oder SE mit Sitz im Inland sind in § 56 Abs. 2 und § 71 d S. 2 AktG statuiert. Gemäß § 56 Abs. 2 S. 1 AktG ist es einem abhängigen Unternehmen untersagt, Aktien der herrschenden Aktiengesellschaft, KGaA oder SE als Gründer oder Zeichner oder in Ausübung eines bei einer bedingten Kapitalerhöhung eingeräumten Umtausch- oder Bezugsrechts zu übernehmen. Gleiches gilt für ein in Mehrheitsbesitz stehendes Unternehmen im Verhältnis zu der an ihm mit Mehrheit beteiligten Gesellschaft. Nach § 71 d S. 2 AktG darf ein abhängiges oder in Mehrheitsbesitz stehendes Unternehmen oder ein Dritter, der für Rechnung des abhängigen oder in Mehrheitsbesitz stehenden Unternehmens handelt, Aktien an der Obergesellschaft nur dann erwerben oder besitzen, wenn dies der Obergesellschaft selbst nach § 71 Abs. 1 Nr. 1 bis 5, 7 und 8 und Abs. 2 AktG gestattet ist. Mit dieser Regelung soll verhindert werden, dass das Verbot des Erwerbs eigener Aktien gemäß § 71 AktG umgangen wird. Die Vorschriften dienen dem Schutz der herrschenden Gesellschaft und sind daher auch im Rahmen grenzüberschreitender Unternehmensverbindungen anwendbar, wenn eine deutsche AG, KGaA oder SE mit Sitz im Inland ein ausländisches Unternehmen beherrscht.[130] Wenn für die abhängige Gesellschaft das deutsche Gesellschaftsstatut maßgeblich ist, während für die Obergesellschaft ein ausländisches Statut gilt, kommen die §§ 56 Abs. 2, 71 d S. 2 AktG nach überwiegender und zutreffender Auffassung dementsprechend nicht zur Anwendung.[131] Folglich bestimmen sich Zeichnungs- und Erwerbsverbote für Geschäftsanteile an der Obergesellschaft in diesem Fall allein nach ausländischem Recht. 65

VI. Konzerninnenhaftung

Konzerninnenhaftungsansprüche betreffen das interne Verhältnis eines Konzerns, insbesondere Ansprüche zwischen abhängigem und herrschendem Unternehmen. Hierzu zählen im deutschen Recht – das zur Anwendung kommt, wenn die abhängige Gesellschaft deutschem Recht unterliegt – insbesondere die Ansprüche der abhängigen Gesellschaft gegen das herrschende Unternehmen gemäß §§ 302 (Verlustübernahme), 311 (Pflicht zum Nachteilsausgleich im faktischen Konzern) und 317 AktG (Schadensersatzpflicht im faktischen Konzern). 66

Für diese Ansprüche kann sich eine internationale Zuständigkeit der Gerichte des **Sitzstaates der abhängigen Gesellschaft** aus besonderen Zuständigkeitsregelungen ergeben: 67

Bei Ansprüchen im **Vertragskonzern** kann sich die internationale Zuständigkeit der Gerichte des Sitzstaates der abhängigen Gesellschaft zunächst aus den Regelungen über den Gerichtsstand des Erfüllungsortes ergeben, also aus Art. 5 Abs. 1 Nr. 1 lit. a) EuGVVO, wenn die beklagte Gesellschaft ihren Sitz in einem EU-Mitgliedstaat hat, bzw aus § 29 ZPO, wenn das beklagte herrschende Unternehmen seinen Sitz in einem Drittstaat hat (und kein vorrangiges 68

130 Vgl MünchKommAktG/*Oechsler* § 71 Rn 64; *Spickhoff* BB 1997, 2593; Spindler/Stilz/*Cahn* § 71 d Rn 31.

131 MünchKommAktG/*Oechsler* § 71 Rn 64; *Spahlinger/Wegen* C XII Rn 411; Spindler/Stilz/*Cahn* § 71 d Rn 31; Staudinger/*Großfeld* IntGesR Rn 587.

bi- oder multilaterales Abkommen eine andere Regelung vorsieht). Erfüllungsort ist im Rahmen eines Vertragskonzerns grundsätzlich der Sitz der abhängigen Gesellschaft, denn dort hat das herrschende Unternehmen sämtliche Verpflichtungen gegenüber dem abhängigen Unternehmen zu erfüllen.[132] Streitig ist in Literatur und Rechtsprechung, ob sich eine internationale Zuständigkeit am Sitz der abhängigen Gesellschaft aus Art. 5 Nr. 1 EuGVVO bzw § 29 ZPO auch im faktischen Konzern ergeben kann. Die Rechtsprechung verneint dies unter Berufung auf die Rechtsprechung des EuGH,[133] wonach „Ansprüche aus einem Vertrag" im Sinne von Art. 5 Nr. 1 EuGVÜ (der Vorgängernorm zu Art. 5 Nr. 1 EuGVVO) nur vorliegen, wenn eine Partei gegenüber der anderen freiwillig eine Verpflichtung eingegangen ist; dies sei im faktischen Konzern jedoch nicht der Fall.[134]

69 Die internationale Zuständigkeit am Sitz der abhängigen Gesellschaft kann im **faktischen Konzern** auf § 22 ZPO (Gerichtsstand der Mitgliedschaft) gestützt werden,[135] der in einer Doppelfunktion sowohl die örtliche wie auch die internationale Zuständigkeit regelt.[136] Gemäß § 22 ZPO besteht für Klagen einer Gesellschaft gegen ihre Mitglieder aus der Mitgliedschaft ein besonderer Gerichtsstand am Sitz der Gesellschaft und setzt daher voraus, dass das herrschende Unternehmen Anteilseigner der abhängigen Gesellschaft ist. § 22 ZPO ist jedoch nur anwendbar, wenn das beklagte herrschende Unternehmen seinen Sitz nicht im Anwendungsbereich der EuGVVO oder eines **Drittstaates** hat, mit dem ein vorrangiges bi- oder multilaterales Abkommen besteht. Die **EuGVVO** enthält hingegen keine gegenüber § 22 ZPO vorrangige Regelung zur internationalen Zuständigkeit für Rechtsstreitigkeiten aus der Mitgliedschaft, da die ausschließliche internationale Zuständigkeit gemäß Art. 22 Nr. 2 EuGVVO sich nur auf Klagen bezieht, deren Gegenstand die Gültigkeit, Nichtigkeit oder die Auflösung einer juristischen Person oder Gesellschaft oder von Beschlüssen ihrer Organe ist.[137] Hat die Obergesellschaft ihren Sitz daher im Anwendungsbereich der EuGVVO, bleibt es bei der internationalen Zuständigkeit der Gerichte ihres Sitzstaates gemäß Art. 2 Abs. 1, 60 EuGVVO.

70 Schließlich kann die internationale Zuständigkeit auch durch eine **Gerichtsstandsvereinbarung**, die etwa im Unternehmensvertrag enthalten sein kann, geregelt werden (Art. 23 EuGVVO bzw § 38 ZPO).[138]

71 Sofern Konzernhaftungsansprüche auf deliktischer Grundlage beruhen, gilt für die internationale Zuständigkeit Art. 5 Nr. 3 EuGVVO bzw § 32 ZPO. In Betracht kommen dürfte der Gerichtsstand der unerlaubten Handlung insbesondere für die Haftung der herrschenden Gesellschaft im faktischen Konzern, wenn man mit der Rechtsprechung davon ausgeht, dass der Gerichtsstand im Zusammenhang mit Vertragsverhältnissen (Art. 5 Abs. 1 EuGVVO) in diesem Fall keine Anwendung findet. Art. 5 Nr. 3 EuGVVO bzw subsidiär § 32 ZPO weisen die internationale Zuständigkeit für Rechtsstreitigkeiten aus Delikt dem Gericht des Ortes zu, an dem das ursächliche Geschehen stattgefunden hat (Handlungsort) oder das schädigende Ereignis eingetreten ist (Erfolgsort).[139] Grundsätzlich nicht erfasst ist der Schadensort, dh

132 MünchKommBGB/*Kindler* IntGesR Rn 818.

133 EuGH Slg 1992, I-3967.

134 BGH DStR 1997, 503 m.Anm. *Goette;* ebenso die Vorinstanz OLG Düsseldorf IPRax 1998, 210 f, jeweils zu Art. 5 Nr. 1 EuGVÜ als Vorgängernorm von Art. 5 Nr. 1 EuGVVO; aA wohl MünchKommBGB/*Kindler* IntGesR Rn 818.

135 *Maul* NZG 1999, 741, 742 f; MünchKommBGB/*Kindler* IntGesR Rn 818; *Spahlinger/Wegen* XII C Rn 427.

136 MünchKommZPO/*Patzina* § 22 Rn 11; vgl auch bereits Rn 10 ff.

137 Vgl MünchKommZPO/*Patzina* § 22 Rn 11.

138 MünchKommBGB/*Kindler* IntGesR Rn 819.

139 EuGH 6.10.1976 – 12/76 (Mines de Potasse), EuGHE 1976, 1735 = NJW 1977, 493; Musielak/*Lackmann* Art. 5 EuGVVO Rn 24; *v. Hein* IPRax 2005, 17.

der Ort, an dem sogenannte Folgeschäden oder mittelbare Schäden eintreten.[140] Dies gilt nicht für unerlaubte Handlungen, die sich unmittelbar und allein gegen das Vermögen des Geschädigten wenden zB § 826 BGB. Die Ausführungen zu Art. 5 Nr. 3 EuGVVO können auf § 32 ZPO übertragen werden.[141]

Ist der Rechtsstreit von keiner der angeführten besonderen Zuständigkeitsregelungen erfasst, sind die Gerichte des Sitzstaates des herrschenden Unternehmens aufgrund der allgemeinen Zuständigkeit des Sitzes des Beklagten international zuständig (Art. 2 Abs. 1, 60 EuGVVO, wenn das herrschende Unternehmen seinen Sitz in einem EU-Mitgliedstaat hat;[142] § 17 ZPO, wenn es seinen Sitz in einem Drittstaat hat, mit dem kein vorrangiges Abkommen über die internationale Zuständigkeit besteht). 72

VII. Konzernaußenhaftung

Die Konzernaußenhaftung betrifft Ansprüche von außerhalb des Konzerns stehenden Gläu- 73
bigern gegenüber Konzernunternehmen. Die Frage nach der internationalen Zuständigkeit kann sich stellen, wenn die Gläubiger einer abhängigen Gesellschaft eines grenzüberschreitenden Konzerns Ansprüche gegenüber der herrschenden Gesellschaft am Gerichtsstand des abhängigen Unternehmens geltend machen wollen. Ist abhängiges Unternehmen eine deutsche Gesellschaft, kann die Frage im Zusammenhang mit Ansprüchen gemäß § 303 Abs. 1 AktG auftreten, wenn ein Gläubiger der abhängigen Gesellschaft unter den dort genannten Voraussetzungen[143] von dem ausländischen herrschenden Unternehmen bei Beendigung eines Beherrschungs- oder Gewinnabführungsvertrags Sicherheitsleistung begehrt. Ebenso kann sie sich bei der Durchsetzung von Ausfallhaftungsansprüchen der Gläubiger gegen die Obergesellschaft analog §§ 303 Abs. 1, 322 AktG für den Fall, dass die Untergesellschaft als Gläubiger wegfällt, stellen.[144]

In diesen Fällen wird die internationale Zuständigkeit in der Regel bei den Gerichten des 74
Sitzstaates des herrschenden Unternehmens als allgemeiner Gerichtsstand am Sitz des Beklagten liegen (Art. 2 Abs. 1, 60 EuGVVO, § 17 ZPO).

Eine internationale Zuständigkeit der Gerichte des Sitzstaates der abhängigen Gesellschaft 75
wird sich seltener begründen lassen:

Weder im Vertragskonzern noch im faktischen Konzern anwendbar ist der **Vertragsgerichts-** 76
stand gemäß Art. 5 Abs. 1 EuGVVO bzw § 29 ZPO, da keine vertraglichen Beziehungen zwischen den Gesellschaftsgläubigern und dem herrschenden Unternehmen bestehen.[145] Ein Gerichtsstand aus unerlaubter Handlung (Art. 5 Nr. 3 EuGVVO, § 32 ZPO) lässt sich allein aufgrund einer konzernrechtlichen Durchgriffshaftung nicht begründen, da die Haftung des herrschenden Unternehmens für Ansprüche eines Dritten gegen ein abhängiges Unternehmen nicht auf einer unerlaubten Handlung, sondern auf dem Missbrauch der Leitungsmacht beruht. Der **Gerichtsstand der unerlaubten Handlung** kann daher nur eröffnet sein, wenn das herrschende Unternehmen zugleich gegenüber dem Dritten einen deliktischen Haftungstatbestand erfüllt hat, so dass dieser neben dem konzernrechtlichen Durchgriffsanspruch unmit-

140 EuGH (Marinari), EuGHE 1995, I 2719; EuGHE 2004, I 6009 (Kronhofer); Geimer/Schütze/*Geimer* Art. 5 A.1 Rn 254; Musielak/*Lackmann* Art. 5 EuGVVO Rn 24.

141 Siehe *Musielak/Heinrich* § 32 ZPO Rn 15 ff.

142 Zur Definition des Sitzes im Sinne der EuGVVO siehe Art. 60 EuGVVO.

143 Vgl *Hüffer* AktG § 303 Rn 2 ff; Spindler/Stilz/*Veil* AktG § 300 Rn 5 ff.

144 Vgl etwa BGH NJW 2002, 3024 ff; MünchKommBGB/*Kindler* IntGesR Rn 820.

145 OLG Düsseldorf IPrax 1998, 210; *Goette* DStR 1997, 503, 504 f; MünchKommBGB/*Kindler* IntGesR Rn 821; *Spahlinger*/*Wegen* C XII Rn 431.

telbare Ansprüche aus Deliktsrecht gegen das herrschende Unternehmen selbst hat (zB aus § 826 BGB).[146]

77 **Im Anwendungsbereich der EuGVVO** kann sich die internationale Zuständigkeit der Gerichte des Sitzstaates der abhängigen Gesellschaft im Einzelfall aus Art. 5 Nr. 5 EuGVVO ergeben, wenn es sich bei der abhängigen Gesellschaft um eine **Niederlassung** der Obergesellschaft handelt. „Niederlassung" im Sinne von Art. 5 Nr. 5 EuGVVO kann ausnahmsweise auch eine rechtlich selbstständige Gesellschaft sein, wenn sie als Außenstelle des herrschenden Unternehmens im Rechtsverkehr auftritt.[147] Eine weitere Möglichkeit, die internationale Zuständigkeit der Gerichte im Sitzstaat der abhängigen Gesellschaft zu begründen, kann der **Gerichtsstand der Streitgenossenschaft** gemäß Art. 6 Nr. 1 EuGVVO sein.[148] Dies kommt insbesondere in Betracht, wenn herrschendes und abhängiges Unternehmen als Gesamtschuldner haften. Gemäß Art. 6 Nr. 1 EuGVVO können, wenn mehrere Personen gemeinsam verklagt werden, beide Klagen am Ort des Sitzes eines der Beklagten erhoben werden, wenn zwischen den Klagen ein so enger Sachzusammenhang besteht, dass eine gemeinsame Verhandlung und Entscheidung geboten erscheint, um widersprechende Entscheidungen zu vermeiden. Verklagt der Gläubiger also das herrschende und das abhängige Unternehmen gemeinsam, kann er in der Regel beide Klagen am Sitz des abhängigen Unternehmens erheben.

78 Schließlich kann die internationale Zuständigkeit am Sitz der abhängigen Gesellschaft aus einer entsprechenden **Gerichtsstandsvereinbarung** gemäß Art. 23 EuGVVO bzw § 38 ZPO zwischen der abhängigen Gesellschaft und dem Gläubiger folgen, die grundsätzlich auch gegen das herrschende Unternehmen als Zweitschuldner wirkt.[149]

---

146 Vgl MünchKommBGB/*Kindler* IntGesR Rn 822.

147 EuGH NJW 1988, 625 zu einer deutschen Gesellschaft, die im Namen ihrer – gleichnamigen und mit identischer Geschäftsführung ausgestatteten – französischen Tochtergesellschaft Vertragsverhandlungen führte, Verträge abschloss und abwickelte. Der EuGH qualifizierte in diesem Fall die deutsche Muttergesellschaft als „Niederlassung" ihrer französischen Tochtergesellschaft und hielt daher eine internationale Zuständigkeit am Sitz der Muttergesellschaft gem. Art. 5 Nr. 5 EuGVÜ (Vorgängernorm zu Art. 5 Nr. 5 EuGVVO) für eröffnet. Siehe ferner *Kropholler* Art. 5 EuGVVO Rn 107; MünchKommBGB/*Kindler* IntGesR Rn 823; *Spahlinger/Wegen* C XII Rn 433.

148 MünchKommBGB/*Kindler* IntGesR Rn 824; *Spahlinger/Wegen* C XII Rn 434.

149 MünchKommBGB/*Kindler* IntGesR Rn 826; *Spahlinger/Wegen* C XII Rn 436.

§ 5 Zweckgesellschaften und Insolvenz

Literatur: *Baumbach/Hopt*, Handelsgesetzbuch, 3. Aufl., München 2012; *Beck/Depré* (Hrsg.), Praxis der Insolvenz, 2. Aufl., München 2010; *Birkel/Obenberger*, Die Sicherung von Anrechten der betrieblichen Altersversorgung über ein Contractual Trust Arrangement im Insolvenzverfahren, BB 2011, 2051; *Blaschczok*, Die schweizerisch-deutschen Staatsverträge auf dem Gebiet des Insolvenzrechts, ZIP 1983, 141; *Blomeyer/Otto/Rolfs*, Betriebsrentengesetz, Gesetz zur Verbesserung der betrieblichen Altersversorgung, 5. Aufl., München 2010; *Boos/Fischer/Schulte-Mattler*, Kreditwesengesetz, 4. Aufl., München 2012; *Braun*, Insolvenzordnung, Kommentar, 5. Aufl., München 2012; *Diem*, Akquisitionsfinanzierungen, München 2005; *Duursma-Kepplinger/Duursma/Chalupsky*, Europäische Insolvenzverordnung, Wien 2002; *Fleckner*, Insolvenzrechtliche Risiken bei Asset Backed Securities, ZIP 2004, 585; *Flessner*, Internationales Insolvenzrecht in Deutschland nach der Reform, IPRax 1997, 1; *Flessner*, Die GmbH-Reform (MoMiG) aus Sicht der Akquisitions- und Restrukturierungspraxis, NZG 2006, 641; *Gottwald* (Hrsg.), Insolvenzrechts-Handbuch, 3. Aufl., München 2006; *Habscheid*, Grenzüberschreitendes (internationales) Insolvenzrecht der Vereinigten Staaten von Amerika und der Bundesrepublik Deutschland, Berlin 1998; *Haß/Huber/Gruber/Heiderhoff*, EU-Insolvenzordnung, Kommentar zur Verordnung (EG) Nr. 1346/2000 über Insolvenzverfahren (EuInsVO), München 2005; *Hellner/Steuer* (Hrsg.), Bankrecht und Bankpraxis, Loseblattsammlung, Stand: September 2011; *Henckel/Gerhardt*, Jaeger. Insolvenzordnung, Berlin 2004; *Hüffer*, Aktiengesetz, 10. Aufl., München 2012; *Kemper*, Die Verordnung (EG) Nr. 1346/2000 über Insolvenzverfahren, ZIP 2001, 1609; *Kiethe/Hektor*, Grundlagen und Techniken der Projektfinanzierung, DStR 1996, 977; *Kirchof/Lwowski/Stürner* (Hrsg.), Münchener Kommentar zur Insolvenzordnung, 2. Aufl., München 2007 f; *Kümpel/Wittig*, Bank- und Kapitalmarktrecht, 4. Aufl., Köln 2011; *Nerlich/Römermann*, Insolvenzordnung, Kommentar, München, Loseblattsammlung, Stand: November 2011; *Newman*, Enron and the Special Purpose Entity, Use or Abuse? The Real Problem – The Real Focus, 2006 (abrufbar unter http://law.bepress.com/cgi/viewcontent.cgi?article=55508&context=expresso); *Obermüller*, Insolvenzrecht in der Bankpraxis, 8. Aufl., Köln 2011; *Pannen/Wolff*, ABS-Transaktionen in der Insolvenz des Originators – das Doppeltreuhandmodell und die neuen Refinanzierungsregister, ZIP 2006, 52; *Passarge*, Contractual Trust Arrangements als Instrumente zur Insolvenzsicherung von Pensionsverpflichtungen, Wertguthaben aus Altersteilzeit und von Arbeitszeitkonten, NZI 2006, 20; *Quilitzsch*, Projektfinanzierung als Mittel zur Umsetzung internationaler Rohstoffvorhaben – Heft 92 der Schriftenreihe „Beiträge zum Transnationalen Wirtschaftsrecht“, Oktober 2009 (abrufbar unter www.wirtschaftsrecht.uni-halle.de/publikationen.html); *Riegger*, Kapitalgesellschaftsrechtliche Grenzen der Finanzierung von Unternehmensübernahmen durch Finanzinvestoren, ZGR 2008, 233; *Rolfs/Schmid*, Sicherung von Betriebsrenten durch Contractual Trust Arrangements, ZIP 2010, 701; *Roth/Altmeppen*, Gesetz betreffend die Gesellschaften mit beschränkter Haftung (GmbHG), Kommentar, 7. Aufl., München 2012; *Rudolf*, Die internationale Finanzkrise: Ursachen, Treiber, Veränderungsbedarf und Reformansätze, ZGR 2010, 1; *Rößler*, Contractual Trust Arrangements – eine rechtliche Bestandsaufnahme, BB 2010, 1405; *Schimansky/Bunte/Lwowski*, Bankrechtshandbuch, 4. Aufl., München 2011; *Simon/Leuering*, Deckung von Pensionsverpflichtungen: Contractual Trust Arrangements, NJW-Spezial 2005, 507; *The Committee on Bankruptcy and Corporate Reorganization of the Association of the Bar of the City of New York* (zit. „Committee“), Structured Financing Techniques, 50 Bus. Law. 527 (1995); *Ulmer/Habersack/Winter*, Gesetz betreffend die Gesellschaft mit beschränkter Haftung, Großkommentar, Band 1, Tübingen 2005; *Virgos/Schmidt*, Erläuternder Bericht, abgedruckt in: Stoll, Vorschläge und Gutachten zur Umsetzung des EU-Übereinkommens über Insolvenzverfahren im deutschen Recht (1977), S. 32 ff; *Zerey* (Hrsg.), Finanzderivate, Rechtshandbuch, 2. Aufl., Baden-Baden 2010.

A. Einleitung

1 In einer ganzen Reihe von Unternehmenskrisen, die in der jüngeren Vergangenheit die öffentliche Aufmerksamkeit erregten, hat der Einsatz von Zweckgesellschaften zur Schieflage beigetragen. Nennenswerte Beispiele sind die Insolvenz des US-amerikanischen Energiehändlers Enron im Jahr 2001, die Insolvenz des italienischen Molkereiunternehmens Parmalat im Jahr 2003 sowie die Schieflagen der IKB Deutsche Industriebank AG und der Landesbank Sachsen im Zuge der jüngsten Finanzmarktkrise (vgl bereits § 1 Rn 20). Bei **Enron** und bei Parmalat diente der Einsatz von Zweckgesellschaften dazu, Geschäftsabschlüsse zu schönen und Verbindlichkeiten zu kaschieren, was im Fall von Enron die Insolvenz verursachte[1] und im Fall von Parmalat die Insolvenz über mehrere Jahre hinauszögerte.[2]

2 Anders gelagert waren die Fälle der IKB und der Landesbank Sachsen, die insbesondere durch ihr jeweiliges **Structured Investment Vehicle** (SIV)[3] Rhineland Funding Capital Corp. LLC und Ormond Quay Funding plc in die wirtschaftliche Schieflage gerieten. Beide Zweckgesellschaften investierten in langfristige, durch immobilienbesicherte Kreditportfolios aus dem Subprime-Bereich unterlegte Anleihen (Mortgage Backed Securities) und refinanzierten sich an den Kapitalmärkten durch Ausgabe kurzfristiger Anleihen. Sie verdienten daran, dass sie einen geringeren Zins für die kurzfristigen Anleihen zahlen mussten, als sie für die langfristigen erhielten. Als der Markt für Anleihen, die durch amerikanische Immobiliendarlehen unterlegt waren, Mitte 2007 zum Erliegen kam, konnten sich auch Rhineland Funding und Ormond Quay nicht mehr am Kapitalmarkt refinanzieren. Erstere musste auf eine von

1 *Newman*, S. 26 ff.
2 „How It All Went So Sour", Time-Magazine vom 21.11.2004.
3 Die Bedeutung von SIVs in der Finanzmarktkrise ist Gegenstand zahlreicher Presseartikel, zB „$400 bn SIV market sold off in two years", The Telegraph vom 7.7.2009; „Citi Agrees to acquire SIV Assets for $17.4 Billion" auf Bloomberg, abrufbar unter www.bloomberg.com/apps/news?pid=newsarchive&sid=a4yl_7w1N9co&refer=home, 28.6.2012.

der IKB gewährte Liquiditätslinie,[4] letztere auf eine Patronatserklärung der Landesbank Sachsen[5] in einem Umfang zurückgreifen, der die jeweilige Bank in eine Schieflage brachte.

Auch wenn es vor allem solche Fehlentwicklungen sind, die in der Öffentlichkeit wahrgenommen werden, sollten sie nicht darüber täuschen, dass Zweckgesellschaften im internationalen Geschäftsverkehr legitime Funktionen bei der **Steuerung von Insolvenzrisiken** erfüllen. Kennzeichnend für eine Zweckgesellschaft ist, dass ein Unternehmen (der sogenannte Sponsor oder Originator) einen Bestand von Vermögensgegenständen von seinem sonstigen Vermögen abtrennt, indem er es auf die Zweckgesellschaft überträgt und dadurch dem Zweck dieser Gesellschaft widmet. Im Vordergrund der insolvenzrechtlichen Betrachtung steht dabei, dass durch den Einsatz der Zweckgesellschaft ein abgegrenzter Bestand von Vermögensgegenständen den wirtschaftlichen Risiken aus einer einzelnen, eng begrenzten Tätigkeit zugeordnet wird.[6] Im Idealfall haftet das Vermögen der Zweckgesellschaft nur deren Gläubigern. Sie tragen also nur die Insolvenzrisiken, die sich aus der Tätigkeit der Zweckgesellschaft ergeben. 3

B. Insolvenzrechtliche Bedeutung von Zweckgesellschaften

Die Zweckgesellschaft ist dadurch gekennzeichnet, dass mit ihr ein eng begrenzter, genau definierter Zweck verfolgt wird (vgl bereits § 1 Rn 5). Typischerweise handelt es sich bei einer Zweckgesellschaft um eine beschränkt haftende Kapitalgesellschaft (zB GmbH) oder um eine Personengesellschaft, deren persönlich haftende Gesellschafter ausschließlich beschränkt haftende Kapitalgesellschaften sind (zB GmbH & Co. KG). Dabei nutzen die Sponsoren zwei Eigenschaften solcher Gesellschaftsformen: Die erste Eigenschaft ist die Trennung des Vermögens der Gesellschaft von den Vermögen der Gesellschafter, die es ermöglicht, dass das Gesellschaftsvermögen dem Zugriff der Gläubiger der Gesellschafter entzogen wird und ausschließlich dem Zweck der Zweckgesellschaft gewidmet ist.[7] Die zweite Eigenschaft ist die Haftungsbeschränkung selbst, die es erlaubt, die wirtschaftlichen Risiken aus einer bestimmten Tätigkeit auf die Zweckgesellschaft auszulagern und die Haftung auf das Vermögen der Zweckgesellschaft zu beschränken. Prägend für die Zweckgesellschaft ist, dass ihr Zweck sehr viel enger begrenzt ist, als bei anderen Gesellschaften gleicher Rechtsform. Durch den Einsatz einer Zweckgesellschaft lässt sich ein Vermögensbestand präzise der Erfüllung einer einzelnen Aufgabe widmen, wobei er lediglich den wirtschaftlichen Risiken dieser Aufgabenerfüllung ausgesetzt ist.[8] Die insolvenzrechtliche Bedeutung der Zweckgesellschaft liegt also zum einen darin, dass die wirtschaftlichen Risiken aus einer einzigen Aufgabe auf die Zweckgesellschaft ausgelagert werden und nur das Vermögen der Zweckgesellschaft, nicht aber das sonstige Vermögen des Sponsors haftet (**Haftungsbeschränkungsfunktion**). Beispiele finden sich vor allem im Bereich der Akquisitions- und Projektfinanzierung (weitere Einzelheiten bei Rn 56 ff). Zum anderen ist bedeutsam, dass das Vermögen der Zweckgesellschaft von den wirtschaftlichen Risiken anderer Tätigkeiten abgeschirmt wird, also ausschließlich der Erfüllung der Aufgabe der Zweckgesellschaft gewidmet und dem Zugriff der Gläubiger des Sponsors entzogen ist (**Abschirmungsfunktion**, Ring-Fencing). Solche Gestaltungen finden sich vor allem dann, wenn ein Vermögensbestand möglichst ausschließlich dazu dienen soll, die Forderungen einer bestimmten Gruppe von Gläubigern zu befriedi- 4

4 Geänderter Geschäftsbericht 2006/2007 des IKB-Konzerns, S. 4 u. 5.

5 „Sachsen LB Wirtschaftsprüfer zahlen Millionen an den Freistaat", Handelsblatt vom 17.1.2011; Ad-hoc Mitteilung der Landesbank Sachsen vom 17.8.2007.

6 *Newman*, S. 6.

7 Zum Trennungsprinzip vgl etwa *Raiser* in: Ulmer, Großkommentar GmbHG § 13 Rn 51 ff; *Hüffer*, AktG, § 1 Rn 8; *Baumbach/Hopt*, HGB, § 124 Rn 3.

8 *Newman*, S. 6.

gen oder abzusichern. Als Beispiele lassen sich Verbriefungstransaktionen und Contractual Trust Arrangements (CTAs) anführen. Bei Verbriefungstransaktionen soll das Vermögen der Zweckgesellschaft die Befriedigung der Schuldverschreibungsinhaber gewährleisten (vgl zu weiteren Einzelheiten Rn 40 ff), bei CTAs werden vor allem Betriebsrenten und -anwartschaften der Begünstigten durch das Vermögen der Zweckgesellschaft abgesichert (vgl zu weiteren Einzelheiten Rn 65 ff).

5 Ob mit dem Einsatz der Zweckgesellschaft vor allem eine Abschirmung des Gesellschaftsvermögens oder eine Beschränkung der Haftung auf das Vermögen der Zweckgesellschaft verfolgt wird, hängt von den wirtschaftlichen Zielen des Sponsors und etwaiger sonstiger Beteiligter im Einzelfall ab. Vor allem in Fällen, in denen die Abschirmungsfunktion im Vordergrund steht, treffen der Sponsor und sonstige Beteiligte häufig besondere Vorkehrungen, dass die Zweckgesellschaft die ihr zugedachte Aufgabe auch tatsächlich erfüllen kann. Sie wird dabei so ausgestaltet und geführt, dass sie „insolvenzfern" (**bankruptcy remote**) ist, dh dass ihre eigene Insolvenz jedenfalls während der Zeitspanne, die sie für die Erfüllung ihrer Aufgabe benötigt, sehr unwahrscheinlich ist. In Abhängigkeit von dem für Sponsor und Zweckgesellschaft geltenden Gesellschafts- und Insolvenzrecht sind bei der Strukturierung der jeweiligen Transaktionen unterschiedliche Anforderungen zu erfüllen, damit die Zweckgesellschaft die ihr zugedachte Funktion erfüllt.

C. Anwendbares Insolvenzrecht

6 Von insolvenzrechtlichem Interesse ist sowohl die Insolvenz der Zweckgesellschaft, die immer dann in Betracht kommt, wenn sich das auf sie ausgelagerte Risiko realisiert und ihre wirtschaftliche Leistungsfähigkeit übersteigt, als auch die Insolvenz des Sponsors. Denn gerade in der Insolvenz des Sponsors zeigt sich, ob das Vermögen der Zweckgesellschaft wirksam vor dem Zugriff der Gläubiger des Sponsors abgeschirmt ist. Viele Zweckgesellschaften und Sponsoren sind aus steuerlichen oder sonstigen Gründen im Ausland angesiedelt, auch wenn ihre Tätigkeit sich auf das Inland erstreckt oder ein sonstiger Bezug zum Inland besteht. Solche **grenzüberschreitenden Sachverhalte** werfen die Frage auf, nach welchem Recht, insbesondere nach welchem Insolvenz- und Gesellschaftsrecht, sich die Anforderungen bestimmen, die die Zweckgesellschaft erfüllen muss, um ihrer Abschirmungs- oder Haftungsbeschränkungsfunktion gerecht zu werden. Für die Bundesrepublik bestimmt sich das anwendbare Insolvenzrecht nach den hier geltenden Regeln des internationalen Insolvenzrechts (vgl zur Bestimmung des anwendbaren Gesellschaftsrechts bereits § 4 Rn 9).

I. Verschiedene Rechtsquellen

7 Das im Inland geltende internationale Insolvenzrecht ist nicht einheitlich kodifiziert. Vielmehr bestehen **europäische und deutsche Regelwerke** nebeneinander. Teils ergänzen die Regelwerke einander, teils regeln sie unterschiedliche Sachverhalte. Mit wenigen Ausnahmen bestimmt das für die jeweilige Zweckgesellschaft einschlägige Regelwerk die Gerichte oder Behörden eines bestimmten Staats, die für die Eröffnung des Insolvenzverfahrens international zuständig sind. Für das Insolvenzverfahren gilt dann grundsätzlich das Recht des Eröffnungsstaats. Von diesem Grundsatz gibt es eine Reihe von Ausnahmen, die im einschlägigen Regelwerk niedergelegt sind. Ausgangspunkt der Bestimmung des maßgeblichen Insolvenzrechts ist folglich die Feststellung des einschlägigen Regelwerks.

II. Zweckgesellschaften mit Interessenmittelpunkt in einem Mitgliedstaat der Europäischen Union

1. Anwendungsbereich der Europäischen Insolvenzverordnung

a) Sachlicher Anwendungsbereich

Wichtigste Quelle des in Deutschland geltenden Rechts der internationalen Insolvenzen ist die am 31.5.2002 in Kraft getretene Europäische Insolvenzverordnung.[9] In ihrem Anwendungsbereich geht sie sämtlichen anderen Quellen des in Deutschland geltenden internationalen Insolvenzrechts vor.[10] Sachlich anwendbar ist die Verordnung auf **Gesamtverfahren,** die die Insolvenz des Schuldners voraussetzen und den vollständigen oder teilweisen Vermögensbeschlag gegen den Schuldner sowie die Bestellung eines Verwalters zur Folge haben (Art. 1 Abs. 1, Art. 2 lit. a EuIVO). Anhang A der Verordnung enthält eine abschließende[11] Aufzählung der erfassten Gesamtverfahren (Art. 2 lit. a EuIVO). 8

b) Persönlicher Anwendungsbereich

Vom persönlichen Anwendungsbereich der Verordnung ausgenommen sind gem. Art. 1 Abs. 2 EuIVO Versicherungsunternehmen, Kreditinstitute, Wertpapierfirmen und Organismen für gemeinsame Anlagen (Investmentfonds) (vgl Rn 17 ff und Rn 22 ff zu diesen Unternehmen). 9

c) Räumlicher Anwendungsbereich

Räumlich gilt die Europäische Insolvenzverordnung für **alle Mitgliedstaaten (außer Dänemark).** Sie ist eine Maßnahme nach Art. 67 EG. Nach Art. 1 der Protokolle 4 und 5 zum Amsterdamer Vertrag nehmen das Vereinigte Königreich, Irland und Dänemark nicht an Maßnahmen teil, die auf der Grundlage von Art. 67 EG ergriffen werden. Das Vereinigte Königreich und Irland haben mitgeteilt, dass sie an der Annahme und Anwendung der Verordnung teilnehmen möchten.[12] Dänemark beteiligt sich hingegen nicht an der Verordnung, die diesen Mitgliedstaat nicht bindet und auf ihn keine Anwendung findet.[13] Die Verordnung gilt auch für die zum 1.1.2004 der EU beigetretenen zehn Mitgliedstaaten (Estland, Lettland, Litauen, Malta, Polen, Slowakei, Slowenien, Tschechische Republik, Ungarn und Zypern) sowie für Bulgarien und Rumänien, die der EU zum 1.1.2007 beigetreten sind. Art. 2 des Akts bzw des Protokolls[14] über die Bedingungen und Einzelheiten der Aufnahme dieser Staaten sieht vor, dass Rechtsakte der EU wie die Verordnung, die vor dem Beitrittsdatum erlassen wurden, für die beigetretenen Staaten verbindlich sind. 10

d) Sachlich-räumlicher Anwendungsbereich

Voraussetzung für die Anwendbarkeit der Verordnung ist in sachlich-räumlicher Hinsicht, dass der Schuldner den **Mittelpunkt seiner hauptsächlichen Interessen** in einem der Mitgliedstaaten der EU (außer Dänemark) (vgl Rn 10) hat.[15] Der Interessenmittelpunkt (engl. centre of main interests, abgek. COMI) ist der Ort, an dem der Schuldner gewöhnlich der Verwal- 11

9 VO (EG) Nr. 1346/2000 des Rates vom 29.5.2000 über Insolvenzverfahren, ABl. L 160/1-18 v. 30.6.2000.
10 AG Celle NZI 2005, 410, 411.
11 H.M.: *Duursma-Kepplinger/Duursma/Chalupsky* Art. 1 Rn 11; *Virgos/Schmit* Nr. 48; *Eidenmüller* IPRax 2001, 2, 4; *Kammel* in: Beck/Depré § 38 Rn 10; aA *Wenner* in: Mohrbutter/Ringstmeier § 20 Rn 172.
12 Erwägungsgrund Nr. 32 der Verordnung.
13 Erwägungsgrund Nr. 33 der Verordnung.
14 ABl L 236 v. 23.9.2003 und Abl L 157 v. 21.6.2005.
15 Erwägungsgrund Nr. 14; ebenso *Reinhart* in: Münchener Kommentar zur InsO Art. 1 EuInsVO Rn 15.

tung seiner Interessen nachgeht und der damit für Dritte feststellbar ist.[16] Mit Interessen sind dabei sämtliche wirtschaftlichen Tätigkeiten, insbesondere Handel sowie gewerbliche und berufliche Betätigungen, gemeint.[17] Der Ort, an dem der Schuldner gewöhnlich seine wirtschaftliche Tätigkeit verwaltet, muss für Dritte erkennbar sein. Denn Gläubiger, die das Risiko der Schuldnerinsolvenz eingehen, sollen sich darauf einstellen können, an welchem Ort und nach welchem Recht eine Schuldnerinsolvenz abgewickelt würde.[18] Bei Gesellschaften und juristischen Personen wird bis zum Beweis des Gegenteils vermutet, dass ihr Interessenmittelpunkt der Ort ihres satzungsmäßigen Sitzes ist (Art. 3 Abs. 1 S. 2 EuIVO). Befinden sich die Organe einer Gesellschaft am Ort ihres satzungsmäßigen Sitzes und werden die Verwaltungsentscheidungen der Gesellschaft in für Dritte feststellbarer Weise an diesem Ort getroffen, lässt sich die Vermutung nicht widerlegen.[19] Für die Widerlegung der Vermutung reicht es andererseits aus, wenn dargelegt werden kann, dass die Zweckgesellschaft eine Briefkastengesellschaft ist, die keinerlei Tätigkeit im Mitgliedstaat ihres satzungsmäßigen Sitzes entfaltet.[20]

e) Zusammenfassung

12 Im Ergebnis gilt die Verordnung für die Insolvenzverfahren von Zweckgesellschaften und Sponsoren, die den Mittelpunkt ihrer hauptsächlichen Interessen in einem der Mitgliedstaaten der Europäischen Union (außer Dänemark) haben. Nicht von der Europäischen Insolvenzverordnung erfasst werden Gesellschaften, die Versicherungsunternehmen, Kreditinstitute, Wertpapierfirmen oder Organismen für gemeinsame Anlagen (Investmentfonds) sind (Art. 1 Abs. 2 EuIVO).

2. Anwendbares Insolvenzrecht

a) Recht des Eröffnungsstaats

13 Gem. Art. 4 Abs. 1 EuIVO gilt für das Insolvenzverfahren und seine Wirkungen grundsätzlich das Insolvenzrecht des Mitgliedstaats, in dem das Insolvenzverfahren eröffnet wurde (**lex fori concursus**). Es regelt insbesondere, unter welchen Voraussetzungen das Insolvenzverfahren eröffnet wird, wie es durchzuführen und wie es zu beenden ist (Art. 4 Abs. 2 EuIVO). Eröffnet wird das Insolvenzverfahren in dem Mitgliedstaat, dessen Gerichte international zuständig sind.

b) International zuständige Gerichte

14 Für die Eröffnung des Insolvenzverfahrens sind die Gerichte des Mitgliedstaats zuständig, in dessen Gebiet die Zweckgesellschaft ihren **Mittelpunkt der hauptsächlichen Interessen** hat (Art. 3 Abs. 1 EuIVO). Der Interessenmittelpunkt ist also ausschlaggebend für die Anwendbarkeit der Verordnung, die zuständigen Insolvenzgerichte und das (grundsätzlich) auf das Verfahren anwendbare Insolvenzrecht. Eine Ausnahme gilt gem. Art. 3 Abs. 2 EuIVO, wenn die Zweckgesellschaft ihren Interessenmittelpunkt in einem Mitgliedstaat und eine Niederlassung in einem anderen Mitgliedstaat hat. Dann sind auch die Gerichte des Mitgliedstaats der Niederlassung zur Eröffnung eines Insolvenzverfahrens befugt. Dessen Wirkungen sind aber auf das im Gebiet des Mitgliedstaats der Niederlassung belegene Vermögen beschränkt

16 Erwägungsgrund 13.
17 *Haß/Huber/Gruber/Heiderhoff* Art. 3 Rn 9; *Duursma-Kepplinger/Duursma/Chalupsky* Art. 3 Rn 13.
18 EuGH NZI 2006, 360 (Eurofood); *Virgos/Schmit* Nr. 75; *Haß/Huber/Gruber/Heiderhoff* Art. 3 Rn 7.
19 EuGH ZIP 2011, 2153 (Interedil).
20 EuGH NZI 2006, 360 (Eurofood).

(Partikularverfahren). Gem. Art. 4 Abs. 1 EuIVO gilt auch für das Partikularverfahren grundsätzlich das Recht des Eröffnungsstaats, also des Mitgliedstaats der Niederlassung.

c) Ausnahmen

Folgende Ausnahmen von der Geltung des Rechts des Eröffnungsstaats sieht die Verordnung vor: 15

- **Dingliche Rechte Dritter (Art. 5 EuIVO)** an Gegenständen, die sich im Zeitpunkt der Verfahrenseröffnung in einem anderen Mitgliedstaat befinden, werden von der Verfahrenseröffnung nicht berührt.
- **Aufrechnung (Art. 6 EuIVO)**: Auch wenn das Insolvenzrecht des Eröffnungsstaats die Aufrechnungsbefugnis eines Gläubigers einschränkt, bleibt er zur Aufrechnung befugt, wenn das für die Hauptforderung des Schuldners maßgebliche Recht die Aufrechnung zulässt.
- **Eigentumsvorbehalt (Art. 7 EuIVO)**: Befindet sich die gekaufte Sache in einem anderen Mitgliedstaat als dem der Verfahrenseröffnung, lässt die Eröffnung des Verfahrens über das Käufervermögen die Rechte des Verkäufers unberührt. Die Eröffnung des Verfahrens über das Verkäufervermögen rechtfertigt nicht die Auflösung oder Beendigung des Kaufvertrags nach Lieferung der Kaufsache und steht dem Eigentumserwerb des Käufers nicht entgegen.
- **Vertrag über einen unbeweglichen Gegenstand (Art. 8 EuIVO)**: Ausschließlich das Recht des Mitgliedstaats der Belegenheit ist maßgeblich für die Wirkungen des Insolvenzverfahrens auf einen Vertrag, der zum Erwerb oder zur Nutzung eines unbeweglichen Gegenstands berechtigt.
- **Zahlungssysteme und Finanzmärkte (Art. 9 EuIVO)**: Für die Wirkungen des Insolvenzverfahrens auf die Rechte und Pflichten der Mitglieder eines Zahlungs- oder Abwicklungssystems oder eines Finanzmarkts ist ausschließlich das Recht des Mitgliedstaats maßgebend, das für das betreffende System oder den betreffenden Markt gilt.
- **Wirkungen auf eintragungspflichtige Rechte (Art. 11 EuIVO)**: Für die Wirkungen des Insolvenzverfahrens auf bestimmte Rechte des Schuldners, die der Eintragung in einem öffentlichen Register unterliegen, ist das Recht des Mitgliedstaats des Registers ausschlaggebend.
- **Benachteiligende Handlungen (Art. 13 EuIVO)**: Unterliegt eine Rechtshandlung dem Recht eines anderen Mitgliedstaats als dem der Verfahrenseröffnung, ist sie nur dann anfechtbar, wenn sie auch nach dem Recht dieses Staats in irgendeiner Weise angreifbar ist.

Weitere, nicht im Vordergrund dieser Betrachtung stehende Ausnahmen sieht die Verordnung für Arbeitsverträge (Art. 10 EuIVO), den Schutz von Dritterwerbern bei entgeltlichen Verfügungen des Schuldners nach Verfahrenseröffnung (Art. 14 EuIVO) und anhängigen Rechtsstreitigkeiten (Art. 15 EuIVO) vor. 16

III. Kreditinstitute und Versicherungen

1. Einschlägiges Regelwerk

a) Europäische Richtlinien

Die Europäische Insolvenzverordnung regelt nicht die Insolvenz einer Zweckgesellschaft, die ein Kreditinstitut, eine Versicherung, eine Wertpapierfirma oder ein Organismus für gemeinsame Anlagen ist (Art. 1 Abs. 2 EuIVO). Mit den Richtlinien 2001/24/EG vom 4.4.2001 über die **Sanierung und Liquidation von Kreditinstituten** und 2001/17/EG vom 19.3.2001 über die Sanierung und Liquidation von Versicherungsunternehmen hat die Europäische 17

Union eigene Regeln außerhalb der EuIVO für die Insolvenz von Kreditinstituten und Versicherungen geschaffen, die auch die grenzüberschreitenden insolvenzrechtlichen Fragen regeln. Richtlinien über die Abwicklung und Sanierung von Organismen für gemeinsame Anlagen und Wertpapierfirmen gibt es nicht.[21] Für sie gelten die Regeln des jeweiligen autonomen nationalen Rechts, in Deutschland also §§ 335 ff InsO (vgl hierzu sogleich Rn 22 ff).

b) Regelungen im deutschen Recht

18 In der Bundesrepublik wurden die Richtlinien über Kreditinstitute und Versicherungen durch das Gesetz zur Neuregelung des internationalen Insolvenzrechts vom 14.3.2003[22] sowie das Gesetz zur Umsetzung **aufsichtsrechtlicher Bestimmungen** zur Sanierung und Liquidation von Versicherungsunternehmen und Kreditinstituten vom 10.12.2003[23] umgesetzt. Die maßgeblichen Regeln finden sich vor allem in §§ 46 d–46 f KWG und §§ 88, 88 a, 89 b VAG. Ferner gelten ergänzend §§ 335 ff InsO. Zuständig für die Eröffnung eines Insolvenzverfahrens über das Vermögen eines Kreditinstituts oder eines Versicherungsunternehmens einschließlich seiner Zweigstellen in anderen Mitgliedstaaten sind danach im Bereich des Europäischen Wirtschaftsraums die Behörden oder Gerichte des Herkunftsstaats (§ 46 e KWG iVm Art. 9 Abs. 1 RL 2001/24/EG; § 88 Abs. 1 a VAG iVm Art. 8 Abs. 1 RL 2001/17/EG). Herkunftsstaat ist der Staat, in dem dem Kreditinstitut oder dem Versicherungsunternehmen die Zulassung erteilt wurde. Dementsprechend sind Partikularverfahren in Deutschland über Kreditinstitute und Versicherungsunternehmen, die ihren Sitz in einem anderen Staat des Europäischen Wirtschaftsraums haben, nicht zulässig (§ 46 e Abs. 2 KWG; § 88 Abs. 1 d VAG).

2. Anwendbares Insolvenzrecht

19 Auf die Insolvenzverfahren von Kreditinstituten und Versicherungsunternehmen ist grundsätzlich das **Recht der Herkunftsstaats** anwendbar, weil der Herkunftsstaat aufgrund der Zuständigkeit seiner Gerichte der Staat ist, in dem das Verfahren eröffnet wird (§ 335 InsO iVm Art. 10 Abs. 1 RL 2001/24/EG und Art. 9 RL 2001/17/EG). Die §§ 336 ff InsO sehen eine Reihe von Ausnahmen von der Geltung des Rechts des Eröffnungsstaats vor.

20 Die **Auswirkungen von Sanierungsmaßnahmen** und Insolvenzverfahren der Gerichte bzw Behörden des Herkunftsstaats werden in den anderen Staaten ohne weitere Formalitäten anerkannt und werden wirksam, sobald sie im Herkunftsstaat wirksam sind (Art. 4 Abs. 3 und 8 Abs. 2 RL 2001/17/EG; Art. 3 Abs. 2 Unterabs. 2 und 3, Art. 9 Abs. 1 Unterabs. 2 RL 2001/24/EG).

21 Dementsprechend werden die Wirkungen von Sanierungsmaßnahmen und Insolvenzverfahren der Behörden bzw Gerichte des Herkunftsstaats bei Kreditinstituten und Versicherungsunternehmen mit Sitz in einem anderen Staat des Europäischen Wirtschaftsraums im Inland anerkannt (§§ 46 d Abs. 5, 46 e Abs. 1 KWG; § 88 Abs. 1 a VAG).

IV. Zweckgesellschaften mit Interessenmittelpunkt in Drittstaaten, Investmentfonds und Wertpapierfirmen

1. Einschlägiges Regelwerk

22 Neben Kreditinstituten und Versicherungsunternehmen fallen auch Organismen für gemeinsame Anlagen (Investmentfonds) und Wertpapierfirmen in den Anwendungsbereich der

21 *Gottwald/Kohlmann* § 130 Rn 84.
22 BGBl. I 2003, 345.
23 BGBl. I 2003, 2478.

§§ **335 ff InsO**, denn für diese Einrichtungen gilt die Europäische Insolvenzverordnung nicht (vgl hierzu Rn 9). Die Gerichte, die für die Eröffnung von Insolvenzverfahren über die Vermögen von solchen Organismen und Wertpapierfirmen zuständig sind, sind in analoger Anwendung von § 3 InsO zu bestimmen (Doppelfunktionalität der Vorschriften über die örtliche Zuständigkeit).[24] Analog § 3 InsO sind deutsche Gerichte für ein Hauptverfahren zuständig, wenn der Mittelpunkt der selbstständigen wirtschaftlichen Tätigkeit des Schuldners im Inland liegt. Fehlt es an einer selbstständigen wirtschaftlichen Tätigkeit des Schuldners, ist dessen allgemeiner Gerichtsstand maßgeblich. Hauptverfahren über das Vermögen von Schuldnern, die vom persönlichen Anwendungsbereich der Insolvenzverordnung erfasst werden, können gem. Art. 3 Abs. 1 EuIVO im Inland nur eröffnet werden, wenn der Interessenmittelpunkt des Schuldners im Inland liegt. Solche Hauptverfahren werden folglich von der Verordnung erfasst. §§ 335 ff InsO gelten für diese Hauptverfahren allenfalls subsidiär, wenn die Verordnung einen Sachverhalt bewusst nicht regelt. [25] Primär anwendbar sind §§ 335 InsO auf kollisionsrechtliche Fragestellungen bei ausländischen Hauptverfahren, wenn der Interessenmittelpunkt des Schuldners sich in einem Drittstaat außerhalb der EU oder in Dänemark befindet. In diesen Fällen regeln §§ 335 ff InsO auch inländische Partikularverfahren.[26]

Im Verhältnis zur Schweiz gilt die Besonderheit, dass ältere **Staatsverträge** zwischen Ländern des Deutschen Reichs und schweizerischen Kantonen zwischen den jeweiligen Bundesländern als Rechtsnachfolger und den betroffenen Kantonen fortgelten.[27] Sie gehen den Vorschriften der §§ 335 ff InsO vor, soweit sie Regelungen enthalten. 23

2. Anwendbares Insolvenzrecht

In den im vorigen Abschnitt aufgeführten Fällen bestimmt § 335 InsO, das das Insolvenzverfahren und seine Wirkungen grundsätzlich dem **Recht des Eröffnungsstaats** unterliegen. In den Folgevorschriften sind eine Reihe von Ausnahmen von diesem Grundsatz vorgesehen. 24

D. Abschirmungsfunktion

Der Sponsor und die sonstigen Beteiligten treffen bei der Strukturierung der einzelnen Transaktion bestimmte **Vorkehrungen**, damit die mit dem Einsatz der Zweckgesellschaft beabsichtigte Abschirmung von Vermögen bzw Beschränkung der Haftung (vgl zu den Funktionen der Zweckgesellschaft Rn 4) auf das Gesellschaftsvermögen erreicht wird. Welche Regelungen getroffen werden, hängt von der Art der Transaktion und von dem anwendbaren Insolvenz- und Gesellschaftsrecht ab (vgl. zur Bestimmung des anwendbaren Insolvenzrechts Rn 6 ff und des anwendbaren Gesellschaftsrechts § 4 Rn 9). Ist deutsches Recht anwendbar, kommen vor allem die im Folgenden beschriebenen Vorkehrungen in Betracht. 25

I. Wahl der Gesellschaftsform

Ein Vermögensbestand kann wirksam vor dem Zugriff der Gläubiger des Sponsors abgeschirmt werden, wenn er vom sonstigen Vermögen des Sponsors getrennt, also in einer 26

---

24 *Reinhart* in :Münchener Kommentar zur InsO Art. 1 EuInsVO Rn 16.

25 *Kammel* in: Beck/Depré § 38 Rn 22; *Reinhart* in: Münchener Kommentar zur InsO Vor §§ 335 ff Rn 85.

26 *Reinhart* in: Münchener Kommentar zur InsO §§ 335 Rn 7.

27 Übereinkunft zwischen einigen schweizerischen Kantonen mit Ausnahme der Kantone Schwyz und Appenzell-Innerrhoden und dem Königreich Bayern über gleichmäßige Behandlung der gegenseitigen Staatsangehörigen in Konkursfällen vom 11.5. und 27.6.1834 und die Übereinkunft zwischen der schweizerischen Eidgenossenschaft mit Ausnahme der Kantone Schwyz und Neuenburg und der Krone Württembergs betreffend die Konkursverhältnisse und gleiche Behandlung der beiderseitigen Staatsangehörigen in Konkursfällen vom 12.12.1825 und 3.5.1826, abgedruckt bei *Blaschczok* ZIP 1983, 141, 143 f.

Zweckgesellschaft isoliert wird. Gebräuchlich ist es, eine Gesellschaft für den in Frage stehenden Zweck neu zu gründen oder eine Vorratsgesellschaft zu verwenden, um eine Belastung mit Verbindlichkeiten aus einer vorherigen Tätigkeit zu vermeiden. Bei der Auswahl der Gesellschaftsform ist aus insolvenzrechtlicher Sicht neben Erwägungen zur Haftungsbeschränkung (Rn 37 ff) darauf zu achten, dass die Zweckgesellschaft auch in der Insolvenz des Sponsors **Bestand** hat. Ist der Sponsor zugleich Gesellschafter kann seine Insolvenz zur Auflösung der Gesellschaft (so bei der GbR, § 728 BGB) oder zum Ausscheiden aus der Gesellschaft (so bei OHG und KG, §§ 131, 161 Abs. 2 HGB) führen. Das Ausscheiden eines Gesellschafters belastet die Zweckgesellschaft mit dessen Abfindungsanspruch, bewirkt deren Auflösung, wenn der einzige Komplementär einer KG ausscheidet[28] und führt letztlich bei der Personengesellschaft mit nur zwei Gesellschaftern zu einer Vollbeendigung und Anwachsung des Vermögens der Zweckgesellschaft beim verbleibenden Gesellschafter.[29]

27 Am besten abgeschirmt wird das Gesellschaftsvermögen, wenn **Kündigungs- und Austrittsrecht des Gesellschafters** auf das gesetzlich zwingend vorgeschriebene Mindestmaß reduziert werden. Das gilt auch für die Rechtsfolge der Kündigung (Ausscheiden des Gesellschafters statt Auflösung der Gesellschaft) und für die Höhe der zu zahlenden Abfindung. Im Einzelfall können die wirtschaftlichen Ziele des Sponsors und anderer Beteiligter für eine großzügigere Kündigungsregelung sprechen. Abfindungsansprüchen anlässlich des Ausscheidens von Gesellschaftern entgeht die Zweckgesellschaft dann, wenn eine Gesellschaftsform gewählt wurde, bei der keine Gesellschafterteilhabe am Gesellschaftsvermögen gegeben ist. Das ist eine der Haupterwägungen, die dazu führt, dass bei Contractual Trust Arrangements (CTAs) ein eingetragener Verein als Zweckgesellschaft eingesetzt wird.[30] Denkbar ist auch, in geeigneten Fällen auf eine Stiftung zurückzugreifen.[31]

II. Insolvenzfeste Rechtsstellung am Gesellschaftsvermögen

28 Das Vermögen der Zweckgesellschaft wird nur dann vor dem Zugriff der Gläubiger des Sponsors abgeschirmt, wenn die Zweckgesellschaft eine insolvenzfeste Rechtsstellung an dem ihr übertragenen Vermögen erlangt hat. Das ist dann der Fall, wenn die Übertragung von Vermögensgegenständen auf die Zweckgesellschaft dazu führt, dass diese Gegenstände endgültig aus dem Vermögen des Sponsors ausscheiden. Die Zweckgesellschaft wird Eigentümerin der Sachen und Inhaberin der Rechte. Denn ein Insolvenzverfahren des Sponsors erfasst lediglich solches Vermögen, das ihm zur Zeit der Verfahrenseröffnung gehört, und solches, das er während des Verfahrens erlangt (§ 35 Abs. 1 InsO). Fremdes Vermögen fällt hingegen nicht in die Insolvenzmasse, vielmehr steht dem Inhaber ein **Aussonderungsrecht** zu, wenn es sich noch bei der Masse befindet. Dementsprechend werden Verbriefungstransaktionen häufig als „True Sale" ausgestaltet, um zu gewährleisten, dass das auf die Zweckgesellschaft übertragene Vermögen bei einer Insolvenz des Sponsors nicht in die Masse fällt (vgl hierzu Rn 41 ff).

29 In anderen Konstellationen, namentlich bei CTAs (vgl hierzu Rn 70 und 73), reicht es hingegen aus, wenn der Zweckgesellschaft ein insolvenzfestes **Absonderungsrecht** an Vermögensgegenständen des Sponsors eingeräumt wird, die in dessen Insolvenz in die Masse fallen. Ein Aussonderungsrecht soll in diesen Fällen nicht begründet werden (str., vgl Rn 73), weil das Vermögen der Zweckgesellschaft vor der Insolvenz im Jahresabschluss des Sponsors aktiviert werden soll.

---

28 *Hopt* in: Baumbach/Hopt § 131 Rn 36.

29 *Hopt* in: Baumbach/Hopt § 131 Rn 7.

30 I.E. auch *Simon/Leuering* NJW-Spezial 2005, 507.

31 *Simon/Leuering* aaO (im Zusammenhang mit CTAs).

Weitere Voraussetzung einer insolvenzfesten Rechtsstellung ist, dass der Insolvenzverwalter des Sponsors die Übertragung des Vermögens auf die Zweckgesellschaft nicht durch **Insolvenzanfechtung** nach §§ 129 ff InsO angreifen kann. Vorschriften der Insolvenzanfechtung spielen in aller Regel nur eine Rolle, wenn das Vermögen erst dann auf die Zweckgesellschaft übertragen wird, wenn sich der Sponsor bereits in wirtschaftlichen Schwierigkeiten befindet. 30

Insolvenzrechtliche Vorschriften können bereits die **Vermögensübertragung auf die Zweckgesellschaft** verhindern. Erfolgt die Übertragung aufgrund eines Kaufvertrages oder eines anderen gegenseitigen Vertrages, der bei Eröffnung des Insolvenzverfahrens über das Vermögen des Sponsors beidseitig nicht vollständig erfüllt war, kann die Zweckgesellschaft ihren Anspruch auf Übertragung des (Rest-)Vermögens nicht mehr durchsetzen, es sei denn der Verwalter wählt Erfüllung (§ 103 InsO). Bedeutung erlangt § 103 InsO für die Zweckgesellschaft auch dann, wenn Teil des auf sie übertragenen Vermögens Ansprüche sind, die aus Verträgen des Sponsors mit Dritten stammen, die dem Wahlrecht des Insolvenzverwalters unterliegen. Nach der Rechtsprechung sind solche Ansprüche nicht durchsetzbar, es sei denn der Verwalter wählt Erfüllung. Wählt der Verwalter Erfüllung, stehen die Ansprüche trotz der Abtretung der Insolvenzmasse und nicht der Zweckgesellschaft zu.[32] 31

Vermögensübertragungen auf die Zweckgesellschaft, die vor der Insolvenz noch nicht abgeschlossen sind, können zudem an **§§ 81, 91 InsO** und im Eröffnungsverfahren an gerichtlichen Verfügungsverboten (§ 21 Abs. 2 Nr. 2 InsO) scheitern. 32

E. Beschränkungen des Insolvenzrisikos der Zweckgesellschaft

Vor allem bei Zweckgesellschaften, die am Kapitalmarkt Mittel aufnehmen, ist es wichtig, dass sie **insolvenzfern** (bankruptcy remote) ausgestaltet sind (vgl bereits Rn 5). Gemeint ist damit, dass die Gesellschaft so ausgestattet und geführt wird, dass ihre eigene Insolvenz sehr unwahrscheinlich ist. Dadurch wird erreicht, dass die Zweckgesellschaft – auch in den Augen der Kapitalmarktteilnehmer – aller Voraussicht nach ihre jeweilige Aufgabe vollständig erfüllen wird. 33

Insolvenzferne setzt zunächst voraus, dass die **Tätigkeiten der Gesellschaft** sich auf solche beschränken, die für die Erfüllung ihrer Aufgabe notwendig sind oder doch im unmittelbaren Zusammenhang mit der Aufgabenerfüllung stehen.[33] Bereits der Einsatz der Zweckgesellschaft und die damit einhergehende Beschränkung des Zwecks im Gesellschaftsvertrag tragen maßgeblich zur Erreichung dieses Ziels bei. Nicht selten finden sich in den Transaktionsverträgen ähnliche Beschränkungen der Gesellschaftstätigkeit. Dort werden der Zweckgesellschaft häufig auch im Rahmen des rechtlich Zulässigen, Vermögensveräußerungen, die nicht von ihrer Aufgabe erfasst werden, und Verschmelzungen untersagt. Die Maßnahmen zielen darauf ab, dass die Zweckgesellschaft möglichst wenige Gläubiger außer den durch die Struktur Begünstigen hat. 34

Zudem muss die Zweckgesellschaft **finanziell so ausgestattet** werden, dass ihr die Mittel, die sie für die Bewältigung ihrer Aufgabe benötigt, zur Verfügung stehen. Nur so lassen sich Insolvenzgründe vermeiden. Dabei wird der Zweckgesellschaft in den Transaktionsverträgen häufig untersagt, weitere Finanzverbindlichkeiten einzugehen und Sicherheiten an Vermögensgegenständen zu bestellen als im Rahmen der ursprünglichen Finanzierung ihrer Aufgabe vorgesehen. 35

32 *Kreft* in: Münchener Kommentar zur InsO § 103 Rn 41.

33 Vgl auch *Committee* 50 Bus. Law. 527 (1995), 21 ff zu strukturierten Finanzierungen auf dem amerikanischen Markt.

36 Zur Insolvenzferne der Zweckgesellschaft gehört es auch, dass sie **keine Haftung für Verbindlichkeiten des Sponsors** oder sonstiger Dritter übernimmt und keine Sicherheiten an eigenen Vermögensgegenständen für solche Verbindlichkeiten einräumt. Insbesondere ist darauf zu achten, dass bei der Übertragung des Vermögensbestands vom Sponsor auf die Gesellschaft keine Mithaftung der Zweckgesellschaft kraft Gesetzes für Verbindlichkeiten des Sponsors begründet wird. Mögliche Quellen solcher Haftung sind § 133 UmwG im Fall einer Spaltung oder § 613 a BGB bei der Übertragung von Betrieben oder Betriebsteilen auf die Zweckgesellschaft (vgl auch Rn 52 zu üblichen Gestaltungen bei Verbriefungstransaktionen).

F. Haftungsbeschränkungsfunktion

37 Zweckgesellschaften werden auch deshalb zur Erfüllung einer bestimmten Aufgabe eingesetzt, weil für die aus ihrer Tätigkeit resultierenden Verbindlichkeiten lediglich das Gesellschaftsvermögen haften soll (vgl bereits Rn 4). Voraussetzung dafür, dass für diese Verbindlichkeiten lediglich das Vermögen der Zweckgesellschaft haftet, ist vor allem, dass ein Gesellschaftstyp ausgewählt wird, der die Haftung seiner Gesellschafter beschränkt. Im Geschäftsverkehr werden häufig **Gesellschaften mit beschränkter Haftung** und Kommanditgesellschaften eingesetzt, deren Komplementäre ihrerseits ausschließlich Gesellschaften sind, für deren Verbindlichkeiten lediglich deren Gesellschaftsvermögen haftet (vgl § 4 Rn 4 ff). Bei CTAs hat sich der eingetragene Verein als vermögensverwaltende Zweckgesellschaft durchgesetzt (vgl Rn 66). Es kommen aber auch andere Kapitalgesellschaften in Betracht. Wichtig ist, dass den Gläubigern der Zweckgesellschaft lediglich das Gesellschaftsvermögen (§ 13 GmbHG, § 1 Abs. 1 AktG, § 161 Abs. 1 HGB) und bei Kommanditgesellschaften noch das Vermögen der Komplementär-Kapitalgesellschaften haftet.

38 Zum haftenden Gesellschaftsvermögen zählen naturgemäß auch Ansprüche der Zweckgesellschaft gegen ihre Gesellschafter, etwa aus nicht erfüllten Einlageverpflichtungen oder Einlagenrückgewähr. Wichtigste Einschränkung des Schutzes, den die Zweckgesellschaft ihren Gesellschaftern bietet, ist in der Praxis jedoch, dass Fremdkapitalgeber selbst bei strukturierten Finanzierungen von den Gesellschaftern für die Verbindlichkeiten der Zweckgesellschaft Personalsicherheiten wie **Bürgschaften und Garantien** oder Realsicherheiten über Vermögensgegenstände der Gesellschafter verlangen.

39 Kraft Gesetzes eingeschränkt wird die Haftungsbeschränkungsfunktion der Zweckgesellschaft auch in Fällen, in denen den Gläubigern der Zweckgesellschaft der Haftungsdurchgriff auf die Gesellschafter gestattet wird. Im deutschen Kapitalgesellschaftsrecht hat die Rechtsprechung stets betont, dass die **Durchgriffshaftung** die absolute Ausnahme bleiben müsse.[34] Auch die Ausnutzung der juristischen Person zur Haftungs- bzw Risikosegmentierung durch Aufteilung eines Unternehmens auf mehrere Rechtsträger begründet grundsätzlich keine Gesellschafterhaftung.[35] Der Sponsor kann sich also darauf verlassen, dass für die Verbindlichkeiten der Zweckgesellschaft nur deren Vermögen haftet, es sei denn, er verwirklicht einen spezifischen Haftungstatbestand. Eine Durchgriffshaftung der Gesellschafter für Verbindlichkeiten der Kapitalgesellschaft ist heute lediglich in Fällen der Vermischung des Vermögens der Gesellschaft mit dem der Gesellschafter von praktischer Relevanz.[36] Daneben können die Gesellschafter den Gläubigern der Zweckgesellschaft aus § 826 BGB für ihr Verhalten bei der Ausübung ihrer Gesellschafterstellung haften. Das gilt insbesondere für die

34 BGH NJW 1974, 134; OLG Naumburg GmbHR 2008, 1149, 1151.
35 BGH NJW 1986, 188.
36 BGH NZG 2008, 187; BGH NJW 2006, 1344; vgl *Altmeppen* in: Roth/Altmeppen § 13 Rn 133.

Haftung wegen existenzvernichtenden Eingriffs[37] und materieller Unterkapitalisierung, in letzterem Fall dann, wenn einseitig die Interessen der Gesellschafter zum Nachteil der Gesellschaftsgläubiger verfolgt werden.[38]

G. Einzelfälle

I. Verbriefungstransaktionen

Die Vorteile, die der Einsatz von Zweckgesellschaften mit sich bringt, werden vor allem bei Verbriefungstransaktionen (**ABS-Transaktionen**) genutzt. Dabei ist zwischen echten (True Sale) und synthetischen Verbriefungstransaktionen zu unterscheiden. 40

1. True Sale-Transaktionen

a) Begriff

Bei True Sale-Transaktionen verkauft und überträgt ein Unternehmen (sog. Originator) einen Bestand an Forderungen an eine Zweckgesellschaft, die sich durch die Begebung von Schuldverschreibungen am Kapitalmarkt refinanziert. Dabei kann es sich um Forderungen unterschiedlicher Art handeln. Häufig verbrieft werden grundpfandrechtlich gesicherte Darlehensforderungen (Mortgage Backed Securities), Konsumentenkreditforderungen, Factoring- und Leasingforderungen. Der Originator verschafft sich liquide Mittel durch die **Veräußerung nicht liquider Forderungen** und kann die so erhaltenen Mittel zur Tilgung von Verbindlichkeiten und der Verbesserung seiner Bilanz oder für neue Geschäfte verwenden. Banken setzen ABS-Transaktionen als Mittel zur Risiko-Eigenkapital- und Liquiditätssteuerung ein.[39] 41

Zudem wird eine **Anlagemöglichkeit für Investoren** geschaffen. Abgesichert werden die Zahlungsansprüche der Investoren durch den auf die Zweckgesellschaft übertragenen Forderungsbestand. Dabei können unterschiedliche Anleihetranchen gebildet werden, die in der Reihenfolge ihrer Seniorität (üblicherweise Seniortranche, Mezzanine-Tranche, Equity/First Loss-Tranche) aus den bei der Zweckgesellschaft eingehenden Zins- und Tilgungszahlungen auf den verbrieften Forderungsbestand befriedigt werden. Das Ausfallrisiko steigt – aufgrund der nachrangigen Bedienung – mit abnehmender Seniorität der Anleihetranche, die ein dementsprechend schlechteres Rating, aber eine höhere Verzinsung erhält. 42

Der wirtschaftliche Zweck der Zweckgesellschaft besteht für die Inhaber der Schuldverschreibungen insbesondere in der **Isolierung eines bestimmten Risikobereichs** durch Zusammenlegung der Forderungen in den Forderungspool, durch die Abkoppelung des Kreditrisikos des Forderungspools vom Kreditrisiko des Originators und durch das Tranchieren der Schuldverschreibungen, die durch den Pool von Krediten gedeckt sind.[40] Durch das Poolen und Tranchieren lassen sich Finanzinstrumente konstruieren, die genau auf den „Risikoappetit" verschiedener Anlegergruppen zugeschnitten sind.[41] 43

b) Abschirmung des Vermögens der Zweckgesellschaft

Voraussetzung für eine möglichst günstige Refinanzierung der Zweckgesellschaft am Kapitalmarkt ist, dass die **Aktiva der Zweckgesellschaft** (sog. Underlying) ausschließlich den Er- 44

37 BGH NJW 2007, 2689 (Trihotel); BGH NJW 2008, 2437 (Gamma); BGH NJW 2009, 2127 (Sanitary).

38 BGH NJW 1979, 2104, 2105.

39 *Früh/Müller/Arends* in: Hellner/Steuer, 3/138 a und 3/138 d; *Jahn* in: Schimansky/Bunte/Lwowski § 114 a Rn 3; *Kölbl-Vogt* in: Zerey, Finanzderivate, § 8 Rn 27 f; *Obermüller* Rn 8.461.

40 Vgl zum Ganzen *Rudolph* ZGR 2010, 1, 9 ff.

41 *Rudolph* ZGR 2012, 1, 9 ff.

werbern der Schuldverschreibungen haften.[42] Das wird zum einen dadurch erreicht, dass die Zweckgesellschaft den auf sie übertragenen Forderungsbestand vor dem Zugriff der Gläubiger des Originators abschirmt. Zum anderen wird die Zweckgesellschaft so ausgestaltet, dass sie (im Wesentlichen) keine weiteren Gläubiger hat, die mit den Schuldverschreibungsinhabern um das Underlying konkurrieren könnten (allgemein zur Abschirmungsfunktion Rn 4 f, 25 ff).

aa) Insolvenzfeste Rechtsstellung

45 Voraussetzung dafür, dass die Gläubiger des Originators nicht auf den Forderungsbestand und die dafür bestellten Sicherheiten zugreifen können, ist dass Forderungsbestand und Sicherheiten auf die Zweckgesellschaft übertragen wurden. Vermögensgegenstände, die bereits vor Verfahrenseröffnung vom Originator veräußert wurden, gehören nicht zur **Insolvenzmasse** (vgl auch Rn 28). Sie stehen für die Befriedigung der Gläubiger des Originators nicht zur Verfügung. Die Übertragung des Forderungsbestands des Originators auf die Zweckgesellschaft erfolgt im Wege der Abtretung (§ 398 BGB), was voraussetzt, dass die Forderungen abtretbar sind (§ 399 BGB), also insbesondere keine Abtretungsverbote mit den Schuldnern der Forderungen vereinbart wurden. Das gilt jedenfalls, soweit § 354 a HGB nicht einschlägig ist. Für die Abtretung hypothekarisch gesicherter Forderungen sind die Anforderungen des § 1154 BGB zu beachten.

46 Für die Forderungen bestellte akzessorische Sicherheiten wie Bürgschaften, Pfandrechte und Hypotheken gehen mit der Forderung auf die Zweckgesellschaft über (§§ 401, 1153, 1250 BGB). Nichtakzessorische **Sicherheiten** wie Sicherungseigentum, Sicherungsgrundschuld und sicherungszedierte Forderungen gehen nur auf die Zweckgesellschaft über, wenn sie gesondert übertragen werden. Sicherungsübereignete bewegliche Sachen werden nach §§ 929 ff BGB, sicherungszedierte Forderungen nach § 398 BGB übertragen. Die Übertragung der Sicherungsgrundschuld erfolgt gem. §§ 1192, 1154 BGB. Der Originator wird zudem bei allen nichtakzessorischen Sicherheiten darauf bedacht sein, dass die Zweckgesellschaft den Sicherungsvertrag mit dem jeweiligen Sicherungsgeber durch Vertragsübernahme übernimmt. Die dafür erforderliche Zustimmung des Drittschuldners ist jedenfalls dann regelmäßig bereits im Vertragsverhältnis des Originators mit dem Drittschuldner enthalten, wenn von vornherein vorgesehen war, die Forderungen zu verbriefen.

47 Die Übertragung von Buchgrundschulden und von Forderungen, die mittels Buchhypotheken gesichert sind, kann vor allem bei Verbriefungen einer großen Zahl derart gesicherter Forderungen mit prohibitiven Grundbuchkosten verbunden sein. In solchen Fällen lässt sich die Zuordnung von Buchgrundschulden und Forderungen zur Insolvenzmasse des Originators auch ohne Übertragung auf die Zweckgesellschaft durch einen Eintrag in einem von einem Kreditinstitut nach Maßgabe der §§ 22 a ff KWG geführten **Refinanzierungsregister** verhindern. Denn dann steht der übertragungsberechtigten Zweckgesellschaft ein Aussonderungsrecht an den eingetragenen Grundpfandrechten und Forderungen in der Insolvenz des Originators zu (§ 22 j Abs. 1 KWG, § 47 InsO). Die Zweckgesellschaft kann also auch nach Insolvenzeröffnung Übertragung der eingetragenen Gegenstände vom Insolvenzverwalter verlangen.

bb) Insolvenzanfechtung

48 Keine insolvenzfeste Rechtsstellung an den übertragenen Gegenständen würde die Zweckgesellschaft erlangen, wenn die Übertragung (oder die Eintragung im Refinanzierungsregis-

42 *Fleckner* ZIP 2004, 586; *Pannen/Wolff* ZIP 2006, 52.

ter)[43] der Insolvenzanfechtung nach §§ 129 ff InsO unterläge. In aller Regel erfolgt die Übertragung von Vermögensgegenständen auf die Zweckgesellschaft bei True Sale-Transaktionen allerdings im Rahmen eines **Bargeschäfts** (§ 142 InsO).[44] Sie ist dann, von Fällen der vorsätzlichen Gläubigerbenachteiligung (§ 133 Abs. 1 InsO) und der inkongruenten Deckung (§ 131 InsO)[45] abgesehen, nicht anfechtbar.

cc) Wahlrecht des Insolvenzverwalters

Die Forderungen, die der Originator der Zweckgesellschaft verkauft, stammen in der Regel aus gegenseitigen Verträgen. Sind diese Verträge bei Eröffnung des Insolvenzverfahrens über das Vermögen des Originators beidseitig nicht vollständig erfüllt, unterliegen sie dem **Wahlrecht des Insolvenzverwalters** aus § 103 InsO. Der Insolvenzverwalter entscheidet darüber, ob die Verträge fortgesetzt werden oder nicht.[46] Selbst dann, wenn der Insolvenzverwalter Erfüllung wählt, erhalten die Ansprüche aus dem Vertrag nach der Rechtsprechung eine andere Rechtsqualität und zwar diejenige von originären Masseforderungen. Deshalb scheitert eine vor Verfahrenseröffnung erfolgte Abtretung an die Zweckgesellschaft an § 91 Abs. 1 InsO.[47] Die Zweckgesellschaft kann nicht damit rechnen, dass die Ansprüche aus diesen Verträgen, die ihr vor der Insolvenz abgetreten wurden, vollständig erfüllt werden.[48] 49

Keine Rolle spielt § 103 InsO bei der Abtretung von **Darlehen** an die Zweckgesellschaft. Denn § 108 Abs. 2 InsO bestimmt, dass vom Schuldner als Darlehensgeber eingegangene Darlehensverhältnisse mit Wirkung für die Masse fortbestehen, soweit das Darlehen bereits ausgereicht war, also gerade nicht dem Verwalterwahlrecht unterfallen. 50

Auch **Miet- und Pachtverträge** über unbewegliche Gegenstände werden nicht vom Verwalterwahlrecht erfasst (§ 108 Abs. 1 InsO). Schwierigkeiten entstehen bei diesen Verträgen, weil in der Regel auch künftige Mietforderungen auf die Zweckgesellschaft übertragen werden. Ist der Originator Vermieter, ist die Abtretung von Mietforderungen vor Insolvenzeröffnung nur wirksam, soweit sie sich auf die Miete für den zur Zeit der Verfahrenseröffnung laufenden Kalendermonat (bzw bei einer Eröffnung nach dem fünfzehnten Tag eines Monats auch die Miete für den Folgemonat) bezieht (§ 110 Abs. 1 InsO). Die Abtretung von Miete für spätere Zeiträume ist unwirksam. Abhilfe lässt sich schaffen, indem die abgetretenen Mietforderungen in das Refinanzierungsregister gem. § 22 a KWG eingetragen werden.[49] Dann hat die Zweckgesellschaft ein Aussonderungsrecht aus § 22 j Abs. 1 KWG, § 47 InsO. Denkbar ist auch, dass der Zweckgesellschaft Nießbrauche an den vermieteten Grundstücken eingeräumt werden, was zu einem Aussonderungsrecht (§ 47 InsO) führt und ihren Anspruch auf die Nutzungen der Grundstücke sichert.[50] Jedenfalls dann, wenn Gegenstand der Transaktion Forderungen aus einer Vielzahl von Mietverträgen sind, dürfte sich diese Gestaltung aufgrund der Kosten der Eintragung im Grundbuch jedoch verbieten. 51

43 Vgl *Gottwald*, Insolvenzrechts-Handbuch, § 102 Rn 78.

44 *Gottwald*, Insolvenzrechts-Handbuch, § 102 Rn 78; *Obermüller* Rn 8.486.

45 BGH ZIP 2007, 1162, 1163; ebenso *Kirchhof* in: Münchener Kommentar zur InsO § 142 Rn 7; aA *Henckel* in: Jaeger, InsO, § 142 Rn 8.

46 *Obermüller* Rn 8.488; *Jahn* in: Schimansky/Bunte/Lwowski § 114 a Rn 34.

47 *Kreft* in: Münchener Kommentar zur InsO § 103 Rn 41 mit Nachweisen aus der Rechtsprechung.

48 Einzelheiten zum Verwalterwahlrecht bei *Kreft* in: Münchener Kommentar zur InsO § 103 Rn 14 ff.

49 *Obermüller* Rn 8.491.

50 *Jahn* in: Schimansky/Bunte/Lwowski § 114 a Rn 37.

c) Insolvenzferne der Zweckgesellschaft

aa) Vertragliche Gestaltung

52 Bei Verbriefungstransaktionen ist wesentlich, dass die **Solvenz der Zweckgesellschaft** gewährleistet bleibt (vgl hierzu bereits Rn 33 ff und § 2 Rn 5 ff zu Anforderungen der Ratingagenturen). Übliche Gestaltungen sehen deshalb vor, dass

- die Transaktionsverträge bestimmen, dass die Zweckgesellschaft nur so viel Mittel an die Investoren ausschüttet, wie ihr selbst aus den gekauften Forderungen zufließen,[51]
- die an der Transaktion Beteiligten sich verpflichten, keinen Insolvenzantrag gegen die Zweckgesellschaft zu stellen,[52]
- das Servicing des Forderungsbestands und der Sicherheiten vom Originator übernommen oder auf einen Dritten ausgelagert wird, so dass die Zweckgesellschaft keine eigenen Mitarbeiter benötigt,[53]
- der Geschäftszweck der Zweckgesellschaft auf das Halten des Underlying beschränkt wird,
- die Zweckgesellschaft dem Originator aus den der Verbriefungstransaktion zugrunde liegenden Verträgen nicht haftet (non recourse-Verträge).

bb) Servicing-Vertrag

53 Zwischen Originator und Zweckgesellschaft wird im Rahmen eines Servicing-Vertrags regelmäßig vereinbart, dass der Originator auch nach der Abtretung zur Einziehung und Verwaltung der Forderungen verpflichtet ist. Der Servicing-Vertrag sieht in der Regel eine Vergütung für die Forderungsverwaltung vor und ist als Geschäftsbesorgungsvertrag (§ 675 BGB) zu qualifizieren. Mit der Eröffnung des Insolvenzverfahrens über das Vermögen des Originators unterliegt der Vertrag dem **Verwalterwahlrecht nach § 103 InsO**.[54] Die Zweckgesellschaft kann die Ansprüche aus dem Servicing-Vertrag nicht mehr durchsetzen, es sei denn der Verwalter wählt Erfüllung. Die Zweckgesellschaft läuft Gefahr, die Verbindlichkeiten aus den Schuldverschreibungen nicht erfüllen zu können, wenn der Originator ihre Forderungen nicht einzieht und weiterleitet. Der Servicing-Vertrag erlaubt der Zweckgesellschaft daher im Fall der Insolvenz des Originators in aller Regel einen anderen Servicer zu benennen. Bei entsprechender Gestaltung der vertraglichen Regelung liegt hierin – entgegen einiger Stimmen in der Literatur[55] – keine Umgehung des Verwalterwahlrechts. Die Beendigung des Servicing-Vertrags scheitert nicht an § 119 InsO. Datenschutzrechtliche Bedenken in Anbetracht der erforderlichen Datenübertragung auf den anderen Servicer lassen sich dadurch begegnen, dass eine entsprechende Zustimmung des Darlehensnehmers bereits im Darlehensvertrag eingeholt wird.

2. Synthetische Verbriefungen

54 Bei synthetischen ABS -Transaktionen werden lediglich die Ausfallrisiken, nicht aber der eigentliche Forderungsbestand, auf die Zweckgesellschaft übertragen. Dabei schließt der Originator mit der Zweckgesellschaft einen **Credit Default Swap** ab, in dem sich die Zweckgesellschaft gegen eine Prämie verpflichtet, für Kreditausfälle aufzukommen, die in einem zuvor festgelegten Forderungspool auftreten. Die Zweckgesellschaft begibt tranchierte Schuldverschreibungen (Credit Linked Notes) und investiert den Emissionserlös in sicheren Anla-

---

51 *Obermüller* Rn 8.471.
52 *Tollmann* in: Boos/Fischer/Schulte-Mattler, Vor §§ 22 a–22 o Rn 8 Fn 101.
53 *Pannen/Wolff* ZIP 2006, 52.
54 Zum Ganzen: *Fleckner* ZIP 2004, 585, 597.
55 Übersicht bei *Blank/Möller* ZInsO 2003, 437.

gen wie Bundeswertpapieren oder Pfandbriefen.[56] Kommt es zu einem Kreditausfall, wird der Originator aus dem Emissionserlös bezahlt und die Zweckgesellschaft kürzt den Betrag, der an die Schuldverschreibungsinhaber zurückzuzahlen ist. Kommt es zu keinem Kreditausfall, erhalten die Anleger den Nominalbetrag der Schuldverschreibung zurück zuzüglich einer Verzinsung, die die Zweckgesellschaft aus der Prämie und den Erlösen der Anlage des Emissionserlöses bezahlt.

Der Einsatz der Zweckgesellschaft bewirkt bei synthetischen Verbriefungen ebenso wie bei True Sale-Transaktionen, dass das **Vermögen der Zweckgesellschaft** vor dem Zugriff der Gläubiger des Originators abgeschirmt wird. Von einer Insolvenz des Originators betroffen sind lediglich etwaige noch unbezahlte Prämienansprüche der Zweckgesellschaft. Den Anlegern stehen andererseits lediglich Ansprüche gegen die Zweckgesellschaft, nicht aber gegen den Originator zu. Die Konkurrenz weiterer Gläubiger der Zweckgesellschaft wird ebenso wie bei einer True Sale-Transaktion bei entsprechender Ausgestaltung im Wesentlichen vermieden. 55

II. Projektfinanzierung

1. Begriff und Struktur

Bei der Projektfinanzierung handelt es sich um eine Kreditgewährung zur Finanzierung eines Projekts, die sich dadurch auszeichnet, dass die Rückzahlung des Kredits weitgehend aus dem künftigen wirtschaftlichen Ertrag des Projekts erfolgen soll.[57] Im Gegensatz zur klassischen Finanzierung kommt es weniger auf die bilanziellen Verhältnisse des Kreditnehmers, auf dessen Kreditwürdigkeit und auf die von ihm gewährten Sicherheiten an, sondern vielmehr auf die zu erwartende **Ertragskraft des zu finanzierenden Vorhabens.**[58] Die Sponsoren des Projekts setzen in aller Regel eine Zweckgesellschaft ein, welche das Projekt realisieren soll, die notwendigen Kredite aufnimmt, Absatz- und Beschaffungsverträge abschließt und allgemein das Projekt erstellt und betreibt.[59] In der Praxis begegnen Fälle, in denen mehr als eine Zweckgesellschaft eingesetzt wird, um die Aufgaben zu bewältigen, die im Rahmen einer Projektentwicklung anfallen.[60] Auch bei solchen Strukturen werden die mit dem Einsatz von Zweckgesellschaften bei der Projektfinanzierung generell verfolgten Ziele angestrebt. 56

2. Mit dem Einsatz der Zweckgesellschaft verfolgte Ziele

Eingesetzt wird die Zweckgesellschaft, weil die Sponsoren für die häufig sehr erheblichen Kreditsummen nicht unbeschränkt haften wollen.[61] Die Haftungsbeschränkungsfunktion der Zweckgesellschaft (vgl hierzu bereits Rn 37) steht im Vordergrund. Fallgestaltungen, in denen lediglich die Projektgesellschaft mit ihrem Vermögen (einschließlich der Kapitaleinlagen der Sponsoren) sowie dem Ertrag aus dem Projekt haftet und jeglicher Rückgriff auf die Sponsoren ausgeschlossen ist („Non-recourse Financing") finden sich allerdings selten in der Praxis.[62] Denn dadurch würden die Sponsoren aus jeder Haftung entlassen und die Kreditgeber faktisch die Unternehmerfunktion übernehmen.[63] Viel häufiger ist das **„Limited Recourse Financing"** anzutreffen.[64] In diesen Fällen können die Kreditgeber eingeschränkt 57

56 *Kölbl-Vogt* in: Zerey § 8 Rn 2, dort auch zu anderen Gestaltungen.
57 *Kümpel/Wittig* in: Bank- und Kapitalmarktrecht, 4. Aufl. 2011, Rn 7.259.
58 *Früh* in: Hellner/Steuer, Bankrecht und Bankpraxis, Rn 3/84 a; *Quilitzsch*, S. 7.
59 *Quilitzsch*, S. 6.
60 Beispiele bei *Kiethe/Hektor* DStR 1996, 977.
61 *Kiethe/Hektor* DStR 1996, 977; *Quilitzsch*, S. 7.
62 *Quilitzsch*, S. 12 mwN.
63 *Quilitzsch*, S. 12 mwN.
64 *Kiethe/Hektor* DStR 1996, 977, 980; *Quilitzsch*, S. 12.

Rückgriff bei den Sponsoren nehmen. Die Begrenzung der Haftung besteht häufig in einer zeitlichen Limitierung und trägt etwa der unterschiedlichen Risikostruktur einzelner Projektphasen Rechnung. Eine Rückgriffsmöglichkeit kann beispielsweise in der Bauphase eines Projekts sinnvoll sein. Eine umfassende Rückgriffsmöglichkeit besteht hingegen in den Fällen des „Full Recourse Financing", in denen die Kreditgeber aufgrund von unbedingten Garantien oder ähnlichen Sicherheiten bei den Sponsoren Rückgriff nehmen können.[65]

58 Obwohl von den insolvenzrechtlich relevanten **Funktionen der Zweckgesellschaft** die Haftungsbeschränkungsfunktion bei Projektfinanzierungen im Vordergrund steht, kommt es dem Kreditgeber auch darauf an, dass das Vermögen der Projektgesellschaft lediglich den Gläubigern dieser Gesellschaft (dabei vorrangig den Kreditgebern) und nicht etwa den Gläubigern der Sponsoren haftet.[66] Zu diesem Zweck finden sich in den Projektfinanzierungsverträgen Klauseln, die die Aufnahme sonstiger Kredite untersagen oder wenigstens einschränken und Negativerklärungen, die die Bestellung von Sicherheiten zugunsten der Gläubiger der Sponsoren unterbinden.

59 Projektfinanzierungsverträge sehen häufig **Auflagen** („Undertakings") der Projektgesellschaft vor, die es ihr untersagen, einen anderen Geschäftszweck als die Projektverwirklichung zu verfolgen, die ihr aufgeben, nur solche Geschäfte vorzunehmen, die diesem Zweck dienen, und von Verschmelzungen und ähnlichen Umwandlungen abzusehen. Dadurch werden vor allem die Gesellschafter daran gehindert, die Zweckgesellschaft auch für andere Aufgaben einzusetzen, die die Gesellschaft mit zusätzlichen Insolvenzrisiken belasten würden.

III. Akquisitionsfinanzierung

1. Begriff und Struktur

60 Beim Kauf eines Unternehmens setzen die Sponsoren häufig eine Zweckgesellschaft als Akquisitionsvehikel ein. Die Akquisitionsgesellschaft finanziert den Kaufpreis für das Unternehmen aus dem von den Sponsoren eingelegten Eigenkapital und dem bei Banken und anderen Financiers aufgenommenem Fremdkapital.[67] Sie ist Kreditnehmerin und erwirbt die Anteile an der Zielgesellschaft. Besichert wird der Kredit aus dem Vermögen der Akquisitionsgesellschaft, das sich im Fall eines **Anteilkaufs** in der Regel auf die Anteile an der Zielgesellschaft bzw den (Gewährleistungs-)Ansprüchen gegen den Verkäufer aus dem Unternehmenskaufvertrag beschränkt.[68] Die für die Tilgung der Akquisitionsfinanzierung und die Zinszahlung benötigten Mittel werden von der Zielgesellschaft erwirtschaftet. Auch bei der Akquisitionsfinanzierung stellen die Kreditgeber auf die zu erwartenden Erträge des Zielunternehmens ab. Regelmäßig würde der Erlös einer Sicherheitenverwertung nicht ausreichen, um die Kredite zu tilgen.

61 Kauft die Akquisitionsgesellschaft keine Anteile an der Zielgesellschaft, sondern die Vermögensgegenstände des Zielunternehmens („**Asset Deal**") stehen diese Vermögensgegenstände bzw die (Gewährleistungs-)Ansprüche der Akquisitionsgesellschaft aus dem Unternehmenskaufvertrag als Sicherheiten für die Akquisitionsfinanzierung zur Verfügung. Das erworbene Unternehmen erwirtschaftet die Mittel für Zins und Tilgung des Akquisitionsdarlehens.

---

65 Zum Ganzen *Quilitzsch,* S. 13.
66 Vgl zu der Notwendigkeit einer wirtschaftlichen Abgrenzbarkeit des Projekts, *Quilitzsch*, S. 8 f.
67 Allg. zur Struktur *Diem* § 1 Rn 10; *Riegger* ZGR 2008, 233.
68 *Flessner* NZG 2006, 641, 645 (Fn 30).

2. Mit dem Einsatz der Zweckgesellschaft verfolgte Ziele

Mit dem Einsatz der Zweckgesellschaft als Akquisitionsvehikel verfolgen die Beteiligten Ziele, die denen der Beteiligten einer Projektfinanzierung zumindest im Ansatz ähneln. Auch hier steht die Beschränkung der Haftung auf das Vermögen der Zweckgesellschaft und den vom Zielunternehmen erwirtschafteten Ertrag im Vordergrund. Dabei wird die **Haftungsbeschränkung** in der Regel sehr viel stringenter durchgehalten als in den Fällen der Projektfinanzierung. Bei der Akquisitionsfinanzierung übernehmen die Sponsoren keine Garantie oder vergleichbare Haftung für die Kreditverbindlichkeiten.[69] Vielmehr bleibt es dabei, dass lediglich die Akquisitionsgesellschaft haftet und die Kreditgeber auf von der Zielgesellschaft eingeräumte Sicherheiten zugreifen können. 62

Den Kreditgebern kommt es auch bei der Akquisitionsfinanzierung darauf an, dass als Kehrseite der Haftungsbeschränkung das Vermögen der Zweckgesellschaft lediglich deren Gläubigern haftet. Dazu kommt, dass der Kreditvertrag üblicherweise so ausgestaltet ist, dass der **Kreis der Gläubiger** begrenzt bleibt. In der Praxis übliche Kreditverträge[70] enthalten beispielsweise Auflagen, die es dem Kreditnehmer untersagen, weitere Kredite aufzunehmen, Sicherheiten an seinen Vermögensgegenständen einzuräumen (Negativerklärungen) und Garantien oder Bürgschaften zu übernehmen, oder doch diese Fähigkeit erheblich einschränken. Verstößt der Kreditnehmer gegen solche Auflagen, ist der Kreditgeber (ggf nach fruchtlosem Ablauf einer Nachfrist) zur Kündigung des Kreditvertrages berechtigt. 63

Auflagen im Kreditvertrag, die darauf abzielen, die **wirtschaftliche Identität** des Kreditnehmers zu wahren (zB Beschränkung von Verschmelzungen und Beteiligungserwerben),[71] erhalten den begrenzten Zweck der Zweckgesellschaft und minimieren deren Insolvenzrisiko (hierzu bereits Rn 59). 64

IV. Contractual Trust Arrangement (CTA)

1. Begriff und Struktur

CTAs werden vorrangig eingesetzt, um die Handelsbilanz von Unternehmen zu verkürzen.[72] Die Rückstellungen in der Unternehmensbilanz für Verpflichtungen des Unternehmens aus Direktzusagen im Rahmen der betrieblichen Altersversorgung, aus Wertguthaben von Beschäftigten aufgrund von Wertguthabenvereinbarungen (§§ 7 b, 7 e SGB IV) oder aus Altersteilzeit im Blockmodell (§ 8 a ATG) können mit zweckgebunden separierten Vermögen (sog. Planvermögen) nach internationalen Rechnungslegungsstandards (IAS 19.7 und SFAS 87) saldiert werden. Auch nach § 246 Abs. 2 S. 2 Hs 1 HGB sind Vermögensgegenstände, die dem Zugriff aller übrigen Gläubiger entzogen sind und ausschließlich der Erfüllung von Schulden aus Altersversorgungsverpflichtungen oder vergleichbaren langfristig fälligen Verpflichtungen dienen, mit diesen Schulden zu verrechnen. Die **Saldierung** führt zu besseren Bilanzkennzahlen des Unternehmens, insbesondere zu einer besseren Eigenkapitalquote. Voraussetzung für die Verrechnung nach den vorgenannten Rechnungslegungsvorschriften und weiteres mit CTAs verfolgtes Ziel ist, dass das Planvermögen in einer Insolvenz des verpflichteten (Träger-)Unternehmens unberührt bleibt und zur Erfüllung der Ansprüche der Begünstigten zur Verfügung steht.[73] 65

Voraussetzung für die Bildung von (verrechnungsfähigem) Planvermögen ist nach IAS 19.7 und SFAS 87, dass das Vermögen von einer rechtlich eigenständigen Einheit gehalten wird. 66

69 *Diem*, § 1 Rn 12.
70 Vgl das Muster der Loan Market Association, zum Ganzen auch *Diem*, § 22 Rn 36 ff.
71 Vgl hierzu *Diem*, § 22 Rn 61 ff.
72 *Rößler* BB 2010, 1405.
73 *Rößler* BB 2010, 1405; *Birkel/Obenberger* BB 2011, 2051; *Rolfs/Schmid* ZIP 2010, 701.

§ 7 e Abs. 2 SGB IV regelt für Wertguthaben aus Vereinbarungen, dass der Insolvenzschutz solcher Guthaben dadurch zu realisieren ist, dass Wertguthaben durch einen Dritten zu führen sind, der im Fall der Insolvenz des Trägerunternehmens für die Erfüllung der Ansprüche aus dem Wertguthaben einsteht. Als rechtlich selbstständiger Dritter wird in der Praxis in aller Regel ein eingetragener Verein (**Treuhandverein**) eingesetzt. Das Trägerunternehmen überträgt Vermögen, das als Planvermögen dienen soll, nach Maßgabe eines Verwaltungstreuhandvertrages auf den Treuhandverein, der den Verein verpflichtet, das Vermögen zu halten, zu verwalten und anzulegen. Der Verwaltungstreuhandvertrag legt in aller Regel Anlagerichtlinien fest und bestimmt einen Anlageausschuss, dessen Vorgaben der Treuhandverein bei der Vermögensanlage zu beachten hat. Während ein Treuhandverein Planvermögen mehrerer (häufig konzernangehöriger) Trägerunternehmen in unterschiedlichen Abrechnungsverbänden verwalten kann, verfolgt er keine sonstigen Aufgaben.

2. Insolvenzrechtliche Absicherung

67 Der Verwaltungstreuhandvertrag ist ein Geschäftsbesorgungsvertrag, der gem. §§ 115, 116 InsO mit Eröffnung des Insolvenzverfahrens über das Vermögen des Trägerunternehmens erlischt. Der Insolvenzverwalter kann Rückübertragung des Planvermögens gem. §§ 675, 667 BGB verlangen. Der **Verwaltungstreuhandvertrag** begründet folglich keine insolvenzfeste Rechtsstellung des Treuhandvereins am Planvermögen. Die eigentliche insolvenzrechtliche Absicherung der Begünstigten erfolgt entweder durch die Verpfändung der Ansprüche des Trägerunternehmens auf Rückgewähr des Treuhandvermögens aus §§ 675, 667 BGB oder aufgrund einer doppelseitigen Treuhand.

a) Verpfändungsmodell

aa) Begriff und Struktur

68 Beim Verpfändungsmodell wird der **Rückübertragungsanspruch** des Trägerunternehmens den Begünstigten verpfändet. Die Verpfändung bedarf einer Einigung zwischen dem Trägerunternehmen und jedem Begünstigten und einer Anzeige an den Treuhandverein (§ 1280 BGB).

69 Beide erfolgen in aller Regel lange vor einer **Insolvenz des Trägerunternehmens**. Gleiches gilt für die Übertragung des Vermögens auf den Treuhändverein, infolge derer der Rückübertragungsanspruch aus § 667 BGB entsteht. Folglich ist der Erwerb des Pfandrechts bereits vor der Insolvenz des Trägerunternehmens abgeschlossen und scheitert nicht an § 91 InsO.[74] Zum Erwerbstatbestand des Pfandrechts gehört nicht das Entstehen der gesicherten Forderung. Auch wenn die gesicherten Forderungen, insbesondere Altersversorgungsansprüche, erst nach Insolvenzeröffnung entstehen, steht § 91 InsO dem Pfanderwerb nicht entgegen.[75] Ohne Bedeutung sind in der Praxis in aller Regel auch die Insolvenzanfechtungsvorschriften. Die Vermögensübertragung auf den Treuhandverein und die Verpfändung des Rückgewähranspruchs erfolgt typischerweise zu einer Zeit, zu der sich das Trägerunternehmen nicht in wirtschaftlichen Schwierigkeiten befindet. Es fehlt an einem Anfechtungsgrund.[76]

bb) Verwertung des Pfandrechts

70 Pfandreife tritt mit der Insolvenz des Trägerunternehmens ein. Als Pfandgläubiger sind die Begünstigten gem. § 50 Abs. 1 InsO zur abgesonderten Befriedigung berechtigt. Sichert das CTA Altersversorgungsansprüche der Begünstigten ab, gehen die Ansprüche der Begünstig-

74 *Rolfs/Schmid* ZIP 2010, 701, 702.

75 BGH ZIP 1998, 793, 798; *Rolfs/Schmid* ZIP 2010, 701, 703.

76 Einzelheiten bei *Rolfs/Schmid* ZIP 2010, 701, 703.

ten zusammen mit dem für sie bestellten Pfandrecht auf den **Pensionssicherungsverein auf Gegenseitigkeit** (PSVaG) über (§ 9 Abs. 2 S. 1 BetrAVG iVm §§ 401, 412 BGB). Streitig ist, ob der Treuhandverein dadurch, dass er der Versorgungszusage des Trägerunternehmens beitritt, zum „sonstigen Träger der Versorgung" gem. § 7 Abs. 4 BetrAVG wird und trotz Kenntnis des Forderungsübergangs auf den PSVaG in der Insolvenz des Trägerunternehmens direkt an die Begünstigten mit schuldbefreiender Wirkung (§ 9 Abs. 2 S. 2 BetrAVG) leisten kann.[77] Die Verpflichtung des Treuhandvereins aus dem Schuldbeitritt wird typischerweise auf das Treuhandvermögen beschränkt.[78]

Die Befriedigung des jeweiligen Pfandgläubigers erfolgt durch **Einziehung der Rückübertragungsansprüche** gem. § 173 Abs. 1 InsO, § 1282 Abs. 1 BGB. Das Verpfändungsmodell begegnet erheblichen praktischen Schwierigkeiten, jedenfalls dann, wenn eine Vielzahl von Begünstigten abgesichert werden soll.[79] Jedem Begünstigten muss ein eigenes Pfandrecht bestellt werden, dessen Rang sich nach dem Zeitpunkt der Bestellung richtet. Dazu kommt die Schwierigkeit, eine Vielzahl von Pfandrechten im Sicherungsfall durchzusetzen. Neuere CTAs sehen daher in der Regel eine doppelseitige Treuhand vor. 71

b) Doppelseitige Treuhand

Bei der doppelseitigen Treuhand schließt das Trägerunternehmen mit dem Treuhandverein einen Sicherungstreuhandvertrag neben der Verwaltungstreuhand ab. Der **Sicherungstreuhandvertrag** regelt, dass das Planvermögen an den Treuhandverein übertragen wird, um die Forderungen der Begünstigten aus der Direktzusage oder auf das Wertguthaben gegen das Trägerunternehmen abzusichern. Die Sicherungsübertragung an den Treuhandverein begründet eine Sicherungstreuhand im Interesse der Begünstigten. In der Regel sind die Begünstigten aus Praktikabilitätsgründen nicht selbst Partei des Sicherungstreuhandvertrages. Er ist vielmehr als echter Vertrag zugunsten Dritter ausgestaltet, der einen eigenen Anspruch der Begünstigten gegen den Treuhandverein auf Erfüllung ihrer Ansprüche vorsieht. Der Erfüllungsanspruch ist auf den Eintritt des Sicherungsfalls aufschiebend bedingt. 72

In der Insolvenz des Trägerunternehmens steht dem Treuhandverein ein **Absonderungsrecht** gem. §§ 51 Nr. 1, 50 InsO an den ihm sicherungsübereigneten Sachen und sicherungszedierten Rechten zu.[80] Das gilt auch in den Fällen, in denen die Begünstigten nicht selbst Partei des Sicherungstreuhandvertrags sind, sondern Rechte aus dem Vertrag lediglich als Dritte aus § 328 Abs. 1 BGB erwerben.[81] Ein Aussonderungsrecht steht dem Treuhandverein nicht zu.[82] Denn ungeachtet der Tatsache, dass ihm Vollrechte am Treugut eingeräumt werden, ist das Treugut haftungsrechtlich der Insolvenzmasse zuzuordnen.[83] Das ergibt sich daraus, dass beim Sicherungstreuhandvertrag nicht das formale Vollrecht des Treuhandvereins am Treugut im Vordergrund steht, sondern die vorrangige Befriedigungsmöglichkeit der Begünstigten aus dem Verwertungserlös. Das zeigt sich auch darin, dass ein etwaiger die gesi- 73

77 Vgl die Nachweise bei *Rolfs/Schmid* ZIP 2010, 701, 702; *Rolfs* in: Blomeyer/Rolfs/Otto, § 7 BetrAVG Rn 272 a.

78 *Rolfs/Schmid* ZIP 2010, 701, 702.

79 Ähnlich *Rößler* BB 2010, 1405, 1408; *Passarge* NZI 2006, 20, 23; *Rolfs/Schmid* ZIP 2010, 701.

80 H.M.: *Ganter* in: Münchener Kommentar zur InsO § 47 Rn 389; *Birkel/Obenberger* BB 2011, 2051, 2055; *Rößler* BB 2010, 1405, 1412; *Kießner* in: Nerlich/Römermann, § 116 Rn 21; *Fischer/Thoms-Meyer* DB 2000, 1861, 1863; *Rolfs/Schmid* ZIP 2010, 701, 705.

81 H.M.: *Ganter* in: Münchener Kommentar zur InsO § 47 Rn 389; *Birkel/Obenberger* BB 2011, 2051, 2052; *Rößler* BB 2010, 1405, 1412.

82 So aber LAG Berlin-Brandenburg ZIP 2012, 789, 794.

83 Zur Unterscheidung zwischen Ab- und Aussonderungsrechten *Ganter* in: Münchener Kommentar zur InsO § 47 Rn 12; *Ringstmeier* in: Beck/Depré § 15 Rn 6.

cherten Verpflichtungen übersteigender Wert an die Insolvenzmasse des Trägerunternehmens auszukehren wäre.[84]

74 § 116 beendet bei der doppelseitigen Treuhand lediglich die Verwaltungstreuhand. Die Sicherungstreuhand bleibt nach ganz herrschender Meinung von der Insolvenzeröffnung unberührt.[85] Der Insolvenzverwalter des Trägerunternehmens kann vom Treuhandverein nicht die **Rückübertragung des Treuhandvermögens** aus §§ 667, 675 BGB verlangen. Denn der Rückübertragungsanspruch wird durch die Sicherungstreuhand und das dadurch begründete Absonderungsrecht eingeschränkt.[86] Wie beim Verpfändungsmodell kann der Insolvenzverwalter des Trägerunternehmens in aller Regel nicht die Rückübertragung von Treuhandvermögen im Wege der Insolvenzanfechtung beanspruchen. Die Vermögensübertragung auf den Treuhandverein und der Abschluss des Sicherungstreuhandvertrags erfolgte typischerweise zu einer Zeit, zu der sich das Trägerunternehmen nicht in wirtschaftlichen Schwierigkeiten befindet. Ein Anfechtungsgrund ist nicht gegeben. Soweit das Treuhandvermögen die gesicherten Ansprüche der Begünstigten übersteigt, ist der Treuhandverein zur Rückübertragung an die Insolvenzmasse verpflichtet.[87]

75 In der Insolvenz des Trägerunternehmens hat der Treuhandverein die **Rechte und Pflichten eines Sicherungseigentümers bzw -zessionars.** Bei der Verwertung des Treuhandvermögens sind §§ 166 ff InsO zu beachten.[88] Der Verwertungserlös ist vom Treuhandverein nach Maßgabe der im Sicherungstreuhandvertrag getroffenen Regelung an die Begünstigten auszukehren. Die Rechte und Pflichten eines Sicherungseigentümers bzw. -zessionars hat der Treuhandverein im Insolvenzverfahren auch in den Fällen, in denen der PSVaG für Altersversorgungsansprüche der Begünstigten einsteht. Mit der Eröffnung des Insolvenzverfahrens gehen die Ansprüche und Anwartschaften der Begünstigten gegen das Trägerunternehmen, die Ansprüche gegen den PSVaG begründen, auf ihn über (§ 9 Abs. 2 BetrAVG). Zwar ist in der Literatur umstritten, ob auch die Sicherheiten für solche Anwartschaften und Ansprüche aus dem CTA auf den PSVaG gem. §§ 401, 412 BGB übergehen.[89] Doch geht es bei den in der Diskussion stehenden Sicherheiten nicht um das auf den Treuhandverein übertragene Sicherungseigentum, sondern um die Rechtsstellung des Begünstigten aus dem Sicherungstreuhandvertrag.[90] Zudem wird die Auffassung vertreten, dass der Treuhandverein als sonstiger Träger des Vermögens gem. § 7 Abs. 4 BetrAVG an die Begünstigten mit schuldbefreiender Wirkung leisten kann (vgl Rn 70).

3. Mit dem Einsatz des Treuhandvereins verfolgte Ziele

76 Vorrangiges Ziel der CTA-Struktur ist, das Planvermögen vom restlichen Vermögen des Trägerunternehmens so zu trennen, dass es der Befriedigung der Begünstigten unter Ausschluss anderer Gläubiger des Trägerunternehmens dient. Denn nur so kann nach den einschlägigen Rechnungslegungsvorschriften die angestrebte Saldierung von Planvermögen und Verbindlichkeiten erreicht werden. Die **Abschirmungsfunktion** steht im Vordergrund. Das wird dadurch erreicht, dass das Planvermögen auf den Treuhandverein übertragen wird,

84 *Birkel/Obenberger* BB 2011, 2051, 2056.

85 *Nehrlich/Römermann/Kießner*, § 116 Rn 21; *Canaris* zu BGH EWiR § 42 vgl 01/89, 1235; *Fischer/Thomas-Meyer* DB 2000, 1864, 1866; *Langohr-Plato/Morisse* BB 2002, 2330, 2331; *Ganter* in: Münchener Kommentar zur InsO § 47 Rn 389; *Rößler* BB 2010, 1405 1412; *Birkel/Obenberger* BB 2011, 2051, 2052; wohl auch *Kroth* in: Braun § 116 Rn 12; aA *Ott/Vuia* in: Münchener Kommentar zur InsO § 116 Rn 25; *Rolfs/Schmid* ZIP 2010, 701, 706.

86 *Birkel/Obenberger* BB 2011, 2051, 2056; iE ebenso *Rößler* BB 2010, 1405, 1412 (nachrangiger Übertragungsanspruch der Masse).

87 *Birkel/Obenberger* BB 2011, 2051, 2056.

88 Ebenso *Passarge* NZI 2006, 20, 24.

89 Vgl *Birkel/Obenberger* BB 2011, 2051, 2052 ff.

90 *Birkel/Obenberger* BB 2011, 2051, 2053.

der es auch in der Insolvenz des Trägerunternehmens nicht an die Masse zurückübertragen muss, sondern zugunsten der Begünstigten daran ein Absonderungsrecht geltend machen kann. Lediglich soweit die Verwertungsbefugnis dem Insolvenzverwalter gem. § 166 InsO zusteht, partizipieren andere Gläubiger in Höhe der der Masse nach § 171 InsO zustehenden Kostenbeiträge an dem Erlös des Treuhandvermögens, auch wenn die Begünstigten noch nicht vollumfänglich befriedigt sind. Darüber hinaus steht Treuhandvermögen für die Befriedigung von anderen Gläubigern des Trägerunternehmens nur zur Verfügung, soweit es die Verbindlichkeiten gegenüber dem Begünstigten übersteigt und insoweit an die Masse zurück zu übertragen ist.

§ 6 Bankenaufsichtsrecht

Literatur: BaFin-Rundschreiben 8/2011 (BA) vom 15. Juli 2011, Umsetzung der CEBS (http://www.bafin.de/SharedDocs/Veroeffentlichungen/DE/Rundschreiben/rs_1108_ba_cebs_grosskreditleitlinie.html, 15.7.2011); *Barz/Eckes/Weigel*, IFRS für Banken, 4. Aufl., Frankfurt/Main 2008, *Beck/Samm/Kokemoor*, Kommentar zum Kreditwesengesetz, Band. 1, Stand: August 2009, Heidelberg 2009; *Boos/Fischer/Schulte-Mattler*, Kommentar zum Kreditwesengesetz, 3. Aufl., München 2008; *Deutsche Bundesbank*, Monatsbericht, September 2010; *Deutsche Bundesbank*, Monatsbericht, September 2011; Financial Services Authority, The Turner Review – A regulatory response to the global banking crisis, London 2009; Financial Stability Forum, Report of the Financial Stability Forum on Enhancing Market and Institutional Resilience, 2008; *Gelhausen/Fey/Kämpfer*, Kommentar Rechnungslegung und Prüfung nach dem Bilanzrechtsmodernisierungsgesetz, Düsseldorf 2009; *de Larosière*, The High Level Group on financial supervision in the EU report, Brüssel 2009; *Kropff*, Das Konzernrecht des Aktiengesetzes 1965, unter Hinweis auf eine Entscheidung des KG v. 12.1.1960, BB 1965, 1281–1289; *Lüdenbach/Freiberg*, Mutter-Tochter-Verhältnisse durch beherrschenden Einfluss nach den BilMoG, BB 2009, 1230–1234 ; *Sachverständigenrat*, Jahresgutachten 2007/2008, Drittes Kapitel – Stabilität des internationalen Finanzsystems, Wiesbaden, November 2007

A. Einleitung

1 In der Europäischen Union ist das Bankenaufsichtsrecht in den letzten zwei Jahrzehnten zunehmend harmonisiert worden. Damit soll ein einheitlicher Bankenmarkt mit Niederlassungs- und Dienstleistungsfreiheit erreicht werden; die dafür notwendigen rechtlichen Rahmenbedingungen für die Bankentätigkeit erfolgen über umfangreiche Richtlinien mit bankrechtlichem Inhalt, insbesondere die EU-Bankenrichtline (CRD). Neben den Erleichterungen für Finanzdienstleistungen und Kapitalverkehr hat die Harmonisierung auch das Ziel, Störungen im Bankensystem durch Insolvenzen zu verhindern. Dazu bedient sich der Gesetzgeber der Implementierung einer effektiven Bankenaufsicht und von harmonisierten Eigenkapitalmindestanforderungen (Solvabilitätsanforderungen).

2 Diese Eigenkapitalanforderungen gelten nach § 10 KWG bzw § 10 a KWG sowohl für das Einzelinstitut als auch für die aufsichtliche (Instituts-)Gruppe. Die wesentlichen Bestimmungen für die Beaufsichtigung von Bankgeschäften und sonstigen Finanzdienstleistungen in Deutschland enthalten das Kreditwesengesetz (KWG), die Solvabilitätsverordnung (SolvV) und die Groß- und Millionenkreditverordnung (GroMiKV).

Als ein Mitverursacher der Finanzmarktkrise wurde die bis 2007 zulässige regulatorische Behandlung von Verbriefungen inkl. der Zweckgesellschaften identifiziert.[1] Erste umfassende Anpassungen für diese Geschäfte erfolgten über die aktualisierte EU-Bankenrichtline CRD II, die bereits Ende 2010 erste Änderungen im KWG und den korrespondierenden Verordnungen nach sich zog. 3

Änderungen der regulatorischen Kapitalanforderungen für Marktpreisrisiken und Wiederverbriefungen sind über die aktualisierte EU-Bankenrichtline CRD III ebenfalls bereits ins nationale Recht umgesetzt worden. 4

Die nun anstehende Umsetzung von CRD IV/Basel III zur Stärkung der Widerstandsfähigkeit des Finanzsystems bringt für die Bankenregulierung ganz entscheidende Veränderungen mit sich. Neben der bisher bereits bekannten Regulierung über eine Richtlinie werden wesentliche qualitative und quantitative regulatorische Anforderungen in einer sogenannten EU-Verordnung geregelt sein. Die Verordnung gilt unmittelbar in allen Mitgliedstaaten und soll nationale Abweichungen im Aufsichtsrecht zukünftig verhindern.[2] 5

Die nachfolgenden Ausführungen befassen sich zum einen mit der geltenden regulatorischen Behandlung von Zweckgesellschaften im deutschen Bankaufsichtsrecht. Zum anderen wird ein Ausblick auf die CRD IV bzw Basel III Umsetzung gegeben, soweit diese die Zweckgesellschaften betreffen kann. 6

B. Aufsichtliche Normen

I. Zweckgesellschaften im Kreditwesengesetz (KWG)

1. Allgemeines

Nach § 10 KWG wird eine angemessene Eigenmittelausstattung gefordert, die eine quantitative Ausgestaltung hat und grundsätzlich auf Einzel- und auf Gruppenebene gilt. Die aufsichtsrechtliche Konsolidierung hat zum Ziel, die Mehrfachausnutzung des nur einmal vorhandenen Eigenkapitals einer Gruppe durch Tochterunternehmen im Finanzsektor zu vermeiden und gleichzeitig alle in der Gruppe (Mutter-, Tochter- und Beteiligungsunternehmen) eingegangenen Risiken einzubeziehen. Für die Aufseher ist damit eine Überwachung der Eigenmittel sowie der Adress-, Markt- und operationellen Risiken einer Gruppe auf zusammengefasster Basis möglich. 7

Im Gegensatz zur handelsrechtlichen Rechnungslegung umfasst der aufsichtsrechtliche Konsolidierungskreis ausschließlich die in der Finanzbranche tätigen Unternehmen einer Instituts- bzw Finanzholding-Gruppe. Nach § 10 a Abs. 1 S. 1 KWG besteht die aufsichtsrechtliche Gruppe aus einem übergeordneten Unternehmen (Institut bzw. Finanzholding-Gesellschaft) und den nachgeordneten Unternehmen. Nachgeordnete Unternehmen sind gemäß § 10 a Abs. 1 S. 2 KWG Tochterunternehmen, die selbst Institute, Kapitalanlagegesellschaften, Finanzunternehmen, Anbieter von Nebendienstleistungen oder Zahlungsinstitute[3] sind. Neben den Tochterunternehmen gelten auch sogenannte „qualifizierte Minderheitsbeteiligungen" und freiwillig in die aufsichtsrechtliche Konsolidierung einbezogene Unternehmen als nachgeordnete Unternehmen einer Instituts- bzw Finanzholding-Gruppe. 8

1 Genannt seien unter anderem: *Financial Services Authority*, The Turner Review – A regulatory response to the global banking crisis, London 2009, S. 42 f.; *de Larosière*, The High Level Group on financial supervision in the EU report, Brüssel 2009, S. 7 ff; *Financial Stability Forum*, Report of the Financial Stability Forum on Enhancing Market and Institutional Resilience, 2008, S. 8 ff, 12 (http://www.financialstabilityboard.org/publications/r_0804.pdf).

2 Vgl Deutsche Bundesbank, Monatsbericht September 2011.

3 KWG in der ab 31.10.2009 gültigen Fassung, geändert durch das Gesetz zur Umsetzung der aufsichtsrechtlichen Vorschriften der Zahlungsdiensterichtlinie (Zahlungsdiensteumsetzungsgesetz) vom 25.6.2009 (BGBl. I 2009, 1506).

2. Definition von Tochterunternehmen nach dem KWG

9 Nach § 1 Abs. 7 KWG umfasst die Definition des Tochterunternehmens alle Unternehmen, „die als Tochterunternehmen im Sinne des § 290 des Handelsgesetzbuches gelten oder auf die ein beherrschender Einfluss ausgeübt werden kann, ohne dass es auf die Rechtsform und den Sitz ankommt."

3. Kategorisierung von Zweckgesellschaften

10 Die Einbeziehungspflicht von Zweckgesellschaften in die aufsichtsrechtliche Konsolidierung ist zum einen davon abhängig, ob es sich bei diesen um Institute, Kapitalanlagegesellschaften, Finanzunternehmen, Anbieter von Nebendienstleistungen oder Zahlungsinstitute handelt (s.Rn 11 ff), und zum anderen, ob diese als Tochterunternehmen oder als qualifizierte Minderheitsbeteiligungen im Sinne des KWG zu qualifizieren sind.[4] Fraglich ist, ob es sich für die Frage der Einordnung als Tochterunternehmen bei dem in § 1 Abs. 7 KWG erfolgten Verweis auf § 290 HGB um einen dynamischen Verweis handelt. Nur dann würden die jüngsten Änderungen des HGB[5] unmittelbar Auswirkungen in das KWG haben. Nach Auffassung der Deutschen Bundesbank knüpft die Definition des nachgeordneten Unternehmens im Sinne des KWG an diejenige des Tochterunternehmens des § 290 HGB und damit an die neu gefasste handelsrechtliche Konsolidierungspflicht an.[6]

4. Zuordnung von Zweckgesellschaften zu den Instituten, Finanzunternehmen, Anbietern von Nebendienstleistungen, E-Geld- oder Zahlungsinstituten oder Refinanzierungs-Zweckgesellschaften iSv § 1 Abs. 26 KWG

11 In den aufsichtsrechtlichen Konsolidierungskreis sind pflichtweise nur solche Tochterunternehmen und qualifizierte Minderheitsbeteiligungen als nachgeordnete Unternehmen einzubeziehen, bei denen es sich um

- Kreditinstitute gemäß § 1 Abs. 1 KWG,
- Finanzdienstleistungsinstitute gemäß § 1 Abs. 1 a KWG,
- Kapitalanlagegesellschaften gemäß § 6 Abs. 1 InvG,
- Finanzunternehmen gemäß § 1 Abs. 3 KWG,
- Anbieter von Nebendienstleistungen gemäß § 1 Abs. 3 c KWG oder
- E-Geld-Institute oder Zahlungsinstitute nach dem Zahlungsdiensteaufsichtsgesetz (ZAG)

handelt.

Zweckgesellschaften betreiben gemäß ihrer Zweckbindung nicht aktiv Bankgeschäfte oder Finanzdienstleistungen nach § 1 Abs. 1 bzw 1 a KWG, so dass sie üblicherweise nicht als Institute einzustufen sind. Die Transaktionen einer Zweckgesellschaft erfüllen typischerweise auch nicht die Kriterien von Kapitalanlagegesellschaften, Anbietern von Nebendienstleistungen oder Zahlungsinstituten.[7] Fraglich ist dagegen die Einstufung als Finanzunternehmen gemäß § 1 Abs. 3 KWG. Als Finanzunternehmen sind alle Unternehmen einzuordnen, die keine Institute und keine Kapitalanlagegesellschaften oder Investmentaktiengesellschaften sind und deren Haupttätigkeit u.a. darin besteht,

4 Nach § 10 a Abs. 2 KWG besteht unter bestimmten Voraussetzungen eine horizontale Institutsgruppe. Diese mit dem Finanzkonglomeraterichtlinie-Umsetzungsgesetz (BGBl. I 2004, 3610) 2005 erfolgte KWG-Ergänzung soll an dieser Stelle nicht weiter behandelt werden. Zusätzlich besteht nach § 31 Abs. 3 KWG noch eine Ausnahmeregelung in Abhängigkeit von der Größe und der Wesentlichkeit der Zweckgesellschaft.

5 *Gelhausen/Fey/Kämpfer* § 290 Abs. 2 Nr. 4 HGB.

6 Deutsche Bundesbank, Monatsbericht September 2010, S. 63 ff.

7 Für Erläuterungen zu den Bestimmungsmerkmalen dieser siehe zum Beispiel *Schäfer* in: Boos/Fischer/Schulte-Mattler (Hrsg.), § 1 KWG Rn 4 ff.

- Beteiligungen zu erwerben und zu halten,
- Geldforderungen entgeltlich zu erwerben,[8]
- Leasingobjektgesellschaften im Sinne des § 2 Abs. 6 S. 1 Nr. 17 KWG zu sein[9] oder
- mit Finanzinstrumenten für eigene Rechnung zu handeln.

Eine Tätigkeit ist dann eine Haupttätigkeit, wenn diese den Schwerpunkt des Geschäftes 12
darstellt.[10] Demzufolge ist bei der Frage der Einordnung einer Zweckgesellschaft als Finanzunternehmen nach § 1 Abs. 3 KWG zwischen verschiedenen Geschäftszwecken zu unterscheiden. Neben den im Folgenden erörterten Strukturen gibt es viele andere Ausprägungen, auf die an dieser Stelle nicht weiter eingegangen werden soll.

Eine international einheitliche und verbindliche Definition des Begriffs Zweckgesellschaft 13
(engl. Special Purpose Vehicle, SPV, oder Special Purpose Entity, SPE) existiert nicht (siehe auch § 1).[11] Vielmehr werden unter diesem Oberbegriff solche Unternehmen zusammengefasst, deren Tätigkeit auf einen genau definierten und bereits bei Gründung abschließend festgelegten Zweck eng begrenzt ist. In der Literatur wird ein Unternehmen dann als Zweckgesellschaft klassifiziert, wenn sein Geschäftsbetrieb zur Erreichung eines eng begrenzten und genau definierten Ziels des Mutterunternehmens dient.[12] Ergänzend wird auch eine Negativabgrenzung herangezogen: Danach soll eine enge Ziel- und Zwecksetzung dann nicht mehr gegeben sein, wenn die Tätigkeit wesentlicher, fortlaufender unternehmerischer Entscheidungen bedarf, wie sie für ein am Markt tätiges Unternehmen üblich sind.[13] Bei der Frage der Einstufung als Zweckgesellschaft spielen somit formale Kriterien, wie etwa Rechtsform oder Stimmrechtsmehrheit, keine Rolle. Vielmehr sind eine Gesamtschau und eine wertende Betrachtung vorzunehmen.

In der Praxis ist eine große Vielzahl an Beweggründen für und Ausgestaltungen von Zweckgesellschaften denkbar. Bankaufsichtsrechtliche Relevanz haben vor allem die nachfolgend aufgeführten Konstrukte, von denen einige näher untersucht werden sollen:

- Leasingobjektgesellschaften,
- klassische Verbriefungszweckgesellschaften (§ 231 Abs. 2 SolvV),
- strukturierte Investments, auch Structured Investment Vehicle, kurz SIV,
- Asset-Backed Commercial Paper Conduits (ABCP Conduits),
- Vehikel, die der Generierung von Eigenkapital (insbesondere Hybridkapital) für die aufsichtsrechtliche Gruppe dienen.

a) Leasingobjektgesellschaften nach § 1 Abs. 3 KWG

Leasingobjektgesellschaften sind nach § 1 Abs. 3 S. 1 Nr. 3 KWG als Finanzunternehmen zu 14
klassifizieren. Für diese Form von Zweckgesellschaften ist eine aufsichtsrechtliche Konsolidierung verpflichtend, sofern es sich bei diesen um Tochterunternehmen oder qualifizierte

---

8 Mit dem Inkrafttreten des Jahressteuergesetzes 2009 (JStG 2009), BGBl. I 2008, 2794, zieht Art. 27 JStG 2009 insoweit Änderungen des KWG nach sich, dass Factoring sowie das sogenannte Finanzierungsleasing direkt der Bankaufsicht unterstellt und als Finanzdienstleistung eingeordnet werden, während Leasingobjektgesellschaften unter bestimmten Voraussetzungen weiterhin als Finanzunternehmen qualifiziert werden.

9 KWG in der ab 31.10.2009 gültigen Fassung. Diese Geschäftstätigkeit ersetzt zukünftig das bisherige Tatbestandsmerkmal „Leasingverträge abzuschließen" nach § 1 Abs. 3 S. 1 Nr. 3 KWG.

10 *Schäfer* in: Boos/Fischer/Schulte-Mattler (Hrsg.), § 1 KWG Rn 169.

11 Vgl beispielsweise unterschiedliche Legaldefinitionen in § 1 Abs. 26 KWG, § 231 Abs. 2 SolvV oder § 290 Abs. 2 Nr. 4 HGB.

12 Vgl *Gelhausen/Fey/Kämpfer*, § 290 Abs. 2 Nr. 4 HGB, Rn 58 ff.

13 Vgl *Lüdenbach/Freiberg* BB 2009, 1232 und Barz/Eckes/Weigel, IFRS für Banken, S. 1412.

Minderheitsbeteiligungen im Sinne des KWG handelt.[14] Nach der Auslegungsentscheidung zu § 1 Abs. 3 S. 1 Nr. 3 KWG zur Abgrenzung des Leasinggeschäfts des damaligen BAKred vom 10.3.1999[15] reicht zur Klassifizierung bereits der Abschluss eines einzigen Leasingvertrages aus, wenn dieser den Schwerpunkt der Geschäftstätigkeit ausmacht. Nach dem Schreiben sind allerdings nur Finanzierungsleasingverträge im weitesten Sinne zu berücksichtigen. Somit fallen Leasingobjektgesellschaften dann unter die Definition eines Finanzunternehmens nach § 1 Abs. 3 KWG, wenn diese als Haupttätigkeit Finanzierungsleasing betreiben.[16]

b) Klassische Verbriefungszweckgesellschaft (§ 1 Abs. 26 KWG bzw § 231 Abs. 2 SolvV)

15 Der Hauptzweck von klassischen Verbriefungszweckgesellschaften besteht in der Regel darin, Forderungen zu erwerben, die durch die Emission von Finanzinstrumenten refinanziert werden.[17] Fraglich ist, ob der Ankauf von Forderungen durch die jeweilige ABS-Zweckgesellschaft eine Tätigkeit als Finanzunternehmen nach § 1 Abs. 3 S. 1 Nr. 2 KWG, entgeltlicher Erwerb von Geldforderungen (s. Rn 11), darstellt. Vordergründig spricht der Wortlaut des Gesetzestextes dafür, zu dieser Klassifizierung zu gelangen. Fraglich ist bei ABS-Zweckgesellschaften aber, ob es sich dabei tatsächlich um die Haupttätigkeit eines Finanzunternehmens handelt.

Die in § 1 Abs. 3 KWG genannten Tätigkeiten resultieren aus der Umsetzung von Art. 4 Nr. 5 der EU-Richtlinie 2006/48/EG. Ein Finanzinstitut ist nach der EU-Richtlinie „ein Unternehmen, das kein Kreditinstitut ist und dessen Haupttätigkeit darin besteht, (...) eines oder mehrere der Geschäfte zu betreiben, die in Anhang I Nr. 2 bis 12 der Richtlinie aufgeführt sind." Bei diesen Geschäften handelt es sich um die Auflistung der Tätigkeiten, für die die gegenseitige Anerkennung auf EU-Ebene (Europäischer Pass etc.) gilt. Hierunter fallen auch Ausleihungen, insbesondere Konsumentenkredite, Hypothekendarlehen, Factoring mit und ohne Rückgriff sowie die Handelsfinanzierung (einschließlich Forfaitierung).

§ 1 Abs. 3 KWG definiert als Finanzunternehmen alle Unternehmen, die nicht Institut sind und damit nicht der direkten Aufsicht unterliegen, aber dennoch die oben genannten Tätigkeiten als Haupttätigkeit ausüben. Im deutschen Recht orientiert sich die Auslegung der Begriffe Unternehmen und Haupttätigkeit am Zweck und der Interessenlage des jeweiligen Gesetzes.[18] Eine unternehmerische Tätigkeit umfasst nach *Beck/Samm/Kokemoor* „eine stetige unternehmerische Betätigung mit einem auf Dauer angelegten, durch einen allgemeinen Plan organisierten Unternehmen mit unternehmerischer Zielsetzung".[19] Für Kreditinstitute stellt § 1 Abs. 1 KWG weiterhin darauf ab, dass Bankgeschäfte gewerbsmäßig betrieben werden bzw „einen in kaufmännischer Weise eingerichteten Geschäftsbetrieb" erfordern. ABS-Zweckgesellschaften sind lediglich rechtliche Konstrukte, um einzelne Vermögenswerte von anderen zu separieren und dadurch für die Investoren insolvenzfest zu verwalten. Sie üben insofern keine fortlaufende, stetige Geschäftstätigkeit aus und verfügen damit nicht über einen fortlaufenden Geschäftsbetrieb und werden daher von einer an der Geschäftstätigkeit ansetzenden Definition nicht erfasst.

---

14 Bei Erfüllung des größenabhängigen Ausnahmetatbestandes in § 31 Abs. 3 KWG ist jedoch keine Konsolidierung erforderlich.

15 Vgl BaKred, Schreiben zu § 1 Abs. 3 S. 1 Nr. 3 KWG – Leasinggeschäft Abgrenzung (http://www.bafin.de/cln_152/nn_721290/SharedDocs/Veroeffentlichungen/DE/Service/Auslegungsentscheidungen/BaKred/Leasinggeschaeft/ae_990310_leasing.html?_nnn=true,10.3.1999).

16 Laut dem BaKred-Schreiben fallen ebenso Mietkauf und Sale-and-lease-back-Geschäfte unter die Definition eines Leasingvertrages nach § 1 Abs. 3 KWG.

17 Vgl. BT-Drucks. 15/5852, 15 f.

18 *Kropff* BB 1965, 1281, 1285, unter Hinweis auf eine Entscheidung des KG v. 12.1.1960.

19 Vgl *Kokemoor* in: Beck/Samm/Kokemoor (Hrsg.), § 1 KWG Rn 25.

Zudem wurde 2005 mit dem „Gesetz zur Neuorganisation der Bundesfinanzverwaltung und zur Schaffung eines Refinanzierungsregisters“[20] eine Legaldefinition für bestimmte Zweckgesellschaften in das Kreditwesengesetz eingefügt. § 1 Abs. 26 KWG erfasst seitdem als Zweckgesellschaften Unternehmen, deren wesentlicher Zweck darin besteht, durch Emission von Finanzinstrumenten oder auf sonstige Weise Gelder aufzunehmen oder andere vermögenswerte Vorteile zu erlangen, um von Refinanzierungsunternehmen oder Refinanzierungsmittlern Gegenstände aus deren Geschäftsbetrieb oder Ansprüche auf die Übertragung dieser Gegenstände zu erwerben. Der Hauptzweck von klassischen Verbriefungsgesellschaften besteht in der Regel darin, Forderungen zu erwerben, die durch die Emission von Finanzinstrumenten refinanziert werden.[21] Die in § 10 a Abs. 1 S. 2 abschließende Aufzählung der nachgeordneten Unternehmen wurde jedoch nicht um die so definierten Zweckgesellschaften ergänzt.

Die Zweckbestimmung der klassischen Verbriefungszweckgesellschaft, dh die insolvenzfeste Vermögensverwaltung für die Investoren, fand durch die Umsetzung des Basel II-Rahmenwerks in europäisches Recht im Jahr 2006 auch Eingang in die korrespondierende EU-Richtlinie 2006/48/EU (sog. Bankenrichtlinie). Nach Art. 4 Nr. 44 RL 2006/48/EU handelt es sich bei Verbriefungszweckgesellschaften entweder um „eine Treuhandgesellschaft oder ein sonstiges Unternehmen, dass kein Kreditinstitut ist und zur Durchführung einer oder mehrerer Verbriefungen errichtet wurde, deren Tätigkeit auf das zu diesem Zweck Notwendige beschränkt ist, deren Struktur darauf ausgelegt ist, die eigenen Verpflichtungen von denen des originierenden Kreditinstituts zu trennen, und deren wirtschaftliche Eigentümer die damit verbundenen Rechte uneingeschränkt verpfänden oder veräußern können“. Die korrespondierende nationale Umsetzung in deutsches Recht erfolgte in § 231 Abs. 2 SolvV. Wenn der Gesetzgeber eine Zuordnung der Verbriefungsgesellschaft zu den Finanzunternehmen beabsichtigt hätte, ist zu vermuten, dass dies auch explizit geregelt worden wäre. Ergänzend ist darauf hinzuweisen, dass das Anfang 2009 von der BaFin veröffentlichte Merkblatt zum Factoring klarstellt, dass Zweckgesellschaften im Sinne des § 1 Abs. 26 KWG schon bis zum Veröffentlichungszeitpunkt nicht in den Anwendungsbereich des Factoring gefallen sind und das Merkblatt diesbezüglich keine Änderungen beinhaltet.

Zusammenfassend ist festzuhalten, dass zwar der Wortlaut des § 1 Abs. 3 Nr. 2 KWG eine 16
Einordnung von Verbriefungszweckgesellschaften als Finanzunternehmen vermuten lässt, diese Qualifizierung jedoch weder aus den nationalen Regelungen zu Verbriefungszweckgesellschaften noch aus der Bankenrichtlinie zwingend hergeleitet werden kann.

c) SIV

Structured Investment Vehicles (SIV) und Conduits (Strukturen, die von mehreren Investo- 17
ren gleichzeitig zur Refinanzierung verwendet werden) haben, ähnlich wie klassische Verbriefungszweckgesellschaften, über die Emission von Finanzinstrumenten Gelder aufgenommen und Vermögensgegenstände aus dem Geschäftsbetrieb eines Originators erworben. Typisch für die SIV und auch für einige Conduits ist, dass diese in der Vergangenheit umfangreiche Investitionen in komplex strukturierte, länger laufende Produkte wie zB CDO (Wiederverbriefungen) getätigt haben. Die von den SIV erworbenen Vermögenswerte waren oft gezielt auf die Wünsche der Investoren zugeschnitten. Zur Refinanzierung wurden vor allem sehr kurz laufende Commercial Paper (Geldmarktpapiere) mit einer durchschnittlichen Laufzeit von 45 Tagen emittiert.[22] SIV agierten demzufolge als Quasibanken und erwirtschafteten ihre Erträge durch die Fristentransformation. Da SIV nicht reguliert sind, können sie die

20 BGBl. I 2005, 2809 ff.

21 Vgl BT-Drucks. 15/5852, S. 15 f.

22 Vgl Sachverständigengutachten 2007/2008, S. 94 f (http://www.sachverstaendigenrat-wirtschaft.de/fileadmin/dateiablage/download/gutachten/jg07_iii.pdf).

bei Banken nur begrenzt zulässige Fristentransformation und damit verbundene Liquiditätsarbitrage ohne zusätzliche Restriktionen zu ihrem Vorteil durchführen. Für die Tätigkeiten des SIV reicht der reine Autopilotmechanismus nicht aus. Vielmehr sind hier aktive Managemententscheidungen und Geschäftsführungsaktivitäten mit sich laufend ändernden Risikopositionen erforderlich. Die für klassische Verbriefungszweckgesellschaften gültige Argumentation, dass keine Unternehmenstätigkeit im eigentlichen Sinne ausgeübt wird, greift daher für SIV und Conduits nicht.

Zu untersuchen ist im Folgenden, ob SIVs als Finanzunternehmen nach § 1 Abs. 3 KWG zu klassifizieren sind. Dazu ist, wie im Fall der klassischen Verbriefungszweckgesellschaften (s. Rn 15), ein Rückgriff auf die Bankenrichtlinie erforderlich, speziell Art. 2 Nr. 6, der den Begriff Finanzinstitut (heute Finanzunternehmen) definiert. Für die Definition des Finanzinstituts verweist die Bankenrichtlinie auch auf die in Anhang I Nr. 2 bis 12 der Bankenrichtlinie genannten Geschäftstätigkeiten.

Bei einer weiten Auslegung führen die in Anhang I Nr. 2 bis 12 der Bankenrichtlinie genannten Geschäfte zu einer Einstufung als Finanzunternehmen, soweit diese nicht bereits als Bankgeschäft oder Finanzdienstleistung einzustufen sind. Anlage I Nr. 2 erfasst „Ausleihungen" generell als Geschäfte, die zu einer Einstufung als Finanzinstitut führen. Das ist bei SIV und Conduits der Fall, deren Tätigkeiten, wie dargestellt, gravierend von der Funktion klassischer Verbriefungszweckgesellschaften abweichen. Eine Zuordnung zu den Finanzunternehmen iSv § 1 Abs. 3 S. 1 Nr. 1 KWG iVm der Bankenrichtlinie erscheint daher sachgerecht.

5. Rechtsfolgen nach dem Kreditwesengesetz

a) Kategorisierung als Finanzunternehmen

18 Erfüllt eine Zweckgesellschaft die Kriterien eines Finanzunternehmens und ist sie gleichzeitig als Tochterunternehmen nach § 1 Abs. 7 KWG oder als qualifizierte Minderheitsbeteiligung nach § 10 a Abs. 4 KWG einzustufen, gilt sie als nachgeordnetes Unternehmen nach § 10 a Abs. 1 ff KWG. Folglich ist sie in den aufsichtsrechtlichen Konsolidierungskreis nach § 10 a KWG einzubeziehen, wenn keine Befreiungstatbestände nach § 31 KWG zur Anwendung kommen können.

19 Die konsolidierte Betrachtung kommt weiterhin für die Großkreditvorschriften nach § 13 b ff KWG sowie für die §§ 25 a (besondere organisatorische Pflichten für Institute), 25 g KWG (gruppenweite Einhaltung von Sorgfaltspflichten) zur Anwendung.

20 Weitere Überwachungspflichten ergeben sich für die Gruppe nach den §§ 12, 14 KWG. § 12 KWG begrenzt das Eingehen von sogenannten qualifizierten Beteiligungen auf der Gruppenebene. § 14 KWG umfasst die Anzeigepflichten für die Millionenkredite. Danach muss das übergeordnete Unternehmen auch die von nachgeordneten Finanzunternehmen gewährten Kredite im Rahmen der Millionenkreditmeldungen anzeigen.

b) Klassifizierung als (Refinanzierungs-)Zweckgesellschaft nach § 1 Abs. 26 KWG

21 Die Legaldefinition für bestimmte Zweckgesellschaften wurde 2005 im Rahmen der Schaffung eines Refinanzierungsregisters in das KWG eingefügt (§§ 22 a ff KWG). Die Hauptfunktion der Zweckgesellschaft erstreckt sich darauf, die von der Zweckgesellschaft erworbenen und den Finanzinvestoren der Zweckgesellschaft als Sicherheiten dienenden Vermögensgegenstände insolvenzfest zu halten. Insoweit sind für diese Zweckgesellschaften die §§ 22 a ff KWG von Bedeutung.[23]

23 Vgl *Kokemoor* in: Beck/Samm/Kokemoor, Band 2, § 22 a KWG ff.

II. Zweckgesellschaften in der Solvabilitätsverordnung (SolvV)

Grundsätzlich orientiert sich die Eigenkapitalanforderung nach der SolvV für das Exposure gegenüber Zweckgesellschaften an der Zuordnung zur jeweiligen Forderungsklasse und in Abhängigkeit von dem gewählten Ratingansatz (Anlagebuchpositionen) bzw an den Vorgaben für die Handelsbuchpositionen. 22

Für Verbriefungszweckgesellschaften sind die Vorgaben des Verbriefungsregelwerks zu beachten. Nach § 231 Abs. 2 SolvV ist eine Verbriefungszweckgesellschaft ein Unternehmen, dessen unbesicherte Zahlungsverpflichtungen nicht der Forderungsklasse Institute zugeordnet sind und das zu dem ausschließlichen Zweck der Durchführung einer oder mehrerer Verbriefungstransaktionen errichtet wurde. Das einzige Ziel besteht dabei darin, die Verpflichtungen der Verbriefungszweckgesellschaft von denen des Originators zu isolieren. Die Aktivitäten der Verbriefungszweckgesellschaft sind auf die Tätigkeiten begrenzt, die zur Erreichung des Zwecks erforderlich sind. 23

Wichtig sind für die Aktivitäten mit Verbriefungszweckgesellschaften auch die für Banken zu beachtenden Offenlegungsvorschriften. Nach § 334 Abs. 1 Nr. 9 SolvV müssen folgende Sachverhalte offengelegt werden: 24

- eine Beschreibung der Arten von Verbriefungszweckgesellschaften, die das Institut als Sponsor benutzt, um Positionen Dritter zu verbriefen;
- eine Darstellung, ob, in welcher Form und in welchem Umfang das Institut Adressrisikopositionen, getrennt nach bilanziellen und außerbilanziellen Adressrisikopositionen, gegenüber solchen Zweckgesellschaften hat;
- eine Liste der Unternehmen, die es verwaltet oder berät und die in Verbriefungspositionen solcher Verbriefungstransaktionen investieren, für die das Institut als Originator oder Sponsor gilt.

III. Zweckgesellschaften in der Groß- und Millionenkreditverordnung (GroMiKV)

Die Groß- und Millionenkreditvorschriften enthalten keine besonderen Vorgaben für die Behandlung von Zweckgesellschaften. Insofern werden diese grundsätzlich wie alle anderen Kreditnehmer behandelt. 25

Mit der Umsetzung der CRD II in nationales Recht haben sich Veränderungen bei der Bildung von Kreditnehmereinheiten/Gruppen verbundener Kunden nach § 19 Abs. 2 KWG ergeben, die auch für die Überwachung der Einhaltung der Großkreditobergrenzen Relevanz haben. Danach müssen sogenannte Risikoeinheiten u.a. dann gebildet werden, wenn eine wirtschaftliche Abhängigkeit aufgrund der gemeinsamen Hauptfinanzierungsquelle besteht. Das Rundschreiben 8/2011 (BA) der BaFin erläutert als Beispiel für eine gemeinsame Finanzierungsquelle den Sachverhalt, dass eine Bank gegenüber mehreren Conduits oder Zweckgesellschaften als (potenzieller) Kreditgeber zu ähnlichen Bedingungen auftritt und die Möglichkeit besteht, dass diese Verpflichtungen gleichzeitig eintreten können.[24] 26

Bei der Analyse der Exposures gegenüber Zweckgesellschaften für Großkreditzwecke sind auch die neuen Vorgaben des § 6 GroMiKV zu beachten. Adressausfallrisiken entstehen danach nicht nur bei Direktinvestitionen, sondern auch bei Anlagen in Konstrukte, die wiederum weitere separate Adressausfallrisiken beinhalten. Der oder die Kreditnehmer sind bei diesen Konstrukten nach der wirtschaftlichen Substanz und den strukturinhärenten Risiken des jeweiligen Geschäfts zu bestimmen. Die Risikokonzentration kann daher das Konstrukt selbst, die zugrunde liegenden Geschäfte oder beides umfassen. 27

24 BaFin RS 8/2011 (BA) vom 15.7. 2011, S. 7 ff.

C. Ausblick Basel III – EU-Vorgaben (Capital Requirements Directive CRD IV/ Capital Requirements Regulation CRR)

28 Zukünftig werden sich die Vorgaben für die Konsolidierung verbindlich und unmittelbar aus einer EU-Verordnung ergeben. Dadurch wird sich die aktuelle Systematik verändern. So wird für den Begriff des Tochterunternehmens die 7. Konzernrichtlinie 83/349/EWG maßgeblich sein. Fraglich ist, inwieweit die Systematik des KWG hinsichtlich der Zugehörigkeit des Unternehmens zur Finanzbranche (Kredit- und Finanzdienstleistungsinstitut, Finanzunternehmen, Anbieter von Nebendienstleistungen, Kapitalanlagegesellschaften und Zahlungsinstitute iSd ZAG) bestehen bleiben wird. Der Entwurf der EU-Verordnung beinhaltet u.a. die Begriffe „credit institution" und „financial institution". Dabei ist zu beachten, dass die Begriffe Kreditinstitut nach dem KWG und „credit institution" nach der Verordnung nicht deckungsgleich sind. Das Gleiche gilt für den Begriff der „financial institution" im Vergleich zu den Finanzunternehmen nach dem KWG. Insgesamt lassen die vorliegenden EU-Entwürfe aber keine wesentlichen Neuerungen erkennen. Es ist davon auszugehen, dass die in den Konsolidierungskreis einbezogenen Unternehmen nach aktueller und zukünftiger Rechtslage insgesamt nahezu identisch bleiben.

29 Besonderheiten der neuen Regulierung betreffen insbesondere bestimmte Arten von Zweckgesellschaften, mit denen Eigenkapital auf Gruppenebene generiert wird. Für Verbriefungszweckgesellschaften sind keine Neuerungen erkennbar.

30 Auf globaler Ebene hat das sog. Joint Forum im Dezember 2011 ein Konsultationspapier zur Beaufsichtigung von Finanzkonglomeraten veröffentlicht (Principles for the supervision of financial conglomerates). Risiken, die aus Aktivitäten einer unregulierten Einheit (incl. SPV) in einem Finanzkonglomerat auftreten können, sollen danach angemessen bei den Gruppenrisiken berücksichtigt werden, ggf auch auf dem Weg einer vollen oder quotalen Konsolidierung für regulatorische Zwecke.

§ 7 Investment- und versicherungsaufsichtsrechtliche Implikationen für Zweckgesellschaften

Literatur: *Zerey*, Finanzderivate, Rechtshandbuch, 2. Aufl. 2010.

A. Allgemeines

1 (Ein-)Zweckgesellschaften bzw. Spezialvehikel[1] (im Folgenden „SPV" oder im Plural „SPVs") weisen als gemeinsames Merkmal eine insolvenzrechtliche Abschottung ihrer Vermögensmasse gegen externe Risiken auf – insbesondere gegenüber denjenigen, von denen sie ihre Vermögensgegenstände erworben haben. Aufgrund dieser besonderen Eigenschaft sind SPVs in der Praxis weit verbreitet und in ganz unterschiedlichen Zusammenhängen anzutreffen. Ihr Einsatzgebiet reicht von der Vermögensanlage (Mittelverwendung) bis hin zur Finanzierung (Mittelherkunft). Da nicht alle Anwendungsgebiete aus Sicht des Gesetzgebers und der Bundesanstalt für Finanzdienstleistungsaufsicht (BaFin) – gleich – sensibel sind, konzentriert sich die Regulierung und Beaufsichtigung auf punktuelle Aspekte. Dementsprechend gibt es **keine rechtsgebietsübergreifende und einheitliche Legaldefinition für SPVs**, sondern vielmehr wird die jeweilige Begriffsbildung vom betroffenen Regelungszweck bestimmt.

Im Folgenden wird zunächst ein Überblick über die Möglichkeiten der Regulierungstechnik sowie über ausgewählte **relevante Einsatzgebiete** für SPVs gegeben (s. Rn 2 ff) – mit Ausnahme der in einem separaten Kapitel (s. § 6) abgehandelten SPVs im Bankenbereich. Daran schließt sich die Einzeldarstellung der **Regulierung** (s. Rn 12 ff) an. Den Abschluss bilden ausgewählte **Gestaltungsaspekte** (s. Rn 38 ff).

B. Regulierungstechnik und Einsatzgebiete für SPVs

I. Regulierungstechnische Aspekte

2 Die Regulierungstechnik wird durch sachgesetzliche Aspekte in Gestalt der Ansässigkeit und des Tätigkeitsbereichs des SPV bestimmt. Grundsätzlich kann man nach Funktion und Geografie differenzieren:

3 Wenn das SPV selbst eine sensible Tätigkeit ausübt, wird es selbst Gegenstand aufsichtsrechtlicher Normen (insbesondere KWG, InvG, VAG, WpHG und WpÜG). Setzt dagegen ein Bank- bzw Finanzdienstleister ein SPV in seinem Verantwortungsbereich ein, wird er – ggf zusätzlich – selbst mit Blick auf dieses SPV bestimmten Restriktionen unterworfen.

---

1 In der englischen Sprache sind die Bezeichnungen Single Purpose Vehicle (SPV) oder Single Purpose Entity (SPE) gebräuchlich.

4 Bei Ansässigkeit oder Tätigkeit eines SPV im Inland mit hinreichend sensiblen Aktivitäten erfolgt die Regulierung typischerweise direkt. Das SPV benötigt eine Erlaubnis, deren Fehlen zu Schadensersatzansprüchen etwaig Geschädigter bis hin zu strafrechtlichen Sanktionen für die beim SPV handelnden Personen führen kann.

Bei Ansässigkeit und Tätigkeit eines SPV ausschließlich im Ausland – und damit außerhalb des Anwendungsbereichs des deutschen Rechts – ist die Sachlage für den Gesetzgeber schwieriger. Aufgrund des **völkerrechtlichen Territorialitätsprinzips** ist der Gesetzgeber an einer Regulierung ausländischer SPVs gehindert, wenn diese von Inländern im Ausland kontaktiert werden, ohne dass die ausländischen Dienstleister sich zuvor an den deutschen Markt gewandt haben, denn kein nationaler Gesetzgeber darf sich in innere Angelegenheiten eines anderen Staates einmischen. Im Rahmen dieser sog. **passiven Dienstleistungsfreiheit** darf der Ausländer tätig werden. Die BaFin[2] hat sich hierzu wie folgt geäußert:

„Keine Einschränkung besteht für die sog. passive Dienstleistungsfreiheit, dh das Recht der im Inland ansässigen Personen und Unternehmen, aus eigener Initiative Dienstleistungen eines ausländischen Anbieters nachzufragen. Geschäfte, die aufgrund der Initiative des Kunden zustande gekommen sind, führen damit nicht zur Erlaubnispflicht nach § 32 Abs. 1 KWG."

Vor diesem Hintergrund wird eine (direkte) Regulierung ausländischer SPVs immer vermieden, wenn sie sich nicht aktiv an den deutschen Markt gewandt haben, sondern von dort aus angesprochen wurden. Der Gesetzgeber kann in solchen Szenarien lediglich eine indirekte Regulierung dergestalt anordnen, dass beaufsichtigten Inländern Geschäftsbeziehungen zu diesem SPV nur dann gestattet sind, wenn entweder das SPV bestimmte Maßgaben erfüllt (zB Mindestregulierung in seiner Heimatjurisdiktion oder Verleihung eines Investment-Grade-Ratings) oder wenn der betroffene Inländer Vorsorgemaßnahmen ergriffen hat (zB Rückstellungs- oder Kapitalpufferbildung), um von der Geschäftsbeziehung potenziell ausgehende Risiken abzudecken.

II. Einsatzgebiete für SPVs

5 Häufig setzen Erwerber ein SPV als **Haltegesellschaft** (**Holding**) bestimmter (meist einzelner oder nur weniger) Vermögensgegenstände ein. Eine bedeutsame Fallgruppe sind hierbei Grundstücke. Sie werden oft über eine Grundstücksgesellschaft erworben, wobei die Motivation recht unterschiedlich sein und von Erwerbsbeschränkungen des Belegenheitsstaats bis hin zu Finanzierungsaspekten reichen kann.

6 Der Investmentsektor ist ein besonders bedeutsames Einsatzfeld für SPVs, denn durch ihre Insolvenzabschottung eignen sich SPVs als **Kollektivinvestmentvehikel**, bei denen das Vermögen der Investoren von den Risiken des jeweiligen Asset-Managers abzuschirmen ist. Besonders verbreitet ist der Einsatz im Bereich alternativer und geschlossener Fonds, für welche regulierte Investmentfonds derzeit nicht oder nicht in geeigneter Form zur Verfügung stehen. Zum Bereich der Kollektivinvestmentvehikel sind auch Managed Collateralised Debt Obligations (CDOs)[3] zu zählen, weil dort die Vermögensanlage im Vordergrund steht.

7 Wenn Investoren ein gewünschtes Direktinvestment in bestimmte Assets – aus den unterschiedlichsten Gründen heraus – nicht realisieren können, werden **SPVs als Feedervehikel**

2 BaFin, Merkblatt – Hinweise zur Erlaubnispflicht nach § 32 Abs. 1 KWG iVm § 1 Abs. 1 und Abs. 1 a KWG von grenzüberschreitend betriebenen Bankgeschäften und/oder grenzüberschreitend erbrachten Finanzdienstleistungen – ersetzt das Merkblatt vom September 2003 – vom 1.4.2005, http://www.bafin.de/SharedDocs/Veroeffentlichungen/DE/Merkblatt/mb_050401_grenzueberschreitend.html (10.6.2012).

3 *De Corbavia/Maier* in: Zerey (Hrsg.), Finanzderivate, 2. Aufl. 2010, Rn 32 ff.

eingesetzt. Nicht notwendigerweise, aber durchaus häufig vermittelt der Feeder den Zugang zu einem Kollektivinvestmentvehikel.

Im Bereich der **betrieblichen Altersversorgung** werden SPVs als Treuhänder eingesetzt. Im 8
Rahmen eines sog. **Contractual Trust Arrangements** (CTA) ist Hauptzweck der treuhänderische Erwerb sowie das Halten und Verwalten von Vermögensgegenständen – häufig Wertpapiere – zwecks Bedeckung der Pensionsverbindlichkeiten des Arbeitgebers gegenüber den Arbeitnehmern.

Auf der Mittelbeschaffungsseite ist die Verbriefung eines der traditionellen Einsatzgebiete 9
für SPVs, wobei vorliegend nur die **Verbriefung von Versicherungsrisiken** betrachtet wird (die Verbriefung im Bankenbereich wird abgehandelt im Kapitel Verbriefung). Bei der True Sale-Verbriefung werden Vermögensgegenstände durch deren Inhaber (Originator) auf das SPV übertragen und dadurch vom Insolvenzrisiko des Inhabers abgekoppelt. Umgekehrt ist es aber auch möglich, dass Risiken des Originators auf das SPV isoliert dadurch übertragen werden, dass durch einen Austauschvertrag (Swap) das SPV eine Prämie erhält und bei Bedingungseintritt seinerseits eine bestimmte (sehr viel höhere) Zahlung zu leisten hat (synthetische Verbriefung). In beiden Fällen trägt ein Investor, der (regelmäßig tranchierte) Anleihen des SPV zeichnet, das wirtschaftliche Risiko einer Wertminderung der Vermögensgegenstände des SPV mit der möglichen Folge nicht oder nicht vollständiger Bedienung der emittierten Anleihen. Dann hängt es entscheidend von der Abrede über die Rangreihenfolge (Waterfall) ab, ob und welche Anleihegläubiger etwas erhalten. Die nachrangigste Anleihetranche (First Loss Piece, Equity Piece) fällt als erste bei der Verteilung knapper Mittel aus. Dieses Risiko hat den Gesetzgeber veranlasst, restriktive Regeln einzuführen, einerseits um Anleger zu schützen und andererseits, um den Originator zu einem wirksamen Risikotransfer oder zu entsprechender Eigenkapitalunterlegung zu zwingen.

SPVs finden auch im Bereich der Finanzierung häufig Verwendung und dienen dort als 10
Emissionsvehikel, über die besonders Großunternehmen Anleihen international platzieren. Eine verbreitete Variante ist der Einsatz einer niederländischen BV[4] als Tochtergesellschaft eines deutschen Konzerns, welche hybride Finanzinstrumente (häufig solche, die von Ratingagenturen zumindest teilweise als Equity anerkannt werden) – mangels eines eigenen Ratings regelmäßig unter der Garantie der deutschen Konzernobergesellschaft – auf den internationalen Kapitalmärkten platziert und den Emissionserlös sodann als Darlehen an die zu finanzierenden Konzerngesellschaften weiterreicht.

Projektfinanzierungsgesellschaften verfolgen im Rahmen der Mittelbeschaffung die Aufgabe, durch Aufnahme von Kapital an den Kapitalmärkten die für ein Projekt erforderlichen Mittel aufzubringen. Die Kapitalaufnahme kann insbesondere durch Projektbonds erfolgen.

Unabhängig der vorstehenden Zielsetzungen von SPVs im Rahmen der Mittelbeschaffung 11
und Mittelverwendung finden SPVs im Rahmen von **Financial Engineering** Verwendung. Hierbei können ganz unterschiedliche Zielsetzungen eine Rolle spielen (zB Überwindung von Erwerbsbeschränkungen, regulatorische, zivilrechtliche, bilanzielle und bisweilen auch steuerliche Gestaltungs- und Optimierungsüberlegungen).

---

4 BV ist die Abkürzung für *besloten vennootschap met beperkte aansprakelijkheid* (geschlossene Gesellschaft mit beschränkter Haftung) und entspricht in etwa der deutschen GmbH.

C. Einzelaspekte der Regulierung – Investmentrecht und Versicherungsaufsichtsrecht

I. Individuelle und kollektive Haltevehikel für Vermögensgegenstände

12 Aufgrund des Insolvenzschutzes bzw. der Eigenschaft der Insolvenzferne („Bankruptcy Remoteness", s. § 5 Rn 4, 25 ff) ist eine naheliegende Funktion für SPVs das Halten von Vermögensgegenständen. Haltevehikel lassen sich hinsichtlich der Anzahl der Gesellschafter bzw Begünstigten sowie der Anzahl der Vermögensgegenstände einteilen.

1. Individuelle Akquisitions- und Haltevehikel (Holding-SPV)

13 Akquisitions- und Haltevehikel (Holding-SPVs) sind dadurch gekennzeichnet, dass ein einzelner oder eine kleine – unternehmerisch verbundene – Personengruppe einen einzelnen Vermögensgegenstand oder jedenfalls nur eine geringe Anzahl von Vermögensgegenständen durch das SPV hält.

14 Soweit eine **Einzelperson einen Einzelvermögensgegenstand** durch ein SPV hält oder halten soll, unterliegt dieser Vorgang regelmäßig keiner Regulierung (jedenfalls keiner solchen, die über eine bei direktem Halten auch eingreifende Regulierung hinausgehen würde, zB bei gefährlichen Gegenständen). Unreguliert sind somit die Errichtung, der Betrieb und die Beratung des SPV sowie sein etwaiger Vertrieb. Das gilt insbesondere für den Fall des Haltens eines **Grundstücks**, denn Immobilien sind eine bislang unregulierte Vermögensanlageklasse.[5] Soweit es um ein **Finanzinstrument** geht oder der Gesellschaftsanteil am SPV seinerseits ein Finanzinstrument darstellt, kann sich nach gegenwärtigem Recht in besonderen Konstellationen eine Regulierung im Rahmen der Anlageberatung nach § 1 Abs. 1 a S. 2 Nr. 1 Buchst. a KWG, der Finanzportfolioverwaltung nach § 1 Abs. 1 a S. 2 Nr. 3 KWG oder im Rahmen der Anlageverwaltung (§ 1 Abs. 1 a S. 2 Nr. 11 KWG) ergeben. Allerdings werden alle Alternativen de facto meist nicht vorliegen. Eine Beratung ist unwahrscheinlich, weil die Entscheidung über den Erwerb des Finanzinstruments ohne Involvierung des SPV getroffen wird und dieses vielmehr Mittel der Umsetzung einer solchen Entscheidung ist. Gleichfalls dürften Finanzportfolioverwaltung und Anlageverwaltung mangels Ermessensspielraum höchstens ausnahmsweise gegeben sein. Bei einem SPV ist die Entscheidung über den Erwerb des Finanzinstruments typischerweise bereits gefallen und wird im SPV lediglich umgesetzt. Schließlich wird das SPV selbst meist nicht die Rechtsform einer Aktiengesellschaft aufweisen, so dass seine Gesellschaftsanteile nicht den Charakter von Finanzinstrumenten haben.[6]

15 Aber selbst bei Vorliegen einer Holding-SPV in der Rechtsform einer Aktiengesellschaft stellen Beratungs-, Vermittlungs- oder ähnliche Vorgänge nicht notwendigerweise eine Finanzdienstleistung dar. Von Bedeutung ist das vor allem bei der **M&A-Beratung im Bereich Corporate Finance.** Der Corporate Finance Berater hat die Aufgabe, das Holding-SPV zu beraten, was die Optimierung seiner Gesellschafterstruktur einschließt und konsequenterweise auch eine vollständige oder teilweise Umorganisation der Gesellschafterbasis beinhalten kann. Nach Auffassung von CESR[7] – der Vorgängerbehörde der European Securities and Markets Authority (ESMA) – handelt es sich hierbei nicht um eine Finanzdienstleistung.

---

5 Im Bereich des Vertriebs ist lediglich eine gewerberechtliche Erlaubnis nach § 34 c GewO erforderlich.

6 GmbH-Anteile qualifizieren nicht als Wertpapiere. Zwar war die BaFin ursprünglich einmal davon ausgegangen, vgl. Merkblatt – Hinweise zu Finanzinstrumenten nach § 1 Abs. 11 S. 1–3 KWG (Wertpapiere, Geldmarktinstrumente, Devisen und Rechnungseinheiten) vom 20.12.2011, Ziff. 1.2.b.aa (1), (Download am 30.12.2011). Diese Auffassung ist jedoch im aktuell verfügbaren Merkblatt nicht mehr erhalten (Download am 3.6.2012), http://www.bafin.de/SharedDocs/Veroeffentlichungen/DE/Merkblatt/mb_111220_finanzinstrumente.html.

7 Committee of European Security Regulators (CESR), Question & Answers dated 19.4.2010, Ref.: CESR/10-293, Rn 76–87, http://www.esma.europa.eu/system/files/10_293.pdf (3.6.2012).

Entscheidendes Argument bzw Kriterium ist nach Behördenauffassung, dass ein industrieller, strategischer oder unternehmerischer Zweck – und keine Wertpapierberatung – im Vordergrund steht.

2. Kollektivanlagevehikel als Zwischenstufe zwischen Holding und Investmentfonds

Das Halten eines **Einzelvermögensgegenstands durch eine Personengruppe** mittels eines SPV ist nach gegenwärtigem Recht (nur) punktuell reguliert.[8] Nach Umsetzung der sog. Alternativen Investmentfondsmanager-Richtlinie (AIFM-RL)[9] – spätestens im Juli 2013 – wird sich die Situation umkehren und eine Regulierung wird – mit allerdings gewichtigen Ausnahmen – regelmäßig eingreifen. 16

Ein SPV mit einem einzelnen Vermögensgegenstand kann seit dem 1.6.2012[10] im Falle der Beteiligung mehrerer Investoren (**Kollektivinvestmentvehikel**) der Regulierung unterfallen. Das ist der Fall, wenn ein Einzelvermögensgegenstand (einschließlich Grundstück oder Finanzinstrument) durch einen **geschlossenen Fonds** gehalten wird. Die Regulierung ist unter dem gegenwärtigen Recht – vor Umsetzung der AIFM-RL in nationales Recht – ohne allzu große praktische Bedeutung, weil (noch) weitgehende Ausnahmen greifen. Einerseits ist der Begriff des Finanzinstruments iSd § 1 Abs. 11 KWG[11] auf Anteile an öffentlich vertriebenen geschlossenen Fonds iSd § 1 Abs. 2 VermAnlG erweitert – was generell zu Finanzdienstleistungen führen würde –, aber gleichzeitig ist eine neue Bereichsausnahme in § 2 Abs. 6 S. 1 Nr. 8 Buchst. e KWG dergestalt geschaffen worden, dass Anbieter und Emittenten – bei Einhaltung bestimmter Voraussetzungen – nicht als Finanzdienstleistungsinstitute anzusehen sind.[12] Die Bereichsausnahme greift lediglich dann nicht ein, wenn zusätzliche andere Finanzdienstleistungen erbracht werden.

Nach Umsetzung der AIFM-RL wird dagegen generell eine Regulierung eingreifen, weil dann auch SPVs mit nur einem Gegenstand bei Existenz mehr als eines Investors als Kollektivinvestmentvehikel qualifizieren können.[13] 17

Gemäß Art. 4 Abs. 1 Buchst. a AIFM-Richtlinie ist als Alternativer Investmentfonds (AIF) jeder Organismus für gemeinsame Anlagen definiert, der von einer Anzahl von Anlegern Kapital für eine festgelegte Anlagestrategie einsammelt, wenn eine Genehmigung nach der OGAW-Richtlinie[14] nicht erforderlich ist. Auf Art und Anzahl der Investmentobjekte kommt es nicht an. Eine Mehrzahl an Investoren reicht per se aus, um eine Regulierung auch bei einem Investment des SPV in nur einen einzelnen Vermögensgegenstand zu begründen.

8 Die vorstehend genannten Konstellationen der Regulierung bei einem Einzelinvestor gelten auch bei einer Personengruppe entsprechend.

9 Richtlinie 2011/61/EU vom 8.6.2011 über die Verwalter alternativer Investmentfonds und zur Änderung der Richtlinien 2003/41/EG und 2009/65/EG und der Verordnungen (EG) Nr. 1060/2009 und (EU) Nr. 1095/2010, Abl. EU L 174/1 vom 1.7.2011.

10 Inkrafttreten des Gesetzes zur Novellierung des Finanzanlagenvermittler- und Vermögensanlagenrechts (VermAnlGEG) vom 6.12.2011, BGBl. I 2011, 2481 mit Wirkung zum 1.6.2012.

11 § 1 Abs. 11 KWG idF des Art. 4 VermAnlGEG.

12 Zu berücksichtigen ist allerdings die Notwendigkeit einer Erlaubnis nach § 34 f GewO ab dem 1.1.2013, die eine Sachkundeprüfung beinhaltet. Bei Erwerb einer Erlaubnis unter dem gegenwärtigen § 34 c GewO im Jahr 2012 lässt sich die für § 34 f GewO erforderliche Sachkundeprüfung bis Ende 2014 hinausschieben.

13 Die unter Rn 16 dargestellte – etwaige – Regulierung nach dem KWG tritt zu derjenigen nach Umsetzung der AIFM-RL hinzu.

14 Die Richtlinie 2009/65/EG vom 13.7.2009 zur Koordinierung der Rechts- und Verwaltungsvorschriften betreffend bestimmte Organismen für gemeinsame Anlagen in Wertpapieren (OGAW) betrifft europäisch harmonisierte Investmentfonds.

18 Verschiedene Kategorien von SPVs fallen aber als **Ausnahmen** aus der Regulierung gemäß Erwägungsgrund 7 ff und Art. 2 Abs. 3 AIFM-RL heraus. Die praktisch bedeutsamen Ausnahmen von der Regulierung sind:

- **Family-Office-Vehikel:** Diese Vehikel sind nach Erwägungsgrund 7 der AIFM-RL Wertpapierfirmen, die das Privatvermögen von Anlegern investieren, ohne Fremdkapital zu beschaffen. Gemeint sein dürfte das Einwerben von Kapital in dem engen Beteiligtenkreis einer Familie, wobei mit dem Terminus Fremdkapital gemeint sein dürfte, dass Eigenkapital nicht außerhalb des Beteiligtenkreises eingeworben wird.[15]
- **Holdinggesellschaften:** Nach Art. 4 Abs. 1 Buchst. o) i AIFM-RL ist eine Holdinggesellschaft „eine Gesellschaft, die an einem oder mehreren anderen Unternehmen eine Beteiligung hält, deren Geschäftsgegenstand darin besteht, durch ihre Tochterunternehmen oder verbundenen Unternehmen oder Beteiligungen eine Geschäftsstrategie oder -strategien zur Förderung deren langfristigen Werts zu verfolgen, und bei der es sich um eine Gesellschaft handelt, die entweder i) auf eigene Rechnung tätig ist und deren Anteile zum Handel auf einem geregelten Markt in der Union zugelassen sind, oder ii) die ausweislich ihres Jahresberichts oder anderer amtlicher Unterlagen nicht mit dem Hauptzweck gegründet wurde, ihren Anlegern durch Veräußerung ihrer Tochterunternehmen oder verbundenen Unternehmen eine Rendite zu verschaffen."

  Damit sind SPVs nicht als AIF zu betrachten, wenn sie durch ihre Beteiligungen oder verbundenen Unternehmen eine Wertschöpfung beabsichtigen. Allerdings sind die Bedingungen i) und ii) ggf nicht leicht einhaltbar. Eine Listung ist nicht immer gegeben und der Hauptzweck einer Holdinggesellschaft kann in betriebswirtschaftlicher Hinsicht durchaus sein, ihre Tochtergesellschaften gewinnbringend zu veräußern. Holdinggesellschaften können deshalb uU entgegen dem Willen des Richtliniengebers uU von der AIFM-RL erfasst werden.
- **Verbriefungszweckgesellschaften:** Nach Art. 4 Abs. 1 Buchstabe a) sind Verbriefungszweckgesellschaften

  „Gesellschaften, deren einziger Zweck darin besteht, eine oder mehrere Verbriefungen im Sinne von Artikel 1 Absatz 2 der Verordnung (EG) Nr. 24/2009 der Europäischen Zentralbank vom 19. Dezember 2008 über die Statistik über die Aktiva und Passiva von finanziellen Mantelkapitalgesellschaften, die Verbriefungsgeschäfte betreiben, und weitere zur Erfüllung dieses Zwecks geeignete Tätigkeiten durchzuführen."

  Beachtlich ist, dass die Verordnung (EG) Nr. 24/2009 keine Tranchierung verlangt, so dass SPVs, die Kreditrisiken übertragen, generell aus der Regulierung der AIFM-RL ausgenommen sind.

19 Wenn die AIFM-RL eingreift, sind die **Rechtsfolgen** vielfältig. Gegenstand der Regulierung ist dabei nicht das SPV selbst (in seiner Eigenschaft als AIF), sondern vielmehr dessen Manager (AIFM). Während der Manager also der Regulierung unterworfen wird, bleibt das SPV selbst unreguliert.

Eine Reihe von Maßgaben ist für den regulierten Manager zu beachten. Die Richtlinie enthält Regelungen zur Kapitalisierung, zur Corporate Governance, Verpflichtungen zur Bewertung und vor allem zum zwangsweisen Einsatz einer Verwahrstelle. Diese Verpflichtungen ziehen eine erhebliche Kostenbelastung und einen erheblichen Administrationsaufwand nach sich. Bisher hat ESMA die Level-2 Empfehlungen abgegeben.[16]

---

15 Vgl die englische Sprachversion, die verdeutlicht, dass es nicht um Verbindlichkeiten, sondern Kapital Dritter geht.

16 ESMA's technical advice to the European Commission on possible implementing measures of the Alternative Investment Fund Managers Directive dated 16 November 2011, http://www.esma.europa.eu/system/files/2011_379.pdf (3.6.2012).

3. Investmentfonds als traditionelle Kollektivanlagevehikel

a) Allgemeines

Eindeutig ein Haupteinsatzgebiet für SPVs sind aufgrund der Insolvenzabschottung **Investmentfonds,**[17] die – anders als die vorstehenden Holding- und Kollektivinvestmentvehikel – aus einem diversifizierten Portfolio bestimmter Vermögensgegenstände bestehen und für mehr als einen Investor offen sein müssen. Verbreiteten Einsatz finden SPVs dabei insbesondere im alternativen Investmentbereich, in welchem die traditionellen Investmentfondsformate nicht bzw nicht in ausreichendem Maß zur Verfügung stehen. Zu beachten ist, dass die vorgenannte AIFM-RL auch auf die Regulierung von Investmentfonds – mit Ausnahme der OGAW – signifikante Auswirkungen haben wird. 20

b) Ausländische Investmentfonds

Ausländische SPVs mit der Zielsetzung von Kollektivinvestments können im Inland regulatorisch in sehr unterschiedlicher Weise erfasst werden. Die entscheidende Weichenstellung ist dabei, ob das SPV in den Anwendungsbereich des InvG fällt oder nicht. Daran anschließend erhebt sich die Folgefrage, ob der Anwendungsbereich des KWG eröffnet ist. 21

Leitlinie für den Gesetzgeber des InvG war, ausländische SPVs mit risikodiversifizierter Anlagepolitik und Kollektivinvestmentcharakter ungeachtet der Rechtsform des ausländischen SPV im Inland restriktiv in puncto öffentlichem Vertrieb zu behandeln – jedenfalls dann, wenn im Ausland keine qualitativ hochwertige Aufsicht vorhanden ist.

Gemäß § 2 Abs. 8 und 9 InvG sind ausländische Investmentanteile solche, die von einem – in einen bestimmten Anlagekatalog (§ 2 Abs. 4 InvG) – risikodiversifiziert investierenden, dem Recht eines anderen Staates unterstehenden Investmentvermögens ausgegeben werden, welches zusätzlich seine Anteile gegen Zahlung des Verkehrswerts zurücknimmt oder welches einer Investmentaufsicht im Ausland untersteht. Sind diese Voraussetzungen erfüllt, richtet sich der aufsichtsrechtliche Status des Auslandsfonds nach dem InvG. Die Konsequenzen können sein, dass der öffentliche Vertrieb im Inland gänzlich unzulässig ist, nur nach Genehmigung zulässig ist oder aufgrund eines OGAW-Passes ohne Genehmigung der BaFin zulässig ist. 22

Die Anwendung der vorstehenden Definition macht in der Praxis häufig Schwierigkeiten, denn sie enthält sowohl formelle wie auch materielle Kriterien, deren Erfüllung oder Nichterfüllung im Einzelfall schwierig festzustellen ist. Die BaFin hat deshalb ein Rundschreiben[18] mit Fragenkatalog[19] herausgegeben, um die Einordnung ausländischer SPVs als Fonds oder Nichtfonds zu erleichtern. 23

17 § 290 Abs. 2 Nr. 4 S. 2 HGB nimmt hinsichtlich der Zuordnung von Investmentfonds zu den SPVs eine Differenzierung nach Publikums- und Spezialfonds vor: „Neben Unternehmen können Zweckgesellschaften auch sonstige juristische Personen des Privatrechts oder unselbständige Sondervermögen des Privatrechts, ausgenommen Spezial-Sondervermögen im Sinn des § 2 Abs. 3 des Investmentgesetzes, sein." Man wird das Gesetz wohl dahingehend zu verstehen haben, dass Investmentfonds Zweckgesellschaftscharakter haben, aber eine Konsolidierung gleichwohl ausgeschlossen sein soll. Das muss für Spezialfonds und – argumentum a maiore ad minus – erst recht für Publikumsfonds gelten.

18 Rundschreiben 14/2008 (WA) zum Anwendungsbereich des Investmentgesetzes nach § 1 S. 1 Nr. 3 InvG, Geschäftszeichen WA 41–Wp 2136–2008/0001, vom 22.12.2008, Website: http://www.bafin.de/SharedDocs/ Veroeffentlichungen/DE/Rundschreiben/rs_0814_wa.html (Download am 3.6.2012.).

19 Fragenkatalog zum Anwendungsbereich des Investmentgesetzes nach § 1 S. 1 Nr. 3 InvG und zum Rundschreiben 14/2008 (WA), Stand: 21.1.2010, Geschäftszeichen WA 41-Wp 2136-2008/0001, Website: http://www.bafin.de/SharedDocs/Veroeffentlichungen/DE/Auslegungsentscheidung/WA/ae_100121_invg.html (3.6.2012).

Von besonderer Bedeutung sind dabei folgende Szenarien:

- **Regulierung:** Eine fondskonstitutive Investmentaufsicht liegt im Fall von Verbriefungsgesellschaften nicht vor, wenngleich Äußerungen der BaFin[20] die Herausnahme von Verbriefungsgesellschaften aus dem Fondsbereich nicht auf die fehlende Regulierung, sondern eine fehlende Risikodiversifikation stützen.
- **Grenzverletzungen:** Wenn das SPV konstitutive Vorschriften des Anlagekatalogs bzw der Mischungsregeln verletzt, fällt es dennoch nicht aus dem Anwendungsbereich des InvG heraus, vorausgesetzt, sein Anlagestatut entspricht den Maßgaben des InvG.[21]
- **Indirekte Risikomischung:** Sind die durch das SPV unmittelbar gehaltenen Vermögensgegenstände nicht risikogemischt, kann eine Risikomischung immer noch indirekt vorliegen, was vor allem dann der Fall ist, wenn das SPV seinerseits Vehikel hält und man durch diese hindurchschaut. Die BaFin wendet – abgesehen von Dachfondskonstellationen – eine solche Durchschau nur bei Grundstücksgesellschaften und ÖPP[22]-Projektgesellschaften an. In allen anderen Fällen entfalten demnach von einem SPV gehaltene Vehikel eine Abschottungswirkung, so dass es auf deren Portfolio und etwaige Risikomischung nicht ankommt. Gestalterisch kann somit im Prinzip jeder ausländische Investmentfonds zum Nichtfonds gemacht werden, indem zwischen ihn und sein Portfolio eine Gesellschaft (ein weiteres SPV mit Ausnahme der Grundstücksgesellschaften und ÖPP-Projektgesellschaften) eingezogen wird.
- **Repackagings/Silobetrachtung:** Im Falle der Umverpackung von Investmentfonds[23] wird häufig ein (luxemburgisches) Verbriefungsvehikel mit einer entsprechenden Anzahl (insolvenzabgeschotteter) Zellen bzw Compartments eingesetzt. Dabei wird durch ein Compartment in einen Investmentfonds investiert und auf dieser Basis wird ein strukturiertes Produkt, zB ein Zertifikat, emittiert, dessen Wertentwicklung auf den Investmentfonds generell-abstrakt referenziert. Zusätzlich erhält der Halter des Zertifikats ein Pfandrecht an den Investmentfondsanteilen, welches jedoch nur aktualisiert wird, wenn es zu einem Ausfall bei der Bedienung des strukturierten Produkts kommt, was praktisch ausgeschlossen ist, denn die Wertentwicklung des Compartments entspricht immer exakt derjenigen des Zertifikats, so dass ein Verpflichtungsüberschuss schlechterdings nicht denkbar ist. In einem solchen Szenario stellen die Zertifikate (gleichwohl) keine ausländischen Investmentanteile dar. Sie gewähren lediglich einen schuldrechtlichen Zahlungsanspruch gegen das Verbriefungsvehikel, berechtigen dagegen nicht zu einer Partizipation am Vermögenspool des Compartments. Der Umstand der wirtschaftlichen Sicherung durch das Pfandrecht an den im Compartment gehaltenen Fondsanteilen ändert diese Betrachtungsweise nicht, denn das Pfandrecht verschafft den Zertifikateinhabern – jedenfalls vor Eintritt eines Kreditereignisses – kein wirtschaftliches Eigentum an den Fondsanteilen.

Die vorstehenden Fallgruppen zeigen, dass der Status eines SPV als Investmentvermögen oder als Nichtfonds von einer Reihe von Kriterien abhängt, auf welche sich Einfluss nehmen lässt. Bedenkt man die einschneidenden regulatorischen, bilanziellen, zivil- und insolvenz-

---

20 Rundschreiben 14/2008, Ziff. I.4.b) betont, dass CDOs nur dann ausländische Investmentanteile darstellen, wenn der Geschäftsbetrieb der Zweckgesellschaft hauptsächlich auf die Anlage und Verwaltung ihrer Mittel für gemeinschaftliche Rechnung der Inhaber der CDOs gerichtet ist. Naheliegend wäre dagegen die Argumentation, dass es bei CDOs weder Investmentaufsicht noch ein Rückgaberecht gibt.

21 Ziff. 6 des Fragenkatalogs, zum Anwendungsbereich des Investmentgesetzes nach § 1 S. 1 Nr. 3 InvG und zum Rundschreiben 14/2008 (WA), Stand: 21.1.2010, Geschäftszeichen WA 41-Wp 2136-2008/0001, Website: http://www.bafin.de/SharedDocs/Veroeffentlichungen/DE/Auslegungsentscheidung/WA/ae_100121_invg.html (3.6.2012).

22 Öffentlich-private Partnerschaften.

23 Die Gründe für eine Umverpackung können vielfältig und von regulatorischen bis hin zu steuerlichen Aspekten getrieben sein.

rechtlichen, aber auch steuerlichen Konsequenzen, ist es von entscheidender Bedeutung, die Gestaltungselemente zu kennen, derer man sich bedienen kann, um den Anwendungsbereich des Investmentrechts zu eröffnen oder nicht zu eröffnen.

c) Inländische Investmentfonds

Im Inland können Investmentfonds von der Rechtsform her (nur) als Sondervermögen (§ 2 Abs. 2 InvG) oder als Investment-Aktiengesellschaft (§ 2 Abs. 5 InvG) ausgestaltet sein. Wenn eine Zweckgesellschaft eine dieser beiden Formen annimmt, so unterfällt sie der Regulierung durch das InvG. Die vorstehend für ausländische Investmentvermögen und Investmentanteile dargestellten Kriterien und Streitfragen sind für inländische Vehikel deutlich entschärft.[24] 24

Gleichwohl ist die Situation auch im Inland nicht gänzlich unproblematisch. Wenn bei einer Investment-Aktiengesellschaft die tatbestandlichen Voraussetzungen des InvG nicht (mehr) gegeben sind, verwandelt sie sich in eine normale Aktiengesellschaft nach dem AktG. Für Anleger kann dies einschneidende Konsequenzen haben – vor allem, wenn man daran denkt, dass (insolvenzabgeschottete) Teilgesellschaftsvermögen nur bei einer Investment-Aktiengesellschaft existieren können und der Statusverlust als Investmentvermögen damit den automatischen Wegfall der Insolvenzabschottung impliziert. Inhaber von Anlageaktien könnten so ihr Vermögen ganz oder teilweise dadurch verlieren, dass ihr (positives) Teilgesellschaftsvermögen kollabiert und mit einem anderen (negativen) Teilgesellschaftsvermögen zusammenfällt, so dass in der Summe eine Minderung – bis hin zum Totalverlust – eintreten kann.

Die Frage stellt sich insbesondere bei Grenzverletzungen. Wenn etwa eine Investment-Aktiengesellschaft in Aktien investiert und dabei eine zu starke Fokussierung auf eine Aktie vornimmt, wäre das Risikodiversifikationsgebot verletzt. Zu einer solchen Situation kann es schnell kommen, weil es keine eindeutigen Maßgaben gibt.[25] Vor diesem Hintergrund ist von besonderer Bedeutung, dass die BaFin[26] die für Auslandsfonds aufgestellten Grundsätze auch bei inländischen Investmentvermögen anwendet. Damit verbleibt es zwar bei einer gewissen materiell-rechtlichen Unklarheit, jedoch können wenigstens operative Unzulänglichkeiten nicht zu massiven Schäden führen. Anleger müssen dennoch sorgsam auf die Dokumentation achten, denn wenn hier Fehler gemacht werden, geht der Status als Investmentvermögen verloren.

4. Feeder

Im Zusammenhang mit Kollektivinvestmentvehikeln spielen sog. Feeder eine Rolle. Feeder 25
sind klassische Einzweckgesellschaften, durch welche ein Investor mittelbar in das gewünschte Investment investieren kann. Die Motivationen für indirekte Investments sind viel-

24 Das wirft die Frage auf, ob die Legaldefinition für Auslandsfonds deshalb eine unzulässige Diskriminierung darstellt, weil die Anbieter ausländischer Vehikel Anleger auf Restzweifel hinweisen müssen, während bei inländischen Vehikeln ein wesentlich höherer Grad an Rechtssicherheit besteht. Die Rechtsunsicherheit benachteiligt ausländische Anbieter bei ihren Vermarktungsbemühungen im Inland.

25 Vgl etwa das Schreiben der BaFin vom 28.7.2009 (GZ: WA 41-Wp 2136-2008/0001), „Grundsatz der Risikomischung; Goldfonds", das die Maximalkonzentrationsgrenze bei 50 - 60% zieht. Auch aus anderen Quellen lässt sich im Wege der Rechtsfortbildung keine klare Aussage gewinnen.

26 BaFin, E-Mail vom 26.11.2009 an den Bundesverband Investment und Asset Management e.V. lautet auszugsweise: „Die Prüfung der BaFin im Hinblick auf den Grundsatz der Risikomischung erfolgt zunächst auf der Grundlage der in den Vertragsbedingungen, in der Satzung oder in den Prospekten sowie sonstigen Bestimmungen enthaltenen Angaben. Soll danach der Fonds nach dem Grundsatz der Risikomischung angelegt werden, betrachtet die BaFin den Anwendungsbereich des InvG als eröffnet. ... Ist der Fonds dagegen bereits unter Zugrundelegung der Angaben in den o.g. Unterlagen nicht auf die Einhaltung des Grundsatzes der Risikomischung ausgerichtet, fällt er von vornherein nicht in den Anwendungsbereich des InvG.".

fältig. Nachfolgend werden praxisrelevante Fallgruppen dargestellt. Im Anschluss werden die regulatorischen Anforderungen an den Feeder untersucht.

a) Gründe für die Einschaltung von Feedern

26 Die Gründe für die Einschaltung von Feedern sind mannigfaltig. Häufig sind es regulatorische Motive, bisweilen sind aber auch gesellschaftsrechtliche, bilanzielle Erwägungen und andere Erwägungen maßgeblich.

27 Eine Hauptanwendungsfallgruppe für die Einschaltung von Feedern sind **regulatorische Gründe**. Nicht selten ist einem Investor ein direktes Investment untersagt:

- So dürfen beispielsweise Versicherer gemäß § 2 Abs. 1 Nr. 13 AnlV in Private Equity Fonds, wenn diese als Personengesellschaften errichtet sind (was regelmäßig der Fall ist), für Zwecke des gebundenen Vermögens nur bei Belegenheit des Fonds in einem OECD-Vollmitgliedstaat investieren. Private Equity Fonds sind aber in einer Reihe von Fällen auch außerhalb der OECD-Staaten domiziliert.
- Unter dem zukünftigen Aufsichtsrecht für Versicherer nach der Richtlinie Solvabilität II wird erwartet, dass die Kapitalunterlegung für Aktien davon abhängt, ob die Aktien an einer Börse innerhalb oder außerhalb eines OECD-Mitgliedstaats gelistet sind.[27]

28 Ein klassischer Standort für Feeder aus regulatorischen Gründen sind die **Kanalinseln Jersey und Guernsey**. Es erhebt sich die Frage, ob es sich bei den Kanalinseln um Vollmitglieder der OECD handelt. Da das Vereinigte Königreich Vollmitglied der OECD ist, entscheidet sich die Mitgliedschaft der Kanalinseln danach, ob nach dem Staatsrecht des Vereinigten Königreichs die Kanalinseln als „Crown Dependencies“ für Zwecke der OECD-Mitgliedschaft der Krone unterstehen oder in dieser Frage Autonomie genießen. Die OECD geht ausweislich ihrer Website[28] von der territorialen Geltung der OECD-Convention sowie der hierunter getroffenen Entscheidungen auf den Kanalinseln aus:

„Overseas territories of OECD Member countries are not members of the OECD in their own right, but some of them are covered by the OECD Convention.

This is the case for the Channel Islands, the Isle of Man, Gibraltar and Bermuda.

This is not the case for any other UK overseas territories, including the British Virgins, the Cayman Islands and the Turks and Caicos Islands.

When the United Kingdom ratified the OECD Convention on 2 May 1961, it did not specify what territorial application should be given to the Convention. To clarify this situation, the Ambassador of the United Kingdom in France wrote as follows to the French Minister of Foreign Affairs, Mr. Roland Dumas on 20 July 1990:

‚... I have the honour to draw your attention to the Convention on Economic Co-operation and Development signed in Paris on 14th December 1960 and ratified by the Government of the United Kingdom of Great Britain and Northern Ireland on 2nd May 1961, and to inform you that the United Kingdom Government hereby certifies that the said Convention applies to the Channel Islands, the Isle of Man, Gibraltar and Bermuda. I am addressing a copy of this letter to the Secretary-General of the Organisation for Economic Co-operation and Development...‘.

The Head of the UK Delegation to the OECD also wrote to the Secretary-General as follows: ‚... We have formally transmitted [the above] declaration to the Government of France

---

27 Vgl. Art. 150 ER3 der Draft Implementing measures Solvency II (Stand: Oktober 2011) sieht eine Eigenmittelunterlegung von 39 % für Aktien mit Listing innerhalb des EWR oder der OECD vor und 49 % für andere Eigenkapitalinstrumente.

28 http://www.oecd.org/document/27/0,3746,en_21571361_38481278_41476955_1_1_1_1,00.html, 30.7.2012).

(...). Accordingly, I can confirm that future decisions and recommendations adopted by the Organisation under Article 5 of the Convention shall extend to those territories specified in the Declaration unless the contrary is specifically indicated in a particular case. Furthermore, the obligations to which the UK has subscribed under past decisions and recommendations, including those in the Codes of Liberalisation, will also apply to those territories under the same conditions as currently apply to the UK...'."

Entsprechend geht auch die Börse Channel Islands Stock Exchange (CISX) auf ihrer Website[29] von der Zugehörigkeit zur OECD aus:

„The Exchange serves the international finance centres of Guernsey and Jersey and offers a service and structure unique in the European time zone. Although outside the European Union, the Bailiwicks of Jersey and Guernsey are within OECD jurisdictions and OECD conventions apply."

Neben den Kanalinseln werden gerne Offshore-Jurisdiktionen, etwa die Britischen Jungferninseln, verwendet. Sie erfüllen das OECD-Kritierium nicht. Im Onshore-Bereich sind vor allem Luxemburg, Irland, Malta, Liechtenstein, Gibraltar und Zypern häufig genutzte Jurisdiktionen für Feedervehikel. In den USA werden als Feedervehikel oftmals Gesellschaften mit Ansässigkeit im Bundesstaat Delaware verwendet.

Von der Versicherungsregulierung abgesehen bestehen auch für **Kapitalanlagegesellschaften** 29 nach dem InvG Beschränkungen bei den möglichen Investments. Nach gegenwärtigem Recht dürfen sie nur in Vermögensgegenstände des Katalogs in § 2 Abs. 4 InvG investieren. Das schließt eine Reihe von Assetklassen aus. Beispielsweise ist es einer KAG nicht möglich, für die von ihr verwalteten Sondervermögen in Anlagen in erneuerbare Energien („**Renewables**") zu investieren, da weder Fotovoltaik noch Windräder oder Biomasse zu den eligiblen Vermögensgegenständen gehören. Um derartige Investments gleichwohl durchführen zu können, bedarf es eines Feeders als Bindeglied zwischen den unzulässigen Vermögensgegenständen und dem Sondervermögen. In der Praxis werden beispielsweise österreichische Gesellschaften mit beschränkter Haftung (GesmbH) eingesetzt, welche die Vermögensgegenstände halten und ihrerseits Wertpapiere an das Sondervermögen emittieren. Wertpapiere sind eine nach § 2 Abs. 4 Nr. 1 InvG zulässige Vermögensanlageklasse[30]

Feedervehikel finden auch aus Gründen des Gesellschaftsrechts Einsatz. Das deutsche Gesell- 30 schaftsrecht beinhaltet beispielsweise eine relativ starke Stellung der Gesellschafter insbesondere im **Personengesellschaftsrecht**. Anbieter von Vermögensanlagen schalten deshalb bisweilen nicht nur Treuhandkommanditisten[31] zwischen das Fondsvehikel und den Anleger, sondern eine ausländische Gesellschaft in einer geeigneten Jurisdiktion.

b) Regulatorische Anforderungen an Feeder

Feedervehikel haben die im jeweiligen Aufsichtsrecht des regulierten Dienstleisters (zB Versi- 31 cherer, Kapitalanlagegesellschaft) statuierten Anforderungen zu erfüllen, sind jedoch selbst nicht reguliert. Zu einer Lizenzpflicht nach KWG wird es zumindest bei ausländischen Feedern nicht kommen, weil diese von sich aus nicht aktiv tätig sind, sondern – im Gegenteil –

29 http://www.cisx.com/.

30 Im Sondervermögen ist auf Risikodiversifikation zu achten. Die KAG muss demzufolge für das Sondervermögen risikogemischte Wertpapiere erwerben und darf sich nicht auf die Wertpapiere eines Feeders beschränken. Bewältigt werden kann diese Anforderung etwa dadurch, dass für das Fotovoltaikfeld mindestens vier GesmbHs gegründet werden, wobei jede einen Teil des Feldes hält und hierauf Wertpapiere emittiert. Das Sondervermögen besteht dann aus (mindestens) vier (gleichgewichteten) Wertpapieren.

31 Ein Treuhandkommanditist bietet keine Abschirmung, vgl OLG München WM 2011, 1941, wonach ein Anleger auch bei Beteiligung über einen Treuhandkommanditisten an einer Publikumsgesellschaft in Form einer GmbH & Co. KG von dieser Auskunft über die Namen und Anschriften der anderen Anleger verlangen kann.

passiv bleiben (vgl zur passiven Dienstleistungsfreiheit Rn 4). Bei inländischen SPVs werden die Tatbestände des KWG ebenfalls kaum erfüllt sein, weil der Feeder als Instrument selbst keine aktiven Dienstleistungen erbringt.

II. Contractual Trust Arrangements (CTA)

32 Aufgrund der Abschottung von SPVs gegenüber Adressenausfallrisiken Dritter eignen sich SPVs auch in der betrieblichen Altersversorgung als sog. **Contractual Trust Arrangement** (CTA). Dort fungiert das SPV als Treuhänder für diejenigen Vermögensgegenstände eines Arbeitgebers, die der Bedeckung von Pensionsverbindlichkeiten gegenüber dessen Arbeitnehmer dienen. Häufig handelt es sich bei dem CTA um einen eingetragenen Verein (e.V.) oder eine Kapitalgesellschaft, der bzw die im Wege einer doppelseitigen Treuhand die Vermögensgegenstände sowohl für die Arbeitnehmer als auch den Arbeitgeber hält und verwaltet. Bei Insolvenz des Arbeitgebers erwirbt der Arbeitnehmer einen eigenen Anspruch gegen den Treuhänder, denn der zwischen dem Arbeitgeber und dem Treuhänder abgeschlossene Vertrag ist ein Vertrag zugunsten Dritter im Sinne des § 328 BGB. Für den Arbeitgeber eröffnet diese Vorgehensweise eine Bilanzverkürzung unter IFRS (und US-GAAP), indem sowohl die Pensionsverbindlichkeiten als auch die sie bedeckenden Vermögensgegenstände – meistens Anleihen und Fondsanteile, bisweilen auch Aktien – aus der Bilanz des Arbeitgebers herausgelöst werden dürfen.

33 Nach Auffassung der BaFin[32] können beim Treuhänder eines CTA verschiedene lizenzpflichtige Tätigkeiten vorliegen. In Betracht kommen insbesondere das Finanzkommissionsgeschäft (§ 1 Abs. 1 S. 2 Nr. 4 KWG), das Depotgeschäft (§ 1 Abs. 1 S. 2 Nr. 5 KWG) und gegebenenfalls auch das Garantiegeschäft (§ 1 Abs. 1 S. 2 Nr. 8 KWG). Die Konzernausnahme nach § 2 Abs. 1 Nr. 7 KWG, wonach gruppeninterne Bankgeschäfte unreguliert sind, greift meistens nicht Platz, weil der Treuhänder – seiner Zweckbestimmung entsprechend – tendenziell gerade keine Konzerngesellschaft sein soll.

Die BaFin hat sich im Rahmen ihrer Verwaltungspraxis dazu entschlossen, für das Finanzkommissionsgeschäft und das Depotgeschäft nach § 2 Abs. 4 KWG eine Freistellung zu erteilen, wenn zwei Voraussetzungen erfüllt sind:[33]

- Das Asset Management einschließlich Auswahl des Asset Managers muss einem beaufsichtigten Institut, einer Kapitalanlagegesellschaft oder dem Arbeitgeber selbst vorbehalten werden.
- Als Vermögensanlagen sind ausschließlich Fondsanteile iSd § 2 Abs. 6 S. 1 Nr. 8 KWG zulässig. Das Merkblatt aus dem November 2005 äußert sich nicht zu der Frage, ob es sich um einen statischen oder einen dynamischen Verweis handeln soll. Da die Beschränkung der zulässigen Vermögensanlagen Voraussetzung der Freistellung ist, dürfte Leitmotiv der Aufsichtsbehörde gewesen sein, von einer Regulierung des CTA absehen zu können, wenn sein Vermögen nur in regulierte Produkte angelegt wird. Das trifft für öffentlich vertriebsfähige Investmentfondsanteile ersichtlich zu. Fraglich ist, ob das auch auf Vermögensanlagen iSd § 1 Abs. 2 VermAnlG gilt. Das dürfte zu bejahen sein, weil durch das VermAnlG und den dadurch neu eingeführten Prüfungsstandard eine Qualitätssicherung gegeben ist.

---

32 BaFin, Merkblatt Hinweise zur Erlaubnispflicht und zur möglichen Freistellung nach § 2 Abs. 4 KWG sogenannter Contractual Trust Arrangements zur Ausgliederung von Pensionsverpflichtungen und Verpflichtungen aufgrund von Altersteilzeitmodellen, VerBaFin 2005, 5, http://www.bafin.de/SharedDocs/Downloads/DE/BaFinJournal/VerBaFin/2005/ verbafin_05_12.pdf?__blob=publicationFile&v=5 (30.7.2012).

33 BaFin, Merkblatt Fn 34, Ziff. 3 Buchst. a.

Wenn die BaFin die Freistellung erteilt hat, kann das SPV seine Funktion in einem oder mehreren CTAs wahrnehmen. Die Freistellung ist nicht auf einen einzelnen Arbeitgeber beschränkt.

III. Versicherung

Im Versicherungsbereich besteht die Notwendigkeit des Risikotransfers von Versicherungsrisiken. Insoweit unterscheidet sich die Situation nicht wesentlich von der Verbriefung im Bankensektor, wo Kreditrisiken transferiert werden müssen. Da die Leistungsfähigkeit des Versicherers konkret von der Wirksamkeit des Risikotransfers abhängt, hat der Gesetzgeber Verbriefungsvehikel im Versicherungsbereich geregelt. § 121 g Abs. 1 VAG bestimmt: 34

Eine Versicherungs-Zweckgesellschaft ist eine Kapitalgesellschaft oder eine Personengesellschaft mit Sitz oder Hauptverwaltung im Inland, die kein bestehendes Erst- oder Rückversicherungsunternehmen ist und Risiken von Erst- oder Rückversicherungsunternehmen übernimmt, wobei sie die Schadensrisiken vollständig über die Emission von Schuldtiteln oder einen anderen Finanzierungsmechanismus absichert, bei dem die Rückzahlungsansprüche der Darlehensgeber oder der Finanzierungsmechanismus den Rückversicherungsverpflichtungen der Gesellschaft nachgeordnet sind. Die Laufzeit der Schuldtitel oder des anderen Finanzierungsmechanismus muss derjenigen des Rückversicherungsvertrages mindestens entsprechen. Versicherungs-Zweckgesellschaften im Sinne des Satzes 1 bedürfen zur Aufnahme des Geschäftsbetriebs der Erlaubnis der Aufsichtsbehörde.

Verbriefungsvehikel sind in der Praxis bislang noch nicht eingesetzt worden, was maßgeblich steuerrechtliche Gründe hat.[34]

Aufsichtsrechtlich werden zunächst an die vom Versicherer auf der Eingangsseite übernommenen Risiken keine Anforderungen gestellt; es dürfen somit jegliche Risiken ganz oder teilweise übernommen werden. Auf der Ausgangsseite muss das Vehikel Schadensrisiken vollständig über Schuldtitel oder einen anderen Finanzierungsmechanismus ausplatzieren. Der Terminus Schadensrisiken dürfte hier in einem wirtschaftlichen Sinn zu verstehen sein und alle Leistungen umfassen, die der Versicherer seinerseits zu erbringen hat. Maßgebliches Kriterium ist die vollständige Überwälzung von Schadensrisiken auf den Kapitalmarkt. Es dürfen somit keinerlei Risiko(rest)bestandteile beim SPV zurückbleiben. Das erscheint aber deswegen unproblematisch, weil auf der Eingangsseite Flexibilität besteht, welche Risiken überhaupt transferiert werden. Der Ausplatzierung durch Anleiheemission oder einen anderen Finanzierungsmechanismus bedürfen auch nur die Schadensrisiken. Zulässig bleibt es deshalb, Zins-, Währungs- und andere Nichtschadensrisiken in anderer Weise zu verarbeiten als durch Anleiheemission; alternativ dürfen diese Risiken auch zurückbehalten werden.

Da die zu emittierenden Anleihen Fremdkapitalcharakter haben, müssen sie in ihrer Rangstelle im Verteilungswasserfall so weit subordiniert werden, dass der Risikotransfer unangetastet bleibt. Weitere Maßgaben bestehen nicht; insbesondere ist eine Tranchierung der Anleihen weder vorgeschrieben noch untersagt. Es besteht insofern Flexibilität, sich den betriebswirtschaftlichen Wünschen der Investoren anzupassen.

Schließlich ist eine Mindestfristenkongruenz erforderlich. Der Risikotransfer wäre nicht vollständig, wenn die Anleihen zu einem Zeitpunkt fällig werden könnten, zu welchem das Verbriefungsvehikel noch Risiken des Versicherers übernommen hat. Deshalb ist es erforderlich, dass die Verbriefungsdauer mindestens die Rückversicherungsdauer erreicht.

Im Versicherungssektor spielen SPVs auch auf der Aktivseite eine erhebliche Rolle. Insbesondere bei Kapitalanlagen, die nach der Anlageverordnung (AnlV) nicht oder nicht ohne Zu- 35

34 Maßgeblich tragen die steuerlichen Regelungen dazu bei, dass Versicherungsverbriefungsvehikel im Inland nicht genutzt werden können, denn die Refinanzierungsaufwendungen des Vehikels sind – zumindest gewerbesteuerlich wegen der teilweisen Hinzurechnung von Finanzierungsentgelten – nicht vollständig als Betriebsausgabe abziehbar, so dass das Verbriefungsvehikel nicht steuerneutral ist.

satzvoraussetzungen für das Sicherungsvermögen und sonstige gebundene Vermögen zulässig sind, können SPVs als Erwerbsvehikel eingesetzt werden. Insbesondere in Betracht kommt die Nutzung von Personen- und Kapitalgesellschaften als Verpackungsvehikel nach § 2 Abs. 1 Nr. 13 AnlV. Um hier eine Umgehung der Anlagerestriktionen zu vermeiden, fordert die Norm ein Geschäftsmodell und die Eingehung unternehmerischer Risiken. Die BaFin hat das in Tz. B.4.9.c) ihres Rundschreibens 4/2011[35] dahingehend konkretisiert, dass der Unternehmenswert des Beteiligungsunternehmens sich nicht ausschließlich aus der Summe der Inventarwerte zusammensetzen darf. Auch der bloße Kauf und Verkauf sowie die Verwaltung von Kapitalanlagen (Sekundärgeschäft) innerhalb einer Beteiligungsgesellschaft stellen kein mit unternehmerischen Risiken verbundenes Geschäftsmodell dar.

IV. Emissionsvehikel

36 Auf der Mittelherkunftsseite spielen SPVs als Finanzierungsvehikel eine beachtliche Rolle. In der Praxis setzen vor allem deutsche Konzerne mit Präsenz in vielen ausländischen Jurisdiktionen auf Emissionsvehikel insbesondere in den Niederlanden. Hierbei gründet die deutsche Konzernholding eine niederländische Tochtergesellschaft – meist in der Rechtsform einer BV. Die BV emittiert Anleihen am Kapitalmarkt, die mit einer (bedingten) Garantie der Konzernspitze versehen sind. In dieser Garantie sichert die Konzernspitze eine unmittelbare Zahlung zu, wenn die BV zahlungsunfähig sein sollte. Die Emissionsvaluta reicht das SPV per Darlehen an die Konzernspitze oder diejenigen Konzerngesellschaften, welche die Finanzierung benötigen.

Bei den emittierten Instrumenten gibt es eine große Spannbreite, die von Schuldscheinen und Namensschuldverschreibungen über festverzinsliche Inhaberschuldverschreibungen bis hin zu Wandelschuldverschreibungen und Hybridanleihen (sog. Perpetuals) reicht. Gerade im Bereich der Hybridanleihen ist die Emission durch eine BV vorteilhaft, weil das niederländische Recht eine wesentlich stärkere Rechtsstellung des Emittenten als das deutsche Recht zulässt – insbesondere können Anleihen mit extrem langen Laufzeiten emittiert werden.

37 Regulatorisch kann aufgrund des Territorialprinzips das SPV dann nicht reguliert werden, wenn es seine Finanzierungsaktivitäten nur im Ausland entfaltet; es untersteht insoweit ausschließlich der (etwaigen) ausländischen Regulierung. Soweit dagegen das Inland betroffen ist – etwa bei Platzierung der Fremdkapitalinstrumente bei inländischen Investoren –, reicht es nach der sog. **Teilakttheorie** für die Anwendbarkeit deutschen Rechts aus, dass irgendeine Aktivität sich territorial auf das Inland bezieht. Ein Angebot an inländische Investoren reicht aus.

Die Emission von Schuldscheinen und Namensschuldverschreibungen an inländische Investoren ist in direkter Form nicht möglich, da dies nach Auffassung der BaFin[36] ein Einlagengeschäft darstellt und ein Emissionsvehikel typischerweise über keinerlei Lizenz verfügt. Demgegenüber ist die Emission von Inhaberschuldverschreibungen lizenzfrei.[37] Gleichfalls begründen Hybridinstrumente kein Einlagengeschäft, wenn der Investor wegen eines qualifizierten Rangrücktritts keinen unbedingten Rückzahlungsanspruch hat.

35 BaFin, Rundschreiben 4/2011 (VA) - Hinweise zur Anlage des gebundenen Vermögens von Versicherungsunternehmen, Geschäftszeichen VA 54 – I 3200 – 2010/0008, vom 15.4.2011, Website: http://www.bafin.de/SharedDocs/Veroeffentlichungen/DE/Rundschreiben/rs_1104_va_anlagers.html?nn=2696690, 30.7.2012.

36 BaFin, Merkblatt – Hinweise zum Tatbestand des Einlagengeschäfts vom 4.8.2011, http://www.bafin.de/SharedDocs/Veroeffentlichungen/DE/Merkblatt/mb_110607_tatbestand_einlagengeschaeft.html?nn=2696750, Ziff. 1 Buchst. d, 30.7.2012.

37 Das könnte sich unter MiFID II, das sich gegenwärtig in der Konsultationsphase findet, möglicherweise ändern.

Die Weiterleitung der Valuta innerhalb des Konzerns stellt auf Seiten des SPV kein Bankgeschäft dar, weil insofern die Gruppenausnahme nach § 2 Abs. 1 Nr. 7 KWG eingreift.

D. Ausgewählte Gestaltungsüberlegungen

SPVs lassen sich in vielerlei Hinsicht nutzen und die gesetzlichen und behördlichen Maßgaben eröffnen Gestaltungsspielraum, wenn man das SPV entsprechend organisiert. Nachfolgend sind Beispiele herausgegriffen, in welchen die Regelungen genutzt werden, um eine Effizienzsteigerung herbeizuführen. 38

Ein in der Praxis wichtiges Gestaltungselement ist die **bewusste Herbeiführung oder die bewusste Vermeidung des Anwendungsbereichs des InvG.** Je nach Konstellation mag es günstig sein, einen Investmentfonds zu haben oder ihn zu vermeiden.[38] 39

Ein Beispiel zur Vermeidung von Investmentfonds ist die derzeitige Diskussion um „Darlehensfonds".

Auf der Suche nach Rendite finden in der Versicherungsindustrie derzeit Kollektivinvestmentvehikel, die in Darlehen investieren, großen Zuspruch.

- Allerdings eignen sich in Darlehensforderungen investierende Investmentvermögen nach Rundschreiben 4/2011, Ziff. B.4.12[39] (unter Punkt (iii) des zweiten Blocks) für das gebundene Vermögen von Versicherern nur, wenn sie unverbriefte Darlehensforderungen gemäß § 90 h Abs. 1 InvG auf maximal 30 % des Inventarwertes beschränken. Wenn ein Spezialfonds demzufolge mehr als 30 % – und in der Praxis bis zu 100 % – seines Nettoinventarwerts in Darlehensforderungen investiert, kann er für das gebundene Vermögen des Versicherers nicht mehr erworben werden.[40]
- Demgegenüber können beispielsweise OECD-börsengelistete Aktien – von der Aktienquote abgesehen – ohne weitere Beschränkungen erworben werden.

Die zu bewältigende Gestaltungsaufgabe besteht also darin, ein SPV mit einem Pool aus Darlehensforderungen so zu positionieren, dass es als börsengelistete Aktiengesellschaft erscheint.

Das kann in der Praxis durch eine SPV-Gestaltung erreicht werden. Möglich ist das beispielsweise durch Nutzung einer Aktiengesellschaft, die bewusst den Status einer Investment-Aktiengesellschaft vermeidet, welche weder Anteile zurücknimmt noch einer Investmentaufsicht unterliegt. Diese Aktiengesellschaft emittiert Aktien, die zugleich an einer OECD-Börse gelistet werden, und verwendet den Emissionserlös zum Erwerb der Darlehensforderungen. Die Aktien dieser Aktiengesellschaft können ohne Erfüllung weiterer Voraussetzungen von Versicherern für das gebundene Vermögen erworben werden.[41]

38 Nicht selten spielen steuerliche Überlegungen eine Rolle, da „intransparente" bzw „schwarze" Investmentfonds nach § 6 InvStG beim Anleger zu einer ungünstigen Pauschalbesteuerung führen können, welche typischerweise vermieden werden muss.

39 http://www.bafin.de/SharedDocs/Veroeffentlichungen/DE/Rundschreiben/rs_1104_va_anlagers.html?nn=2798666# doc2675992bodyText28, 30.7.2012).

40 Freilich ist nicht zu verkennen, dass § 2 Abs. 1 Nr. 15 AnlV derartige Beschränkungen nicht vorsieht und die Beschränkung ausschließlich auf der (schriftlichen) Verwaltungspraxis der BaFin beruht.

41 Die Herausforderung liegt bei diesem Beispielsfall im Gesellschafts- und Steuerrecht. Die AG muss die Berechtigung haben, ihre Aktien auch gegen den Willen des Aktionärs einziehen zu können. Steuerlich muss eine Belastung auf Ebene der AG vermieden werden, weil dies das Investment wirtschaftlich unattraktiv machen würde. Eine Steuerbefreiung für eine Aktiengesellschaft wird aber im Inland nur Investment-Aktiengesellschaften gewährt. Eine inländische Aktiengesellschaft kommt deshalb vorliegend nicht in Betracht. Ausländische Rechtsordnungen sind besser geeignet, beispielsweise eine luxemburgische Aktiengesellschaft (Société Anonyme) mit dem dortigen Status als Verbriefungsgesellschaft.

40 Mit Blick auf die fortschreitenden legislativen Verschärfungen im Investmentsektors können sich SPVs als Emissionsvehikel im Bereich geschlossener Fonds für **strukturierte Produkte** anbieten.

Während bei einer Fortführung der gegenwärtigen Praxis die Manager geschlossener Fonds bei Umsetzung der AIFM-RL der Regulierung mit erheblichen administrativen Folgekosten unterfallen werden, wird im Bereich strukturierter Produkte – jedenfalls unmittelbar – keine vergleichbare Regulierung erwartet. De lege ferenda wird im Rahmen einer Richtlinie über Packaged Retail Investment Products (PRIPs) zwar ein verpflichtendes Key Investor Information Document (KIID) diskutiert, dieses wird aber vom jetzt schon vorgeschriebenen Vermögensanlagen-Informationsblatt nach § 13 VermAnlG nicht substantiell abweichen und wird vor allem keine Managerregulierung beinhalten.[42]

Damit kann ein SPV, das in den geschlossenen Fonds investiert und hierauf ein strukturiertes Produkt emittiert, für den Anbieter und die Anleger erhebliche Vorteile mit sich bringen:

- Die Kosten der Regulierung und Administration des Managers durch die AIFM-RL entfallen. Gerade wenn man etwa die Kosten der Verwahrstelle und der Compliance-Regelungen bedenkt, sind dies signifikante Kostenblöcke, deren Investorennutzen zweifelhaft ist.
- Die etwaige PRIPs-Regulierung wird lediglich Dokumentationspflichten mit sich bringen, die in vergleichbarer Weise schon heute vorliegen.
- Aus Sicht des Initiators bedeutet die Vermeidung der Kommanditistenstellung der Anleger ein verringertes prozessuales Risiko, da Klagen aus dem Personengesellschaftsrecht heraus ausgeschlossen sind.
- Aus Sicht der Anleger ist die Nutzung strukturierter Produkte gegenüber einer Mitunternehmerstellung einer gewerblichen Personengesellschaft vorteilhaft, weil die günstige Abgeltungsteuer – im Gegensatz zur Progressionsbesteuerung – zur Anwendung gelangt.

41 Die vorstehenden Beispiele zeigen, dass SPVs in verschiedener Hinsicht genutzt werden können, um die regulatorische Situation effizienter zu gestalten. Ein Missbrauch ist hierin nicht zu sehen, denn das Aufsichtsrecht enthält nur punktuelle Regelungen und kein geschlossenes Konzept.

42 Der Umstand, dass durch § 1 Abs. 1 a S. 2 Nr. 11 KWG die Anlageverwaltung als die diskretionäre Anschaffung und Veräußerung von Finanzinstrumenten für eine Gemeinschaft natürlicher Personen unter gewissen Umständen bereits lizenzpflichtig ist, spricht nicht gegen die Nutzung eines strukturierten Produkts zur Vermeidung der AIFM-RL, denn Gegenstand der geschlossenen Fonds sind regelmäßig keine Finanzinstrumente, so dass das KWG insoweit nicht einschlägig ist.

§ 8 Steuerrechtliche Behandlung

Literatur: *Auerbach/Zerey* (Hrsg.), Handbuch Verbriefungen, Berlin 2005; *Bosak*, Die steuerrechtlichen Konsequenzen einer Asset Backed Securitisation mittels einer deutschen Zweckgesellschaft, FB 2005, 545; *Geurts*, Steuerliche Aspekte bei Asset backed Securities, DB 1999, 451; *Gummert/Trapp*, Steuerliche Aspekte bei der Finanzierung durch Asset Backed Securities, IWB Fach 3 Gr. 1, 1603; *Häuselmann*, Der Forderungsverkauf im Rahmen des Asset Backed-Financing in der Steuerbilanz, DStR 1998, 826; *Haisch/Helios* (Hrsg.), Rechtshandbuch Finanzinstrumente, 2011; *Häuselmann*, Die Besteuerung ausländischer ABS-Vehikel in Deutschland, IStR 1999, 33; *Hennrichs*, Zinsschranke, Eigenkapitalvergleich und IFRS, DB 2007, 2101; *Jacobs/Endres/Spengel*, in: Jacobs (Hrsg.), Internationale Unternehmensbesteuerung, 7. Aufl. 2011; *Oho*, in: Kessler/Kröner/Köhler (Hrsg.), Konzernsteuerrecht, 2. Aufl. 2008; *Schmid/Dammer*, Zur steuerlichen Ansässigkeit sowie Betriebsstätten in Deutschland bei ABS-Transaktionen, IStR 2001, 1; *Stockmann/Zeller*, Steuerliche Aspekte bei CDO-Transaktionen, BB 2007, 1249; *Thielo/Szentpetery*, Die Auswirkungen der Unternehmensteuerreform 2008 und des Jahressteuergesetzes 2008 auf Verbriefungsstrukturen, BB 2008, 1984; *Wiese*, Steuerliche Behandlung von Securitisations, BB 1998, 1713; *Zerey*, Finanzderivate, 2. Aufl. 2010.

A. Verbriefungsgesellschaften

I. Grundstruktur von Verbriefungstransaktionen

Mit Verbriefungstransaktionen (Securitisations) können illiquide, nicht handelbare Vermögensgegenstände in liquide, handelbare Wertpapiere verwandelt werden. Den Grundfall von Verbriefungen stellen die sog. Asset Backed Securities (ABS) dar. Hierbei überträgt ein inländisches Unternehmen (Originator) Vermögensgegenstände (Assets) an eine eigens dafür gegründete Zweckgesellschaft gegen Zahlung eines Kaufpreises. Die Zweckgesellschaft refinanziert den Erwerb der Vermögensgegenstände durch die Ausgabe von Wertpapieren (Securities) an idR institutionelle Investoren. Die den Investoren aus den Wertpapieren zustehenden Zahlungsansprüche sind durch die auf die Zweckgesellschaft übertragenen Vermögensgegenstände gedeckt (backed). Hinsichtlich der zugrundeliegenden Vermögensgegenstände[1] sind ABS ieS, Collateral Debt Obligations (CDOs) und Mortgage Backed Securities (MBS) zu unterscheiden. Während ABS ieS insb. Konsumentendarlehen, Kreditkartenforde- 1

1 Vgl *Haisch* in: Haisch/Helios, Rechtshandbuch Finanzinstrumente, § 1 Rn 98 ff, mwN.

rungen, Leasingforderungen und Forderungen aus Lieferungen und Leistungen zugrunde liegen, liegen CDOs Fremdkapitaltitel und MBS grundpfandgesicherte Darlehensforderungen zugrunde. Die Forderungsverwaltung verbleibt regelmäßig bei dem Originator. Dieser nimmt zudem auf Basis eines Dienstvertrags idR den Forderungseinzug für Rechnung der Zweckgesellschaft vor und leitet die ihm zufließenden Zins- und Tilgungszahlungen an die Zweckgesellschaft weiter. Aus Sicht des Originators dienen Verbriefungstransaktionen in erster Linie der Liquiditätsbeschaffung sowie der Bilanzentlastung. Die folgenden Ausführungen beziehen sich ausschließlich auf sog. True Sale ABS, bei denen die Übertragung der Forderungen auf die Zweckgesellschaft durch Veräußerung und Abtretung erfolgt.[2]

II. Steuerbilanzielle Zurechnung der Forderungen

2 Bei True Sale ABS kommt es im Rahmen der Veräußerung (§ 433 BGB) und der Abtretung (§ 398 BGB) der betreffenden Forderungen zu einem Übergang des zivilrechtlichen Eigentums von dem Originator auf die Zweckgesellschaft. Die ertragsteuerlichen Konsequenzen von Verbriefungstransaktionen hängen jedoch entscheidend davon ab, dass die Forderungen nicht nur aus zivilrechtlicher, sondern auch aus wirtschaftlicher Sicht auf die Zweckgesellschaft übergehen. Die Zurechnung von Vermögensgegenständen[3] richtet sich zwar grundsätzlich nach dem zivilrechtlichen Eigentum (§ 39 Abs. 1 AO); führt die Zurechnung von Vermögensgegenständen nach wirtschaftlichen Grundsätzen jedoch zu einem anderen Ergebnis, ist das wirtschaftliche Eigentum maßgeblich (§ 39 Abs. 2 Nr. 1 AO). Beim Forderungsverkauf[4] ist hinsichtlich des Übergangs des wirtschaftlichen Eigentums zunächst entscheidend, dass die Verfügungsbefugnis über die Forderungen dauerhaft auf die Zweckgesellschaft übergeht. Des Weiteren muss das Bonitätsrisiko auf die Zweckgesellschaft übergehen.[5] Ob die betreffenden Forderungen auf die Zweckgesellschaft übergehen, ist im Einzelfall zu prüfen.

III. Vermeidung der inländischen Steuerpflicht der Zweckgesellschaft

1. Körperschaftsteuer

3 Um nachteilige Besteuerungsfolgen in Deutschland[6] zu vermeiden, haben Verbriefungszweckgesellschaften ihren Sitz regelmäßig außerhalb Deutschlands, wie zB in Luxemburg. Insofern ist zu beachten, dass die deutsche Besteuerung jedoch nicht allein an den Sitz der Gesellschaft anknüpft. Für das Vorliegen der unbeschränkten Steuerpflicht reicht es vielmehr aus, dass die Zweckgesellschaft entweder ihren Sitz oder ihre Geschäftsleitung in Deutschland hat (§ 1 Abs. 1 Nr. 1 KStG). Eine Gesellschaft, die weder ihren Sitz noch ihre Geschäfts-

2 Von den True Sale ABS sind sie sog. Synthetic ABS zu unterscheiden, bei denen die Vermögensgegenstände mit Hilfe von Kreditderivaten auf die Zweckgesellschaft übertragen werden, vgl. Dittrich/Schuff in: Auberbach/Zerey (Hrsg), S. 311 f. Vgl. zur steuerlichen Behandlung von Verbriefungen und Kreditderivaten auch ausführlich Feyerabend/Patzner/Podeyn in: Auerbach/Zerey (Hrsg.), S. 231 ff.

3 Im Steuerrecht werden Vermögensgegenstände einheitlich als Wirtschaftsgüter bezeichnet. Vgl zum Wirtschaftsgutbegriff *Weber/Grellet* in: Schmidt, EStG, § 5 Rn 93 ff.

4 Vgl *Förschle/Kroner* in: Beck Bil.-Komm., § 246 Rn 31 ff; vgl für handelsrechtliche Zwecke auch IDW RS HFA 8 (WPg 4/2004, 138), IDW ERS HFA 13 (WPg Supplement 1/2007, S. 69 ff) und für steuerrechtliche Zwecke BFH 26.8.2010 – I R 17/09, DStR 2010, 2455.

5 Nach Auffassung des BFH verbleibt das wirtschaftliche Eigentum an einer Forderung im Rahmen einer ABS-Transaktion beim Forderungsverkäufer, wenn er das Bonitätsrisiko (weiterhin) trägt. Dies ist der Fall, wenn der Forderungskäufer bei der Kaufpreisbemessung einen Risikoeinbehalt vornimmt, der den erwartbaren Forderungsausfall deutlich übersteigt, aber nach Maßgabe des tatsächlichen Forderungseingangs erstattungsfähig ist. Nach Auffassung des BFH liegt dann kein Forderungskauf, sondern eine Finanzierung vor, vgl BFH 26.8.2010 – I R 17/09, DStR 2010, 2455.

6 Ziel ist hierbei insb. die Vermeidung der gewerbesteuerlichen Hinzurechnung für von Entgelten für Schulden nach § 8 Nr. 1 Buchst. a GewStG.

leitung in Deutschland hat, unterliegt der beschränkten Steuerpflicht nach § 2 Nr. 1 KStG, wenn sie inländische Einkünfte iSd § 49 EStG erzielt. Bei einer Verbriefungszweckgesellschaft kommen insb. inländische Einkünfte aus Gewerbebetrieb iSd § 49 Abs. 1 Nr. 2 Buchst. a EStG oder inländische Einkünfte aus Kapitalvermögen iSd § 49 Abs. 1 Nr. 5 Buchst. c Doppelbuchst. aa EStG in Betracht. Durch entsprechende Strukturierung(en) lässt sich jedoch regelmäßig sowohl die unbeschränkte als auch die beschränkte Steuerpflicht vermeiden.

a) Unbeschränkte Steuerpflicht

Eine ausländische Verbriefungszweckgesellschaft ist unbeschränkt steuerpflichtig, wenn sie 4 ihre Geschäftsleitung im Inland hat. Geschäftsleitung ist nach § 10 AO der Mittelpunkt der geschäftlichen Oberleitung.[7] Nach der Rechtsprechung des BFH[8] befindet sich der Mittelpunkt der geschäftlichen Oberleitung an dem Ort, wo die für die Geschäftsführung notwendigen Maßnahmen von einiger Wichtigkeit getroffen bzw angeordnet werden. Hinsichtlich der Bestimmung des Ortes der Geschäftsleitung ist die laufende Geschäftsführung (sog. Tagesgeschäfte) maßgebend.[9] Die laufende Geschäftsführung umfasst die tatsächlichen, organisatorischen und rechtsgeschäftlichen Handlungen, die der gewöhnliche Geschäftsbetrieb des jeweiligen Unternehmens mit sich bringt. Verbriefungszweckgesellschaften weisen in der Praxis außer den notwendigen Satzungsorganen kein Personal auf. Auch die logistische Ausstattung wird gering gehalten. Die Tätigkeiten werden üblicherweise auf externe Dienstleister ausgelagert. Insofern ist zu beachten, dass auch ein externer Dienstleister einen Ort der Geschäftsleitung begründen kann, sofern umfangreiche Managementaufgaben auf ihn übertragen werden.[10]

Die laufende Geschäftsführung einer Verbriefungszweckgesellschaft umfasst typischerweise 5 die folgenden Aufgaben:[11] Erwerb der Forderungen, Abschluss und Überwachung der Refinanzierung, Abschluss von Vereinbarungen mit Schuldnern (Stundung, Ratenzahlung, Verzicht auf Forderungen), Überwachung des Rechnungswesens, Erstellung der Jahresabschlüsse, Erledigung der steuerlichen Pflichten sowie der Abschluss von Service-Agreements mit externen Dienstleistern und deren Überwachung. Um zu vermeiden, dass der Ort der Geschäftsleitung im Inland liegt, sollten diese Aufgaben dauerhaft durch die Geschäftsführer der Zweckgesellschaft im Ansässigkeitsstaat der Zweckgesellschaft erledigt werden. Des Weiteren sollten die Geschäftsführer ihren Wohnsitz oder ihren gewöhnlichen Aufenthalt im Ansässigkeitsstaat der Zweckgesellschaft haben und über die zur Erfüllung ihrer Aufgaben nötige Erfahrung und Qualifikation verfügen. Sofern die Geschäftsführung der Zweckgesellschaft auch inländische Geschäftsführer umfasst, sollte sichergestellt werden, dass diese ihre Geschäftsführungstätigkeit ausschließlich im Ausland (vorzugsweise im Ansässigkeitsstaat der Zweckgesellschaft) erledigen. Aus Dokumentationsgründen sollten u.a. Sitzungsprotokolle angefertigt und im Ansässigkeitsstaat verwahrt werden.

---

7 Vgl zur Bestimmung des Ortes der Geschäftsleitung allgemein *Kessler/Müller* IStR 2003, 361. Vgl zur Bestimmung des Ortes der Geschäftsleitung im Falle von ABS-Strukturen, *Schmid/Dammer* IStR 2001, 1, 2 ff; *Häuselmannn* IStR 1999, 33, 34 f; *Thielo/Szentpetery* BB 2008, 1984, 1985 f.

8 BFH 17.7.1968 – I 121/64, BStBl. II 1968, 695; BFH 23.1.1991 – I R 22/90, BStBl. II 1991, 554; BFH 7.12.1994 – I K 1/93, BStBl. II 1995, 175; BFH 16.12.1998 – I R 138/97, BStBl. II 1999, 437, jeweils mwN.

9 BFH 3.7.1997 – IV R 58/95, BStBl. II 1998, 86; BFH 16.12.1998 – I R 138/97, BStBl. II 1999, 437; BFH 31.1.2002 – V B 108/01, BStBl. II 2004, 622.

10 BFH 3.7.1997 – IV R 58/95, BStBl. II 1998, 86, 87 (sog. faktischer Geschäftsführer).

11 Vgl *Thielo/Szentpetery* BB 2008, 1984, 1985.

b) Beschränkte Steuerpflicht

6 Um die inländische Besteuerung zu vermeiden, muss zudem sichergestellt werden, dass die Zweckgesellschaft nicht nach § 49 Abs. 1 Nr. 2 Buchst. a EStG (Einkünfte aus Gewerbebetrieb) oder § 49 Abs. 1 Nr. 5 Buchst. c Doppelbuchst. aa EStG (Einkünfte aus Kapitalvermögen) im Inland beschränkt steuerpflichtig ist (§ 2 Nr. 1 KStG).

aa) Einkünfte aus Gewerbebetrieb (§ 49 Abs. 1 Nr. 2 Buchst. a EStG)

7 Inländische Einkünfte iSd § 49 Abs. 1 Nr. 2 Buchst. a EStG liegen vor, wenn eine Gesellschaft, die weder ihren Sitz noch ihre Geschäftsleitung im Inland hat, Einkünfte aus Gewerbebetrieb iSd § 15 EStG erzielt und im Inland eine Betriebsstätte unterhält oder ein ständiger Vertreter bestellt ist. Sofern die Zweckgesellschaft gewerblich tätig ist,[12] lässt sich die inländische Besteuerung durch die Vermeidung einer inländischen Betriebsstätte bzw eines inländischen Vertreters vermeiden.

8 Die Annahme einer Betriebstätte iSd § 12 AO setzt nach der ständigen Rechtsprechung des BFH[13] eine Geschäftseinrichtung oder Anlage mit einer festen Beziehung zur Erdoberfläche voraus, die von einer gewissen Dauer ist, der Tätigkeit des Unternehmens dient und über die der Steuerpflichtige nicht nur vorübergehende Verfügungsmacht hat. Verfügungsmacht meint eine Rechtsposition (wie Miete oder Pacht), die dem Nutzer eingeräumt wird und ihm ohne seine Mitwirkung nicht mehr entzogen werden kann.[14] Im Falle von Verbriefungszweckgesellschaften verfügt regelmäßig nur der Originator[15] über inländische Geschäftseinrichtungen. Sofern die Zweckgesellschaft über keine Verfügungsrechte an den Geschäftseinrichtungen des Originators verfügt (was regelmäßig der Fall sein sollte), liegt keine inländische Betriebsstätte vor.

9 Ständiger Vertreter ist nach § 13 AO eine Person, die nachhaltig die Geschäfte eines Unternehmens besorgt und dabei dessen Sachweisungen unterliegt. Im Gegensatz zu einer Betriebsstätte setzt das Vorliegen eines ständigen Vertreters iSd § 13 AO nicht voraus, dass eine feste Geschäftseinrichtung vorliegt.[16] Ständiger Vertreter kann neben einer natürlichen Person ebenso eine Kapital- oder Personengesellschaft sein. Die notwendige Weisungsgebundenheit liegt typischerweise bei einem Arbeitsverhältnis vor, sie kann aber auch bei einem Auftrags- oder Geschäftsbesorgungsverhältnis gegeben sein.[17] In der Literatur ist es umstritten, ob der Originator (bzw ein Dritter) aufgrund von Servicing-Aktivitäten, wie dem Forderungseinzug, als ständiger Vertreter iSd § 13 AO qualifiziert.[18] *Häuselmann* ist der Auffassung, dass es bei der Ausgestaltung der Inkasso-Funktion regelmäßig an der nach § 13 S. 1 AO gebotenen Weisungsgebundenheit fehle.[19] Andererseits wird die Auffassung vertreten, dass der Originator im Interesse und für Rechnung der Zweckgesellschaft tätig werde und aufgrund des Dienstvertrags an die Weisungen der Zweckgesellschaft gebunden sei. Da das Servicing zur ureigenen wirtschaftlichen Aktivität der Zweckgesellschaft gehöre, diene es auch der Förderung des Unternehmenszwecks. Sofern der Servicer zB bei zahlungsgestörten Forderungen direkte Verhandlungen mit dem Schuldner über Zahlungsstundungen, Ratenzahlungen und/oder Teilerlasse führe und entsprechende Vereinbarungen abschließe, sei im

---

12 Vgl hierzu (kritisch) *Häuselmann* IStR 1999, 33, 36.

13 BFH 3.2.1993 – I R 80-81/91, BStBl. II 1993, 462; BFH 30.10.1996 – II R 12/92, BStBl. II 1997, 12; BFH 17.9.2003 – I R 12/02, BStBl. II 2004, 396.

14 BFH 17.3.1982 – I R 189/79, BStBl. II 1982, 624; BFH 3.2.1993, BStBl. II 1993, 462.

15 Bzw. ein Dritter, der als Servicer die Forderungsverwaltung und den Forderungseinzug übernimmt.

16 *Kruse* in: Tipke/Kruse, AO/FGO, § 13 AO Rn 2; *Musil* in: HHSp, AO/FGO, § 13 AO Rn 5 a.

17 *Kruse* in: Tipke/Kruse, AO/FGO, § 13 AO Rn 5.

18 Vgl *Schmid/Dammer* IStR 2001, 1, 5.

19 *Häuselmann* IStR 1999, 33, 36 f; so auch *Wiese* BB 1998, 1713, 1720.

Ergebnis die Vertretereigenschaft zu bejahen.[20] Allerdings könne bei entsprechend sorgfältiger Gestaltung aufgrund der abkommensrechtlich engeren Definition des Begriffs des ständigen Vertreters (Art. 5 Abs. 5 und 6 OECD-MA) die Annahme eines ständigen Vertreters vermieden werden.[21]

bb) Einkünfte aus Kapitalvermögen (§ 49 Abs. 1 Nr. 5 Buchst. c Doppelbuchst. aa EStG)

Eine Zweckgesellschaft kann zudem nach § 49 Abs. 1 Nr. 5 Buchst. c Doppelbuchst. aa EStG im Inland beschränkt steuerpflichtig werden, wenn sie Zinseinkünfte aus abgetretenen Forderungen erzielt, die im Inland grundpfandrechtlich gesichert sind.[22] Die deutsche Besteuerung beschränkt sich in diesem Fall auf diese Einkünfte. 10

2. Gewerbesteuer

Voraussetzung der Gewerbesteuerpflicht ist, dass im Inland eine Betriebstätte unterhalten wird, dh eine feste Geschäftseinrichtung oder Anlage, die der Tätigkeit des Unternehmens dient (§ 2 Abs. 1 S. 1 GewStG iVm § 12 AO). Die Tätigkeit des Unternehmens braucht nicht von dem Unternehmer selbst, sondern sie kann auch von einem ständigen Vertreter ausgeübt werden.[23] Sofern das Unternehmen durch einen ständigen Vertreter handelt, ist jedoch nur dann eine Betriebsstätte des Vertretenen (dh der Zweckgesellschaft) anzunehmen, wenn die feste Geschäftseinrichtung oder Anlage einer gewissen, nicht nur vorübergehenden Verfügungsgewalt des Unternehmens unterliegt.[24] An dieser Voraussetzung fehlt es grds., wenn der ständige Vertreter Eigentümer, Mieter, Pächter oder sonstiger Nutzungsberechtigter ist, es sei denn, der ständige Vertreter hat ausnahmsweise dem Unternehmen ein (Mit-)Benutzungsrecht an der Geschäftseinrichtung bzw Anlage eingeräumt.[25] In der Praxis lassen sich eine Vertreterbetriebsstätte und somit auch die Gewerbesteuerpflicht der ausländischen Zweckgesellschaft durch entsprechende Strukturierung vermeiden. 11

IV. Besteuerungsfolgen bei inländischer Steuerpflicht

Sofern eine ABS-Transaktion aus steuerlicher Sicht nicht den o.g. Grundsätzen entsprechend strukturiert ist oder als Verbriefungsvehikel eine Zweckgesellschaft mit Sitz im Inland gewählt wird, sind auf Ebene der Zweckgesellschaft insbesondere die Vorschriften zur Zinsschranke und die gewerbesteuerliche Hinzurechnungsvorschrift für Entgelte für Schulden (§ 8 Nr. 1 Buchst. a GewStG) zu beachten. 12

1. Abzugsfähigkeit von Zinsaufwendungen (Zinsschranke)

Die Vorschriften zur Zinsschranke (§ 4 h EStG, § 8 a KStG) begrenzen unter bestimmten Voraussetzungen den Abzug von Zinsaufwendungen. Nach der Grundregel der § 4 h EStG, § 8 a KStG ist der Abzug von Zinsaufwendungen eines Betriebs auf die Höhe des Zinsertrags und darüber hinaus bis zur Höhe von 30 % des „steuerlichen EBITDA" begrenzt. Zinsaufwendungen sind nach § 4 h Abs. 3 S. 2 EStG Vergütungen für Fremdkapital, die den maßgeblichen Gewinn gemindert haben. Hierzu zählen auch Zinsen, die der Emittent (vorliegend die Zweckgesellschaft) auf Anleihen zu leisten hat. Zinserträge sind nach § 4 h Abs. 3 S. 3 13

20 *Thielo/Szentpetery* BB 2008, 1984, 1986; dies ablehnend, da dem Inkassobeauftragten/Forderungsverwalter keine Entscheidungskompetenz für den Geschäftsablauf der Zweckgesellschaft zustehe; *Oho* in: Kessler/Kröner/Köhler, Konzernsteuerrecht, § 10 Rn 187.
21 Vgl *Thielo/Szentpetery* BB 2008, 1984, 1987.
22 *Häuselmann* IStR 1999, 33, 37; *Gummert/Trapp* NWB 2000, 1603, 1606.
23 R 2.9 Abs. 4 S. 2 GewStR.
24 BFH 8.6.1972 – IV R 129/66, BStBl. II 1972, 784, mwN.
25 BFH 30.1.1974 – I R 87/72, BStBl. II 1974, 327.

EStG Erträge aus Kapitalforderungen jeder Art, die den maßgeblichen Gewinn erhöht haben. Zinsaufwendungen, die für körperschaftsteuerliche Zwecke nicht abzugsfähig sind, sind über § 7 GewStG auch bei der Gewerbesteuer nicht abzugsfähig.

14 Die Vorschriften zur Zinsschranke sehen drei Ausnahmen vor. Die Zinsschranke findet demnach keine Anwendung, wenn

- der Zinsaufwand abzgl. Zinsertrag (dh der Nettozinsaufwand) weniger als 3 Mio. EUR beträgt („Freigrenze“, § 4 h Abs. 2 S. 1 Buchst. a EStG),
- der Betrieb nicht oder nur anteilsmäßig zu einem Konzern gehört („Stand-alone-Klausel“, § 4 h Abs. 2 S. 1 Buchst. b EStG) oder
- der Betrieb zu einem Konzern gehört und seine Eigenkapitalquote am Schluss des vorangegangenen Abschlussstichtages gleich hoch oder höher ist als die des Konzerns („Escape-Klausel“, § 4 h Abs. 2 S. 1 Buchst. c EStG).

Hinsichtlich der Konzernzugehörigkeit (Stand-alone-Klausel) sieht die Finanzverwaltung[26] für ABS-Strukturen Erleichterungen vor. Zweckgesellschaften sind für Zwecke der Zinsschranke grundsätzlich nur dann konzernangehörige Betriebe, wenn nach dem jeweils zur Anwendung kommenden Rechnungslegungsstandard[27] eine Konsolidierung in den Konzernabschluss zu erfolgen hat. In den Fällen des Gleichordnungskonzerns nach § 4 h Abs. 3 S. 6 EStG[28] sind Zweckgesellschaften dann als konzernangehörig anzusehen, wenn ihre Finanz- und Geschäftspolitik mit einem oder mehreren anderen Betrieben einheitlich bestimmt werden kann. Verbriefungszweckgesellschaften im Rahmen von ABS-Strukturen, deren Unternehmensgegenstand in dem rechtlichen Erwerb von Forderungen aller Art und/oder der Übernahme von Risiken aus Forderung und Versicherungen liegt, gelten für Zwecke der Zinsschranke nicht als konzernangehörige Unternehmen, wenn eine Einbeziehung in den Konzernabschluss allein aufgrund einer wirtschaftlichen Betrachtungsweise unter Berücksichtigung der Nutzen- und Risikoverteilung erfolgt ist.

15 Für die Anwendung der Stand-alone-Klausel und der Escape-Klausel bestehen bestimmte Rückausnahmen. Die Klauseln sind demnach nicht anwendbar – mit der Rechtsfolge, dass die Zinsschranke nach der Grundregel anzuwenden ist –, wenn eine schädliche Gesellschafterfremdfinanzierung iSd § 8 a KStG vorliegt.

16 Übersteigt das „steuerliche EBITDA“ den Nettozinsaufwand, ist es grds. in die folgenden fünf Wirtschaftsjahre vorzutragen (EBITDA-Vortrag; § 4 h Abs. 1 S. 3 EStG). Nach den Vorschriften der Zinsschranke nicht abzugsfähige Zinsaufwendungen sind bis zur Höhe der EBITDA-Vorträge aus vorangegangenen Wirtschaftsjahren abziehbar und mindern die EBITDA-Vorträge in ihrer zeitlichen Reihenfolge. Danach verbleibende nicht abziehbare Zinsaufwendungen sind in die folgenden Wirtschaftsjahre vorzutragen (Zinsvortrag; § 4 h Abs. 1 S. 5 und 6 EStG).

2. Gewerbesteuerliche Hinzurechnung von Entgelten für Schulden

17 Gem. § 8 Nr. 1 Buchst. a GewStG sind 25 % der Entgelte für Schulden dem Gewerbeertrag iSd § 7 Abs. 1 GewStG hinzuzurechnen. Schulden iSd Vorschrift sind gegenwärtige oder künftige Belastungen des Vermögens des Gewerbesteuerpflichtigen, soweit sie betrieblich veranlasst sind.[29] Der Inhalt der Schuld (Geldschuld oder Sachschuld), die Form der Schuld-

26 BMF 4.7.2008 – IV C 7 -S 2742-a/07/10001, BStBl. I 2008, 718 Rn 67.

27 Vgl insofern *Hennrichs* DB 2007, 2101, 2103.

28 Voraussetzung für einen Gleichordnungskonzern ist, dass die Finanz- und Geschäftspolitik eines Betriebs mit einem oder mehreren anderen Betrieben einheitlich bestimmt werden kann, BMF 4.7.2008 – IV C 7 -S 2742-a/07/10001, BStBl. I 2008, 718 Rn 60.

29 BFH 29.3.2007 – IV R 55/05, BStBl. II 2007, 655.

aufnahme sowie die Höhe und die Fristigkeit der Schuld sind irrelevant.[30] Auf Ebene der Zweckgesellschaft fallen Zinsaufwendungen aus der Bedienung der an die Investoren zur Refinanzierung des Forderungskaufs emittierten Wertpapiere an. Die Zinsen stellen Entgelte für Schulden[31] iSd § 8 Nr. 1 Buchst. a GewStG dar und unterliegen daher grds. der Hinzurechnung. Eine Hinzurechnung nach § 8 Nr. 1 Buchst. a GewStG unterbleibt nur insoweit, als die Zinsaufwendungen bereits nach den Vorschriften zur Zinsschranke nicht abzugsfähig sind, da die Zinsen insoweit den Gewinn nicht gemindert haben. Zudem steht dem Steuerpflichtigen ein Freibetrag iHv 100.000 EUR zu.[32] Eine Saldierung von Zinsaufwendungen und Zinserträgen kommt grds. nicht in Betracht.

V. Hinzurechnungsbesteuerung nach §§ 7 ff AStG

Sofern in Deutschland unbeschränkt Steuerpflichtige an einer ausländischen Zweckgesell- 18
schaft in steuerlich relevanter Weise iSd § 7 AStG beteiligt sind und die Zweckgesellschaft niedrig besteuerte passive Einkünfte erzielt, kann es grds. zur Anwendung der Hinzurechnungsbesteuerung kommen. Rechtsfolge der Hinzurechnungsbesteuerung ist, dass die passiven Einkünfte dem unbeschränkt Steuerpflichtigen unabhängig von einer Ausschüttung der ausländischen Zweckgesellschaft zugerechnet werden (§ 10 AStG). Da Verbriefungsstrukturen üblicherweise jedoch als sog. Orphan strukturiert sind, dh die Zweckgesellschaft einen Charitable Trust als alleinigen Anteilseigner hat, zu dem der unbeschränkt Steuerpflichtige keine gesellschaftsrechtliche Verbindung hat, sollte die Hinzurechnungsbesteuerung idR keine Anwendung finden.[33]

VI. Umsatzsteuer

Sofern der Originator die Forderungen im eigenen Namen, aber für Rechnung der Zweckge- 19
sellschaft einzieht und die Zweckgesellschaft das Bonitätsrisiko übernimmt, ergeben sich grds. folgende umsatzsteuerlichen Konsequenzen aus Asset-Backed-Securities-Transaktionen. Die Zweckgesellschaft erbringt nach Auffassung der Finanzverwaltung und hM im Schrifttum durch die Emission der Schuldverschreibungen steuerbare Umsätze, die als Umsätze im Geschäft mit Wertpapieren gem. § 4 Nr. 8 e UStG steuerbefreit sind.[34] Bei den verbleibenden Umsätzen handelt es sich um tauschähnliche Umsätze. Die Veräußerung und Abtretung der Forderungen durch den Originator an die Zweckgesellschaft ist nach § 4 Nr. 8 c UStG steuerfrei. Im Gegenzug erbringt die Zweckgesellschaft steuerbefreite Kreditgewährungsleistungen iSd § 4 Nr. 8 a UStG an den Originator. Das Servicing (dh der Forderungseinzug) hat keinen eigenständigen wirtschaftlichen Gehalt, weil es im Eigeninteresse des Originators erfolgt bzw eine unselbstständige Nebenleistung zu dem umsatzsteuerbefreiten Umsatz im Geschäft mit Forderungen darstellt.[35] Nach hiervon abweichender Auffassung ist zweifelhaft, ob die Zweckgesellschaft umsatzsteuerlicher Unternehmer ist, da sich sowohl rechtlich als

---

30 *Bunzeck* in: Deloitte, GewStG, § 8 Nr. 1 Buchst.a Rn 8; *Güroff* in: Glanegger/Güroff, GewStG, § 8 Nr. 1 Buchst. a Rn 4.

31 Zur Frage, ob ein Entgelt für Schulden vorliegt, findet R 8.1 Abs. 1 GewStR 2009 weiterhin Anwendung, BMF 2.7.2012 zu Anwendungsfragen zur Hinzurechnung von Finanzierungsanteilen nach § 8 Nr. 1 GewStG in der Fassung des Unternehmensteuerreformgesetzes 2008 vom 14.8.2007, Rn 10, n.v.

32 Die Bemessungsgrundlage für den Freibetrag ist die Summe der sich aus aller nach § 8 Nr. 1 Buchst. a–f GewStG ergebenden Finanzierungsanteile. Diese Summe, vermindert um den Freibetrag von 100.000 EUR, ist Ausgangsgröße für die Anwendung des Faktors von 25 %, BMF 2.7.2012 zu Anwendungsfragen zur Hinzurechnung von Finanzierungsanteilen nach § 8 Nr. 1 GewStG in der Fassung des Unternehmensteuerreformgesetzes 2008 vom 14.8.2007, Rn 44, n.v.

33 Vgl *Thielo/Szentpetery* BB 2008, 1984, 1991.

34 Vgl aber BFH 6.5.2010 – V R 29/09, BStBl II 2010, 88 jedoch nicht zu ABS-Transaktionen.

35 A. 2.4 Abs. 5 S. 5 UStAE.

auch wirtschaftlich der Verkauf einer noch nicht fälligen Forderung in dem Übergang der Rechtszuständigkeit gegen den von den Parteien vereinbarten Preis beschränke, so dass umsatzsteuerrechtlich nur eine Leistung (steuerfreier Umsatz mit Forderungen gem. § 4 Nr. 8 c UStG) des Zedenten an den Zessionar vorliege.[36]

B. Finanzierungsgesellschaften

I. Einsatz von Finanzierungsgesellschaften

20 Die Aufgabe von Finanzierungsgesellschaften besteht in der Beschaffung von Kapital an in- und ausländischen Kapitalmärkten und dessen Weitergabe an andere Konzerngesellschaften. Mit dem Einsatz ausländischer Finanzierungsgesellschaften lassen sich in erster Linie außersteuerliche Vorteile, wie die Erzielung von Kostenersparnissen bei der Kapitalaufnahme oder die Ausnutzung günstiger regulatorischer Rahmenbedingungen realisieren. Daneben bietet die Aufnahme von Kapital über ausländische Finanzierungsgesellschaften[37] auch steuerliche Vorteile.

II. Geringe Ertragsteuerbelastung

21 Um die Ertragsteuerbelastung der Finanzierungsgesellschaft möglichst gering zu halten, sollte als Sitzstaat ein Niedrigsteuerland (zB Niederlande, Zypern) gewählt werden. Der jeweilige Staat sollte zudem den Abzug von Fremdfinanzierungsaufwendungen unbeschränkt zulassen, dh keine der Zinsschranke entsprechende Vorschrift in seinem Steuerrecht vorsehen.

22 Aus deutscher steuerlicher Sicht ist sicherzustellen, dass die Tagesgeschäfte der Finanzierungsgesellschaft nicht aus Deutschland heraus geführt werden (s. insofern Rn 4 f). Sollte dies der Fall sein, würden die Einkünfte der Finanzierungsgesellschaft im Inland sowohl der unbeschränkten Körperschaftsteuerpflicht als auch der Gewerbesteuerpflicht und somit auch der gewerbesteuerlichen Hinzurechnung nach § 8 Nr. 1 Buchst. a GewStG unterliegen (s. Rn 16). Aus deutscher steuerlicher Sicht sind zudem die Vorschriften zur Hinzurechnungsbesteuerung (§§ 7 ff AStG) zu beachten.[38]

III. Quellensteuern

23 Um Liquiditätsnachteile zu vermeiden, ist zudem sicherzustellen, dass im Ansässigkeitsstaat keine Quellensteuern auf Zins- und Dividendenzahlungen erhoben werden. Andernfalls bietet sich ein Sitzstaat an, der über ein möglichst umfangreiches Netz von Doppelbesteuerungsabkommen verfügt, um insofern von Quellensteuerreduzierungen zu profitieren.

IV. Vermögensteuern

24 Da die Finanzierungsgesellschaft häufig ein Mindesteigenkapital zur Absicherung ihrer Aktivitäten erfordert, sollte zudem darauf geachtet werden, dass der Ansässigkeitsstaat Finanzierungsgesellschaften mit keiner oder einer nur geringen Vermögensbesteuerung belastet.

---

36 *Wäger* in: Sölch/Ringleb, UStG, § 4 Nr. 8 UStG Rn 158 ff.

37 Unter einer ausländischen Finanzierungsgesellschaft wird im Folgenden eine Gesellschaft verstanden, die im Inland weder unbeschränkt noch beschränkt steuerpflichtig nach § 2 Nr. 1 KStG iVm § 49 Abs. 1 Nr. 2 Buchst. a EStG ist; s. Rn 4 ff.

38 Vgl *Jacobs/Endres/Spengel* in: Jacobs, Internationale Unternehmensbesteuerung, S. 1133 ff.

C. Akquisitionsgesellschaften

I. Transaktionsstruktur

Die steuerliche Strukturierung der Akquisitionsfinanzierung einer Transaktion soll den möglichst steuerschonenden, dh insbesondere auch quellensteuerfreien Transfer von Erträgen des Targets zu den in aller Regel ausländischen Investoren ermöglichen. Die nachfolgend – graphisch abgebildete – Struktur stellt in der Praxis ein typisches Transaktionsmodell dar. Für die Beurteilung der Besonderheiten einer solchen Struktur sind die einzelnen Strukturebenen zu unterscheiden. 25

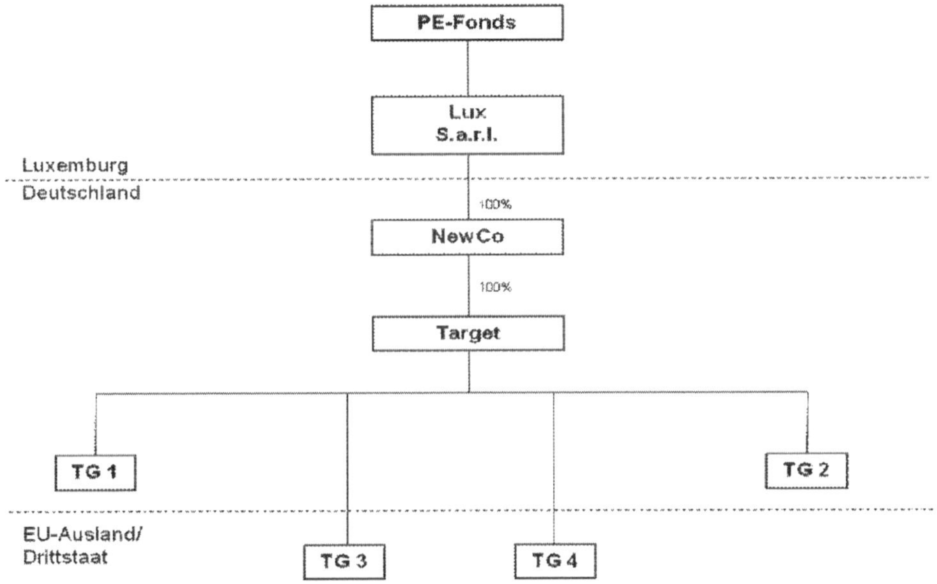

II. Steuerliche Behandlung der Strukturierungsebenen

1. LuxCo

In der Praxis strukturieren ausländische Investoren ihre Investitionsaktivitäten in Europa regelmäßig über Luxemburg. Das hat den Vorteil, dass in Luxemburg sog. **Preferred Equity Certificates** („PECs") eingesetzt werden können. Die PECs sind ein hybrides Finanzierungsinstrument, das in Luxemburg als Fremdkapital behandelt wird. Zahlungen auf PECs sind für steuerliche Zwecke in Luxemburg daher grundsätzlich abzugsfähig und reduzieren die Ertragsteuerbelastung in Luxemburg. Bei Investoren aus den USA ist ferner bedeutsam, dass aus US-amerikanischer Sicht PECs als Eigenkapital behandelt werden mit der Folge, dass entsprechende Investoren aus diesen Instrumenten keinen Zinsertrag, sondern Dividende erzielen. Darüber hinaus gibt die LuxCo zusätzlich sog. **Convertible Preferred Equity Certificates** („CPECs") als hybride Finanzierungsformen an ihre Gesellschafter aus. Nach der Umwandlung solcher CPECs können Erträge an die Investoren ausgeschüttet werden, ohne dass luxemburgische Kapitalertragsteuer ausgelöst wird. Weitere Vorteile liegen in der Flexibilität der CPECs, die aus Sicht der Investoren als Eigenkapital ausgestaltet werden können, auf der Ebene der LuxCo jedoch ihren Fremdkapitalcharakter behalten. 26

Die Zwischenschaltung der LuxCo ermöglicht ferner einen steuergünstigen Exit. Veräußerungsgewinne werden nach § 8 b Abs. 2 iVm Abs. 3 S. 1 KStG zu 95% in Deutschland freige- 27 stellt. Erzielt die LuxCo einen Gewinn aus der Veräußerung der Beteiligung an der deutschen NewCo, so unterliegt dieser nach § 49 Abs. 1 Nr. 2 Buchst. e) EStG iVm § 17 EStG zwar der beschränkten Steuerpflicht. Das deutsche Besteuerungsrecht wird aber nach Art. 8 Abs. 1 DBA-Luxemburg ausgeschlossen. In Luxemburg bleibt der Veräußerungsgewinn unter bestimmten Voraussetzungen zu 100% steuerfrei. Im Hinblick auf die Zwischenschaltung einer LuxCo ist im Übrigen auf § 50 d Abs. 3 EStG hinzuweisen. § 50 d Abs. 3 EStG versagt die Steuerentlastungen nach §§ 43 b, 50 g EStG oder DBA auf Befreiung oder Ermäßigung von Kapitalertrag- oder Abzugssteuern, wenn die ausländische Gesellschaft „substanz- oder funktionsschwach" ist. Ein weiteres Risiko besteht darin, dass die LuxCo mangels unternehmerischer Substanz von der deutschen Finanzverwaltung als Basisgesellschaft (§ 42 AO) angesehen wird, sofern für die hierzu entwickelten Grundsätze nach der Neufassung des § 50 d Abs. 3 EStG überhaupt noch Raum verbleibt. In diesem Fall würden die Einkünfte der LuxCo direkt den Gesellschaftern zugerechnet.[39]

28 Besondere Schwierigkeiten bereitet insoweit die steuerliche Strukturierung von Genussrechten, die im Rahmen der Finanzierung eingesetzt werden. Bei Genussrechten liegt, ungeachtet einer möglichen handelsbilanziellen Erfassung als Eigenkapital,[40] eine Kapitalforderung bzw Fremdkapital iS des § 4 h EStG vor, solange nicht die Tatbestandsvoraussetzungen des § 8 Abs. 3 S. 2 KStG („Recht auf Beteiligung am Gewinn und am Liquidationserlös der Kapitalgesellschaft") erfüllt werden.[41] Die Finanzverwaltung[42] nimmt eine Beteiligung am Liquidationserlös schon dann an, wenn der Genussrechtsgläubiger seinen Rückforderungsanspruch nie oder erst mit Ablauf von 30 Jahren geltend machen kann.[43] Für ausländische Unternehmen, die Mezzanine-Kapital platzieren wollen, ist zudem auf einen etwaigen Kapitalertragsteuereinbehalt nach § 43 Abs. 1 Nr. 2 EStG hinzuweisen. Im Rahmen der Strukturierung ist daher für die Vermeidung von Kapitalertragsteuerpflichten darauf zu achten, dass die Genussrechte nicht mit dem Recht am Gewinn und Liquidationserlös einer Kapitalgesellschaft ausgestattet sein dürfen.

2. NewCo

29 Die steuerlichen Folgen aus dem Erwerb des Zielunternehmens auf Ebene der Akquisitionsgesellschaft (NewCo) hängen maßgeblich davon ab, ob das Zielunternehmen eine Kapital- oder Personengesellschaft ist. Im Fall des (typischen) Anteilserwerbs an einer Kapitalgesellschaft können die Anschaffungskosten nicht auf die Wirtschaftsgüter der Zielgesellschaft verteilt werden. Vielmehr sind die Anteile an der Zielgesellschaft mit den Anschaffungskosten auszuweisen. Zu den Anschaffungskosten gehört der Kaufpreis zzgl der Anschaffungsnebenkosten. Zu den Anschaffungskosten des Anteils gehören auch Einzahlungen des Gesellschafters in die Kapitalrücklage der Kapitalgesellschaft.[44]

Nach zutreffender Auffassung gehören nur solche Transaktionskosten zu den Anschaffungsnebenkosten, dh erhöhen den Beteiligungsbuchwert, die in einem unmittelbaren zeitlichen und sachlichen Zusammenhang mit dem Erwerb der Beteiligung stehen. Hierzu gehören Provisionen, Bankspesen, Maklergebühren, Grunderwerbsteuer und Beratungsgebühren, die im

39 Vgl *Jacobs*, Internationale Unternehmensbesteuerung, S. 465 f.
40 Vgl *Hoyos/M. Ring* in: Beck Bil.-Komm., § 247 HGB Rn 228.
41 BMF-Schreiben 4.7.2008 – IV C 7-S2742-a/07/10001, BStBl. I 2008, 718 Rn 11. Vgl auch BFH 19.1.1994 – I R 67/92, BStBl. II 1996, 77.
42 BMF 8.12.1986 – IV B 7-S 2742-26/86, BB 1987, 667; BMF 27.12.1995 – IV B 7-S 2742-76/95, BStBl. I 1996, 49.
43 Dagegen BFH 19.1.1994 – I R 67/92, BStBl. II 1996, 77; *Angerer* DStR 1994, 651; *Groh* BB 1993, 1882, 1890.
44 BFH 27.4.2000 – I R 58/99, BStBl. II 2001, 168.

Zusammenhang mit dem Kaufvertrag anfallen.[45] Demgegenüber sind Gebühren für Due Diligence und sonstige Beratungskosten sofort abziehbare Betriebsausgaben; dies gilt jedenfalls insoweit, als diese in der Phase der Entscheidungsfindung anfallen. Finanzierungskosten (zB Debt Arrangement Fees) und Beratungskosten, die im Zusammenhang mit der Finanzierung entstehen, sind demgegenüber Betriebsausgaben. Der Erwerb von mindestens 95% der Anteile an einer inländischen Kapitalgesellschaft, in deren Betriebsvermögen sich inländische Grundstücke befinden, löst nach § 1 Abs. 3 Nr. 1 GrEStG eine Belastung mit Grunderwerbsteuer aus.

3. Inländisches Zielunternehmen

Steuerliches Hauptaugenmerk im Rahmen der Akquisition von inländischen Zielunterneh- 30
men ist neben der Erhaltung von steuerlichen Verlustvorträgen die Zusammenführung der operativen Gewinne des Zielunternehmens mit den Finanzierungsaufwendungen der Akquisitionsgesellschaft. § 8 c KStG führt regelmäßig zu einem Untergang der körperschaft- und gewerbesteuerlichen Verlustvorträge. Dies gilt auch für Zinsvorträge (§ 8 a Abs. 1 S. 3 KStG) und den gewerbesteuerlichen Verlustvortrag (§ 10 a S. 9 GewStG).

Der Debt-push-down ist regelmäßig steuerliches Hauptziel der Strukturierung der Akquisitionsfinanzierung.[46] Zinsaufwand, der auf Ebene der NewCo entsteht, kann dabei auf unterschiedlichen Wegen (Organschaft, Down oder Up-Stream-Merger oder auch Formwechsel) mit zukünftigen Erträgen des Target oder – soweit überschießender Zinsaufwand verbleibt – mit Erträgen der Gruppengesellschaften zusammengeführt werden.

Abzulehnen ist die von Vertretern der Finanzverwaltung vertretene Ansicht, dass die auf Ebene des inländischen Akquisitionsvehikels anfallenden Transaktions- und Finanzierungsaufwendungen steuerlich dem ausländischen Investor zuzuordnen seien und die Übernahme dieser Aufwendungen durch die Akquisitionsgesellschaft eine vGA an die (ausländischen) Finanzinvestoren darstelle.[47]

D. Fondsvehikel

I. Anwendbarkeit des deutschen InvStG

Das deutsche InvStG ist anwendbar auf „ausländisches Investmentvermögen und ausländi- 31
sche Investmentanteile im Sinne des § 2 Abs. 8 und 9 des Investmentgesetzes" (§ 1 Abs. 1 Nr. 1 Nr. 2 InvStG).[48] Bis zum Inkrafttreten des InvÄndG (am 28.12.2007) galt für ausländische Investmentanteile[49] ein materieller Investmentbegriff, der zur Folge hatte, dass jede Beteiligung an einer risikodiversifiziert anlegenden ausländischen Gesellschaft oder Vermögensmasse zu einer Anwendung des InvStG führte.[50] Über die materiellen Definitionsmerkmale eines Investmentvermögens nach § 1 S. 2 InvG stellte das Gesetz keine weiteren Voraussetzungen für das Vorliegen eines ausländischen Investmentvermögens auf. Das BMF hat mit Schreiben vom 2.6.2005[51] zum alten InvG den Anwendungsbereich des InvStG näher festgelegt und insbesondere den Begriff des ausländischen Investmentvermögens für be-

45 BFH 3.8.1976 – VIII R 101/71, BStBl. II 1977, 65; BFH 9.10.1979 – VIII R 67/77, BStBl. II 1980, 116.
46 *Eilers* in: Eilers/Koffka/Mackensen, Private Equity, S. 51.
47 *Ruthe* StBp 2010, 301 ff, 329 ff und StBp 2011, 1 ff.
48 Ausführlich hierzu *Link/Reuter/Schmies* FR 2010, 369 ff; *Helios/Schmies* BB 2009, 1100 ff.
49 Ausländische Investmentanteile sind nach §§ 1 Nr. 3, 2 Abs. 9 InvG Anteile an ausländischen Investmentvermögen, die von einem Unternehmen mit Sitz im Ausland ausgegeben werden (ausländische Investmentgesellschaft).
50 Umfassend hierzu *Volckens/Panzer* IStR 2005, 426 ff.
51 BMF 2.6.2005 – IV C 1-S 1980-1-87/05, BStBl. I 2005, 728.

stimmte Vermögen bzw Gesellschaften eingeschränkt.[52] Die BaFin erklärte das Anwendungsschreiben des BMF auch für aufsichtsrechtliche Zwecke für verbindlich.[53]

II. Materiell-formeller Fondsbegriff

32 Nach der Regelung in § 2 Abs. 9 InvG idF des InvÄndG gelten ausländische risikogemischt investierende Investmentvermögen (§ 2 Abs. 8 iVm § 1 S. 2 InvG) nicht mehr als „ausländische Investmentvermögen", wenn die Anleger kein Rückgaberecht haben und das Investmentvermögen keiner Aufsicht über Vermögen zur gemeinschaftlichen Kapitalanlage in seinem Sitzstaat unterliegt.[54] Zwar können nach der Systematik der Legaldefinitionen des § 2 Abs. 8 und 9 InvG Vermögensmassen als ausländische Investmentvermögen zu betrachten sein, die Anteile daran aber gleichwohl nicht als ausländische Investmentanteile qualifizieren. Diese Diskrepanz dürfte gesetzgeberisch kaum beabsichtigt sein.[55] Dies ergibt sich auch aus der gesetzlichen Verweisung in § 2 Abs. 9 InvG auf § 2 Abs. 8 InvG. Es erscheint daher sachgerecht, die zusätzlichen Anforderungen des § 2 Abs. 9 InvG bereits bei der Bestimmung des Vorliegens eines ausländischen Investmentvermögens zu berücksichtigen. Zudem würde eine uneinheitliche Auslegung von ausländischen Investmentvermögen und ausländischen Investmentanteilen zu einer widersprüchlichen Behandlung im InvStG führen. § 1 Abs. 1 Nr. 2 InvStG erfasst bspw nicht nur die Anteilsebene, sondern auch das ausländische Investmentvermögen selbst. Ferner erfassen u.a. §§ 2 Abs. 1 S. 1, 4 Abs. 1 S. 1, 8 Abs. 1 S. 1 InvStG ausländische Investmentanteile iSd § 2 Abs. 9 InvG und §§ 4 Abs. 2 S. 4, 5 Abs. 1 S. 1 Nr. 4 InvStG ausländisches Investmentvermögen iSd § 2 Abs. 8 InvG. Eine zersplitterte Auslegung würde dazu führen, dass für ausländisches Investmentvermögen weiterhin der materielle Investmentbegriff und lediglich für Anteile an ausländischen Investmentvermögen ein formelles Verständnis gelten würde. Daher ist die im Schrifttum vertretene Ansicht[56] zu § 50 d Abs. 3 S. 5 EStG abzulehnen, dass insoweit der materielle Investmentbegriff für Zwecke der InvStG-Ausnahme weiterhin anwendbar bleibt.

Das BMF hat – wie erwartet – klargestellt, dass es für die Definition des ausländischen Investmentvermögens und des ausländischen Investmentanteils – unabhängig davon, ob die ausländischen Investmentanteile im Inland öffentlich vertrieben werden dürfen – der aufsichtsrechtlichen Auslegung durch die BaFin in ihrem Rundschreiben 14/2008 (WA) vom 22.12.2008 (vgl Anhang 7 des BMF-Schreiben) folgt. Dies betrifft auch den Wegfall der bisherigen Bereichsausnahmen für nach dem 30.6.2009[57] beginnende Geschäftsjahre (Personengesellschaften mit Ausnahme von Hedgefonds und börsennotierte Grundstücksaktienge-

---

52 Nicht zu den ausländischen Investmentvermögen zählten danach u.a.: Vermögen von ausländischen Personengesellschaften mit Ausnahme ausländischer Single-Hedgefonds und ausländischer Dach-Hedgefonds; Gesellschaftsvermögen von anderen ausländischen Immobilienunternehmen als Personengesellschaften, deren Anteile an einer Börse zum amtlichen Markt zugelassen oder in einen anderen organisierten Markt einbezogen sind und die in ihrem Sitzstaat keiner Investmentaufsicht unterliegen und Vermögen, die Collaterised Debt Obligations (CDOs) ausgeben, vgl auch *Stockmann/Zeller* BB 2007, 1249 ff zur investmentsteuerlichen Behandlung von CDOs; zur bilanzsteuerrechtlichen Behandlung von (in- und ausländischen) Investmentanteilen vgl nur *Häuselmann*, Die steuerbilanzielle Erfassung von Finanzinstrumenten, 10. Aufl. 2005, S. 182 ff.

53 BaFin 22.8.2005, Gz. WA 4/09.

54 Vgl hierzu auch *Elser/Gütle-Kunz* BB 2010, 414 ff; *Süß/Mayer* DStR 2009, 1741 ff; unzutreffend aA *Haase* DStR 2009, 957 ff.

55 Dies übersehen *Süß/Mayer* DStR 2009, 1741 ff.

56 *Häussermann/Rengier* IStR 2008, 679 ff; *Süß/Mayer* DStR 2009, 1741 ff.

57 Ausländische Investmentvermögen in der Rechtsform der Personengesellschaft oder der börsennotierten Grundstückskapitalgesellschaft können jedoch durch Veröffentlichung von Besteuerungsgrundlagen oder durch Mitteilung an das BZSt, wenn die Anwendung des § 6 InvStG anderweitig ausgeschlossen ist, die Anwendung des InvStG auch schon für frühere Geschäftsjahre wählen. Dies gilt allerdings nur für nach dem Inkrafttreten des Investmentänderungsgesetzes beginnende Geschäftsjahre.

sellschaften).[58] Im Goldschreiben vom 28.7.2009 hat die BaFin das qualitative Element (unterschiedliche Anlagerisiken) der Risikomischung konkretisiert.[59] Für aufsichtsrechtliche Zwecke gilt der formelle Fondsbegriff seit dem Inkrafttreten des InvÄndG, dh seit dem 28.12.2007. Für investmentsteuerliche Zwecke gelten besondere Übergangsvorschriften (§ 18 Abs. 11 InvStG): Anteile an unregulierten geschlossenen Fonds, die die Berichtsobliegenheiten für (voll oder semi-)transparente Fonds erfüllen oder als in- oder ausländische Spezialfonds qualifizieren, gelten bei kalenderjahrgleichem Fonds-Geschäftsjahr bis zum 31.12.2007 als „ausländische Investmentvermögen" iSd InvStG, so dass letztmalig für das Fonds-Geschäftsjahr 2007 die Fondserträge zu ermitteln sind.[60]

58 Zwar räumt die gesellschaftsrechtliche Beteiligung an ausländischen Personengesellschaften den Anteilsscheininhabern regelmäßig kein Rückgaberecht ein. Im Unterschied zu Rn 6 des BMF-Schreibens vom 2.6.2005, wonach Anlagevehikel in der Rechtsform einer Personengesellschaft nur in bestimmten Ausnahmefällen in den Anwendungsbereich des InvStG einbezogen wurden, reicht nunmehr aber auch das alternative Anknüpfungskriterium Investmentaufsicht aus, um diese Anlagevehikel in den Anwendungsbereich des InvG bzw des InvStG einzubeziehen.

59 BaFin-Schreiben 28.7.2009 – WA 41-Wp 2136-2008/001 an den BVI („Goldschreiben"). Dort stellt die BaFin klar, dass bei Anlage in ein wirtschaftliches Risiko (etwa Gold) allein über das unterschiedliche Emittentenrisiko (unterschiedliche Zertifikateemittenten) keine risikodiversifizierte Anlage herbeigeführt werden kann. Wichtig ist auch, dass die BaFin eine Anlage nach dem Grundsatz der Risikomischung verneint, wenn die Anlage in einen Vermögensgegenstand oder ein Anlagerisiko 50% bis 60% des Wertes des Investmentvermögens übersteigt. Verschiedene Vermögensgegenstände, die dabei direkt oder indirekt von derselben Wertentwicklung abhängen und ein nahezu identisches Anlagerisiko (zB Anlage in 1:1-Zertifikate auf Gold und physisches Gold) aufweisen, sind dabei zu addieren.

60 Bei abweichendem Fonds-Geschäftsjahr, das vor dem 28.12.2007 begonnen hat, gilt dies erst mit Ende des Geschäftsjahres 2007/2008. In den Fällen des § 6 InvStG (Strafbesteuerung) gelten Anteile an unregulierten geschlossenen Fonds bis Ende 2007 als ausländische Investmentanteile.

§ 9 Bilanzrechtliche Behandlung

Literatur: **Aufsätze in Zeitschriften:** *Beyhs/Buschhüter/Schurbohm*, IFRS 10 und IFRS 12: Die neuen IFRS zum Konsolidierungskreis, WPg 2011, 662 ff; *Böckem/Stibi/Zoeger*, IFRS 10 „Consolidated Financial Statements": Droht eine grundlegende Revision des Konsolidierungskreises?, KoR 2011, 399 ff; *Dietrich/Krakuhn/Sierleja*, Berücksichtigung von Prinzipal-Agenten-Beziehungen im Rahmen der Abgrenzung des Konsolidierungskreises nach IFRS 10, IRZ 2011, 519 ff; *Dreyer/Gabriel*, Einbeziehung einer Stiftung als Tochterunternehmen in einen Konzernabschluss nach Inkrafttreten des BilMoG, Der Konzern 2011, 474 ff; *Findeisen/Sabel/Klube*, Reduktion des Konsolidierungskreises durch das BilMoG?, DB 2010, 965 ff; *Freiberg/Haaker*, Beliebige Auslegung der Ausnahmevorschrift zur Nicht-Konsolidierung von Spezial-Sondervermögen?, PiR 2010, 294 ff; *Gahlen*, Konsolidierung von Leasingobjektgesellschaften nach BilMoG und E-DRS 26: nun Mehrfach- statt Nichtkonsolidierung?, BB 2010, 2877 ff; *Gelhausen/Deubert/Klöcker*, Zweckgesellschaften nach BilMoG: Mehrheit der Risiken und Chancen als Zurechnungskriterium, DB 2010, 2005 ff; *Grünberger*, Bilanzierung von Finanzgarantien nach der Neufassung von IAS 39, KoR 2006, 81 ff; *Hermann/Potthast*, Über Zweckgesellschaften sowie zum Verhältnis von IAS/IFRS und deren Interpretationen, DStR 2011, 685 ff; *Küting/Gattung*, Zweckgesellschaften als Tochterunternehmen nach SIC-12, KoR 2007, 397 ff; *Lotz/Burmester/von Slupetzki*, Neuregelungen bei Verbriefungen: Art. 122 a CRD II und die Harmonisierungsproblematik der §§ 18 a, 18 b KWG, RdF 2012, 17 ff; *Lüdenbach*, Verhältnis von einzelbilanzieller Zurechnung und Konsolidierung bei Leasingobjektgesellschaften, StuB 2011, 345 ff; *Neubeck*, Konsolidierung von Unterstützungskassen, StuB 2011, 529 ff; *Oser*, Konsolidierung von Unterstützungskassen nach BilMoG – ein Sturm im Wasserglas, DB 2011, 1; *Oser/Weidle*, Konsolidierung von Unterstützungskassen nach HGB und IFRS, IRZ 2012, 63 ff; *Stibi/Kirsch/Ewelt-Knauer*, DRS 19: Pflicht zur Konzernrechnungslegung und Abgrenzung des Konsolidierungskreises, WPg 2011, 761 ff; *Struffert/Wolfgarten*, Aktuelle Fragen der Bilanzierung von Verbriefungstransaktionen – Stellung von Credit Enhancements durch den Originator sowie Nutzung von Verbriefungen für Offenmarktgeschäfte, WPg 2010, 371 ff; *Zülch/Pronobis*, Die neuen US-GAAP – Auswirkungen des FASB Accounting Standards Codification^{TM}-Project (FASB ASC), DB 2009, 2669 ff.

Monographien, Kommentare, Festschriften, Beiträge in Sammelwerken etc: Beck'sches IFRS-Handbuch, 3. Aufl., Hamburg/Düsseldorf, 2009; Beck`scher Bilanzkommentar, 7. Aufl., München, 2010; *Bragg*, Wiley GAAP 2011, New Jersey, 2010; *Deloitte*, Securitization Accounting, 8. Aufl., 2010, verfügbar unter: http://www.deloitte.com. *Deloitte*, Asset Securitisation in Deutschland, 4. Aufl., Düsseldorf, 2012; *Deloitte*, Consolidation of Variable Interest Entities, 2010, verfügbar unter: http://www.deloitte.com; *IASB*, Effect Analysis, IFRS 10 Consolidated Financial Statements and IFRS 12 Disclosure of Interests in Other Entities, September 2011, verfügbar unter: http://www.ifrs.org; *IASB*, Project Summary and Feedback Statement, IFRS 10 Consolidated Financial Statements and IFRS 12 Disclosure of Interests in Other Entities, Mai 2011, verfügbar unter: http://www.ifrs.org; *Löw*, Rechnungslegung für Banken nach IFRS, 2. Aufl., Frankfurt/M., 2005; *Lüdenbach/Hoffmann*, IFRS-Kommentar, 8. Aufl., Freiburg, 2010; *PricewaterhouseCoopers*, IFRS für Banken, Band II, 4. Aufl., Frankfurt/M., 2008; *Reitmayr*, Finance & Accounting Forum 2011, 7, verfügbar unter: http://www.deloitte.com.

A. Einleitung

1 Zweckgesellschaften[1] unterliegen hinsichtlich ihrer eigenen handelsrechtlichen Rechnungslegung grundsätzlich keinen besonderen Vorschriften. Zu beachten sind die allgemeinen Buchführungs- und Bilanzierungsvorschriften nach den §§ 238 ff HGB sowie je nach Rechtsform die speziellen Regelungen zur Rechnungslegung für Kapitalgesellschaften (§§ 264 ff HGB), Aktiengesellschaften (zB § 289 a HGB, §§ 150 ff AktG) oder Gesellschaften mit beschränkter Haftung (zB §§ 42, 42 a, 57 d GmbHG) bzw Unternehmergesellschaften als Sonderfall der GmbH (§ 5 a GmbHG).

2 Vielfältige Fragestellungen ergeben sich jedoch bei dem Thema der Konsolidierung von Zweckgesellschaften im Konzernabschluss des Mutterunternehmens. Sowohl das HGB als auch die IFRS und die US-GAAP enthalten **spezielle Konsolidierungsvorschriften** für Zweckgesellschaften, die nicht notwendigerweise mit den allgemeinen Konsolidierungsregeln des jeweiligen Rechnungslegungssystems in Einklang stehen.

3 Eng verknüpft mit der Konsolidierungsfrage ist die bilanzielle Behandlung von Übertragungen von Vermögensgegenständen von einem anderen Unternehmen auf eine Zweckgesellschaft. Da Zweckgesellschaften vielfach gerade zu dem Zweck gegründet werden, bestimmte abgegrenzte Vermögenswerte, die vorher bei einem anderen Unternehmen bilanziert waren, in einer gesonderten Einheit zusammenzufassen, ist die Gründung einer Zweckgesellschaft häufig mit einem Übertragungsvorgang verbunden. Je nachdem, ob die Zweckgesellschaft in den Konzernabschluss des übertragenden Unternehmens einzubeziehen ist oder nicht, und abhängig von weiteren Gegebenheiten können sich unterschiedliche Schlussfolgerungen im Hinblick auf den **bilanziellen Abgang** der Vermögensgegenstände beim Übertragenden ergeben. Hierbei sind neben Veräußerungen auch die bloße Weiterleitung der Cashflows der

[1] Die Ausführungen dieses Kapitels beziehen sich auf Zweckgesellschaften (oder Special Purpose Entities (SPE)) im bilanziellen Sinne, wie sie zB in den IFRS (SIC-12) definiert sind, dh als Unternehmen, die „gegründet werden, um ein enges und genau definiertes Ziel zu erreichen“ (SIC-12.1), und deren Geschäftsführung bzgl ihrer Entscheidungsmacht strengen und manchmal dauerhaften Schranken unterliegt. Das HGB definiert die Zweckgesellschaft ähnlich, nämlich als Unternehmen, „das zur Erreichung eines eng begrenzten und genau definierten Ziels des Mutterunternehmens dient“ (§ 290 Abs. 2 Nr. 4 HGB). Zu wesentlichen Merkmalen einer Zweckgesellschaft vgl § 1 Rn 3 ff.

Vermögensgegenstände an die Zweckgesellschaft und ggf weiter an Dritte sowie gesellschaftsrechtliche Gestaltungen zu betrachten.

4 Eine weitere Besonderheit ergibt sich aus dem Umstand, dass Zweckgesellschaften häufig, bspw im Zusammenhang mit Verbriefungstransaktionen, zum Zwecke der Finanzierung ihres Sponsors[2] über den Kapitalmarkt gegründet und unterhalten werden. Sofern eine Kapitalgesellschaft, dh auch eine als Kapitalgesellschaft strukturierte Zweckgesellschaft, Wertpapiere begibt, die an einem organisierten Markt iSd § 2 Abs. 5 WpHG gehandelt werden oder für die die Zulassung zum Handel an einem solchen Markt beantragt ist,[3] ist sie nach § 264 d HGB eine **kapitalmarktorientierte Kapitalgesellschaft.** Damit gilt sie nach § 267 Abs. 3 S. 2 HGB stets als große Kapitalgesellschaft iSd größenklassenbezogenen Bilanzierungsvorschriften des HGB. Dies hat zur Folge, dass sie, obwohl sie typischerweise weder von den Umsatzerlösen noch von der Anzahl der Arbeitnehmer her die entsprechenden Größenklassenkriterien des § 267 HGB erreicht, bilanziell weitgehend genauso behandelt wird wie ein am Markt tätiges Großunternehmen. Größenabhängige Erleichterungen bei der Rechnungslegung, wie zB nach § 274 a HGB für die Bilanz, nach § 276 HGB für die Gewinn- und Verlustrechnung und nach § 288 HGB für den Anhang sowie nach § 316 Abs. 1 S. 1 HGB bei der Abschlussprüfung, sind dann nicht anwendbar.

5 Gemäß § 264 Abs. 1 S. 2 HGB haben kapitalmarktorientierte Kapitalgesellschaften darüber hinaus ihren Jahresabschluss um eine **Kapitalflussrechnung** und einen **Eigenkapitalspiegel** zu erweitern. Ferner ist darauf hinzuweisen, dass der Lagebericht von Kapitalgesellschaften iSd § 264 d HGB nach § 289 Abs. 5 HGB um eine Beschreibung der wesentlichen Merkmale des internen Kontroll- und Risikomanagementsystems im Hinblick auf den Rechnungslegungsprozess zu ergänzen ist. Auch gelten für Unternehmen, die kapitalmarktorientiert iSd § 264 d HGB sind, die erweiterten Anforderungen an die Unabhängigkeit des Abschlussprüfers nach § 319 a HGB.

6 In vielen Fällen verfügen Zweckgesellschaften im Vergleich zu am Markt tätigen Unternehmen allerdings über eine **einfache Bilanzstruktur.** Die Aktivseite der Bilanz enthält oft im Wesentlichen nur die auf die Zweckgesellschaft übertragenen Vermögensgegenstände (zB Wertpapier- oder Kreditportfolio, Leasinggegenstände), die Passivseite die Refinanzierung, üblicherweise ganz überwiegend in Form von Fremdkapital (zB begebene Asset-backed Securities). Mangels aktiver Marktteilnahme und mangels eigenen Personals ist die Gewinn- und Verlustrechnung idR ebenfalls auf wenige Posten reduziert.

7 Anhang und Lagebericht haben zwar gegenüber am Markt tätigen großen Kapitalgesellschaften meist einen deutlich geringeren Umfang und Komplexitätsgrad, stellen in der Praxis aber wegen der Vielzahl der vorgeschriebenen Einzel- und Zusatzangaben – wie bspw die o.g. zum Risikomanagement, sofern eine Gesellschaft iSd § 264 d HGB vorliegt, oder auch nach IFRS 7 zu Übertragungen von Vermögenswerten – gerade auch im Hinblick auf die Prüfungspflicht oftmals eine größere Herausforderung für den Bilanzierenden dar.

8 Im Hinblick auf die Vorschriften der §§ 325 ff HGB zur Offenlegung von Jahresabschluss und Lagebericht können kapitalmarktorientierte Kapitalgesellschaften zwar die Erleichterungen nach §§ 326 und 327 HGB wiederum nicht in Anspruch nehmen, sie sind jedoch nach § 327 a HGB von der Verkürzung der Offenlegungsfrist von zwölf[4] auf vier[5] Monate

2 Als „Sponsor" wird in diesem Zusammenhang dasjenige Unternehmen bezeichnet, in dessen Interesse oder zu dessen Gunsten die Zweckgesellschaft gegründet wurde (bspw bei Verbriefungstransaktionen häufig der Originator der auf die Zweckgesellschaft übertragenen und anschließend verbrieften Forderungen), vgl SIC-12.2.

3 Dies ist bspw bei Verbriefungszweckgesellschaften regelmäßig der Fall.

4 § 325 Abs. 1 S. 2 HGB.

5 § 325 Abs. 4 S. 1 HGB.

dann befreit, wenn sie ausschließlich zum Handel an einem organisierten Markt zugelassene Schuldtitel iSd § 2 Abs. 1 S. 1 Nr. 3 WpHG mit einer Mindeststückelung von TEUR 50[6] begeben. Dies ist bspw bei typischen Verbriefungszweckgesellschaften der Fall.

Im Folgenden wird detailliert auf die beiden zentralen bilanziellen Fragestellungen im Zusammenhang mit Zweckgesellschaften eingegangen. Dies ist zum einen die o.g. **Konsolidierungsthematik**, dh die Frage, unter welchen Voraussetzungen eine Zweckgesellschaft in den Konzernabschluss eines Unternehmens einzubeziehen ist bzw die Einbeziehung unterbleiben darf. Zum anderen hat der Bilanzierende idR ein Interesse daran, dass die Vermögensgegenstände, die rechtlich wirksam auf eine Zweckgesellschaft übertragen wurden, dort und nicht mehr in seinem Jahresabschluss bilanziert werden (**Abgangsthematik**). Dabei werden die wesentlichen für deutsche Unternehmen relevanten Rechnungslegungssysteme behandelt. Dies sind die Vorschriften des HGB, der International Financial Reporting Standards (IFRS) und der US Generally Accepted Accounting Principles (US-GAAP). Wegen ihrer Bedeutung für die Informationsbereitstellung durch den Jahresabschluss wird auf die umfangreichen Anhangangabepflichten zu Transaktionen mit Zweckgesellschaften gesondert eingegangen. 9

B. Konsolidierung von Zweckgesellschaften

I. Regelungen des IAS 27 und SIC-12

1. Allgemeines Kontrollkonzept des IAS 27

Die Verpflichtung zur Konsolidierung von Zweckgesellschaften nach IAS 27/SIC-12 wird grundsätzlich an die Existenz eines Mutter-Tochter-Verhältnisses geknüpft. Die Konsolidierungspflicht nach IAS 27 basiert als allgemeiner Rahmen auf dem sogenannten Kontrollkonzept, dh der Frage, ob ein **Beherrschungsverhältnis** vorliegt. Beherrschung stellt nach IAS 27.4 die Möglichkeit dar, die Finanz- und Geschäftspolitik eines Unternehmens zu bestimmen, um aus dessen Tätigkeit Nutzen zu ziehen. Diese abstrakte Definition von Beherrschung wird in IAS 27.13 durch objektive Kriterien konkretisiert. Hiernach wird ein Beherrschungsverhältnis grundsätzlich dann widerlegbar vermutet, wenn das Mutterunternehmen direkt oder indirekt über mehr als die Hälfte der Stimmrechte eines Unternehmens verfügt. Ein Beherrschungsverhältnis wird **unwiderlegbar** angenommen, wenn das Mutterunternehmen die Hälfte oder weniger als die Hälfte der Stimmrechte an einem Unternehmen hält und zudem eine der nachfolgenden Möglichkeiten gegeben ist: 10

- die Möglichkeit, über mehr als die Hälfte der Stimmrechte kraft einer mit anderen Anteilseignern abgeschlossenen Vereinbarung zu verfügen;
- die Möglichkeit, die Finanz- und Geschäftspolitik eines Unternehmens gemäß der Satzung oder einer Vereinbarung zu bestimmen;
- die Möglichkeit, die Mehrheit der Mitglieder der Geschäftsführungs- und/oder Aufsichtsorgane oder eines gleichwertigen Leitungsgremiums zu ernennen oder abzuberufen, wobei die Verfügungsgewalt über das andere Unternehmen bei diesen Organen liegt, oder
- die Möglichkeit, die Mehrheit der Stimmen bei Sitzungen der Geschäftsführungs- und/oder Aufsichtsorgane oder eines gleichwertigen Leitungsgremiums zu bestimmen, wobei die Verfügungsgewalt über das andere Unternehmen bei diesen Organen liegt.

Aufgrund ihres formalrechtlichen Charakters werden die Tatbestandsmerkmale des IAS 27 als Ausdruck eines Legal Control Concept gewertet.[7]

6 Gleiches gilt für den am Ausgabetag entsprechenden Gegenwert einer anderen Währung.
7 *Küting/Gattung* KoR 2007, 397, 398.

2. Kontrollkonzept bei Zweckgesellschaften

a) Auslegung der Indikatoren

11 Bei Zweckgesellschaften sehen rechtliche Vereinbarungen häufig eine strikte und ggf dauerhafte Beschränkung der Entscheidungsmacht des Leitungsorgans vor. Durch diese Vereinbarungen können sämtliche wesentlichen geschäftspolitischen Entscheidungen im Voraus festgelegt werden. Im Extremfall werden vom Gründungszeitpunkt an gar keine operativen Entscheidungen getroffen, so dass in solchen Fällen von einer „brain dead"-Struktur bzw einem „**Autopiloten**" (vgl Rn 17) gesprochen wird. Die Möglichkeit, die Finanz- und Geschäftspolitik einer Zweckgesellschaft laufend zu bestimmen, ist somit vielfach nicht gegeben, so dass das formalrechtliche Kontrollkriterium des IAS 27 bei solchen Gestaltungen häufig ins Leere läuft.[8]

12 Aufgrund dieses Auseinanderfallens von gesellschaftsrechtlicher und wirtschaftlicher Beherrschung erfolgt mit SIC-12 subsidiär zu IAS 27 eine Konkretisierung des Kriteriums „Beherrschung" für die Beurteilung der Konsolidierungspflicht von Zweckgesellschaften.[9] Für die Beurteilung nach SIC-12 ist nicht die formale Struktur, sondern der wirtschaftliche Gehalt (**„substance over form"**) maßgeblich.[10] Eine SPE ist demnach zu konsolidieren, wenn die wirtschaftliche Betrachtung des Verhältnisses zwischen einem Unternehmen und einer Zweckgesellschaft zeigt, dass das Unternehmen die SPE beherrscht.[11] Dabei ist zu beachten, dass die Konsolidierungsregeln von SIC-12 nicht auf die Betrachtung einer Zweckgesellschaft im rechtlichen Sinne beschränkt sind, sondern auch auf wirtschaftlich abgrenzbare Teilbereiche (sog. „Zellen" bzw „Silos") einer SPE Anwendung finden können.[12]

13 SIC-12.10 konkretisiert in Ergänzung zu den Vorschriften aus IAS 27.13 in vier Beispielen Kriterien, die das Vorliegen eines Beherrschungsverhältnisses im Sinne von SIC-12 indizieren und damit zu einer Konsolidierungspflicht führen:

- **Geschäftstätigkeit:** Bei wirtschaftlicher Betrachtung erfolgt die Geschäftstätigkeit zugunsten eines Unternehmens gemäß seiner besonderen Geschäftsbedürfnisse, so dass das Unternehmen aus der Geschäftstätigkeit der SPE einen Nutzen zieht (SIC-12.10 (a)).
- **Entscheidungsmacht:** Bei wirtschaftlicher Betrachtung verfügt das Unternehmen über die Entscheidungsmacht, die Mehrheit des Nutzens aus der Geschäftstätigkeit der Zweckgesellschaft zu ziehen (SIC-12.10 (b)).
- **Nutzenziehung:** Bei wirtschaftlicher Betrachtung hat das Unternehmen das Recht auf die Mehrheit des Nutzens aus der SPE und muss deshalb unter Umständen auch die etwaigen Risiken aus der Geschäftstätigkeit tragen (SIC-12.10 (c)).
- **Risikotragung:** Bei wirtschaftlicher Betrachtung ist das Unternehmen der Mehrheit der Residual- oder Eigentümerrisiken aus der Geschäftstätigkeit der SPE und ihrer Vermögenswerte ausgesetzt, um Nutzen aus ihrer Geschäftstätigkeit zu ziehen (SIC-12.10 (d)).

14 Die genannten Indikatoren sind nur als beispielhafte Indizien und nicht als umfassende Checkliste zu verstehen. Auch sind die Beziehungen zwischen den einzelnen Kriterien nicht festgelegt. Das bedeutet zum einen, dass nicht alle Kriterien kumulativ erfüllt sein müssen. Jeder einzelne dieser Indikatoren kann auf eine Beherrschung einer Zweckgesellschaft durch ein anderes Unternehmen hindeuten.[13] Zum anderen können auch andere, in SIC-12 nicht explizit genannte Indikatoren zu einer Konsolidierungspflicht führen.

---

8 *Lüdenbach* in: Lüdenbach/Hoffmann § 32 Rn 70.

9 *PricewaterhouseCoopers*, IFRS für Banken, B. II, S. 1414.

10 ISd IFRS-Rahmenkonzept § 35 und IAS 8.10 (b) (ii).

11 SIC-12.8.

12 IDW Stellungnahme zur Rechnungslegung: Einzelfragen zur Anwendung von IFRS (IDW RS HFA 2), Rn 59.

13 IDW RS HFA 2, Rn 60.

Das Kriterium der **Geschäftstätigkeit** stellt primär darauf ab, für wessen spezifische Geschäftsbedürfnisse die Zweckgesellschaft gegründet wurde. Der Appendix zu SIC-12 nennt dazu beispielhaft Fälle, in denen die Zweckgesellschaft eine bedeutende Finanzierungs- bzw Versorgungsfunktion für ein anderes Unternehmen übernimmt, indem sie langfristiges Kapital bzw solche Güter und Dienstleistungen beschafft, die für die operative Geschäftstätigkeit des anderen Unternehmens von zentraler Bedeutung sind. Das Vorliegen einer wirtschaftlichen Abhängigkeit der SPE von einer anderen Gesellschaft, etwa weil Letztere Hauptabnehmerin der von der SPE erstellten Leistungen ist, führt allein noch nicht zur Beherrschungsvermutung.[14] 15

Bei vielen SPE-Gestaltungen, insbesondere im Verbriefungsbereich, ist das die Gründung einer SPE initiierende Unternehmen nicht zwingend mit dem Hauptnutznießer aus der Tätigkeit der Zweckgesellschaft gleichzusetzen. So kann eine Zweckgesellschaft von einem externen Dienstleister im Auftrag des verbriefenden Kreditinstituts aufgesetzt werden.[15] Zwar kann das formale Gründerunternehmen auch nach der Übergabe einer neu gegründeten und rechtsfähigen Zweckgesellschaft an den Auftraggeber am Eigenkapital der Letzteren vollumfänglich beteiligt sein; eine Beteiligung an den geschäftlichen Aktivitäten des Verbriefungsvehikels liegt idR nicht vor, so dass in solchen Fällen regelmäßig keine Abstimmung der Geschäftstätigkeit auf die Bedürfnisse des Gründers gegeben ist. Geht das Engagement des initiierenden Unternehmens dagegen über die formale Gründung bzw Abwicklung der Zweckgesellschaft hinaus, ist die Untersuchung weiterer SIC-12-Indikatoren erforderlich. 16

Das Kriterium der **Entscheidungsmacht** ist dann erfüllt, wenn ein Unternehmen bspw über die Fähigkeit zur Auflösung der SPE, zur Änderung ihres Gesellschaftsvertrags oder zur Blockade von Satzungs- oder Gesellschaftsvertragsänderungen verfügt, um die Mehrheit des Nutzens aus der Zweckgesellschaft zu ziehen, oder aber diese Fähigkeit durch die Einrichtung eines sog. Autopiloten bereits bei Gründung der SPE vorab festgelegt hat.[16] Ein Autopilot führt letztendlich dazu, dass die Geschäftspolitik und die laufende Tätigkeit der Zweckgesellschaft derart vorherbestimmt sind, dass eine laufende Einflussnahme durch die Gesellschaftsorgane nicht mehr erforderlich ist. Wenn der Handlungsspielraum der Zweckgesellschaft zuvor weitgehend festgelegt wurde, ist bei der Frage, welcher Beteiligte die Entscheidungsmacht ausübt, zu untersuchen, wer diese Festlegung vorgenommen hat und diese ggf wieder ändern kann.[17] Als Beispiel führt *Lüdenbach*[18] eine Leasingobjektgesellschaft an, deren ausschließlicher Geschäftszweck darin besteht, sämtliche Anlagen an eine einzige Partei zu verleasen. Diese Partei ist zu 25,1% an der SPE beteiligt. Wenn Änderungen des Gesellschaftsvertrages nur mit einer 75%-Mehrheit beschlossen werden, kann die mit 25,1% beteiligte Partei jede Satzungsänderung blockieren. Als einziger Leasingnehmer der SPE verfügt diese Partei somit über die Entscheidungsmacht, um die von SIC-12.10 (b) geforderte Mehrheit der Vorteile aus der Geschäftstätigkeit der Zweckgesellschaft zu ziehen, und muss die SPE folglich konsolidieren. 17

Anders als im obigen Beispiel können **qualitativ** geprägte und oft zu unbestimmte Kriterien der Geschäftstätigkeit und der Entscheidungsmacht eher selten abschließend Aufschluss darüber geben, ob bzw durch welche Partei eine Zweckgesellschaft zu konsolidieren ist. So verfolgen viele SPE-Konstrukte das Ziel eines Interessenausgleichs zwischen verschiedenen an 18

---

14 Appendix to SIC-12.

15 In Deutschland stellt bspw die TSI Services GmbH deutsche SPEs unter Nutzung des deutschen Rechts zur Abwicklung von Verbriefungstransaktionen sowohl inländischer als auch ausländischer Originatoren bereit. Vgl: http://www.tsi-gmbh.de.

16 IDW RS HFA 2, Rn 62.

17 IDW Stellungnahme zur Rechnungslegung: Einzelfragen zur Bilanzierung von Finanzinstrumenten nach IFRS (IDW RS HFA 9), Rn 162.

18 *Lüdenbach* in: Lüdenbach/Hoffmann § 32 Rn 70.

einer Transaktion beteiligten Parteien mit der Folge, dass eine Einstufung der SPE als eindeutig auf die Bedürfnisse einer bestimmten Partei ausgerichtet ohne Weiteres kaum möglich ist. Auch bei selbstgesteuerten Zweckgesellschaften könnte somit als Argument vorgebracht werden, dass der festgelegte Autopilot der gleichzeitigen Wahrung der unterschiedlichen Interessen mehrerer Transaktionsparteien dient. Eine Konsolidierung kann sich dann nur aus der Mehrheit der Vorteile und/oder Risiken ergeben.[19]

19 Aus praktischer Sicht ist es folglich in vielen Fällen entscheidend, ob einer Partei die absolute **Mehrheit der Chancen und Risiken** zugeordnet werden kann. Hierzu sind die Positionen derjenigen Parteien, die mit der SPE in Beziehung stehen, auf eigentümertypische (Residual-)Chancen und Risiken zu untersuchen, da nur diese für die Beurteilung relevant sind. Chancen und Risiken, die üblicherweise[20] im Verhältnis zu Fremdkapitalgebern oder externen Dienstleistern bestehen, sind in diesem Zusammenhang außer Acht zu lassen. Indirekte Vorteile oder Risiken, die zwar in einem Verhältnis einer Partei zu einer Zweckgesellschaft begründet sein können, aber unmittelbar bei dieser Partei und nicht bei der SPE entstehen, werden von SIC-12.10 (c) und (d) ebenfalls nicht erfasst. Hiermit wäre zB eine zu günstigeren Finanzierungskonditionen für den Forderungsverkäufer führende Verbesserung der Eigenkapitalquote infolge eines bilanzentlastenden Forderungsverkaufs nicht in die Beurteilung der Konsolidierungspflicht einzubeziehen.[21] Gleiches dürfte analog auch für die Erzielung aufsichtsrechtlicher Erleichterungen bzw die Einhaltung von Financial Covenants gelten.

b) Risk-and-reward-Ansatz

20 Der Grundgedanke des in SIC-12.10 (c) und (d) kodifizierten Risk-and-reward-Ansatzes[22] zur Konsolidierung von Zweckgesellschaften liegt auch anderen IFRS zugrunde, die die Zuordnung von Vermögenswerten behandeln – insb. dem IAS 17 bezüglich der Zuordnung von Leasinggegenständen zum Leasinggeber oder Leasingnehmer oder dem IAS 39 bei der Beurteilung von Ausbuchungsvoraussetzungen (vgl Rn 156 ff). Der Risk-and-reward-Ansatz ist allerdings nicht in den einschlägigen Standards einheitlich geregelt, so dass Abweichungen sowohl hinsichtlich der zu berücksichtigenden Faktoren als auch ihrer quantitativen und qualitativen Ausprägung bestehen. Somit lässt die Entscheidung über die Zuordnung von Vermögenswerten allenfalls mittelbare Rückschlüsse auf die Konsolidierung einer Zweckgesellschaft zu. Die Beurteilung der Konsolidierungspflicht einer Zweckgesellschaft ist demzufolge grundsätzlich **unabhängig** von der Entscheidung über die Zuordnung von Vermögenswerten vorzunehmen.[23]

21 Obgleich SIC-12 auf Vorteile einerseits und Risiken andererseits als eigenständige Indikatoren abstellt, ist unter der Prämisse rational handelnder, voneinander unabhängiger Parteien idR eine symmetrische Verteilung von Chancen und Risiken anzunehmen.[24] Es ist also davon auszugehen, dass die Übernahme zusätzlicher Risiken nur mit der Aussicht auf einen entsprechend höheren Nutzen einhergeht, so dass der der Mehrheit der Risiken ausgesetzten Partei normalerweise auch die Mehrheit der Chancen zuzuweisen ist.

22 Soweit dennoch eine asymmetrische Chancen-Risiko-Verteilung vorliegt, die vielfach auf bestehende Informationsdefizite zurückzuführen sein dürfte, ist gemäß IDW RS HFA 2 zunächst zu prüfen, ob aufgrund weiterer Vereinbarungen zusätzliche Vorteile und Risiken, die

19 IDW RS HFA 2, Rn 65.
20 Dies impliziert bspw auch die Marktüblichkeit der vereinbarten Konditionen.
21 IDW RS HFA 2, Rn 66.
22 Oft auch „risks and benefits".
23 IDW RS HFA 2, Rn 69.
24 IDW RS HFA 2, Rn 68.

primär durch die Geschäftstätigkeit der Zweckgesellschaft begründet werden, zu berücksichtigen sind.[25] Fraglich erscheint indes, wie solche Vorteile bzw Risiken von den vom IDW explizit aus der Chancen-Risiko-Betrachtung ausgeschlossenen **indirekten** Vorteilen (s. Rn 19), die aus der Beziehung zu einer SPE bei einem Unternehmen resultieren, abzugrenzen sind. So entstehen bei einem Kreditinstitut, das sämtliche von einer SPE emittierten EZB-fähigen Verbriefungstitel[26] erwirbt und bei der EZB zur Liquiditätsbeschaffung einreicht, sicherlich nicht zu vernachlässigende, jedoch schwer, wenn überhaupt, quantifizierbare Finanzierungsvorteile.[27] Auf der anderen Seite könnte die Übernahme leichter quantifizierbarer direkter Risiken aus nachrangigen und somit risikoreicheren Credit Enhancements (zB Nachrangdarlehen) durch ein anderes (konzernangehöriges) Unternehmen uU zur Vermutung einer Konsolidierungspflicht nach SIC-12 bei diesem Unternehmen und nicht bei dem Kreditinstitut führen, selbst unter der Annahme, dass die SPE eigens zum Zwecke der Emission EZB-fähiger ABS aufgesetzt wurde.

Liegt die deutliche Mehrheit der Chancen bei einer Partei und die ebenso deutliche Mehrheit 23 der Risiken bei einer anderen Partei, ist eine eindeutige Lösung nur dann möglich, wenn einem der Indikatoren der Vorrang eingeräumt wird.[28] Da in SIC-12 kein Rangverhältnis bezüglich der beiden Indikatoren festgelegt wird und das Vorsichtsprinzip keinen übergeordneten Bilanzierungsgrundsatz gemäß IFRS darstellt,[29] erscheint ein in der Literatur anzutreffendes Abstellen auf den Risikoaspekt strittig. Gegen einen solchen Vorrang könnte auch der vom IDW in seiner Stellungnahme gewählte Wortlaut sprechen:[30]

„Dass SIC-12.10 (c) und (d) dennoch auf Vorteile einerseits und Risiken andererseits als eigenständige Indikatoren abstellen, ist vor allem darauf zurückzuführen, dass es je nach Gestaltung des Einzelfalls **unterschiedlich** deutlich feststellbar sein kann, inwieweit eine Partei, die Risiken aus der Geschäftstätigkeit trägt, in entsprechendem Umfang ebenfalls die korrespondierenden Vorteile innehat und umgekehrt."

Im Falle einer asymmetrischen Informationsverteilung könnte insofern vertretbar sein, dem 24 **deutlicheren** Indikator Vorrang zu geben.[31]

Eine Mehrheit der Vorteile oder Risiken iSv SIC-12.10 (c) und (d) liegt nur dann vor, wenn 25 eine Partei die **absolute** Mehrheit von > 50% der Chancen und Risiken und nicht lediglich mehr Chancen oder Risiken als jede andere mit der SPE in Beziehung stehende Partei (relative Mehrheit) innehat.[32] SIC-12 macht zwar keine Vorgabe in Bezug auf die Ermittlung der Mehrheit der Chancen und Risiken, angesichts der in SIC-12.9 gebotenen einzelfallbezogenen Beurteilung unter Berücksichtigung sämtlicher relevanter (dh auch nicht quantifizierbarer) Faktoren ist eine qualitative Betrachtung gegenüber einer rein quantitativen Analyse vorzuziehen.

Neben einer qualitativen wäre auch eine quantitative Vorgehensweise bei Konsolidierungs- 26 entscheidungen denkbar. Die Regelungen des IAS 39 bzw IFRS 9 zur Ausbuchung von Vermögenswerten, die ebenfalls dem Risk-and-reward-Ansatz folgen, definieren Chance und Risiko als „Abweichungen von erwarteten Zahlungsströmen", was auf eine quantitative Betrachtung schließen lässt.[33] Nach Meinung des IDW ist nur eine wahrscheinlichkeitsgewich-

---

25 IDW RS HFA 2, Rn 63, *Küting/Gattung* KoR 2007, 397, 405.

26 Nur die oberste Tranche einer ABS-Transaktion gilt als EZB-fähig. Vgl EZB-Leitlinie 331/30.

27 Zur Nutzung von Verbriefungen für Offenmarktgeschäfte und zur Konsolidierungsproblematik vgl: *Struffert/Wolfgarten* WPg 2010, 371, 379.

28 *Lüdenbach* in: Lüdenbach/Hoffmann § 32 Rn 75.

29 Nach IFRS ist die „true and fair presentation" der oberste Bilanzierungsgrundsatz.

30 IDW RS HFA 2, Rn 68.

31 *Küting/Gattung* KoR 2007, 397, 405.

32 IDW RS HFA 2, Rn 67.

33 IAS 39.21 bzw IFRS 9.3.2.7.

tete **Szenarienanalyse** bei der Bestimmung der Konsolidierungspflicht einer SPE sachgerecht.[34] Gleichzeitig weist das IDW auf die Notwendigkeit einer Abgrenzung der Bestimmung von Chancen und Risiken für Ausbuchungs- und Konsolidierungszwecke hin.[35] Da keine der IDW-Stellungnahmen ein Beispiel zur quantitativen Ermittlung der Konsolidierungspflicht bei Zweckgesellschaften enthält und ein Rückgriff auf die analogen US-Verlautbarungen, insb. FASB Interpretation No. 46 (FIN 46R), die eine wahrscheinlichkeitsgewichtete Analyse fordert, laut IDW nicht infrage kommt,[36] bleibt offen, wie eine solche Analyse genau zu gestalten ist. In den meisten Fällen kann eine Entscheidung jedoch ohne aufwendige mathematische Berechnungen getroffen werden. Zudem lassen sich nicht quantifizierbare Einflussparameter nur im Rahmen einer qualitativen Betrachtung in die Beurteilung der Konsolidierungspflicht aufnehmen.

27 Die Konsolidierungspflicht nach SIC-12 bleibt für die Partei, der die Mehrheit der Chancen und Risiken zuzurechnen ist, auch im Falle der **Weiterreichung** dieser Chancen und Risiken an eine dritte Partei über einen Swap oder ein anderes Gegengeschäft bestehen.[37]

28 Da Chancen und Risiken zukunftsgerichtete Begriffe sind, ist deren Verteilung für die (Rest-)Zukunft zu beurteilen.[38] Die in der Vergangenheit vorgenommene Zuordnung einer SPE ist zu jedem Abschlussstichtag daraufhin zu prüfen, ob sich die Vertragsverhältnisse zwischen den bisherigen Parteien verändert haben und ob eine neue Partei hinzugekommen ist.[39] Ändert sich die ursprüngliche Risiko-Chancen-Verteilung zB aufgrund der Übernahme einer risikobehafteten nachrangigen Verbriefungsposition (bspw einer Junior Tranche) durch eine bisher nicht der Mehrheit der Chancen und Risiken ausgesetzten Partei, so könnte dieser nunmehr eine solche Mehrheit zuzurechnen sein. Eine **Neubeurteilung** der bisherigen Konsolidierungsentscheidung wird dagegen nicht dadurch ausgelöst, dass eine ursprünglich erwartete Verteilung der Chancen und Risiken nicht erwartungsgemäß eintritt bzw sich im Zeitablauf ändert. Stellt sich die ursprüngliche Konsolidierungsentscheidung hingegen als fehlerhaft heraus, zieht dies in Übereinstimmung mit IAS 8 „Rechnungslegungsmethoden, Änderungen von rechnungslegungsbezogenen Schätzungen und Fehlern“ eine rückwirkende Konsolidierung der SPE nach sich.[40]

29 Sollte keiner Partei die absolute Mehrheit der Chancen und Risiken zugeordnet werden können und sich auch ansonsten keine eindeutige Zuordnung der Beherrschungskriterien ergeben, kann der Fall eintreten, dass die SPE überhaupt nicht zu konsolidieren ist.

II. Regelungen des HGB nach BilMoG

1. Überarbeitung des handelsrechtlichen Konsolidierungskonzepts

30 Die Konsolidierung von Zweckgesellschaften richtet sich nach dem allgemeinen Konsolidierungskonzept des § 290 HGB. Bis dato konnte ein Mutter-Tochter-Verhältnis entweder nach dem Konzept der **„einheitlichen Leitung“** (§ 290 Abs. 1 HGB) oder nach dem **„Kontrollkonzept“** (§ 290 Abs. 2 HGB) begründet werden. Für eine Einbeziehung in den Konzernabschluss setzte die einheitliche Leitung zudem eine Beteiligung des Mutterunternehmens an dem Tochterunternehmen iSd § 271 Abs. 1 HGB voraus. Dies führte in der Regel dazu, dass sich eine Konsolidierungspflicht nach § 290 Abs. 1 HGB aufgrund einer nicht vorhandenen

34 IDW RS HFA 9, Rn 166.
35 Fußnote 11 zu IDW RS HFA 9, Rn 132.
36 IDW RS HFA 2, Rn 50. Zum Aufbau einer quantitativen Analyse bei SPEs vgl *Lüdenbach* in: Lüdenbach/Hoffmann § 32 Rn 83.
37 IDW RS HFA 9, Rn 170.
38 *Lüdenbach* in: Lüdenbach/Hoffmann § 32 Rn 79.
39 IDW RS HFA 9, Rn 171.
40 IDW RS HFA 9, Rn 172.

bzw nur geringen Eigenkapitalbeteiligung der die Zweckgesellschaft wirtschaftlich beherrschenden Partei verhindern ließ.

Mit Inkrafttreten des BilMoG am 29.5.2011 wurde das Konzept der einheitlichen Leitung nach § 290 Abs. 1 HGB abgeschafft. Die gesetzlichen Vertreter einer Kapitalgesellschaft mit Sitz im Inland haben nach den neuen Regelungen dann einen Konzernabschluss aufzustellen, wenn diese auf ein anderes Unternehmen (Tochterunternehmen) unmittelbar oder mittelbar einen **beherrschenden Einfluss** ausüben kann. Es wird somit auf die Möglichkeit und nicht auf die eigentliche Ausübung der Beherrschung abgestellt („Konzept der möglichen Beherrschung").[41] Zudem ist mit § 290 Abs. 2 Nr. 4 HGB ein neuer Absatz eigens für die Konsolidierung von Zweckgesellschaften ins HGB eingefügt worden.[42] 31

2. Zur definitorischen Abgrenzung von Zweckgesellschaften im HGB

Eine Zweckgesellschaft ist analog zur Definition in SIC-12 ein Unternehmen, das der Erreichung eines eng begrenzten und genau definierten Ziels des Mutterunternehmens dient. Um vorzubeugen, dass diese enge Definition als Ausschlusskriterium genutzt wird, um das Vorliegen einer Zweckgesellschaft und somit auch eine Pflicht zur Konsolidierung zu verneinen, wird in DRS 19 eine Relativierung dieser engen Sicht vorgenommen. Einer Einordnung als Zweckgesellschaft steht demnach nicht entgegen, dass im Rahmen einer engen Zwecksetzung ein gewisser Entscheidungs- und Handlungsspielraum verbleibt. Eine Zweckgesellschaft muss zudem nicht notwendigerweise genau ein Ziel oder ausschließlich Ziele des Mutterunternehmens bzw des Konzerns verfolgen.[43] Eine derartige Konkretisierung ist insofern zu begrüßen, als dadurch insbesondere solchen Strukturierungen entgegengewirkt wird, die einen vermeintlichen **Interessenausgleich** mehrerer an einer SPE beteiligten Parteien verfolgen, um eine außerbilanzielle Behandlung zu erzielen. 32

Desweiteren stellt DRS 19 klar, dass auch ein Autopilotmechanismus für das Vorliegen einer Zweckgesellschaft nicht zwingend erforderlich ist. Im Einzelfall ist vielmehr zu prüfen, inwieweit die unternehmerische Entscheidungsmacht im Vergleich zu „normalen", am Markt tätigen Unternehmen hinreichend eingeschränkt ist.[44] 33

Obwohl § 290 Abs. 2 Nr. 4 S. 1 HGB zunächst an den Begriff „Unternehmen" anknüpft, wird im nachfolgenden Satz eine Erweiterung der Definition einer Zweckgesellschaft über die Unternehmenseigenschaft hinaus vorgenommen. Zweckgesellschaften können demnach nicht nur Unternehmen, sondern auch sonstige juristische Personen des Privatrechts, wie zB Stiftungen und Vereine, oder unselbstständige Sondervermögen des Privatrechts mit Ausnahme der Spezialsondervermögen iSv § 2 Abs. 3 des Investmentgesetzes (InvG) (vgl hierzu Rn 49 ff) sein. 34

Laut Gesetzesbegründung sollen dadurch Umgehungen der Konsolidierungspflicht verhindert werden, die allein daraus resultieren können, dass die Definitionsmerkmale des Unternehmensbegriffs durch eine gezielte Rechtsgestaltung nicht erfüllt werden.[45] In diesem Zusammenhang geht DRS 19 auf sog. **zellulare Strukturen** (auch „Silos" bzw „Zebragesellschaften") ein, deren einzelne, eindeutig bestimmbare Teile, die eine eigenständige wirtschaftliche Zuordnung im Sinne der Abgrenzung von Risiken und Chancen ermöglichen, als Zweckgesellschafen qualifiziert werden können. Eine eigenständige Rechtspersönlichkeit ist 35

41 BT-Drucks. 16/12407, S. 89.

42 Gemäß Art. 66 Abs. 3 EGHGB sind die Änderungen des § 290 HGB erstmalig auf Jahres- und Konzernabschlüsse nach dem 31.12.2009 anzuwenden.

43 DRS 19.39.

44 DRS 19.40.

45 BT-Drucks. 16/12407, S. 89.

folglich keine Voraussetzung für das Vorliegen einer Zweckgesellschaft.[46] Dies entspricht auch der vom IDW vorgenommenen Auslegung der Konsolidierungsanforderungen nach SIC-12, wonach die Anwendbarkeit von SIC-12 nicht dadurch ausgeschlossen wird, dass eine Zweckgesellschaft einen zellularen Aufbau aufweist.[47]

3. Konzeptionelle Einordnung des neuen Tatbestandsmerkmals nach § 290 Abs. 2 Nr. 4 HGB

36 In Annäherung an die Regelungen des IAS 27 iVm SIC-12 besteht gemäß § 290 Abs. 2 Nr. 4 HGB ein beherrschender Einfluss eines Mutterunternehmens auch dann, wenn es bei wirtschaftlicher Betrachtung die Mehrheit der Risiken und Chancen eines Unternehmens trägt, das zur Erreichung eines eng begrenzten und genau definierten Ziels des Mutterunternehmens dient. Neben Unternehmen können Zweckgesellschaften auch sonstige juristische Personen oder unselbstständige Sondervermögen des Privatrechts, ausgenommen Spezial-Sondervermögen iSd § 2 Abs. 3 des Investmentgesetzes, sein.

37 Da die Erfüllung bereits eines der in § 290 Abs. 2 Nr. 1 bis 4 HGB aufgeführten Tatbestände unwiderlegbar zur Vermutung eines beherrschenden Einflusses führt, stellt sich daher die Frage, ob auch die auf das Innehaben **formalrechtlicher** Positionen abstellenden Kriterien nach § 290 Abs. 2 Nr. 1–3 HGB für die Beurteilung der Konsolidierungspflicht bei Zweckgesellschaften einschlägig sind.[48] Allein aus dem allgemein gehaltenen Wortlaut im Gesetz lässt sich keine Antwort ableiten. In der Literatur wird beispielweise die Auffassung vertreten, dass die Regelungen des § 290 Abs. 2 Nr. 4 HGB erst dann anzuwenden sind, wenn die Einbeziehung einer Zweckgesellschaft in den Konsolidierungskreis eines Unternehmens nach § 290 Abs. 2 Nr. 1–3 HGB nicht möglich ist.[49] Eine derartige Prüfungsabfolge könnte sich ggf unter Verweis auf die vom Deutschen Standardisierungsrat (DSR) in dem von ihm veröffentlichten Deutschen Rechnungslegungsstandard Nr. 19 „Pflicht zur Konzernrechnungslegung und Abgrenzung des Konsolidierungskreises" (DRS 19)[50] gewählte Formulierung rechtfertigen lassen. Hiernach sind die Tatbestände des § 290 Abs. 2 HGB als gleichrangig anzusehen und von jedem potenziellen Mutterunternehmen jeweils zu prüfen.[51]

38 Folge einer solchen Auslegung wäre eine mögliche **Mehrfachkonsolidierung** einer und derselben Zweckgesellschaft bei Erfüllung der Tatbestände des § 290 Abs. 2 Nr. 1–3 HGB durch ein Unternehmen bei gleichzeitigem Vorliegen der Mehrheit der Risiken und Chancen bei einem anderen Unternehmen oder mehreren verbundenen Unternehmen. Eine Korrektur des nach formalrechtlichen Kriterien abgeleiteten Mutter-Tochter-Verhältnisses zu einer wirtschaftlich nicht beherrschten Zweckgesellschaft könnte dann nur über die Anwendung von § 296 Abs. 1 Nr. 1 HGB vorgenommen werden.[52] Die Beherrschungsvermutung wäre demnach bei einer über einen Autopiloten gesteuerten Zweckgesellschaft aufgrund erheblicher und andauernder Beschränkungen bei der Ausübung der Rechte des Mutterunternehmens zu widerlegen.

---

46 DRS 19.44.

47 IDW RS HFA 2, Rn 59.

48 *Stibi/Kirsch/Ewelt-Knauer* WPg 2011, 761, 764.

49 Vgl *Gahlen* BB 2010, 2877, 2879 f.

50 Bei den DRS handelt es sich um Empfehlungen zur Anwendung der Grundsätze der Konzernrechnungslegung. Soweit sie vom Bundesministerium der Justiz (BMJ) bekannt gemacht wurden, gilt die Vermutung, dass ein unter Beachtung dieser Empfehlungen aufgestellter Konzernabschlusses den die Konzernrechnungslegung betreffenden Grundsätzen ordnungsmäßiger Buchführung entspricht. DRS 19 wurde am 18.2.2011 durch das BMJ im Bundesanzeiger bekannt gemacht und ist auf Geschäftsjahre, die nach dem 31.12.2010 beginnen, erstmalig anzuwenden. Eine frühere Anwendung wird in DRS 19.125 empfohlen.

51 DRS 19.20.

52 *Stibi/Kirsch/Ewelt-Knauer* WPg 2011, 761, 765 sowie DRS 19.85 h).

Betrachtet man den Beherrschungstatbestand des § 290 Abs. 2 Nr. 4 HGB dagegen als **kasuistische Ausnahme** aus dem sonst formalrechtlichen Konsolidierungskonzept des § 290 HGB, so lassen sich mehrfache Mutter-Tochter-Verhältnisse dadurch vermeiden, dass zuerst das Vorliegen einer Zweckgesellschaft bejaht und in einem zweiten Prüfungsschritt die zur Bestimmung der Konsolidierungspflicht von Zweckgesellschaften als *lex specialis* anzusehende Norm des § 290 Abs. 2 Nr. 4 HGB herangezogen wird. Auf die Entbehrlichkeit der Anwendung formalrechtlicher Kriterien des § 290 Abs. 2 Nr. 1–3 HGB auf Zweckgesellschaften deutet auch der Wortlaut des DRS 19 hin. Hier wird auf den Umstand hingewiesen, dass bei Bestehen einer Zweckgesellschaft eine rein wirtschaftliche Betrachtungsweise anhand der Verteilung von Chancen und Risiken maßgeblich ist. Auf die Möglichkeit zur Ausübung gesellschaftsvertraglicher oder sonstiger Rechtspositionen kommt es bei den SPEs nicht an.[53] 39

Eine Einstufung des § 290 Abs. 2 Nr. 4 HGB als *lex specialis* für Zwecke der Konsolidierung von Zweckgesellschaften erscheint uE insoweit berechtigt. Somit ist allein der Risiko-Chancen-Ansatz bei der Prüfung der Konsolidierungspflicht von Zweckgesellschaften anzuwenden. Auch DRS 19 stellt klar, dass die Tatbestandsmerkmale der Zweckgesellschaft und Tragen der Mehrheit der Risiken und Chancen für die Einbeziehung in einen Konsolidierungskreis **kumulativ** erfüllt sein müssen. Insofern ist in einem ersten Schritt das Vorliegen einer Zweckgesellschaft zu prüfen. In einem zweiten Schritt ist dann festzustellen, ob dem potenziellen Mutterunternehmen die Mehrheit der Chancen und Risiken zuzurechnen ist.[54] Ferner kann der Vorrang der Würdigung der Chancen und Risiken unter Rückgriff auf die einschlägigen Regelungen der IFRS, bei denen es bei Vorliegen einer SPE zu einer „Überlagerung" des IAS 27 durch SIC-12 kommt, bejaht werden.[55] 40

Ein Verzicht auf die Konsolidierung einer SPE unter Verweis auf § 296 Abs. 1 Nr. 1 HGB (erhebliche und andauernde Beschränkungen bei der Ausübung der Rechte des Mutterunternehmens) ist nach Auffassung des DSR durch den mehrheitlichen Träger von Chancen und Risiken nicht möglich. Eine aus § 290 Abs. 2 Nr. 4 HGB hervorgehende Konsolidierungspflicht kann folglich nicht unter Berufung auf einen implementierten Autopilotmechanismus verhindert werden, da die Rechte aufgrund der Einrichtung des Autopilotmechanismus als **ausgeübt** angesehen werden können.[56] Nur in Ausnahmefällen ist eine Ausübung des Einbeziehungswahlrechts nach § 296 Abs. 1 Nr. 1 HGB aufgrund der Beschränkung der Rechte des Mutterunternehmens vorstellbar. So würde beispielweise eine Zwangsenteignung durch eine Regierung, die alle „Zugriffsrechte bzw -möglichkeiten" im Hinblick auf die Zweckgesellschaft eliminiert, die Befreiung von der nach § 290 Abs. 2 Nr. 4 HGB begründeten Konsolidierungspflicht insofern rechtfertigen, als das Mutterunternehmen dann nicht mehr über die Mehrheit der Chancen und Risiken verfügt bzw der Charakter einer Zweckgesellschaft verloren geht.[57] 41

Beim Vorliegen der allgemeinen Tatbestandsvoraussetzungen des § 296 Abs. 1 Nr. 3 HGB (zur Weiterveräußerung gehaltene Anteile) vertritt der DSR die Auffassung, dass das Einbeziehungswahlrecht auch auf die zum Zwecke der Weiterveräußerung erworbenen Zweckgesellschaften anzuwenden ist.[58] Eine Anwendung ist auch dann gestattet, wenn eine neu gegründete Fondskonstruktion, die die Eigenschaften einer Zweckgesellschaft aufweist, mit Startkapital (Seed Money) im Sinne einer Anschubfinanzierung versorgt wird. Die Pflicht zur Konsolidierung beim Kapitalgeber lässt sich in solchen Fällen vermeiden, vorausgesetzt, dass 42

53 DRS 19.18.
54 DRS 19.37.
55 Vgl bspw *Findeisen/Sabel/Klube* DB 2010, 965, 967 f sowie *Hermann/Potthast* DStR 2011, 685, 688.
56 DRS 19.86 und A12.
57 DRS 19.A12.
58 DRS 19.100.

eine **Weiterveräußerungsabsicht** in Bezug auf die gehaltenen Anteile nachweislich besteht und die Veräußerung dieser Anteile in einem angemessenen Zeitraum realisiert werden kann.[59]

43 Auf die Anwendung der Vorschriften des § 296 Abs. 1 Nr. 2 HGB auf Zweckgesellschaften wird in DRS 19 zwar nicht eingegangen. Eine Nichteinbeziehung in den Konzernabschluss aufgrund unverhältnismäßig hoher Kosten oder Verzögerung bei der Beschaffung erforderlicher Angaben dürfte bei Zweckgesellschaften jedoch nur in den seltensten Fällen möglich sein. Da die Konsolidierung einer Zweckgesellschaft nur mit der Übernahme der Mehrheit der Chancen und Risiken durch das Mutterunternehmen einhergeht, sind die entsprechenden Angaben in der Regel von hohem Nutzen für die Adressaten des Konzernabschlusses. Zudem liegt die Vermutung nahe, dass ein Unternehmen nur dann bereit ist, die Chancen und Risiken aus einer SPE mehrheitlich zu tragen, wenn es sich auch entsprechende **Informationsrechte**, u.a. zum Zwecke des eigenen Risikomanagements, sichern kann.[60]

44 Die Befreiungsvoraussetzung aufgrund **Unwesentlichkeit** (§ 296 Abs. 2 HGB) kann gemäß DRS 19.106 auch für Zweckgesellschaften in Anspruch genommen werden. Sollten gleich mehrere Zweckgesellschaften für die Ermittlung der Vermögens-, Finanz- und Ertragslage des Konzerns als von untergeordneter Bedeutung anzusehen sein, kommt eine Nichteinbeziehung in den Konzernabschluss nur dann infrage, wenn die SPEs **zusammen** von untergeordneter Bedeutung sind.

4. Verhältnis zu SIC-12

45 Entsprechend der Absicht des Gesetzgebers, eine Angleichung des § 290 HGB an den Regelungsinhalt von IAS 27 und SIC 12 zu erreichen,[61] können die Indikatoren des SIC-12 trotz der Tatsache, dass die IFRS keine Rechtsquelle für das deutsche Handelsrecht darstellen, zur teleologischen Auslegung der abstrakten Norm des § 290 Abs. 2 Nr. 4 HGB herangezogen werden. Durch die maßgebliche Beibehaltung handelsrechtlicher GoB, in erster Linie des **Vorsichtsprinzips**, werden einer solchen IFRS-Orientierung jedoch Grenzen gesetzt.[62] Mithin kann eine völlige Deckungsgleichheit mit SIC-12 nicht gefolgert werden.[63]

46 In Anlehnung an die wirtschaftliche Betrachtungsweise des SIC-12 ist auch handelsrechtlich eine Zweckgesellschaft durch dasjenige Unternehmen zu konsolidieren, das die Mehrheit der Chancen und Risiken trägt. Während in SIC-12 weder den Risiken noch den Chancen Priorität eingeräumt wird, stellt der deutsche Gesetzgeber bei ungleicher Verteilung von Chancen und Risiken vorrangig auf die **Risiken** ab, wodurch die starke Stellung des handelsrechtlichen Vorsichts- und Imparitätsprinzips (§ 252 Abs. 1 Nr. 4 HGB) zum Ausdruck kommt. Im Falle einer paritätischen Risikoverteilung geben allerdings die Chancen den Ausschlag.[64] Entgegen der Formulierung des HGB können nach SIC 12.10 sowohl die Risiken als auch die Chancen, je nachdem, welcher der beiden Indikatoren deutlicher ausgeprägt ist, eine Konsolidierungspflicht begründen (vgl Rn 23 f). Ein vorrangiges Abstellen auf die Risiken ist in SIC 12 nicht geregelt. Für die Auslegung des § 290 Abs. 2 Nr. 4 HGB bedeutet dies, dass zunächst auf den Sinn und den Zweck des HGB zurückzugreifen ist. Die Regelungen des SIC 12 können, sofern sie nicht im Widerspruch zu Wortlaut, Systematik oder Zweck des HGB stehen, unterstützend herangezogen werden.[65]

---

59 DRS 19.A13.
60 *Stibi/Kirsch/Ewelt-Knauer* WPg 2011, 761, 770.
61 BT-Drucks. 16/12407, S. 89.
62 *Gelhausen/Deubert/Klöcker* DB 2010, 2005, 2007 sowie BT-Drucks. 16/12407, S. 89.
63 Beck'scher Bilanzkommentar 2010, § 291 HGB Rn 67.
64 BT-Drucks. 16/12407, S. 89 iVm DRS 19.61.
65 Beck'scher Bilanzkommentar 2010, § 291 HGB Rn 67.

Da die Intention des deutschen Gesetzgebers in einer Angleichung an die IFRS bestand, bleiben die Kernaussagen des Risk-and-reward-Ansatzes aus SIC-12 sowie das im Schrifttum und in der Praxis inzwischen etablierte Anwendungsverständnis dieses Ansatzes im HGB fortbestehen. Dazu zählen insbesondere folgende Konsolidierungsgrundsätze: 47

- Wirtschaftliche Betrachtungsweise (substance over form);
- Einzelfallbezogene Gesamtwürdigung aller relevanten Faktoren;
- Priorität der qualitativen Analyse;
- Zukunftsgerichtete Betrachtung;[66]
- Notwendigkeit einer Neubeurteilung bei geänderten Vertragsverhältnissen bzw Transaktionsparteien.

Vor dem Hintergrund der aktuellen Entwicklung des neuen IFRS zur Konsolidierung (IFRS 10), der die Regelungen des SIC-12 künftig ersetzen wird, ist nicht davon auszugehen, dass der Gesetzgeber einen dynamischen Verweis beabsichtigt hat. Für die handelsrechtliche Konsolidierung von Zweckgesellschaften bleibt weiterhin der Normtext des § 290 Abs. 2 Nr. 4 HGB einschlägig.[67] 48

5. Einzelne Ausprägungsformen

Während sich bei der handelsrechtlichen Konsolidierung von Verbriefungszweckgesellschaften kaum nennenswerte Unterschiede zum Regelungswerk des IAS 27/SIC 12 ergeben (abgesehen von den vorstehend bereits diskutierten), ist die Anwendung des § 290 Abs. 2 Nr. 4 HGB insb. auf Investmentfonds, Leasingobjektgesellschaften, Unterstützungskassen sowie uU bestimmte Stiftungen mit nicht zu vernachlässigenden Besonderheiten verbunden, auf die nachfolgend überblicksweise eingegangen wird. 49

a) Investmentfonds

Eine bedeutende Ausprägung von Zweckgesellschaften stellen Investmentfonds dar. Investmentfonds fallen gemäß § 30 InvG unter den Begriff „**Sondervermögen**" und besitzen daher keine Rechtspersönlichkeit. Anders als mit Anteilen an einer rechtsfähigen AG oder GmbH sind mit Anteilen an einem Sondervermögen keine Rechte verbunden.[68] Folglich ist das auf Stimmrechte anknüpfende Beherrschungskonzept von § 290 Abs. 2 Nr. 1–3 HGB bzw IAS 27.13 nicht auf Sondervermögen anwendbar. Für solche Konstrukte gilt daher, das Vorliegen wirtschaftlicher Beherrschung iSd § 290 Abs. 2 Nr. 4 HGB zu prüfen. 50

Das deutsche Investmentgesetz unterscheidet zwischen Spezial-Sondervermögen (**Spezialfonds**) und Publikumssondervermögen (**Publikumsfonds**). Spezial-Sondervermögen sind Investmentfonds, deren Anteilsscheine ausschließlich von nicht natürlichen Personen (institutionellen Anlegern) gehalten werden. Alle übrigen Sondervermögen sind gemäß § 2 Abs. 3 InvG Publikums-Sondervermögen.

Im Gegensatz zu SIC-12 gelten Spezial-Sondervermögen bzw Spezialfonds iSv § 2 Abs. 3 InvG nicht als Zweckgesellschaften nach deutschem Handelsrecht. Unbeschadet des Ausschlusses aus dem Anwendungsbereich des § 290 Abs. 2 Nr. 4 HGB weisen Spezialfonds jedoch durchaus die konstituierenden **Merkmale einer SPE** auf. Die Entscheidungsmacht des Fondsmanagements ist bei solchen Fonds meist durch bestehende Vertragsbedingungen bzw Anlagerichtlinien beschränkt und kann nur mit Zustimmung der Investoren geändert werden. Die Spezialfonds laufen insoweit auf Autopilot und werden mit einer engen Zwecksetzung auf Veranlassung eines oder mehrerer Investoren aufgelegt. 51

---

66 DRS 19.59.

67 Beck'scher Bilanzkommentar 2010, § 291 HGB Rn 67.

68 *Blaschke/Schildbach* in: Löw, S. 387.

52 Spezialfonds sowie auch die Definition einer Zweckgesellschaft erfüllende Publikumsfonds[69] sind nach SIC-12.10(c) und (d) durch den Investor zu konsolidieren, der mehr als 50% der ausgegebenen Anteilsscheine hält.[70] Im Falle eines **Ein-Anleger-Spezialfonds** könnte von einer wirtschaftlichen Kontrolle bereits nach SIC-12.10(a) ausgegangen werden, da die Auflegung des Investmentfonds ausschließlich auf Veranlassung und im Interesse eines einzigen Investors erfolgt.[71]

53 Aus rein wirtschaftlicher Sicht ist der gesetzliche Ausschluss der Spezialfonds in § 290 Abs. 2 Nr. 4 HGB nicht begründet und stellt daher eine „**Ausnahme im Ausnahmetatbestand**" dar.[72] Möglicher Grund für diese Ausnahmevorschrift könnte laut Protokoll der öffentlichen Anhörung in der Entstehung einer Konsolidierungspflicht für viele kleine Kreditinstitute allein wegen ihrer Spezialfonds liegen.[73] Im Falle einer Kapitalmarktorientierung eines Kreditinstitutes könnte sich aus der Konzernaufstellungspflicht nach HGB sogar eine Pflicht zur IFRS-Anwendung nach § 315 a Abs. 1 HGB ergeben.[74]

54 Obwohl Spezial-Sondervermögen nach § 2 Abs. 2 InvG nur inländische Investmentvermögen umfassen, wird in DRS 19 eine Ausdehnung der Ausnahmevorschrift auch für solche **ausländische Spezialfonds** begründet, die hinsichtlich der für Spezial-Sondervermögen geltenden Anforderungen des InvG als gleichwertig eingestuft werden können. Damit soll eine Diskriminierung qualitativ vergleichbarer Spezialfonds vermieden und überdies eine einheitliche Abbildung im Konzernabschluss erreicht werden.[75]

b) Leasingobjektgesellschaften

55 Leasingobjektgesellschaften werden eigens zur Übertragung und Finanzierung eines oder mehrerer meist kapitalintensiver Leasinggegenstände (zB Immobilien oder Produktionsanlagen) gegründet. Die Anschaffungskosten der Leasingobjekte werden überwiegend durch die Aufnahme von Fremdkapital finanziert. Die Vermietung der Leasingobjekte erfolgt durch die Leasingobjektgesellschaft als Leasinggeber an einen oder mehrere Leasingnehmer. Da die Geschäftstätigkeit einer Leasingobjektgesellschaft ausschließlich auf die **Abwicklung des Leasingvertrags** begrenzt ist und ein nur unwesentlicher Handlungsspieltraum bestehen bleibt, erfüllt sie regelmäßig die Definitionsmerkmale einer Zweckgesellschaft.

56 Bisher konnten Leasingobjektgesellschaften bereits nach altem HGB aufgrund einer Stimmrechtsmehrheit bzw Mehrheit in der Geschäftsführung insbesondere durch Leasinggesellschaften konsolidiert werden.[76] Mit Inkrafttreten des BilMoG müssen nun auch sie einer **Neubeurteilung** der Einbeziehungspflicht nach dem für SPEs einschlägigen § 290 Abs. 2 Nr. 4 HGB unterzogen werden.

57 Eine derartige Beurteilung ist unabhängig von der bilanziellen Behandlung des Leasingverhältnisses im Einzelabschluss vorzunehmen. Da für die wirtschaftliche Zuordnung des Leasinggegenstands im Einzelabschluss weiterhin auf die **steuerlichen Leasingerlasse**[77] abzustellen ist,[78] für die Zuordnung der Zweckgesellschaft hingegen der an die IFRS-angelehnte Ri-

69 Bspw richtlinienkonforme Wertpapierfonds nach InvG, nicht aber Hedgefonds. Vgl hierzu *PricewaterhouseCoopers*, B. II, S. 1433.

70 *Blaschke/Schildbach* in: Löw, S. 389.

71 *Blaschke/Schildbach* in: Löw, S. 388; *PricewaterhouseCoopers*, B. II, S. 1435.

72 *Freiberg* PiR 2010, 294, 295.

73 *Neumann* laut BT-Protokoll Nr. 122, S. 20.

74 *Haaker* PiR 2010, 294, 294.

75 DRS 19.49 und A8.

76 *Gahlen* BB 2010, 2877, 2878; *Findeisen/Sabel/Klube* DB 2010, 965, 970 ff.

77 Vgl hierzu bspw die steuerlichen Leasingerlasse, BStBl. I 1971, 264; BStBl. I 1972, 188; BStBl. I 1992, 13; BStBl. I 1996, 9.

78 BT-Drucks. 16/10067, S. 47.

siko-Chancen-Ansatz maßgeblich ist, kann dadurch die Konsolidierungspflicht der Leasingobjektgesellschaft für den Leasingnehmer entstehen, obwohl das Leasingobjekt nicht in seinem Einzelabschluss bilanziert wird.[79] Fraglich erscheint vor diesem Hintergrund, ob eine Zurechnung des Leasingobjektes zum Leasingnehmer auch dann möglich ist, wenn zwar keines der Erlasskriterien erfüllt ist, die Risiken und Chancen jedoch aus anderen Gründen beim Leasingnehmer liegen.[80]

Bei Leasinggesellschaften, die trotz Innehabens formalrechtlicher Positionen nicht die Mehrheit der Chancen und Risiken aus der Leasingobjektgesellschaft tragen, kann es hingegen zu einer ggf bedeutenden **Reduktion** des bisherigen Konsolidierungskreises kommen.[81] 58

Ferner ist anzumerken, dass die Beurteilung der Chancen und Risiken bei Leasingobjektgesellschaften durch den für diese üblichen **langfristigen Charakter** der Leasingverträge zusätzlich erschwert wird. Dies betrifft in erster Linie die Ermittlung und Verteilung der Wertänderungsrisiken und Restwertrisiken sowie der dazugehörigen Chancen. 59

c) Unterstützungskassen

Eine Unterstützungskasse liegt nach § 1 b Abs. 4 des Gesetzes zur Verbesserung der betrieblichen Altersversorgung (BetrAVG) vor, wenn die betriebliche Altersversorgung von einer rechtsfähigen Versorgungseinrichtung durchgeführt wird, die auf ihre Leistungen keinen Rechtsanspruch gewährt. Die Konsolidierung von Unterstützungskassen scheiterte nach altem HGB zum einen an der **fehlenden Unternehmenseigenschaft** einer Unterstützungskasse, zum anderen an § 296 Abs. 1 Nr. 1 HGB.[82] Da die Gründung einer Unterstützungskasse auf Initiative des Trägerunternehmens und zur Bedienung der Ansprüche seiner Arbeitnehmer auf Unterstützungsleistungen erfolgt, können Unterstützungskassen und ähnliche externe Versorgungseinrichtungen wie Pensionsfonds bzw -kassen gemäß DRS 19.46 unter die handelsrechtliche Definition einer Zweckgesellschaft fallen.[83] 60

Weder die fehlende Unternehmensqualität noch eine Berufung auf § 296 Abs. 1 Nr. 1 HGB (zur Nichtanwendung dieses Konsolidierungswahlrechts s. Rn 41) führen dann an der **Konsolidierungspflicht beim Trägerunternehmen** vorbei, da diesem in aller Regel sowohl die meisten Chancen als auch die meisten Risiken zuzuordnen sind.[84] Aus der Erteilung der Versorgungszusagen über eine Unterstützungskasse kann für die Trägerunternehmen folglich die Pflicht zur Konzernrechungslegung entstehen, die sich allenfalls nach § 296 Abs. 2 HGB (Unwesentlichkeit) vermeiden ließe.[85] 61

Ferner ist bei der Einbeziehung von Unterstützungskassen in den Konzernabschluss das **Passivierungswahlrecht** des Art. 28 Abs. 1 EGHGB zu beachten, dessen Inanspruchnahme in Höhe der das Vermögen der Versorgungseinrichtung übersteigenden Versorgungsverpflichtung per DRS 19 auf Konzernabschlüsse ausgeweitet wurde.[86] 62

Das Passivierungswahlrecht des Art. 28 Abs. 1 EGHGB ermöglicht es dem Trägerunternehmen, **mittelbare**, dh über eine externe Versorgungseinrichtung eingegangene Versorgungs- 63

---

79 *Reitmayr*, S. 7, 8. Verfügbar unter: http://www.deloitte.com, abgerufen am 21.2.2012.

80 Vgl dazu das Beispiel einer günstigen Option über den Erwerb der Anteile an der Objektgesellschaft in *Lüdenbach* StuB 2011, 345, 346.

81 *Findeisen/Sabel/Klube* DB 2010, 965, 970 ff.

82 *Oser* DB 2011, 1.

83 Dies erscheint insofern bemerkenswert, als SIC-12.6 Altersversorgungspläne (post-employment benefit plans) mit Planvermögen aus seinem Anwendungsbereich ausnimmt, was auf dem Primat des Verrechnungsgebots des IAS 19.54 d gegenüber einer Konsolidierung als Zweckgesellschaft beruht. Vgl hierzu: *Oser/Weidle* IRZ 2012, 63, 66.

84 Zur Darstellung einzelner Chancen und Risiken vgl *Neubeck* StuB 2011, 529, 532 f.

85 *Oser* DB 2011, 1.

86 DRS 19.47.

verpflichtungen nicht passivieren zu müssen.[87] In der Bilanz der Unterstützungskasse werden solche Altersversorgungsverpflichtungen jedoch auch nicht erfasst. Schließlich werden Versorgungszusagen nicht von der Unterstützungskasse, sondern vom Trägerunternehmen erteilt. Auch wird kein Rechtsanspruch durch die Unterstützungskasse gewährt (s.o. Definition des BetrAVG). Bei Inanspruchnahme des Passivierungswahlrechts käme es in der Konzernbilanz somit zum Ausweis der Vermögenswerte der Unterstützungskasse, nicht aber ihrer Versorgungsverpflichtungen. Dieser Diskrepanz wird in DRS 19.47 insoweit Rechnung getragen, als mindestens in Höhe der in die Konzernbilanz einbezogenen Vermögenswerte auch Versorgungsverpflichtungen der Unterstützungskasse einbezogen werden müssen. Übersteigen die Versorgungsverpflichtungen dennoch die Vermögenswerte der Unterstützungskasse (Unterdeckung), was in der Praxis regelmäßig zu beobachten ist, führt die Ausübung des Passivierungswahlrechts zur **Nichterfassung** der Versorgungsverpflichtungen im Konzernabschluss in dieser Höhe.[88]

64 Dies widerspricht allerdings der **Einheitstheorie** des Konzernabschlusses, wonach die Vermögens-, Finanz- und Ertragslage des Konzernabschlusses so darzustellen ist, als ob die einbezogenen Unternehmen insgesamt ein einziges Unternehmen wären (§ 297 Abs. 3 HGB). Nach der Einheitstheorie wäre eine mittelbare, über eine Unterstützungskasse erteilte Versorgungszusage nicht mehr mittelbar, sondern unmittelbar und somit passivierungspflichtig.[89]

d) Stiftungen

65 Auch Stiftungen können grundsätzlich die typischen Merkmale einer Zweckgesellschaft aufweisen. Da den meisten Stiftungen, mit Ausnahme der unternehmensverbundenen Stiftungen, die Unternehmereigenschaft abgesprochen wird und zudem das Beteiligungserfordernis iSd § 271 Abs. 1 HGB regelmäßig nicht erfüllt ist, kam eine Einbeziehung in den Konzernabschluss vor Inkrafttreten des BilMoG nicht in Betracht.[90] Das Vorliegen einer Zweckgesellschaft nach § 290 Abs. 2 Nr. 4 HGB ist bei rechtsfähigen Stiftungen des Privatrechts iSv §§ 80 ff BGB, zB bei einer **Förderstiftung**, zumindest in Ausnahmefällen denkbar. Werden durch die Anlage des Stiftungsvermögens Erträge erwirtschaftet, die satzungsgemäß dem Gründerunternehmen zustehen, entsteht hieraus eine Chance für das Mutterunternehmen. Das Risiko könnte beispielweise darin gesehen werden, dass die Erträge nicht wie erwartet generiert werden können. Eine (Förder-)Stiftung könnte daher grundsätzlich in den Anwendungsbereich des § 290 Abs. 2 Nr. 4 HGB fallen, mit der Folge, dass sie als Tochterunternehmen konsolidierungspflichtig wäre. Die Einbeziehungspflicht in einen Konzernabschluss allein begründet noch keine Buchführungs- bzw Bilanzierungspflicht für diejenigen Stiftungen, die dieser Pflicht bisher nicht unterlagen. Folglich könnte es an geeigneten Grundlagen für die Durchführung der Konsolidierung fehlen. Die Problematik der Vollkonsolidierung einer Zweckgesellschaft in der Rechtsform einer rechtsfähigen Stiftung des Privatrechts wurde im Schrifttum bis dato nicht näher diskutiert.[91]

---

87 Es erfolgt lediglich eine entsprechende Fehlbetragsangabe im Anhang.
88 *Oser* DB 2011, 1.
89 *Neubeck* StuB 2011, 529, 534.
90 *Dreyer/Gabriel* Der Konzern 2011, 474, 476.
91 *Dreyer/Gabriel* Der Konzern 2011, 474, 478.

III. Die Neuregelungen zur Konsolidierung nach IFRS: IFRS 10

1. Überblick

Am 12.5.2011 wurde IFRS 10 Consolidated Financial Statements veröffentlicht, der die bisherigen Regelungen zur Konsolidierung von Zweckgesellschaften (IAS 27 Konzern- und Einzelabschlüsse iVm SIC-12 Konsolidierung – Zweckgesellschaften) ersetzen wird. Die Regelungen des IFRS 10 werden zudem durch IFRS 12 Disclosure of Interests in Other Entities ergänzt, der erweiterte Anhangangaben insbesondere in Bezug auf nicht konsolidierte Zweckgesellschaften vorsieht (vgl Rn 181 ff). Für IFRS 10 und 12 wurde als Zeitpunkt der verpflichtenden erstmaligen Anwendung der 1.1.2013 festgelegt.[92] 66

Insbesondere während der Finanzkrise 2008/2009 wurden die Rufe nach einer verbesserten Kommunikation der Risiken aus mittels Zweckgesellschaften strukturierten Verbriefungen im IFRS-Abschluss zunehmend lauter. Kritisiert wurde vor allem die vermeintliche **Inkonsistenz** zwischen dem auf traditionelle Unternehmen ausgelegten IAS 27 und seiner speziell der Konsolidierung von Zweckgesellschaften gewidmeten Interpretation SIC-12. Zwar wird die Pflicht zur Konsolidierung sowohl nach IAS 27 als auch nach SIC-12 an das Vorliegen eines Beherrschungsverhältnisses geknüpft (Kontrollkonzept). Gleichwohl wird Beherrschung im Standard und in der Interpretation unterschiedlich begründet. Während der Standard dem gesellschaftsrechtlich geprägten Konsolidierungskonzept folgt, liegt der Interpretation der als „risk and reward“ bekannte Ansatz zugrunde. Je nach Einordnung der Gesellschaft in den Geltungsbereich des IAS 27 oder des SIC 12 wird diese entweder durch die beherrschende oder durch die die Mehrheit der Chancen und Risiken tragende Partei konsolidiert, was u.a. eine mangelhafte Vergleichbarkeit von Konzernabschlüssen zur Folge hat.[93] Abhilfe sollte nach Auffassung des IASB ein **allgemeingültiges Konsolidierungskonzept** schaffen. 67

Auch nach IFRS 10 ist ein Beherrschungsverhältnis Voraussetzung für eine Konsolidierungspflicht. Die wohl bedeutendste Neuerung des IFRS 10 besteht in der Einführung eines einheitlichen, auf alle Unternehmen anwendbaren Beherrschungsbegriffs. In der Konsequenz muss bei der Beurteilung der Beherrschung nicht mehr zwischen Zweck- und Nicht-Zweckgesellschaften unterschieden werden. Ob gesellschaftsrechtlich, vertraglich oder wirtschaftlich begründet, Beherrschung nach IFRS 10 liegt vor, wenn die folgenden drei Bedingungen **kumulativ** erfüllt sind:[94] 68

- Das potenzielle Mutterunternehmen (Investor) muss Entscheidungsmacht (Power) über das potenzielle Tochterunternehmen[95] (Investee) ausüben können (= Entscheidungsmacht).
- Der Investor[96] muss aufgrund seiner Verbindung zum potenziellen Tochterunternehmen variablen Rückflüssen ausgesetzt sein (= Variable Rückflüsse).
- Der Investor muss in der Lage sein, seine Entscheidungsmacht zu nutzen, um die Höhe der variablen Rückflüsse zu beeinflussen (= Zusammenhang zwischen Entscheidungsmacht und Rückflüssen).

---

92 Die Übernahme der Standards in das EU-Recht soll spätestens im vierten Quartal 2012 erfolgen. Die EFRAG plant allerdings eine Empfehlung auszusprechen, die verpflichtende Anwendung in der EU auf den 1.1.2014 zu verschieben. Vgl http://www.efrag.org.

93 IFRS 10IN3 f.

94 IFRS 10.7.

95 Analog zu SIC-12 ist IFRS 10 auch auf einzelne Silos anzuwenden. Vgl IFRS 10.B77.

96 Mit dem Begriff „Investor“ im Sinne der Definition in IFRS 10.5 ff wird nicht ein Investor im Sinne eines Anlegers in die emittierten ABS o.Ä. gemeint.

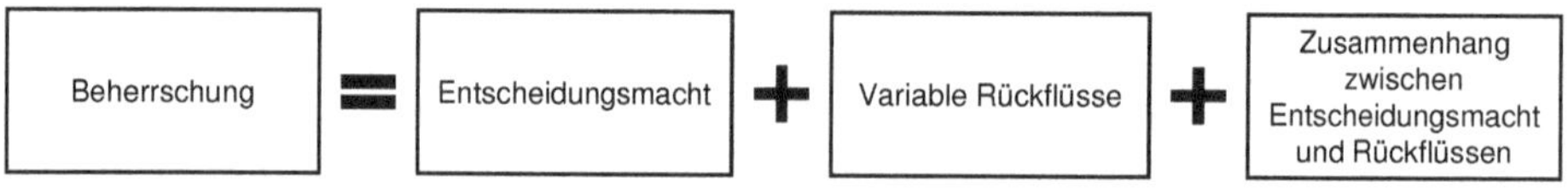

Abbildung 1 – Drei Elemente der Beherrschung nach IFRS 10

69 Neben der Prüfung der oben dargestellten Kontrollkriterien erfordert die Beurteilung von Beherrschung nach IFRS 10 erstmalig explizit die Identifikation von sog. **Prinzipal-Agenten-Beziehungen.** Dies soll gewährleisten, dass eine Nichtkonsolidierung bei dem eigentlichen Inhaber der Entscheidungsmacht durch das Delegieren seiner Entscheidungskompetenzen an einen Agenten vermieden werden kann.

70 Das Vorliegen von Beherrschung muss laufend überprüft werden: Ergeben sich Änderungen bei mindestens einem der drei Kontrollkriterien, muss der Investor eine Neubeurteilung auf Basis der geänderten Tatsachen vornehmen (**Continuous Assessment**).[97]

2. Anwendung auf Zweckgesellschaften

a) Zweckgesellschaften als strukturierte Unternehmen

71 Obwohl IFRS 10 weder eine explizite Definition einer Zweckgesellschaft noch spezielle Vorschriften für Zweckgesellschaften enthält, wird im Standard auch solchen Gestaltungen Rechnung getragen, bei denen Stimmrechte oder andere Rechte keine Bedeutung für die Bestimmung der relevanten Aktivitäten und somit für die Ertragslage des potenziellen Tochterunternehmens haben. Gemäß IFRS 12.B21 fallen derartige Gestaltungen unter den Begriff „**Structured Entities**" bzw strukturierte Unternehmen. Im Umkehrschluss stellt ein Unternehmen, dessen relevante Aktivitäten über Stimmrechte bestimmt werden, kein strukturiertes Unternehmen dar.[98] Dass es sich bei strukturierten Unternehmen offensichtlich überwiegend um Zweckgesellschaften handelt, lässt sich anhand der in IFRS 12.B21 aufgeführten charakteristischen Merkmale solcher Konstrukte erkennen. Demnach zeichnen sich strukturierte Unternehmen häufig durch eine enge und genau definierte Zwecksetzung, einen eingeschränkten Handlungsspielraum, eine geringe Eigenkapitalausstattung sowie ggf eine tranchierte Fremdfinanzierungsstruktur aus.[99]

72 Bei der Prüfung der Konsolidierungspflicht von strukturierten Unternehmen bzw Zweckgesellschaften kommt es wie bei allen anderen Unternehmen auf die kumulative Erfüllung der **drei Kontrollkriterien** an. Vor dem Hintergrund des Erfordernisses einer qualitativen Analyse stellt sich allerdings die Frage, worauf bei Zweckgesellschaften abzustellen ist und in welcher Ausprägung die einzelnen Elemente des neuen Kontrollkonzepts vorliegen müssen.

b) Auslegung der einzelnen Kriterien

aa) Entscheidungsmacht

73 Gemäß IFRS 10.10 verfügt ein Investor über Entscheidungsmacht, wenn er bestehende Rechte besitzt, die ihm gegenwärtig die Möglichkeit geben, die **relevanten Aktivitäten** des Beteiligungsunternehmens[100] zu steuern. Als relevant gelten Aktivitäten, die einen wesentlichen Einfluss auf die Geschäftsentwicklung (Returns) des Tochterunternehmens haben. Eine

97 IFRS 10.B80.

98 IFRS 12.B24.

99 Ebenso wie sein Vorgänger SIC-12 schließt IFRS 10 Altersversorgungspläne aus seinem Anwendungsbereich aus. Ausführlicher dazu: *Oser/Weidle* IRZ 2012, 63, 67.

100 Der Begriff „Beteiligungsunternehmen" wird als Synonym zum Begriff „potentielles Tochterunternehmen" verwendet. Dabei ist nicht zwingend das Vorliegen einer Beteiligung iSd § 271 HGB gemeint.

aktive Steuerung der Aktivitäten setzt der Standard nicht voraus. Bereits die Möglichkeit der Steuerung dieser Aktivitäten reicht aus. Dem Standard zufolge ist die Entscheidungsmacht nicht immer unmittelbar aus Rechten ableitbar, sondern kann sich auch indirekt aus wirtschaftlichen Verhältnissen ergeben. Hat ein Investor mehr als nur ein passives Interesse an dem potenziellen Tochterunternehmen, so kann dies ein Indiz für das Vorliegen der Entscheidungsmacht sein. Mögliche Beispiele können u.a. die Abhängigkeit der Finanzierung des Beteiligungsunternehmens vom Investor oder die Übernahme von Finanzgarantien für das Beteiligungsunternehmen sein.[101]

Ausgangspunkt der Prüfung der Konsolidierungspflicht ist die Beurteilung des **Zwecks** und der **Struktur** der Zweckgesellschaft einschließlich der sich aus ihrer Geschäftstätigkeit für den Investor ergebenden Risiken.[102] Eine solche Beurteilung ermöglicht in der Regel Aufschluss darüber, welche relevanten Aktivitäten eine Zweckgesellschaft hat und durch welche Partei(en) diese Aktivitäten bestimmt werden können. Allein die Beteiligung des Investors an der Gründung der Zweckgesellschaft bzw an der Ausgestaltung ihres Autopilot-Mechanismus führt jedoch nicht notwendigerweise zur Beherrschungsvermutung, sondern hat nur Indizwirkung.[103] So mag zB der Originator den Erfolg einer Verbriefungstransaktion durch die Qualität der auf die Zweckgesellschaft transferierten Vermögenswerte sowie auf dem Wege der Strukturierung maßgeblich beeinflussen können, sein Engagement könnte trotzdem mit dem Aufsetzen der Transaktion beendet sein, so dass er künftig über keine Entscheidungsmacht und Ansprüche verfügt.[104] 74

Abgesehen von dem Zweck und der Struktur kann die Möglichkeit zur Einflussnahme ihren Ursprung in **vertraglichen Vereinbarungen** wie etwa Optionen, Finanzgarantien oder Liquiditätszusagen haben, die bei der Gründung der Zweckgesellschaft getroffen wurden und erst bei Eintritt bestimmter Ereignisse wie zB Zahlungsausfall in einem verbrieften Portfolio wirksam werden. Solche Vereinbarungen sind gemäß IFRS 10.B53 in die Beurteilung einzubeziehen, sofern dadurch ein signifikanter Einfluss auf die Rückflüsse aus der Zweckgesellschaft und somit auf ihre relevanten Aktivitäten entsteht. So kann das Gewähren einer Rückkaufoption auf ausgefallene Forderungen in einer Verbriefungstransaktion oder die Vereinbarung eines Andienungsrechts des Leasinggebers (Leasingobjektgesellschaft) für die Leistungsfähigkeit der Zweckgesellschaft von nicht unerheblicher Bedeutung sein. Solche Aktivitäten können daher je nach Einzelfall als relevant eingestuft werden. Ob es bereits zu Forderungsausfällen bzw zur Ausübung des Andienungsrechts kam oder nicht, ist dabei unerheblich.[105] 75

Als nicht relevant wäre dagegen bspw die Frage der Maklerauswahl für den freien Verkauf des Leasingobjekts bei Laufzeitende einzustufen, da dadurch der Verkaufserfolg und mithin auch die Rückflüsse aus der Leasingobjektgesellschaft nicht maßgeblich beeinflusst werden.[106] Selbst wenn die Auswahl des Maklers das einzige nicht ausgeübte bzw vom Autopiloten nicht vorab festgelegte Entscheidungsrecht sein sollte, wäre ein Abstellen allein auf die Ausübungsmöglichkeit dieses Rechtes bei der Konsolidierungsentscheidung nicht sachgerecht, da die erforderliche Relevanz bei einer solchen Aktivität nicht gegeben wäre. 76

101 IFRS 10.B19.
102 IFRS 10.B8.
103 IFRS 10.B51.
104 IFRS 10.BC78.
105 IFRS 10.B53.
106 *Böckem/Stibi/Zoeger* KoR 2011, 399, 406.

bb) Variable Rückflüsse

77 Eine weitere Anforderung an das Vorliegen der Beherrschung besteht darin, dass der Investor variablen Rückflüssen aus seiner Verbindung zum potenziellen Tochterunternehmen ausgesetzt sein muss. Der Standardsetzer verwendet bewusst den Begriff „Rückflüsse" bzw „Returns", um hervorzuheben, dass diese abhängig von der Performance des potenziellen Tochterunternehmens sowohl **positiv** (Chancen) als auch **negativ** (Risiken) sein können.[107]

78 Kann das Kriterium „Entscheidungsmacht" bejaht werden, muss anschließend untersucht werden, ob das potenzielle Mutterunternehmen variablen Rückflüssen aus der Zweckgesellschaft ausgesetzt ist. Dem Wortlaut des IFRS 10 zufolge stellen grundsätzlich auch **fixe Vergütungen** wie Verwaltungsgebühren variable Rückflüsse dar, da sie von der Fähigkeit der Zweckgesellschaft abhängen, ausreichende Erträge zu generieren.[108] In die Betrachtung sind folglich sämtliche mit der Leistungsfähigkeit der Zweckgesellschaft verbundenen positiven und negativen Rückflüsse einzubeziehen.

79 Neben Dividenden, Gebühren und Verlustrisiken sind insbesondere auch solche Rückflüsse zu berücksichtigen, denen sonst **keine** andere Partei ausgesetzt ist. In diesem Zusammenhang nennt der Standard u.a. Synergie- und Skaleneffekte sowie Kostensenkungspotentiale.[109] Die Berücksichtigung solcher indirekten Vorteile bzw Risiken, die nicht bei der Zweckgesellschaft, sondern bei einem anderen Unternehmen entstehen, wurde in den bisherigen Vorschriften des IAS 27/SIC-12 nicht explizit geregelt.[110] Unklar ist allerdings, ob und inwieweit auch die Verfolgung bilanzpolitischer bzw aufsichtsrechtlicher Ziele Eingang in die Beurteilung der Beherrschung nach IFRS 10 finden sollte.

80 Ferner wird in IFRS 10 die Berücksichtigungsproblematik von den besonders während der Finanzkrise auf die Agenda gerückten **Reputationsrisiken** adressiert. Diese sind nach Auffassung des IASB isoliert betrachtet zwar kein Indikator für das Vorliegen von Beherrschung, in Verbindung mit weiteren Faktoren können Reputationsrisiken aber ein zusätzliches Indiz darstellen.[111] Den Reputationsrisiken wird jedenfalls insofern Rechnung getragen, als IFRS 12 zu entsprechenden Anhangangaben zu nicht konsolidierten Zweckgesellschaften verpflichtet (vgl Rn 181 ff).

cc) Zusammenhang zwischen Entscheidungsmacht und Rückflüssen

81 Im nächsten Schritt müssen die Kriterien „Entscheidungsmacht" und „variable Rückflüsse" in einen **kausalen Zusammenhang** gebracht werden: Nur wenn ein Investor in der Lage ist, seine Entscheidungsmacht auszuüben, um die Rückflüsse aus der als Tochterunternehmen infrage kommenden Gesellschaft zu beeinflussen, liegt Beherrschung vor. Das beherrschte Unternehmen ist dann durch den Investor per Vollkonsolidierung in seinen Konzernabschluss einzubeziehen, es sei denn, der Investor übt seine Entscheidungsmacht nicht im eigenen Interesse, sondern für Dritte als Agent aus. Die abschließende Konsolidierungsentscheidung bedarf nach IFRS 10 insofern der Analyse möglicher Prinzipal-Agenten-Beziehungen, um sicherzustellen, dass die Pflicht zur Konsolidierung nicht durch die Einschaltung eines Agenten umgangen wird.

---

107 IFRS 10.15.

108 IFRS 10.B56 f.

109 IFRS 10.B57(c).

110 Laut IDW RS HFA 2, Rn 66 sind indirekte Vorteile und Risiken nicht in die Beurteilung der Konsolidierungspflicht nach IAS 27/SIC-12 einzubeziehen.

111 IFRS 10.BC37 ff.

c) Zuordnung der Zweckgesellschaft bei delegierter Entscheidungsmacht

Entsprechend der Zielsetzung des überarbeiteten Kontrollkonzepts des IFRS 10, eine einheitliche und den wirtschaftlichen Verhältnissen entsprechende Konzernbilanzierung zu erreichen, wird mit IFRS 10 die Grundlage für die Abgrenzung von Prinzipal-Agenten-Beziehungen geschaffen, die nicht explizit Teil des bisherigen Konsolidierungsregelwerks waren. Dabei gilt als Grundsatz: Die Entscheidungsmacht ist nicht dem formalen Inhaber (Agenten), sondern dem **wirtschaftlichen** Berechtigten zuzuordnen. 82

Vor diesem Hintergrund ist einerseits zu untersuchen, ob der Investor bzw der potenzielle Konsolidierungspflichtige die Rolle des Prinzipals innehat oder lediglich im Auftrag Dritter als Agent handelt. Die Agentenstellung impliziert indes keine Konsolidierungsflicht für das berichtende Unternehmen. 83

Auf der anderen Seite sind andere Parteien zu identifizieren und darauf zu prüfen, ob diese als Agent des berichtenden Unternehmens agieren. Ist dies zu bejahen, sind die Rechte des Agenten dem Investor bzw berichterstattenden Unternehmen zuzurechnen.[112] 84

Zur Identifizierung von Agenten sind sämtliche Umstände des Einzelfalls zu würdigen. Dabei ist insbesondere auf die folgenden Faktoren abzustellen:[113] 85

- die Reichweite der Entscheidungsmacht über das potenzielle Tochterunternehmen,
- die Rechte Dritter,
- die vereinbarte Vergütung sowie
- das Ausmaß, in dem der Entscheidungsträger der Variabilität sämtlicher Rückflüsse im Zusammenhang mit der Zweckgesellschaft (bspw Garantien) ausgesetzt ist.

Notwendige – wenn auch nicht hinreichende – Bedingung für die Agenteneigenschaft ist eine **marktgerechte** Vergütung für die erbrachten Leistungen. Dabei ist besonderes Augenmerk auf die Variabilität der Vergütung zu richten. Je höher die Vergütung und je abhängiger sie von der Variabilität der Rückflüsse aus der Zweckgesellschaft ist, desto wahrscheinlicher ist es, dass es sich beim Entscheidungsträger um einen Prinzipal und nicht um einen Agenten handelt.[114] 86

Die Beurteilung der vier oben genannten Faktoren kann gemäß IFRS 10.B60 deren Gewichtung erfordern. Auf die Vorgabe bestimmter Grenzwerte (**Bright Lines**), deren Überschreitung zur Vermutung einer Prinzipalstellung führen würde, wird in IFRS 10 bewusst verzichtet, um keine auf die Vermeidung der Konsolidierungspflicht abzielenden Strukturierungsanreize zu schaffen.[115] 87

Für das Vorliegen einer Prinzipal-Agenten-Beziehung setzt IFRS 10 nicht zwingend eine vertragliche Vereinbarung (Contractual Arrangement) voraus. Entscheidend ist vielmehr, ob faktische bzw wirtschaftliche Verhältnisse zwischen den Parteien eine solche Beziehung vermuten lassen.[116] In diesem Zusammenhang spricht IFRS 10 von **De-facto-Agenten** und führt beispielhaft Tatbestände auf, die auf eine De-facto-Agenten-Beziehung zwischen dem Investor und einer anderen Partei hinweisen können.[117] Neben der Qualifikation eines anderen Unternehmens als nahestehende Person (RelatedPparty) des Investors kann insbesondere die Abhängigkeit des mutmaßlichen De-facto-Agenten von der nachrangigen Finanzierung des 88

112 IFRS 10.B59.

113 IFRS 10.B60.

114 IFRS 10.B68 ff. Vgl hierzu *Böckem/Stibi/Zoeger* KoR 2011, 399, 405 sowie *Beyhs/Buschhüter/Schurbohm* WPg 2011, 662, 665 f.

115 *Dietrich/Krakuhn/Sierleja* IRZ 2011, 519, 521.

116 IFRS 10.B73 f.

117 IFRS 10.B75.

Investors oder das Bestehen einer engen Geschäftsbeziehung zum Investor auf ein faktisches Delegieren der Entscheidungsmacht hindeuten.

89 Das Delegieren der Entscheidungsmacht ist mit Blick auf die vom IASB angeführten Beispiele bspw bei Investmentfonds zu vermuten, bei denen der Investmentmanager die Agentenfunktion ausüben kann.[118] Desweiteren können Prinzipal-Agenten-Beziehungen bei Verbriefungszweckgesellschaften bestehen. Als mögliche Agenten können hierbei u.a. der Servicer oder der Sponsor eines Multi-Seller-Conduit in Betracht kommen.[119] Bei Leasingobjektgesellschaften kann bspw dem Arrangeur (Leasinggesellschaft) ggf die Agentenrolle zukommen. Das nachfolgende Beispiel einer sog. Umbrella-Konstruktion soll die Vorgehensweise bei der Beurteilung der Konsolidierungspflicht verdeutlichen.

90 Bei einer Umbrella-Konstruktion können gemäß § 34 Abs. 2 InvG mehrere Sondervermögen, die sich hinsichtlich der Anlagepolitik oder eines anderen Ausstattungsmerkmals unterscheiden (Teilfonds), zusammengefasst werden. Die jeweiligen Teilfonds einer Umbrella-Konstruktion sind von den übrigen Teilfonds der Umbrella-Konstruktion vermögensrechtlich und haftungsrechtlich getrennt. Im Verhältnis der Anleger untereinander wird jeder Teilfonds als eigenständiges Zweckvermögen behandelt. Die Rechte von Anlegern und Gläubigern im Hinblick auf einen Teilfonds, insbesondere dessen Auflegung, Verwaltung, Übertragung und Auflösung, sowie die auf den einzelnen Teilfonds entfallenden Verbindlichkeiten beschränken sich ausschließlich auf die Vermögensgegenstände des betreffenden Teilfonds.[120] Somit erfüllen die einzelnen Teilfonds die Definition eines **Silos** (deemed separate entity) im Sinne von IFRS 10.B77 und unterliegen als Zweckgesellschaften der Prüfung der Konsolidierungspflicht.[121]

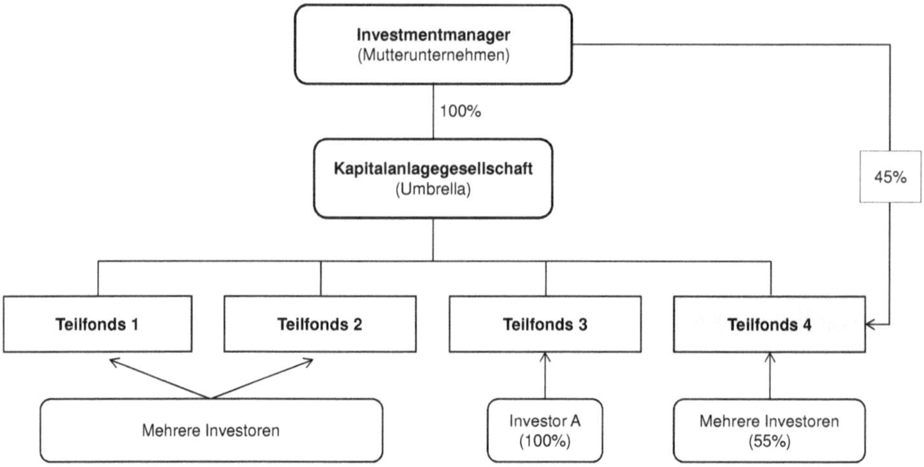

Abbildung 2 – Umbrella-Konstruktion[122]

91 Es werden vier Teilfonds von einer Kapitalanlagegesellschaft (Umbrella) aufgelegt. Die Verwaltung der Teilfonds übernimmt ein Investmentmanager, der zu 100% an der Kapitalanlagegesellschaft beteiligt ist und nicht durch andere Investoren abberufen werden kann. Der

118 IFRS 10.B72 Application Examples 13–15.
119 IFRS 10.B72 Application Example 16.
120 § 34 Abs. 2 a InvG.
121 Obwohl es in der Praxis bereits unter SIC-12 zur Identifizierung von Silos kam, wird deren Behandlung erst mit IFRS 10 explizit geregelt.
122 In Anlehnung an *Dietrich/Krakuhn/Sierleja* IRZ 2012, 23, 26.

Verwaltungsvertrag sieht eine fixe Verwaltungsgebühr von 1% des Fondsvermögens vor. Die Tätigkeit des Investmentmanagers unterliegt zwar den vorgegebenen Anlagerichtlinien, im Rahmen dieser Richtlinien kann der Investmentmanager jedoch seine Anlageentscheidungen frei treffen. Während eine Vielzahl von Investoren an den Teilfonds 1 und 2 beteiligt sind, handelt es sich bei dem Teilfonds 3 um einen **Ein-Anleger-Spezialfonds.** Am Teilfonds 4 ist der Investmentmanager selbst mit 45% beteiligt.

Da die einzelnen Teilfonds rechtlich und wirtschaftlich abgegrenzte Einheiten bzw Silos darstellen, ist die Beurteilung der Konsolidierungspflicht für die Kapitalanlagegesellschaft gesondert von den Teilfonds vorzunehmen. Obgleich der Investmentmanager sowohl über die Kapitalanlagegesellschaft als auch die Teilfonds Entscheidungsmacht ausübt, handelt er nur in Bezug auf die Kapitalanlagegesellschaft und den Teilfonds 4 als **Prinzipal.** Insbesondere die nicht unerhebliche Höhe seiner Beteiligung am Teilfonds 4 spricht für das Bestehen eines signifikanten Eigeninteresses.[123] Unbeschadet dessen, dass der Investmentmanager weniger als die Hälfte der Chancen und Risiken aus dem Teilfonds trägt und laut Verwaltungsvertrag zur Wahrung von Interessen aller Investoren verpflichtet sein mag, muss er den Teilfonds 4 nach IFRS 10 konsolidieren.[124] 92

Bei den restlichen Teilfonds ist der Investment Manager dagegen keinen signifikanten Rückflüssen ausgesetzt. Vielmehr handelt er im Interesse der Investoren als **Agent.** Die Investoren müssen sich daher seine Agententätigkeit zurechnen lassen.[125] Für den Investor A kann dies zur Konsolidierung des Teilfonds 3 führen, da er seine Entscheidungsmacht mittelbar über einen Agenten zur Beeinflussung seiner Rückflüsse ausüben kann. 93

An dieser Stelle ist anzumerken, dass der am 25.8.2011 vom IASB veröffentlichte Exposure Draft ED/2011/4 Investment Entities eine Ausnahme für bestimmte Investmentgesellschaften, insbesondere Kapitalanlagegesellschaften, aus der Anwendung des IFRS 10 vorsieht. Demnach sollen Investmentgesellschaften, die die Definition in ED/2011/4.2 erfüllen, trotz vorliegender Beherrschung iSv IFRS 10 von der Konsolidierungspflicht nicht betroffen sein. Stattdessen werden die Beteiligungen einer Investmentgesellschaft gemäß IFRS 9 **erfolgswirksam zum Fair Value** bewertet. Diese Ausnahmeregelung gilt jedoch nicht für das Mutterunternehmen der Investmentgesellschaft (Investmentmanager im obigen Beispiel), es sei denn, es handelt sich bei dem Mutterunternehmen ebenfalls um eine Investmentgesellschaft.[126] 94

d) Konsolidierungsproblematik bei Zweckgesellschaften ohne Entscheidungsspielräume

aa) Synthetische Verbriefung[127]

Bei einer sog. fully-funded-Verbriefungsstruktur überträgt der Originator die Ausfallrisiken eines Referenzportfolios zunächst über einen Credit Default Swap (CDS) auf eine speziell dafür gegründete Zweckgesellschaft. Der Originator ist mit dem Abschluss des CDS zur periodischen Zahlung einer Swap-Prämie an die SPE verpflichtet. Bei Eintritt der Verluste im Referenzportfolio ist die Zweckgesellschaft dazu verpflichtet, eine Ausgleichszahlung an den Originator zu leisten. Das Ausfallrisiko verbleibt jedoch nicht bei der Zweckgesellschaft, sondern wird in Form von emittierten Credit Linked Notes (CLNs) an einen oder mehrere institutionelle Investoren weitergereicht.[128] Der Emissionserlös der begebenen CLNs wird in der Regel in Wertpapiere erstklassiger Qualität angelegt (zB Bundesanleihen) und dient als 95

123 *Dietrich/Krakuhn/Sierleja* IRZ 2012, 23, 26.
124 *IASB*, Effect Analysis, IFRS 10 Consolidated Financial Statements and IFRS 12 Disclosure of Interests in Other Entities, September 2011, S. 27.
125 IFRS 10.B59.
126 ED/2011/4.8.
127 Sachverhalt in Anlehnung an: *IASB*, Effect Analysis, S. 25 f.
128 Bei einer Unfunded-Struktur wird das Risiko hingegen über einen CDS übertragen.

Sicherheit für Zahlungsausfälle.[129] Nach dem Aufsetzen der Zweckgesellschaft verbleiben keine relevanten Aktivitäten, die die Rückflüsse aus der SPE signifikant beeinflussen können.[130] Die Zweckgesellschaft operiert folglich auf **Autopilotbasis.**

96 Obwohl der Originator an der Gründung der Zweckgesellschaft sowie an der Festlegung ihres Autopiloten beteiligt ist, verfügt er künftig über keine Entscheidungsmacht und ist mit Abschluss des CDS keinen variablen Rückflüssen mehr ausgesetzt. Nach IFRS 10 beherrscht der Originator die Zweckgesellschaft nicht und muss diese nicht konsolidieren. Zu beachten sind allerdings die Anhangangaben im Zusammenhang mit nicht konsolidierten Zweckgesellschaften nach IFRS 12.

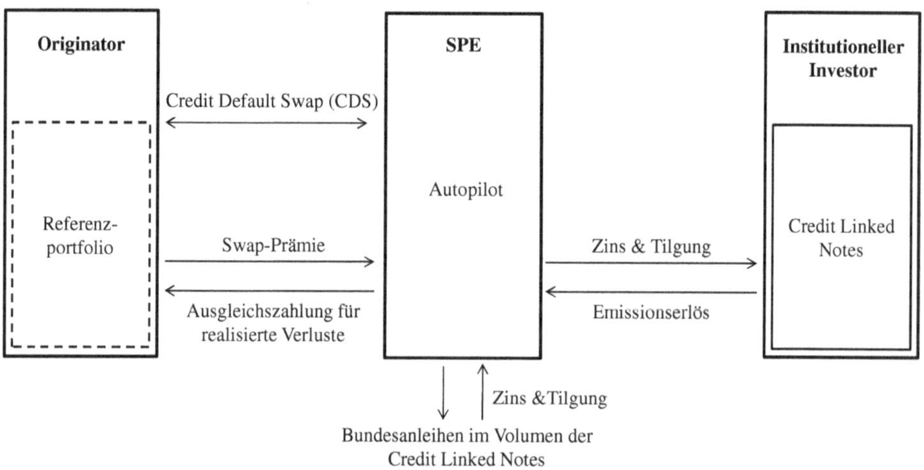

Abbildung 3 – Synthetische Fully-funded-Verbriefungsstruktur

97 Ein institutioneller Investor, der in CLNs investiert, erfüllt zwar das Kriterium der variablen Rückflüsse, kann den Zusammenhang zwischen den Rückflüssen und der Entscheidungsmacht aber insofern widerlegen, als er keinen Einfluss auf die Entwicklung des Referenzportfolios nehmen kann. Selbst bei Übernahme sämtlicher CLNs und mithin auch der Mehrheit der Chancen und Risiken aus der Zweckgesellschaft liegt (anders als nach SIC-12)[131] **keine Beherrschung** im Sinne von IFRS 10 vor. Der institutionelle Investor hat in seiner Bilanz die erworbenen CLNs auszuweisen und ist verpflichtet, potenzielle Risiken aus den CLNs nach Maßgabe des IFRS 12 (bspw Angaben zu den maximalen und erwarteten Verlusten) offenzulegen.[132]

98 Im Ergebnis bleibt festzuhalten, dass die Zweckgesellschaft möglicherweise von **keiner** der Transaktionsparteien konsolidiert wird.

129 Ausführlicher in: *Bresser/Delchev/Goranov/von Slupetzki* in: Deloitte, Asset Securitisation in Deutschland, S. 2 ff.

130 Es wird davon ausgegangen, dass der Originator kein aktives Management der von der Zweckgesellschaft als Sicherheit gehaltenen Wertpapiere betreibt.

131 Gemäß SIC-12 würde der Investor die Zweckgesellschaft konsolidieren und deren Assets (bspw Bundesanleihen, in die die Zweckgesellschaft investiert) sowie den eingegangenen CDS in seinem Konzernabschluss erfassen.

132 *IASB*, Project Summary, S. 7.

bb) True-Sale Verbriefung

(1) Problemstellung

Anders als im obigen Beispiel kommt es in der Praxis eher selten zu einem vollständigen Risikotransfer auf die Zweckgesellschaft. Mit der Umsetzung des Art. 122 a der RL 2009/111/EG durch die §§ 18 a und 18 b KWG sind deutsche Originatoren zum Risikoselbstbehalt nunmehr indirekt verpflichtet.[133] Um dieser Verpflichtung nachzukommen sowie zur Erreichung eines besseren Ratings übernimmt der Originator insbesondere in True-Sale-Verbriefungen[134] vielfach die nachrangigste und mithin auch die risikoreichste Position – oft in Form des sog. **Excess-Spread**, der vorrangig die Verluste im verbrieften Portfolio auffängt. Ein durch Verluste nicht aufgebrauchter Excess-Spread wird in der Regel an den Originator ausgekehrt. Die Verbriefungszweckgesellschaft unterliegt dabei wie auch im vorherigen Beispiel zumeist der Selbststeuerung. An dieser Stelle stellt sich die Frage, ob der Originator oder eine andere Transaktionspartei in einer solchen Konstellation die Zweckgesellschaft im Sinne des IFRS 10 beherrscht. 99

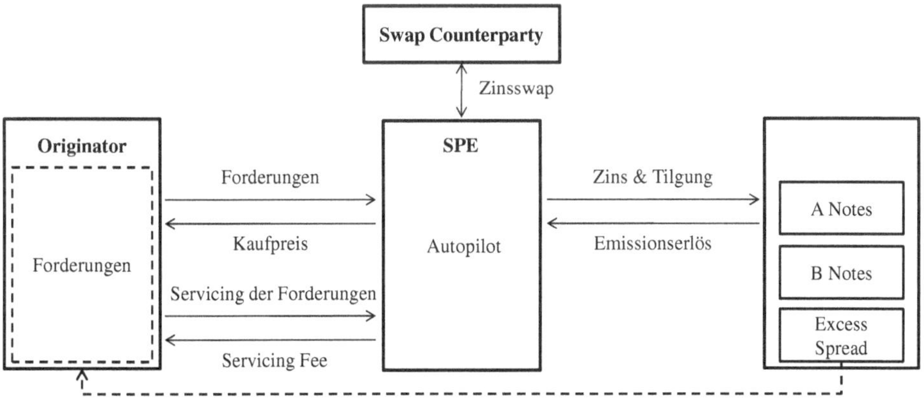

Abbildung 4 – Grundstruktur einer True-Sale-Verbriefung

(2) Entscheidungsmacht über die relevanten Aktivitäten

Als maßgeblich für die Rückflüsse aus der Zweckgesellschaft und mithin als relevant kommen insbesondere die folgenden Aktivitäten in Betracht: 100

- Initiale Selektion der zu verbriefenden Forderungen;
- Festlegung der Transaktionsstruktur, insbesondere des Autopiloten sowie der Credit-Enhancements;
- ggf Servicing u.a. ausgefallener Forderungen;
- Rückkaufoptionen des Originators.

Obwohl der Spielraum bei der Auswahl der zu verbriefenden Forderungen durch die Vorgabe der Eignungskriterien (**Eligibility-Criteria**) stark eingeschränkt ist, verfügt der Originator aufgrund seiner Kundennähe dennoch regelmäßig über einen gewissen Wissensvorteil gegenüber anderen Transaktionsparteien und kann insofern Einfluss auf die Performance des verbrieften Portfolios beim Aufsetzen der Transaktion nehmen. 101

Des Weiteren beeinflusst der Originator die Ausgestaltung der Transaktionsstruktur. In diesem Zusammenhang ist besonders seine Rolle bei der Stellung von **Credit-Enhancements** 102

133 Zur Selbstbehaltsproblematik bei Verbriefungen vgl: *Lotz/Burmester/von Slupetzki* RdF 2012, 17, 17 ff.
134 Zu True-Sale-Verbriefungen vgl s. § 5 Rn 41 ff.

hervorzuheben. Gemäß IFRS 10.B53 kann die Möglichkeit zur Einflussnahme ihren Ursprung in vertraglichen Vereinbarungen haben, die bei der Gründung der Zweckgesellschaft getroffen wurden und erst bei Eintritt bestimmter Ereignisse, wie zB Zahlungsausfall, wirksam werden. Ein vom Originator kalkulierter und ihm nach Bedienung aller vorrangigen Ansprüche (A- und B-Notes in der Abbildung) zustehender Excess-Spread kann folglich als Ausdruck seiner Entscheidungsmacht gewertet werden.

103 Als Servicer übernimmt der Originator in der Regel rein **administrative** Funktionen im Zusammenhang mit der Forderungsverwaltung einschließlich der Weiterleitung von Zahlungen an die Zweckgesellschaft, Debitorenbuchhaltung, Mahnwesen etc. Derartige Tätigkeiten haben keinen signifikanten Einfluss auf die Rückflüsse der Zweckgesellschaft und sind daher keine relevanten Aktivitäten. Als relevant könnte allenfalls die Entscheidungsmacht des Servicers bei der Abwicklung bzw Verwertung von ausgefallenen Forderungen angesehen werden. In den meisten Transaktionen ist der Handlungsspielraum des Servicers jedoch an strenge vertragliche Vorgaben gebunden, deren Einhaltung häufig vom Treuhänder überwacht wird.

104 Ferner können dem Originator eingeräumte **Rückkaufoptionen** das Innehaben der Entscheidungsmacht begründen. Die meisten Verbriefungstransaktionen sehen eine Clean-up-Call-Option des Originators vor. Ein Clean-up-Call definiert sich als eine Möglichkeit der Rückübertragung von Forderungen, die auf den Fall beschränkt ist, dass der verbriefte Bestand einen Umfang unterschreitet,[135] der eine Fortführung der ABS-Gestaltung unwirtschaftlich werden lässt.[136] Gemäß IAS 39.AG51(j) sowie (m) können Chancen und Risiken nur dann über einen Clean-up-Call an den Originator zurückübertragen werden, wenn der Rückkaufpreis nicht dem zum Zeitpunkt des Rückerwerbs beizulegenden Zeitwert der Forderungen entspricht.[137] Ein zum Fair-Value auszuübender Clean-up-Call stellt demzufolge keine relevante Aktivität dar.[138]

105 Subsumierend lässt sich konstatieren, dass die Entscheidungskompetenzen in der Initialphase der Verbriefung, insbesondere die Forderungsauswahl sowie die Gestaltung der Transaktionsstruktur einschließlich der Stellung von Credit-Enhancements (Excess-Spread), darauf hindeuten können, dass der Originator über die Entscheidungsmacht im Sinne des IFRS 10 verfügt.

(3) Variable Rückflüsse

106 Gemäß IFRS 10.B56 f stellen auch fixe Vergütungen grundsätzlich variable Rückflüsse dar, da sie von der Fähigkeit der Zweckgesellschaft abhängen, ausreichende Erträge zu generieren. Die Variabilität der Rückflüsse ist allerdings maßgeblich von der Stellung im Zahlungswasserfall abhängig. Steuern, Gebühren, Zins-Swap-Zahlungen, Wirtschaftsprüferhonorare werden in aller Regel vorrangig bedient und sind zudem gemessen am Gesamtvolumen der Transaktion betragsmäßig eher gering. Es bedürfte folglich eines nahezu vollständigen Forderungsausfalls, damit auch diese Positionen Verluste erleiden. Somit erscheint es berechtigt, solche Rückflüsse als **„quasi fix“** anzusehen.

107 Der Originator ist hingegen signifikanten Chancen und Risiken in Form von gestellten Credit-Enhancements (hier Excess-Spread) ausgesetzt und erfüllt hiermit das Kriterium der variablen Rückflüsse.

135 In der Praxis meistens 10% oder weniger vom ursprünglich verbrieften Bestand.
136 IDW RS HFA 8, Rn 12.
137 Vgl auch IDW RS HFA 9, Rn 182.
138 Zu prüfen wäre in jedem Fall, ob neben dem Clean-up-Call ggf weitere Rückkaufoptionen bestehen.

(4) Zusammenhang zwischen Entscheidungsmacht und Rückflüssen

Die Herstellung eines Zusammenhangs zwischen der Variabilität der Rückflüsse und der Ausübung der Entscheidungsmacht ist insoweit problematisch, als der Einfluss der Transaktionsparteien einschließlich des Originators auf die Leistungsfähigkeit der Zweckgesellschaft bei den Verbriefungen, denen ein statisches bzw **nicht** aktiv gemanagtes Portfolio zugrunde liegt, bewusst so gering wie möglich gehalten wird, um die Entstehung weiterer Risiken für die Transaktionsparteien auszuschließen. Entsprechend umfassend ist die Reichweite des Autopiloten. Über vertragliche Vereinbarungen bzw die gestellten Credit-Enhancements können die Ergebnisse eines Verbriefungsvehikels zwar beeinflusst werden, der Gegenpartei in solchen Vereinbarungen wird meist jedoch lediglich eine passive Rolle eingeräumt: Ein einst gestelltes Credit-Enhancement, zB in Form eines Nachrangdarlehens oder eines ursprünglich kalkulierten Excess-Spread, kann je nach Entwicklung des Portfolios belastet werden, ohne dass seitens des potenziellen Mutterunternehmens Handlungsmöglichkeiten bestehen. Die aus der Zweckgesellschaft resultierenden variablen Rückflüsse hängen folglich in der Regel ausschließlich von der Performance der verbrieften Vermögenswerte ab. Der Originator kann allenfalls in der **Initialphase** der Verbriefung seine Entscheidungsmacht ausüben. 108

(5) Ergebnis und kritische Würdigung

Das Erfordernis eines Zusammenhangs zwischen Entscheidungsmacht und Rückflüssen könnte bei statischen und über einen Autopiloten gesteuerten Verbriefungstransaktionen häufig ins Leere laufen, so dass es zur Verneinung der Beherrschungsvermutung durch den Originator trotz einer ggf nicht unerheblichen Partizipation an den Ergebnissen bzw Risiken der Zweckgesellschaft kommen könnte. Es ist folglich nicht auszuschließen, dass die Anwendung des IFRS 10 zur **Reduktion des Konsolidierungskreises** im Vergleich zu SIC-12 führen kann. Diese Möglichkeit räumt auch der IASB ein:[139] 109

„Although a reporting entity might not be required to consolidate an investee that was previously consolidated solely on the basis of the risks and rewards indicators in SIC-12, the effect of deconsolidation is mitigated because, in such situations, a reporting entity would typically not derecognise financial assets that it transferred to that investee according to the derecognition requirements in IFRS 9 Financial Instruments."

Der IASB weist also auf die **komplementäre Wirkung** der Konsolidierungs- und Ausbuchungsvorschriften zueinander hin. Die Letzteren sollen nach Ansicht des IASB im Falle der Nichtkonsolidierung der Zweckgesellschaft einen Forderungsabgang beim Veräußerer ggf verhindern, so dass die auf die Zweckgesellschaft übertragenen Assets letztendlich weiterhin beim Originator zu erfassen sind. 110

Für den oben diskutierten Fall würde dies bedeuten, dass ein hoher Risikorückbehalt in Form von Excess-Spread sowie ggf weiteren Credit-Enhancements zur Nichtausbuchung der verbrieften Forderungen aus der Bilanz des Originators führen würde. Die **Aussagekraft des Konzernabschlusses** wäre bei Nichtkonsolidierung einer derart selbstgesteuerten Zweckgesellschaft nicht zwingend gemindert. Wenn der Originator keinen Einfluss auf die Geschäftsentwicklung der Zweckgesellschaft hat, ist seine Stellung mit der anderer Investoren vergleichbar, die mit Erwerb einzelner ggf nachrangiger ABS-Positionen ebenfalls Risiken eingehen, ohne dabei Einfluss auf die Ergebnisse der Zweckgesellschaft ausüben zu können. 111

Wenn die Rückflüsse aus der Zweckgesellschaft ausschließlich von der Performance der zugrunde liegenden Vermögenswerte abhängen, spiegeln der unveränderte Ausweis der Forderungen sowie die bilanzierten Credit-Enhancements (Excess-Spread, Nachrangdarlehen etc.) 112

139 *IASB*, Project Summary, S. 7.

im Wesentlichen die sich für den Originator aus einer autopilotierten Zweckgesellschaft ergebenden Chancen und Risiken wider. In Verbindung mit den Angabepflichten des IFRS 12 zu nicht konsolidierten Zweckgesellschaften dürfte der Konzernabschluss durchaus ein den tatsächlichen Verhältnissen entsprechendes Bild der Vermögens-, Finanz- und Ertragslage des Konzerns vermitteln können.

113 Da sich der IASB trotz zahlreicher Anwendungsbeispiele zu IFRS 10, die aber leider viele der in der Praxis auftretenden Zweifelsfragen nicht behandeln, der Beantwortung der Konsolidierungsfrage bei selbstgesteuerten Zweckgesellschaften in True-Sale-Verbriefungen bisher weitgehend entzogen hat, bleibt abzuwarten, ob solche Konstrukte aus der Konsolidierungspflicht künftig herausfallen werden.

IV. Konsolidierung von Zweckgesellschaften nach US-GAAP

1. Konsolidierung von VIEs vor dem Hintergrund der Neukodifizierung der US-GAAP

114 Mit der Verabschiedung von Statement of Financial Accounting Standards No. 167 *Amendments to FASB Interpretation No. 46(R)* (SFAS 167) durch den FASB im Juni 2009 erfolgte eine grundlegende Überarbeitung des bisherigen Konsolidierungskonzepts für **Variable Interest Entities** (VIEs) – das US-amerikanische Pendant von Zweckgesellschaften.[140]

115 Gleichzeitig wurde die formale Struktur der US-GAAP durch die Verabschiedung von SFAS 168 *The FASB Accounting Standards Codification™ and the Hierarchy of Generally Accepted Accounting Principles* modifiziert. Die neue Struktur des US-amerikanischen Rechnungslegungssystems erkennt demnach als einzige verbindlich anzuwendende (authoritative) Quelle nur Standards an, die in die FASB-Kodifizierung – Accounting Standards Codification (ASC) – aufgenommen werden. Die ASC fasst inhaltlich zusammengehörende Rechnungslegungsvorschriften, die früher in verschiedenen Verlautbarungen zu finden waren, unter sog. Topics zusammen. Ferner werden neue Regelungen nicht mehr als eigenständige Standards erlassen. Stattdessen veröffentlicht der FASB sog. Accounting Standards Updates (ASU), durch welche die ASC automatisch geändert bzw aktualisiert wird.[141]

116 Die Kodifizierung des SFAS 167 erfolgte mit dem ASU No. 2009-17, wodurch die neuen Regelungen zur Konsolidierung in die ASC Topic 810 *Consolidation* eingepflegt wurden.[142] Da die Referenzierung nach Maßgabe der ASC für Geschäftsjahre nach dem 15.9.2009 verpflichtend anzuwenden ist, wird im Folgenden ausschließlich auf die ASC 810 verwiesen.

2. Konsolidierungskonzept für VIEs

117 Mit der Kodifizierung der Neuregelungen von SFAS 167 durch den ASU 2009-17 wird eine **Abkehr von dem Risk-and-reward-Ansatz** des FIN 46R vollzogen, der analog zu SIC-12 eine Konsolidierung bei dem mehrheitlichen Träger der Chancen und Risiken vorsah.

118 Im Gegensatz zu IFRS 10, mit dem ein allgemeingültiges Konsolidierungskonzept für alle Unternehmen einschließlich Zweckgesellschaften eingeführt wird, hält die ASC 810 weiterhin an einem **zweigleisigen** Konsolidierungsmodell mit Unterscheidung in VIEs und Nicht-VIEs fest. Zuerst muss daher stets geprüft werden, ob eine Variable Interest Entity vorliegt.

---

140 Da die US-GAAP spezifische Anforderungen an das Vorliegen einer VIE stellen, besteht keine völlige Deckungsgleichheit zwischen den Begriffen „SPE“ und „VIE“.

141 Vgl ausführlicher in: *Zülch/Pronobis* DB 2009, 2669, 2669 ff.

142 Die Neuregelungen zur Konsolidierung von VIEs sind für Abschlüsse nach dem 15.11.2009 verpflichtend anzuwenden. Für die Konsolidierung von Geldmarktfonds sowie bestimmten Investmentfonds wurde der Erstanwendungszeitpunkt gemäß ASC 810-10-65-2 iVm ASU 2010-10 vorerst verschoben (*partial deferral*). Nicht betroffen von der Verschiebung sind jedoch die für VIEs erforderlichen Anhangangaben gemäß ASC 810-10-50.

Eine VIE liegt gemäß ASC 810-10-15-14 bereits vor, wenn eines der folgenden Tatbestandsmerkmale erfüllt ist: 119

- Unzureichende Eigenkapitalausstattung (Equity Investment at Risk);
- **keines** der folgenden Kriterien trifft auf die Eigenkapitalgeber in ihrer Gesamtheit zu:
  - Entscheidungsmacht durch Stimmrechte oder ähnliche Rechte zur Bestimmung derjenigen Aktivitäten der Gesellschaft, die ihre Leistungsfähigkeit am meisten beeinflussen,
  - Verpflichtung zur Verlustübernahme,
  - Anspruch auf Residualgewinne;
- die Geschäftstätigkeit der Gesellschaft wird überwiegend zugunsten eines Eigenkapitalgebers geführt, der trotz eines wesentlichen wirtschaftlichen Interesses an der Gesellschaft über unverhältnismäßig wenige Stimmrechte verfügt.

Werden bei einer Gesellschaft alle drei oben aufgeführten Tatbestandsmerkmale der ASC 810-15-14 verneint, ist das klassische **Voting Interest Model** anzuwenden, das Beherrschung ähnlich wie IAS 27 über das Innehaben formalrechtlicher Positionen (Stimmrechtsmehrheit) begründet. Eine Gesellschaft wäre dann als Voting Interest Entity einzustufen und nach dem Voting Interest Model auf Konsolidierungspflicht zu prüfen.[143] Explizit aus dem Anwendungsbereich der für VIEs einschlägigen ASC 810-10 ausgenommen sind u.a. Altersversorgungspläne, gemeinnützige und Regierungsorganisationen sowie nach Maßgabe der ASC 946 zum Fair Value bilanzierte Investments.[144] 120

Keine Ausnahme aus der Anwendung der ASC 810-10 stellen dagegen die sog. **„qualifizierenden Zweckgesellschaften"** (Qualifying Special Purpose Entities, QSPEs) dar, die bisher das Privileg einer außerbilanziellen Behandlung genossen haben. QSPEs wurden zur Übertragung von Finanzaktiva insbesondere im Rahmen von Verbriefungstransaktionen gegründet und vor allem von US-Banken für hochriskante außerbilanzielle Geschäfte massiv missbraucht, was maßgeblich zur Entstehung der Finanzkrise 2008/2009 beigetragen hat.[145] Der FASB zog mit Verabschiedung des SFAS 166 *Accounting for Transfers of Financial Assets* rasch die Konsequenzen und hob das Konzept der QSPE auf. Somit unterliegen die einst als QSPEs gegründeten VIEs der Konsolidierungspflicht nach ASC 810-10. 121

Wird eine Gesellschaft als VIE qualifiziert, ist sie gemäß ASC 810-10-25-38 durch den **Meistbegünstigten** (Primary Beneficiary) zu konsolidieren. Der Meistbegünstigte wird als Unternehmen definiert, das Variable Interests[146] an der VIE innehat und dadurch über eine beherrschende finanzielle Beteiligung (Controlling financial Interest) verfügt. Eine beherrschende finanzielle Beteiligung wird dabei vermutet, wenn folgende Charakteristika **kumulativ** erfüllt sind:[147] 122

- Das berichtende Unternehmen ist in der Lage, seine **Entscheidungsmacht** auszuüben, um die Aktivitäten der VIE, die ihre Leistungsfähigkeit am meisten beeinflussen, zu bestimmen (Power to direct the Activities) und

---

143 *Deloitte*, Consolidation of Variable Interest Entities, S. 10 f.

144 ASC 810-10-15-12 und ASC 810-10-15-17.

145 *Bragg*, S. 667 f.

146 ASC 810-10-20 definiert Variable Interests als „contractual, ownership, or other pecuniary interests in a VIE that change with changes in the fair value of the VIE's net assets exclusive of variable interests". Als Beispiele werden in ASC 810-10-55-16 ff u.a. folgende Variable Interests genannt: Übernahme von Verlustpositionen mit Eigenkapitalcharakter sowie nachrangigen Fremdkapitalpositionen, Garantien, Put- oder Call-Optionen, Residualgarantien bei Leasing sowie Kaufoptionen des Leasingnehmers.

147 ASC 810-10-25-38A.

- das berichtende Unternehmen hat die Verpflichtung zur Übernahme potenziell bedeutender **Verluste** der VIE oder das Recht auf potenziell bedeutende **Gewinne** (Obligation to absorb Losses or the Right to receive Benefits).

123 Beherrschung kann im Gegensatz zu der Vorgängerregelung in FIN 46R folglich auch dann gegeben sein, wenn der Meistbegünstigte weniger als die Mehrheit der Verluste bzw Gewinne aus einer VIE trägt. Desweiteren soll die Beurteilung der Beherrschung vorrangig **qualitativ** erfolgen. Der quantitative Ansatz, der stellenweise weiterhin in ASC 810 seine Anwendung findet, ist für die Bestimmung des Meistbegünstigten nicht notwendig. Eine rein quantitative Analyse darf nach Auffassung des FASB nicht die alleinige Grundlage für die Konsolidierungsentscheidung sein.

124 Im Rahmen der Beurteilung der Beherrschung ist insbesondere Folgendes zu berücksichtigen:

- Zweck und Ausgestaltung der VIE, einschließlich der für das berichtende Unternehmen daraus resultierenden Risiken;
- Aktivitäten der VIE, die ihre Leistungsfähigkeit am stärksten beeinflussen, sowie die Möglichkeit, diese Aktivitäten bestimmen zu können;[148]
- Aktivitäten, die erst bei Eintritt bestimmter Ereignisse auftreten und einen bedeutenden Einfluss auf die Leistungsfähigkeit der VIE haben;
- das Innehaben substantieller Kick-out sowie Participating Rights, vorausgesetzt, dass diese von einer einzigen Partei (einschließlich ihr nahestehenden Personen/Unternehmen sowie De-facto-Agenten) ausgeübt werden können;
- Implizite Variable Interests, die zur Gewährung von finanzieller Unterstützung der VIE durch das berichtende Unternehmen führen können.

125 Bei VIEs, deren Geschäftstätigkeit keiner fortlaufenden Entscheidungen bedarf, die die Leistungsfähigkeit der VIE signifikant beeinflussen, gewinnen solche Entscheidungen und Aktivitäten eine besondere Bedeutung bei der Bestimmung des Meistbegünstigten, die bereits beim Aufsetzen der VIE getroffen bzw durchgeführt wurden. In den Mittelpunkt der Beurteilung rückt dabei die **Ausgestaltung** (Design) der VIE in der **Initialphase.**[149] In solchen Fällen gilt die Annahme, dass die ursprüngliche Ausgestaltung der VIE ihre Leistungsfähigkeit am stärksten beeinflusst. Besonderes Augenmerk ist dabei auf die Situationen zu richten, in denen das berichtende Unternehmen trotz der vermeintlich fehlenden Entscheidungsmacht über die Aktivitäten der VIE eine Verpflichtung zur Übernahme unverhältnismäßig hoher Verluste aus der VIE trägt.[150]

126 Ferner können die Konsolidierungsvorschriften der ASC 810-10 auf einzelne **Silos** Anwendung finden. Voraussetzung dafür ist, dass ein Silo ebenfalls als VIE iSv ASC 810-10-15-14 qualifiziert wird.[151]

127 Kann mehr als nur eine Partei ihre Entscheidungsmacht zur Beeinflussung der für die Leistungsfähigkeit der VIE maßgeblichen Aktivitäten ausüben, so ist diejenige Partei als Primary Beneficiary zu qualifizieren, deren Einfluss auf die Aktivitäten der VIE am stärksten ist. Die Entscheidungsmacht gilt nur dann als geteilt (**Shared Power**), wenn (1) die Entscheidungsmacht unter zwei oder mehreren unabhängigen Parteien derart aufgeteilt ist, dass keine Partei einzeln über die Entscheidungsmacht verfügt, um die Aktivitäten der VIE zu bestimmen, die ihre Leistungsfähigkeit am stärksten beeinflussen, und (2) die Entscheidungen hinsichtlich solcher Aktivitäten der Zustimmung aller Parteien bedürfen. Erweist sich die Entscheidungsmacht als geteilt, ist die VIE von keiner Partei zu konsolidieren.[152]

---

148 Auf die tatsächliche Ausübung der Entscheidungsmacht kommt es nicht an.
149 ASC 810-10-25-38F.
150 *Deloitte*, Consolidation of Variable Interest Entities, S. 159 f.
151 Zur Anwendung auf Silos vgl ASC 810-10-25-55 ff.
152 ASC 810-10-25-38D.

Obwohl eine VIE gemäß ASC 810-10-25-38A nur von **einer Partei** konsolidiert werden kann, kann das berichtende Unternehmen den Verzicht auf die Konsolidierung nicht allein dadurch begründen, dass ein anderes Unternehmen dieselbe VIE bereits konsolidiert. Die Prüfung der Konsolidierungspflicht ist somit von jedem berichtenden Unternehmen unabhängig durchzuführen.[153] 128

Unterhält das berichtende Unternehmen geschäftliche Beziehungen zu einer VIE, hat dieses kontinuierlich zu prüfen (**Ongoing Assessment**), ob sich unter Beachtung sämtlicher Umstände ggf eine veränderte Einschätzung hinsichtlich der Bestimmung des Meistbegünstigten der VIE ergibt.[154] 129

Wird eine VIE in den Konsolidierungskreis des berichtenden Unternehmens einbezogen, bedarf es in der Konzernbilanz eines **gesonderten Ausweises** für die folgenden Posten: 130

- Vermögenswerte der konsolidierten VIE, auf die Rückgriff ausschließlich zur Bedienung der Verpflichtungen der VIE genommen werden kann,
- Verbindlichkeiten der konsolidierten VIE, deren Gläubiger keinen Rückgriff auf andere Vermögenswerte des berichtenden Unternehmens haben.

Insgesamt lassen sich viele Gemeinsamkeiten zwischen den Konsolidierungskonzepten der ASC 810-10 und des IFRS 10 für Zweckgesellschaften bzw VIEs erkennen. Darüber hinaus sollen die Vorschriften der ASC 810 um die Regelungen zur Abgrenzung von Prinzipal-Agenten-Beziehungen ergänzt werden.[155] Dadurch soll ein weiterer Schritt in Richtung Konvergenz mit dem Konsolidierungsregelwerk des IFRS 10 vollzogen werden. Von einer völligen **Deckungsgleichheit** in punkto Konsolidierung von Zweckgesellschaften kann indes nicht ausgegangen werden. Dafür wird es weiterer Konvergenzbemühungen der beiden Standardsetzer bedürfen. 131

C. Übertragung von finanziellen Vermögenswerten

I. Übertragung von finanziellen Vermögenswerten nach HGB

1. Bilanzabgang nach HGB

Die bilanzielle Behandlung von Übertragungen von Vermögensgegenständen nach deutschem Handelsrecht ist im HGB nicht speziell geregelt, sondern richtet sich nach den allgemeinen Rechnungslegungsvorschriften der §§ 238 ff HGB. Eine Auslegung dieser Vorschriften erfolgt allgemein durch den Entwurf einer Neufassung der IDW-Stellungnahme zur Rechnungslegung: Einzelfragen zum Übergang von wirtschaftlichem Eigentum und zur Gewinnrealisierung nach HGB (IDW ERS HFA 13 nF)[156] und speziell für die Veräußerung von Vermögensgegenständen im Rahmen von ABS-Transaktionen durch die IDW-Stellungnahme zur Rechnungslegung: Zweifelsfragen der Bilanzierung von asset-backed securities-Gestaltungen und ähnlichen Transaktionen (IDW RS HFA 8).[157] 132

Notwendige, aber nicht hinreichende Voraussetzung für die Ausbuchung der übertragenen Vermögensgegenstände aus der Bilanz des Übertragenden ist das Vorliegen einer **zivilrecht-** 133

153 *Deloitte*, Consolidation of Variable Interest Entities, S. 144.

154 Ausführlicher hierzu: *Deloitte*, Consolidation of Variable Interest Entities, S. 151 ff.

155 FASB Proposed Accounting Standards Update *Principal versus Agent Analysis* vom 3.11.2011, verfügbar unter: www.fasb.org, abgerufen am 21.2.2012.

156 IDW Fachnachrichten 2007, 83.

157 IDW Fachnachrichten 2002, 640; 2004, 28.

lich wirksamen Veräußerung der Vermögensgegenstände.[158] Dies setzt bspw bei Forderungen Kaufvertrag und Abtretung voraus.[159]

134 Die bilanzielle Zurechnung der übertragenen Vermögensgegenstände ist neben dem rechtlichen Eigentum an die Frage des **wirtschaftlichen** Eigentums an den Vermögensgegenständen geknüpft, wobei das wirtschaftliche Eigentum letztlich maßgeblich ist. Dies bedeutet, dass dem rechtlichen Eigentümer eines Vermögensgegenstands bspw einer Zweckgesellschaft, dessen Stellung bei wirtschaftlicher Betrachtung dadurch gekennzeichnet ist, dass ihm wesentliche Elemente des wirtschaftlichen Eigentums nicht zuzurechnen sind (zB das Ausfallrisiko einer Forderung), der Vermögensgegenstand bilanziell nicht zuzuordnen ist. Vielmehr hat derjenige, dem die typischen Merkmale des wirtschaftlichen Eigentums, dh Besitz, Gefahr, Nutzungen und Lasten, zustehen, den Vermögensgegenstand (weiterhin) in seiner Bilanz auszuweisen. Sofern die einzelnen Bestandteile des wirtschaftlichen Eigentums unterschiedlichen Parteien zuzurechnen sind, ist eine hierarchische Einordnung dieser Elemente idR nicht möglich, sondern jeweils eine Gesamtbetrachtung der Verhältnisse des Einzelfalls erforderlich.[160]

135 Sofern ein Vermögensgegenstand per schuldrechtlichem Vertrag und sachenrechtlicher Übertragung ohne weitere Nebenabreden **dauerhaft und endgültig** übergegangen ist, erfolgt der Abgang aus der Bilanz des Übertragenden, eine Gewinn- oder Verlustrealisierung in seiner Gewinn- und Verlustrechnung und die Erfassung des Vermögensgegenstands in der Bilanz des Empfängers.

136 In der Praxis gibt es bei der Übertragung von Vermögensgegenständen auf eine Zweckgesellschaft eine Reihe von **Abreden**, die im Ergebnis oftmals dem Übergang des wirtschaftlichen Eigentums entgegenstehen und daher den gewünschten Bilanzabgang verhindern. Insbesondere erwähnenswert sind die folgenden Gestaltungen.

2. Rücknahmerechte/-pflichten

137 Die Dauerhaftigkeit und Endgültigkeit der Übertragung auf die Zweckgesellschaft kann durch verschiedene Gestaltungen infrage gestellt sein. Hierbei sind vor allem Pensionsgeschäfte, Optionen, Beschränkungen hinsichtlich des Verwertungsrechts sowie sonstige Rücknahmerechte oder -pflichten des Veräußerers, wie sie bspw in vielen ABS-Transaktionen vereinbart werden, zu nennen.[161]

138 Ein **unechtes Pensionsgeschäft** liegt gemäß § 340 b Abs. 3 HGB[162] dann vor, wenn der Pensionsnehmer lediglich berechtigt, aber nicht verpflichtet ist, die übertragenen Vermögensgegenstände zu einem vorher bestimmten oder von ihm noch zu bestimmenden Zeitpunkt zurück zu übertragen (Put-Option). Im Falle von unechten Pensionsgeschäften sind die übertragenen Vermögensgegenstände gemäß § 340 b Abs. 5 HGB nicht mehr in der Bilanz des Pensionsgebers, sondern in der Bilanz des Pensionsnehmers auszuweisen. Der Pensionsgeber hat lediglich einen Unterstrichausweis vorzunehmen. Der Pensionsgeber kann in diesem Fall

---

158 IDW ERS HFA 13 nF, Rn 6; IDW RS HFA 8, Rn 10.

159 Vgl zu dem Fall lediglich schuldrechtlicher Vereinbarung und Nutzung des Refinanzierungsregisters nach §§ 22 a bis 22 o KWG *Struffert/Wolfgarten* WPg 2010, 371.

160 IDW ERS HFA 13 nF, Rn 6 f; zur Definition des wirtschaftlichen Eigentums vgl auch § 39 Abs. 2 Nr. 1 S. 1 AO.

161 Zu erwähnen sind ferner Sale-and-Lease-Back-Geschäfte, bei denen ein Vermögensgegenstand zunächst durch den Leasinggeber (bspw eine Leasingobjektgesellschaft) vom späteren Leasingnehmer erworben und ihm anschließend per Leasingvertrag zur Nutzung überlassen wird. Für diese Geschäfte gelten die allgemeinen Zurechnungskriterien für das wirtschaftliche Eigentum bei Leasing (vgl hierzu bspw die steuerlichen Leasingerlasse, BStBl. I 1971, 264; BStBl. I 1972, 188; BStBl. I 1992, 13; BStBl. I 1996, 9); IDW ERS HFA 13 nF, Rn 72.

162 § 340 b HGB gilt formell nur für Kreditinstitute und Finanzdienstleistungsinstitute, die dort enthaltenen Grundsätze finden jedoch auch bei der Bilanzierung anderer Unternehmen Anwendung.

nicht sicher damit rechnen, dass er die Vermögensgegenstände zurückerhält, und ist daher nicht mehr wirtschaftlicher Eigentümer. Der Sachverhalt ist jedoch anders zu beurteilen, wenn die Optionsfrist des Pensionsnehmers die gesamte Restlaufzeit des Vermögensgegenstands umfasst oder der vereinbarte Rücknahmepreis so hoch ist, dass bei wirtschaftlicher Betrachtungsweise davon auszugehen ist, dass der Pensionsnehmer seine Put-Option ausüben wird. In beiden Fällen verbleibt das Bonitätsrisiko der übertragenen Vermögensgegenstände beim Pensionsgeber.[163]

Bei **echten Pensionsgeschäften** gemäß § 340 b Abs. 2, 4 HGB und anderen, einem echten Pensionsgeschäft wirtschaftlich gleichzusetzenden Gestaltungen kommt ohnehin **kein Bilanzabgang** beim Pensionsgeber infrage.[164] 139

Eine Rückerwerbsoption des Veräußerers (**Call-Option**) ist grds. nicht schädlich für den Bilanzabgang, jedoch gilt auch hier, dass Abreden, die dazu führen, dass der Veräußerer wirtschaftlich zu einem Rückerwerb gezwungen ist (zB wegen eines sehr niedrigen Rückerwerbspreises), zu einer anderen Beurteilung führen. 140

Einschränkungen des Verwertungsrechts, dh meist des Rechts zur **Weiterveräußerung** der übertragenen Vermögensgegenstände, sind bei der Übertragung auf Zweckgesellschaften häufig anzutreffen, da es gerade zum Wesen der Zweckgesellschaft gehört, nicht aktiv am Markt tätig zu sein. Oft erfüllen die Vermögensgegenstände auch eine bestimmte Funktion in der Struktur der Gesamttransaktion, zB als Hinterlegung für die im Rahmen einer ABS-Transaktion emittierten Wertpapiere, so dass eine Weiterveräußerung ausgeschlossen ist. Derartige Veräußerungsverbote sind idR nur dann problematisch für den Bilanzabgang, wenn die wirtschaftlichen Vorteile des Vermögensgegenstands nur bei Veräußerung oder Rückübertragung realisiert werden könnten.[165] 141

Rücknahmepflichten des Veräußerers bei Verletzung der Verpflichtungen aus dem Kaufvertrag („**Representations and Warranties**"), bspw im Hinblick auf die rechtliche Existenz der Vermögensgegenstände, betreffen in der Regel die Verität und nicht die Bonität der übertragenen Forderungen. Soweit dies der Fall ist, sind diese Rücknahmepflichten für die Ausbuchung der übertragenen Vermögensgegenstände aus der Bilanz des Veräußerers unschädlich.[166] 142

Der bei ABS-Transaktionen gemeinhin übliche „**Clean-up Call**", der dem Veräußerer das Recht zum Rückkauf von Forderungen von der Zweckgesellschaft bei Unterschreiten eines bestimmten Transaktionsvolumens (oft 10 % des Ursprungsvolumens) einräumt, ist gemäß IDW RS HFA 8 zulässig, soweit hierdurch nicht in überdurchschnittlich hohem Umfang notleidende Forderungen zurückübertragen werden, es sei denn, dass die Rückübertragung zum dann aktuellen Zeitwert erfolgt.[167] 143

3. Rückbehalt von Risiken

Hält der Übertragende Risiken des Vermögensgegenstands, die ihrer Art nach bedeutsam sind, dauerhaft oder zumindest über einen längeren Zeitraum zurück, kann idR kein Bilanzabgang erfolgen. Als bedeutsames Risiko gilt bspw bei Forderungen das Ausfall- oder **Bonitätsrisiko.**[168] Werden Forderungen übertragen, kann das Ausfallrisiko durch Ausfallgarantien des Veräußerers, die Vereinbarung eines variablen Kaufpreises, eine Beteiligung des Veräußerers am Eigenkapital der Zweckgesellschaft, die Vereinbarung eines Total-Return-Swap 144

163 IDW RS HFA 8, Rn 5, 11; IDW ERS HFA 13 nF, Rn 22 ff.
164 Vgl zu verschiedenen Varianten sog. Sale-and-Buy-back-Geschäfte IDW ERS HFA 13 nF, Rn 11 ff.
165 IDW ERS HFA 13 nF, Rn 32.
166 IDW RS HFA 8, Rn 8, 20.
167 IDW RS HFA 8, Rn 12.
168 IDW ERS HFA 13 nF, Rn 56 f.

zwischen Veräußerer und Zweckgesellschaft oder bei ABS-Transaktionen durch die Finanzierung eines Reservekontos durch den sog. „Excess-Spread“ [169] oder durch die vollständige oder teilweise Übernahme der begebenen Schuldtitel durch den Veräußerer zurückbehalten werden.[170]

145 **Ausfallgarantien** für die übertragenen Forderungen sind auch dann in die Betrachtung einzubeziehen, wenn ein Dritter die Ausfallgarantie stellt und Rückgriff auf den Veräußerer nehmen kann.

146 Die Vereinbarung eines variablen Kaufpreises erfolgt in der Regel dergestalt, dass ein Teil des Kaufpreises nicht sofort, sondern erst während oder am Ende der Forderungslaufzeit in Abhängigkeit von den bis zum jeweiligen Abrechnungszeitpunkt eingetretenen Forderungsausfällen gezahlt wird (oft als **„Deferred-Purchase-Price“** bezeichnet). Bei Übertragungen verzinslicher Forderungen kann auch der Excess-Spread zur Abdeckung von Forderungsausfällen verwendet werden. Sofern der nach Ende der Laufzeit verbleibende Excess-Spread dem Veräußerer zusteht, ist er wirtschaftlich einem variablen Kaufpreis gleichzusetzen. Darüber hinaus können weitere Abreden vorliegen, die wirtschaftlich einem variablen Kaufpreis gleichzusetzen sind. Bspw. könnte eine Servicing-Gebühr vereinbart werden, deren Höhe von den eingehenden Zahlungen auf die Forderungen abhängig ist.

147 Eine Beteiligung des Veräußerers am Eigenkapital der Zweckgesellschaft führt ebenso wie die vollständige oder teilweise Übernahme der durch die Forderungen besicherten Emission oder die Finanzierung der Zweckgesellschaft durch Darlehen des Veräußerers zu einer **indirekten** Übernahme von Bonitätsrisiken aus den Forderungen.[171]

148 Durch die Vereinbarung eines **Total-Return-Swap** werden sowohl das Bonitäts- als auch das Marktpreisrisiko eines Referenzaktivums übertragen. Eine solche Vereinbarung zwischen dem Veräußerer der Forderungen als Sicherungsgeber und dem Erwerber als Sicherungsnehmer, in der das Forderungsportfolio das Referenzaktivum darstellt, führt zu einem Einbehalt des Bonitätsrisikos durch den Veräußerer.

149 Mit Ausnahme des Total-Return-Swap, der in jedem Fall den Bilanzabgang der übertragenen Vermögensgegenstände verhindert,[172] sind die vorstehend beschriebenen Gestaltungen dann als für den Bilanzabgang schädlich anzusehen, wenn sie einen bestimmten, in IDW RS HFA 8 als **angemessen** definierten Umfang übersteigen. Am Beispiel des variablen Kaufpreises bei der Veräußerung von Forderungen soll die Frage der Angemessenheit im Folgenden näher erläutert werden.

150 Üblicherweise wird beim Verkauf von Forderungen ein Kaufpreis vereinbart, der das Bonitätsrisiko der Forderungen durch einen Abschlag vom Nennwert bzw Barwert berücksichtigt. Dabei kann der **Kaufpreisabschlag** fix oder variabel gestaltet werden. Die Vereinbarung eines fixen, endgültigen Kaufpreisabschlags zum Zeitpunkt des Verkaufs der Forderungen bedeutet, dass der Verkäufer keine Risiken aus späteren Ausfällen mehr trägt und im Gegenzug auch keine Chancen aus einem höheren Zahlungseingang mehr hat. Da der Übergang des Bonitätsrisikos – unabhängig von der Höhe des Kaufpreisabschlags – somit erfolgt ist, ist das wirtschaftliche Eigentum aus den Forderungen übergegangen und die Forderungen gehen aus der Bilanz des Verkäufers ab.[173]

151 Demgegenüber spielt die Höhe des Kaufpreisabschlags bei einer variablen Gestaltung eine entscheidende Rolle für die Frage des Bilanzabgangs. Ein variabler Kaufpreisabschlag, der

169 Als „Excess-Spread“ wird im Allgemeinen der Unterschiedsbetrag zwischen den Zinszahlungen auf die Forderungen und den Refinanzierungszinsen der Zweckgesellschaft bezeichnet.

170 IDW RS HFA 8, Rn 16.

171 IDW ERS HFA 13 nF, Rn 97.

172 IDW RS HFA 8, Rn 16; IDW ERS HFA 13 nF, Rn 52.

173 IDW RS HFA 8, Rn 19.

während der Laufzeit an die tatsächlichen Forderungsausfälle angepasst wird, darf sich zur Erlangung des Bilanzabgangs maximal im Bereich marktüblicher Delkredereabschläge bewegen, die sich ihrerseits an den historischen **Ausfallquoten der Forderungen** orientieren sollen.[174] Ein Risikozuschlag für die Unsicherheit der zukünftigen Entwicklung ist dabei zulässig.[175]

Alle vorstehend genannten Gestaltungen, die der Angemessenheitsprüfung unterliegen (zB 152
Ausfallgarantien), sind nach den gleichen Maßstäben wie der variable Kaufpreisabschlag zu behandeln, wobei beim gleichzeitigen Vorliegen mehrerer Elemente deren Auswirkungen **insgesamt** zu betrachten sind.

Bei Vorliegen eines angemessenen variablen Kaufpreisabschlags unter Einbeziehung aller 153
weiteren Vereinbarungen gilt das Bonitätsrisiko als übergegangen, da der Verkäufer nicht mehr an Verlusten, die über den Abschlag hinausgehen, partizipiert. Er hat nur noch die Chance, an einer günstigeren Entwicklung als erwartet teilzuhaben.[176]

4. Gesellschaftsrechtliche Gestaltungen

Abschließend ist darauf hinzuweisen, dass auch bei Übertragungen von Vermögensgegen- 154
ständen auf gesellschaftsrechtlicher Ebene die o.g. Grundsätze zum Übergang des wirtschaftlichen Eigentums Anwendung finden. Die Übertragung kann entweder in Form einer **Sacheinbringung** (Sachgründung oder Sacheinlage) oder einer **Ausgliederung** nach § 123 Abs. 3 UmwG erfolgen.

Auch in diesen Fällen verhindern Abreden, durch die die wesentlichen Risiken der Vermö- 155
gensgegenstände oder andere wesentliche Elemente des wirtschaftlichen Eigentums langfristig oder dauerhaft beim Übertragenden verbleiben, grds. deren Bilanzabgang.[177] Sofern der Übertragende Alleingesellschafter der empfangenden Gesellschaft ist und der Vermögensgegenstand deren einziges Vermögen darstellt, sind jedoch nach Auffassung des IDW der **Ausweis der Beteiligung** anstelle des Vermögensgegenstands und eine Gewinn- bzw Verlustrealisierung zulässig, da die Risiken zwar beim Übertragenden verbleiben, durch den Ausweis der (zu bewertenden) Beteiligung aber in seinem Jahresabschluss abgebildet werden.[178] Auch wenn der Vorgang in der Weise durchgeführt wird, dass zunächst eine Bareinlage erbracht, dann der Vermögensgegenstand an die Gesellschaft verkauft und anschließend der Kaufpreis aus der Bareinlage gezahlt wird, erfolgt ein **Tausch** des Vermögensgegenstands gegen eine Beteiligung an der Gesellschaft, dh zu buchen sind der Abgang des Vermögensgegenstands und der entsprechende Veräußerungsgewinn oder -verlust.[179]

II. Übertragung von finanziellen Vermögenswerten nach IFRS

Die Übertragung von Vermögenswerten wird in IAS 39 *Finanzinstrumente: Ansatz und Be-* 156
wertung geregelt. Trotz seit Jahren anhaltender Kritik an der Komplexität der Ausbuchungsvorschriften des IAS 39.15-42 wurden diese im Rahmen eines umfassenden Projekts des IASB zur Ablösung des IAS 39 in den IFRS 9 *Finanzinstrumente* vorerst bis auf redaktionelle

174 Die steuerrechtliche Einordnung entspricht insoweit der handelsrechtlichen, vgl BFH 26.8.2010 – I R 17/09, DB 2010, 2652.

175 IDW RS HFA 8, Rn 21 ff.

176 Demzufolge sind auch Besserungsabreden grds. unschädlich, da die Risiken übergegangen sind und lediglich die Chancen auf Wertsteigerung des Vermögensgegenstands beim Veräußerer verbleiben; IDW ERS HFA 13 nF, Rn 65.

177 IDW ERS HFA 13 nF, Rn 82.

178 IDW ERS HFA 13 nF, Rn 83 f.

179 IDW ERS HFA 13 nF, Rn 85; in diesem Zusammenhang sei darauf hingewiesen, dass der Vorgang offenzulegen ist und die Sacheinlage einer Werthaltigkeitsprüfung zu unterziehen ist.

Änderungen unverändert überführt.[180] Statt neuer Ausbuchungsregeln entschied sich der IASB, die Anhangangaben im Zusammenhang mit der Übertragung von Vermögenswerten in IFRS 7 zu erweitern, um den Bilanzadressaten einen besseren Überblick über die beim übertragenden Unternehmen unter anderem aus Verbriefungen verbleibenden Risiken zu gewähren sowie eine **weitgehende Konvergenz** mit den Offenlegungsvorschriften nach US-GAAP (ASC 860 *Transfers and Servicing*) zu erreichen. Diese Änderungen sind bereits für am oder nach dem 1.7.2011 beginnende Geschäftsjahre verpflichtend anzuwenden.

157 Da dem IFRS 9 noch das Endorsement fehlt und seine verpflichtende Anwendung erst für am bzw nach dem 1.1.2015 beginnende Geschäftsjahre vorgesehen ist, wird im Folgenden auf den momentan noch gültigen IAS 39 verwiesen. In IFRS 9 finden sich die Ausbuchungsvorschriften in den Textziffern 3.2.1 bis 3.3.4.

158 Die in IAS 39.15 ff dargelegten Abgangsregeln für finanzielle Vermögenswerte (bspw Forderungen) lassen sich anhand des in Abbildung 5 dargestellten Entscheidungsbaums zusammenfassen.

180 IFRS 9IN8.

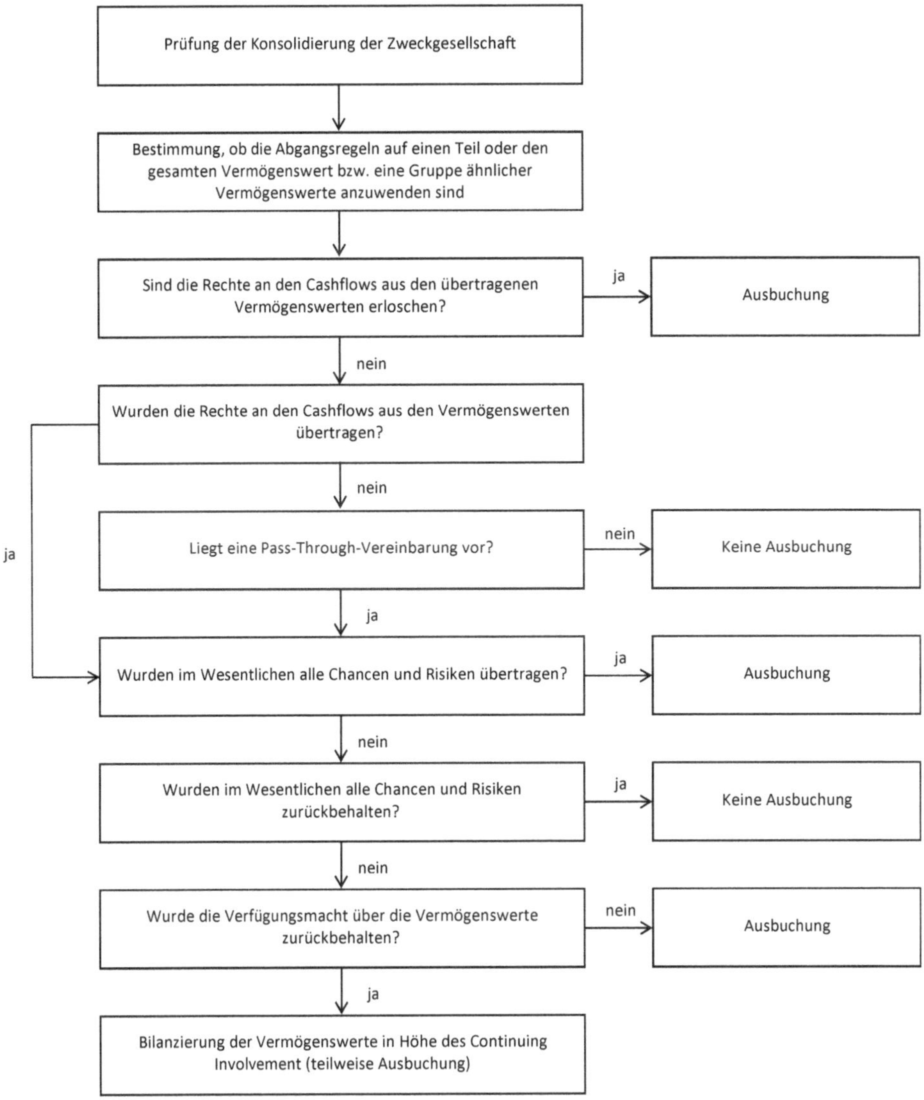

Abbildung 5 – Entscheidungsbaum zur Ausbuchung von Vermögenswerten nach IFRS[181]

Werden Vermögenswerte übertragen, ist gemäß IAS 39.15 im ersten Schritt zu prüfen, ob die übernehmende Zweckgesellschaft in den Konsolidierungskreis des übertragenden Unternehmens einbezogen werden muss. Ergibt die **Prüfung der Konsolidierungspflicht**, dass die Zweckgesellschaft nicht beim übertragenden Unternehmen zu konsolidieren ist, ist gemäß IAS 39.16 zunächst zu klären, ob die Abgangsregeln auf einen Teil eines finanziellen Vermögenswerts oder einen finanziellen Vermögenswert in seiner Gesamtheit angewendet werden sollen. Die Anwendung auf einen Teil eines Vermögenswerts ist nur möglich, wenn der Teil entweder genau spezifizierte Cashflows eines finanziellen Vermögenswerts umfasst (zB Inte- 159

181 IAS 39.AG36.

rest-Only-Strip), einen proportionalen Anteil der Cashflows eines finanziellen Vermögenswerts umfasst (zB 90% aller Cashflows eines Vermögenswerts) oder eine Kombination beider Alternativen vorliegt. In allen anderen Fällen ist der Vermögenswert in seiner Gesamtheit zu betrachten. Für die Ausbuchung eines finanziellen Vermögenswerts aus der Bilanz des Übertragenden ist nach IAS 39.17 erforderlich, dass entweder das vertragliche Recht, Cashflows aus dem Vermögenswert zu erhalten, endet (zB vollständige Tilgung einer Forderung) oder der Vermögenswert nach den Vorschriften in IAS 39.18–20 übertragen wird. Die Übertragung eines finanziellen Vermögenswerts kann nach IAS 39.18 auf zwei Arten erfolgen:

- Übertragung der vertraglichen Rechte, die Cashflows aus dem Vermögenswert zu erhalten,
- Verbleiben der vertraglichen Rechte, die Cashflows aus dem Vermögenswert zu erhalten, beim Übertragenden bei gleichzeitiger Übernahme einer vertraglichen Verpflichtung, die Cashflows gemäß IAS 39.19 weiterzuleiten (**Pass-through-Arrangement**).

160 Allgemeine Voraussetzung für die Übertragung der vertraglichen Rechte ist, dass die Übertragung unter dem anwendbaren Rechtssystem **insolvenzfest** ist.[182] Bei Verkauf und offener Abtretung dürfte dies in der Regel unproblematisch sein. Schwieriger stellen sich Gestaltungen mit stiller Zession dar. Das IDW vertritt die Auffassung, dass eine stille Zession der Übertragung der vertraglichen Rechte an dem Vermögenswert nur dann nicht entgegensteht, wenn der Erwerber die stille Zession – zumindest unter bestimmten Voraussetzungen – in eine offene Zession umwandeln kann.[183]

161 Der weithin übliche Verbleib der Forderungsverwaltung beim Verkäufer beeinträchtigt für sich genommen die Übertragung nicht.

162 Ein Pass-through-Arrangement gemäß IAS 39.19 liegt nur dann vor, wenn die Weiterleitungsverpflichtung auf die Beträge beschränkt ist, die der Verpflichtete selbst erhält, und diese Beträge **ohne wesentliche Verzögerung** weitergeleitet werden müssen. Außerdem muss es dem Verpflichteten untersagt sein, die Vermögenswerte außer als Sicherheit für die weiterzuleitenden Cashflows zu verpfänden oder sie weiter zu veräußern. Der Begriff „ohne wesentliche Verzögerung“ wird im Standard nicht näher definiert. Bei kontinuierlich eingehenden Cashflows von den Forderungsschuldnern (zB bei einem Pool von Handels- oder Kreditkartenforderungen) wird ein Zeitraum von maximal drei Monaten zwischen Erhalt und Weitergabe der Cashflows nicht zu beanstanden sein. Sollten die erhaltenen Cashflows bis zur Weiterleitung zulässigerweise in kurzfristige Anlagen[184] investiert werden, müssen auch die erhaltenen Zinsen weitergeleitet werden.

163 Insgesamt stellen die Pass-through-Voraussetzungen vor allem für **revolvierende Verbriefungstransaktionen** eine wesentliche Hürde für die Ausbuchung dar, da bei diesem Transaktionstyp im Allgemeinen die eingehenden Zahlungen der Forderungsschuldner während eines bestimmten Zeitraums nicht für Tilgungszahlungen an die Inhaber der ABS-Papiere verwendet werden, sondern dem Ankauf neuer Forderungen dienen.

164 Im nächsten Schritt ist zu untersuchen, inwieweit die **Risiken und Chancen** (Risks and Rewards) aus den übertragenen Vermögenswerten übertragen wurden,[185] wobei hier – im Gegensatz zum HGB – neben Ausfallrisiken bspw auch Zinsänderungsrisiken, Fremdwährungsrisiken und Risiken vorzeitiger Rückzahlung betrachtet werden. Eine Ausbuchung aus der Bilanz des Veräußerers ist nur dann zulässig, wenn im Wesentlichen alle Chancen und Risi-

182 Zur Insolvenzfestigkeit vgl § 5 Rn 28 ff.
183 IDW RS HFA 9, Rn 119 f.
184 „Cash or Cash Equivalents" gemäß der Definition in IAS 7.6.
185 IAS 39.20.

ken übertragen wurden. Wurden im Wesentlichen alle Chancen und Risiken behalten, sind die Vermögenswerte weiterhin in der Bilanz des Veräußerers auszuweisen.

Maßstab für die Beurteilung des Übergangs der Risiken und Chancen ist gemäß IAS 39.21 f der Vergleich zwischen dem Ausmaß, in dem der Übertragende der Variabilität der zukünftigen Netto-Cashflows aus den übertragenen Vermögenswerten **vor und nach der Übertragung** ausgesetzt ist. Im Wesentlichen alle Risiken und Chancen wurden zurückbehalten, wenn sich vor und nach der Übertragung kein signifikanter Unterschied ergibt. Im Wesentlichen alle Risiken und Chancen sind übergegangen, wenn der Übertragende nach der Übertragung keiner signifikanten Variabilität der Netto-Cashflows mehr ausgesetzt ist. Die Analyse hat barwertig zu erfolgen, und die möglichen Cashflows sind mit ihren Eintrittswahrscheinlichkeiten zu gewichten.[186] 165

Die Begriffe „wesentlich" und „signifikant" werden in IAS 39 nicht näher definiert. Der Standard gibt jedoch einige Anhaltspunkte und Beispiele zu ihrer Auslegung.[187] So liegt ein Zurückbehalten im Wesentlichen aller Chancen und Risiken u.a. dann vor, wenn ein Vermögenswert verkauft und gleichzeitig ein **Total-Return-Swap** abgeschlossen wird, der die Marktrisiken wieder auf den Verkäufer verlagert. Der Übergang im Wesentlichen aller Risiken und Chancen wird im Standard u.a. an den Beispielen eines bedingungslosen Verkaufs und eines Verkaufs unter Eingehung einer Rückkaufoption zum Fair-Value erläutert. 166

Da weniger eindeutige Gestaltungen in IAS 39 nicht dargestellt sind, verbleibt in vielen Fällen ein signifikanter **Interpretationsspielraum**. Bspw dürfte in ABS-Transaktionen der Fall der Übertragung im Wesentlichen aller Risiken und Chancen sehr selten und hauptsächlich nur dann vorkommen, wenn alle wesentlichen Credit-Enhancements von Drittparteien gestellt werden. 167

Der Abschluss einer **Kreditversicherung** zwischen der Zweckgesellschaft und einem externen Kreditversicherer führt zwar dazu, dass die Zweckgesellschaft keine Ausfallrisiken mehr trägt. Dies hindert allerdings nicht den Risikotransfer vom Verkäufer auf die Zweckgesellschaft, weil der Abschluss der Kreditversicherung eine Transaktion auf Ebene der Zweckgesellschaft darstellt.[188] 168

Hat der Veräußerer weder im Wesentlichen alle Risiken und Chancen übertragen noch sie zurückbehalten,[189] ist nach IAS 39.20(c) zu untersuchen, ob der Veräußerer die Verfügungsmacht (Control) über die Vermögenswerte behalten hat. Ist dies der Fall, findet der sog. **Continuing-Involvement-Ansatz** Anwendung. Ist dies nicht der Fall, sind die Vermögenswerte aus seiner Bilanz auszubuchen. Die Frage der Verfügungsmacht über die Vermögenswerte ist danach zu beantworten, ob die Zweckgesellschaft als Erwerber die Vermögenswerte frei und ohne Beschränkungen an Dritte weiterveräußern kann. Dies dürfte bspw in den meisten ABS-Strukturen aufgrund der einzuhaltenden Vorgaben für die Forderungsverwaltung (Servicing Standards) bei Kreditforderungen oder aufgrund der eingeschränkten Geschäftsaktivitäten der Zweckgesellschaft nicht der Fall sein, so dass im Regelfall die Verfügungsmacht beim Veräußerer verbleibt. Der in diesem Fall anzuwendende Continuing-Involvement-Ansatz fordert, dass der Veräußerer die Vermögenswerte in dem Maße weiterhin bilanziert, in 169

186 Zur Quantifizierung von Chancen und Risiken vgl: IDW RS HFA 9, Rn 132 ff.

187 IAS 39.AG39 f.

188 *Von Oertzen* in: Beck'sches IFRS-Handbuch, § 3 Rn 129.

189 In der Praxis wird vielfach eine Grenzziehung etwa im Bereich von 10%/90% vorgenommen, dh ein Übergang von 10% oder weniger der Risiken und Chancen führt zum Zurückbehalten im Wesentlichen aller Risiken und Chancen; ein Übergang von 90% oder mehr der Risiken und Chancen führt zur Übertragung im Wesentlichen aller Risiken und Chancen; für den Bereich zwischen 10% und 90% wäre dann der Continuing-Involvement-Ansatz anwendbar.

dem er Wertänderungen der Vermögenswerte nach ihrer Übertragung ausgesetzt bleibt, zB durch Ausfallgarantien, Clean-up-Calls oder variable Kaufpreisabschläge/Reservekonten.[190]

170 Im Unterschied zu den deutschen handelsrechtlichen Regeln, die nur die Alternativen „Vollabgang“ oder „kein Abgang“ erlauben, dürfte durch den Continuing-Involvement-Ansatz in einer Reihe von Fällen zumindest ein **Teilabgang** der Vermögenswerte erzielbar sein. Ferner sind für Berichtsjahre, die am oder nach dem 1.7.2011 beginnen, die erweiterten Angabepflichten des neugefassten IFRS 7 im Zusammenhang mit der Ausbuchung von Vermögenswerten zu beachten.[191]

171 **Beispiel: Ausfallgarantie des Veräußerers**

Das übertragende Unternehmen gibt für ein verkauftes Forderungsportfolio eine sog. First-Loss-Garantie, die maximal in Höhe von 100 GE von der erwerbenden Zweckgesellschaft in Anspruch genommen werden kann. Der Buchwert der verkauften Forderungen entspricht dem Verkaufspreis und beträgt 1.000 GE. Der Fair-Value der Garantie zum Verkaufszeitpunkt beläuft sich auf 80 GE (= erwarteter Ausfall) und entspricht der für die Garantie erhaltenen Gegenleistung. Annahmegemäß werden weder alle Chancen und Risiken übertragen noch zurückbehalten.

Beim Veräußerer führt die Ausfallgarantie zu einem verbleibenden Bilanzansatz der Forderungen (Continuing-Involvement) in Höhe des Garantiebetrags (100 GE) und zur Ausbuchung ihres darüber hinausgehenden Buchwerts sowie zum Ansatz einer Verbindlichkeit in Höhe des Garantiebetrags (sog. **Associated Liability**) zuzüglich des Fair-Value der Garantie. Der Fair Value der Garantie ist nach IAS 18 zeitanteilig erfolgswirksam aufzulösen.[192] Der im Rahmen des Continuing Involvement aktivierte Forderungsbuchwert ist abzuschreiben, wenn aus der Garantie eine Inanspruchnahme droht (**Impairment**).[193]

Für den Veräußerer ergibt sich nach IAS 39.AG48(a) folgende Buchung:

Veräußerer (Garantiegeber)

Kasse	1000	an	Forderungen	900
Verlust	80	an	Associated Liability	100 + 80

Bei der Zweckgesellschaft als Garantienehmer werden in der Regel Eventualforderungen nach IAS 37 vorliegen, die nicht aktiviert werden dürfen. Trotz des Aktivierungsverbots ergeben sich indirekte Auswirkungen auf die Bilanzierung bei der Zweckgesellschaft. Die Garantiekosten können in die Berechnung des Effektivzinssatzes abgesicherter Forderungen einfließen. Die Amortisation im Rahmen der Effektivzinsmethode ist dabei auf die Laufzeit der Ausfallgarantie begrenzt.[194] Desweiteren sind im Zusammenhang mit der Ausfallgarantie Angaben zur Kreditrisikominderung nach IFRS 7 erforderlich.[195]

Die erhaltene Garantie wird bei der Ermittlung der Wertminderung (**Impairment**) des gesicherten Forderungsbestands gemäß IAS 39.IG E.4.8 berücksichtigt. Ausfälle der erworbenen Forderungen werden solange nicht ergebniswirksam, wie die Garantie die Ausfälle abdeckt. Sobald eine Forderung unter den Garantiebedingungen als ausgefallen gilt und demzufolge ein Anspruch gegenüber dem Garantiegeber entsteht, kommt es bei der Zweckgesellschaft zu

190 IAS 39.30.
191 Zu Anhangangaben nach IFRS 7: *Gryshchenko/Lotz* in: Deloitte, Asset Securitisation in Deutschland S. 55 ff.
192 IAS 39.AG48.
193 IDW RS HFA 9, Rn 144.
194 Diese Auswirkungen sind im Beispiel aus Vereinfachungsgründen nicht berücksichtigt.
195 Vgl zur Bilanzierung beim Garantienehmer: *Grünberger* KoR 2006, 81, 85.

einem Aktivtausch: die betroffenen Forderungen werden abgeschrieben und die Garantieforderung in der gleichen Höhe ertragswirksam aktiviert.

Zweckgesellschaft (Garantienehmer)

Forderungen	1000	an	Kasse	1000
Aktivtausch (Forderungsausfall = 50 GE)				
Aufwendungen	50	an	Forderungen	50
Garantieforderung	50	an	Erträge	50

III. Übertragung von finanziellen Vermögenswerten nach US-GAAP

Bereits im April 2005 beschlossen der IASB und der FASB, ein gemeinsames Forschungsprojekt zu Ausbuchungsregeln zu beginnen, um Verbesserungen sowie eine Angleichung der voneinander stark abweichenden Regelungen von IAS 39 und SFAS 140 zu erreichen. Während der IASB sein Derecognition-Projekt bis auf weiteres eingestellt hat und vorerst lediglich eine Erweiterung der im Zusammenhang mit der Ausbuchung erforderlichen Angabepflichten in IFRS 7 implementiert hat, unternahm der FASB eine Überarbeitung der bisherigen Ausbuchungsvorschriften des SFAS 140 und löste diesen im Juni 2009 durch SFAS 166 *Accounting for Transfers of Financial Assets* ab. Mit ASU 2009-16 wurden die Neuregelungen des SFAS 166 in die FASB-Kodifizierung (ASC) überführt. Die für die Übertragung von finanziellen Vermögenswerten einschlägigen Leitlinien finden sich in ASC 860 *Transfers and Servicing*.[196] 172

Analog zur Vorgehensweise des IAS 39 ist bei Übertragung von Vermögenswerten auf eine Zweckgesellschaft zunächst zu prüfen, ob diese vom Übertragenden zu konsolidieren ist.[197] Mit SFAS 166 wurde die Konsolidierungspflicht erstmalig auch auf die sog. **„qualifizierenden Zweckgesellschaften“** (Qualifying Special Purpose Entities, QSPEs) ausgeweitet. Der Übertragende muss folglich auch die einst als QSPEs qualifizierten Zweckgesellschaften einer Konsolidierungsprüfung nach Maßgabe der ASC 810-10 unterziehen. 173

Anschließend muss bestimmt werden, ob die Ausbuchungsvorschriften auf einen Teil oder den gesamten Vermögenswert bzw einen Pool von Vermögenswerten anzuwenden sind. Dabei kommt eine **Teilausbuchung** nur dann in Betracht, wenn der zu übertragende Teil der Vermögenswerte die Anforderungen des sog. *participating interest* gemäß ASC 860-10-40-6A erfüllt. Neben Weiterem muss ein Participating Interest stets einen proportionalen bzw **pro-rata-Teil** darstellen. Somit wäre bspw ein sog. Interest-Only-Strip, der ausschließlich Cashflows auf Zinsforderungen umfasst, im Gegensatz zu IAS 39 nicht ausbuchungsfähig.[198] 174

Anders als der vom Risk-and-reward-Ansatz geprägte IAS 39 folgen die Ausbuchungsvorschriften der ASC 860 dem auf Kontrolle basierten Financial Components Approach. Demnach kann ein Abgang beim Übertragenden nur unter der Voraussetzung der **Aufgabe der Kontrolle** über die transferierten Vermögenswerte erreicht werden. 175

Nach IAS 39 gilt die Kontrolle bzw Verfügungsmacht als übertragen, wenn der Empfänger (bspw Zweckgesellschaft) die tatsächliche Fähigkeit zur Veräußerung der übertragenen Ver- 176

196 Die Neuregelungen des SFAS 166 sind für Geschäftsjahre nach dem 15.11.2009 verpflichtend anzuwenden.

197 ASC 860-10-40-4.

198 ASC 860-10-55-17G.

mögenswerte besitzt.[199] Demgegenüber enthält ASC 860-10-40-5 eine deutlich restriktivere Definition von Kontrolle. Die Übertragung der Kontrolle ist dabei an die Erfüllung der folgenden Bedingungen geknüpft:

- **Rechtliche Isolierung** (Legal Isolation) – Die übertragenen Vermögenswerte müssen derart vom Übertragenden isoliert werden, dass selbst im Insolvenzfall oder bei ähnlichen Verfahren von Seiten des Übertragenden, seiner verbundenen Unternehmen und der Gläubiger nicht auf die übertragenen Vermögenswerte zurückgegriffen werden kann.
- **Fähigkeit zur Weiterveräußerung oder Verpfändung** – Der Empfänger muss in der Lage sein, die übertragenen Vermögenswerte zu veräußern oder zu verpfänden. Insbesondere bei Verbriefungstransaktionen ist diese Fähigkeit jedoch vielfach nicht gegeben. Zur Wahrung der Interessen der Investoren ist es der emittierenden Zweckgesellschaft regelmäßig untersagt, die übertragenen Vermögenswerte weiter zu veräußern oder zu verpfänden. In solchen Fällen muss gemäß ASC 860-10-40-15 auf die Investoren als Beneficial Interest Holders „durchgeschaut" werden, um festzustellen, ob jeder einzelne von ihnen sein Beneficial Interest (wie emittierte ABS) veräußern oder verpfänden kann.[200] Das Fehlen eines aktiven Marktes ist dabei für die Beurteilung der Fähigkeit zur Weiterveräußerung als unschädlich anzusehen.[201] Sollte ein Investor dennoch Einschränkungen hinsichtlich der Weiterveräußerung bzw Verpfändung unterliegen, wirkt dies nur dann hinderlich auf die Ausbuchung beim Übertragenden, wenn der letztere einen mehr als unwesentlichen (*more than a trivial*) Vorteil dadurch erlangt.
- **Aufgabe der effektiven Kontrolle** – Der Übertragende, seine verbundenen Unternehmen oder deren Agenten dürfen nicht die wirtschaftliche/effektive Kontrolle über die übertragenen Vermögenswerte bzw von Dritten gehaltene Beneficial Interests (wie emittierte ABS) auf einem der folgenden Wege zurückbehalten:
  - Der Übertragende ist aufgrund einer getroffenen Vereinbarung verpflichtet, die übertragenen Vermögenswerte vor Fälligkeit zurückzukaufen (zB durch ein Forward- oder Pensionsgeschäft).
  - Der Übertragende ist in der Lage, bestimmte Vermögenswerte von der Zweckgesellschaft zurückzufordern (ausgenommen Clean-up-Calls), und erlangt dadurch einen mehr als unwesentlichen Vorteil. Ein Clean-up-Call gilt als unschädlich, solange der Übertragende zugleich auch der Servicer der übertragenen Vermögenswerte ist.[202]
  - Der Empfänger (bzw die Zweckgesellschaft) verfügt über eine Verkaufsoption auf die übertragenen Vermögenswerte, die zum Übertragungszeitpunkt weit im Geld liegt (*deeply in the money*), so dass es höchst wahrscheinlich ist, dass die Option tatsächlich ausgeübt wird. Liegt die Option zum Übertragungszeitpunkt hingegen weit aus dem Geld, ist sie für die Ausbuchung als unschädlich anzusehen.[203]

177 Sind die oben genannten Bedingungen erfüllt, werden die übertragenen Vermögenswerte erfolgswirksam ausgebucht. Neu entstandene Vermögenswerte und Verbindlichkeiten (zB aus Servicing-Verpflichtungen) sind bilanziell zu erfassen. Sollten die Bedingungen nicht erfüllt werden, ist die Transaktion wie ein besichertes Darlehen zu bilanzieren. Da die Kontrolle nicht als aufgegeben gilt, solange der Übertragende weiterhin die vertraglichen Rechte an den Cashflows aus übertragenen Vermögenswerten besitzt, ermöglicht eine Durchleitungsvereinbarung (Pass-through-Arrangement) im Gegensatz zu IAS 39 **keine Ausbuchung** nach

---

199 IAS 39.23 iVm IAS 39.AG42 ff.

200 Hier können sich insb. Einschränkungen im Zusammenhang mit dem *Securities Act* für Investoren ergeben. Vgl *Deloitte*, Securitization, S. 20.

201 ASC 860-10-40-18.

202 ASC 860-10-40-34.

203 ASC 860-10-55-42D.

ASC 860. Auch ein bilanzieller Teilabgang bzw Ansatz eines Continuing-Involvement ist nach US-GAAP nicht möglich.

D. Anhangangaben zu Zweckgesellschaften

I. Angabevorschriften nach HGB

Das HGB sieht **keine** gesonderten Anhangangaben zu Zweckgesellschaften vor. Vielmehr sind die im Konzernanhang vorgesehenen Angabepflichten für Tochtergesellschaften nach §§ 313 und 314 HGB auch für die konsolidierten Zweckgesellschaften zu beachten. Es ist darauf hinzuweisen, dass § 314 Abs. 1 Nr. 2 und Nr. 2 a HGB auch Angaben zu nicht in der Konzernbilanz enthaltenen Geschäften und zu nicht in der Konzernbilanz enthaltenen Verpflichtungen, insbesondere gegenüber nicht einbezogenen Tochterunternehmen, verlangt, soweit dies für die Beurteilung der Finanzlage notwendig ist. Für den Einzelabschluss sei auf die entsprechende Vorschrift des § 285 Nr. 3 und Nr. 3 a HGB hingewiesen. 178

Dabei umfasst der Begriff „Geschäfte" in einem weiten, funktionalen Sinn alle Transaktionen rechtlicher und wirtschaftlicher Art, die sich auf die gegenwärtige und künftige Finanzlage eines Unternehmens auswirken können.[204] Hierzu gehören u.a. Factoring- und ABS-Transaktionen, unechte Pensionsgeschäfte, Operating-Leasing-Verträge sowie Sale-and-lease-back-Geschäfte bei Vorliegen von Operating-Leasing. Für solche **nicht in der Bilanz enthaltenen Geschäfte** sind deren Art und Zweck sowie Risiken und Vorteile in Bezug auf deren finanzielle Auswirkungen anzugeben.[205] 179

Für die aus dem Anwendungsbereich des § 290 Abs. 2 Nr. 4 HGB ausgeschlossenen Spezialfonds sind zudem Angaben nach § 285 Nr. 26 und § 314 Abs. 1 Nr. 18 HGB vorzunehmen. 180

II. Angabevorschriften nach IFRS 12

Mit der Veröffentlichung von IFRS 12 *Disclosure of Interests in Other Entities* werden die Angabepflichten für Tochter-, assoziierte und Gemeinschaftsunternehmen, für konsolidierte sowie erstmals auch für **nicht konsolidierte Zweckgesellschaften** in einem einzigen Standard zusammengefasst. Ziel des Standards ist die Bereitstellung von Informationen, um die Abschlussadressaten über die Art der Beziehungen zu anderen Unternehmen und die damit verbundenen Risiken sowie die Auswirkungen dieser Beziehungen auf die Vermögens-, Finanz- und Ertragslage aufzuklären. Vor diesem Hintergrund verlangt der Standard zunächst die Offenlegung aller wesentlichen Ermessensentscheidungen und Annahmen, die bei der Beurteilung der Beziehung zu einem anderen Unternehmen getroffen wurden. Bei wesentlichen Änderungen der Ermessensentscheidungen oder Annahmen gegenüber Vorperioden ist dies ebenfalls im Anhang anzugeben. Die Angabepflichten für Zweckgesellschaften unterscheiden sich in Abhängigkeit davon, ob es sich um eine konsolidierte oder nicht konsolidierte Zweckgesellschaft handelt. 181

204 IDW ERS HFA 32, Rn 4.
205 IDW ERS HFA 32, Rn 8 ff.

182

<table>
<tr><th>Konsolidierte Zweckgesellschaften
(IFRS 12.14-12.17)</th><th>Nicht konsolidierte Zweckgesellschaften
(IFRS 12.24-12.31)</th></tr>
<tr><td rowspan="2">Angaben zu allen Vereinbarungen, die das Mutterunternehmen zur finanziellen Unterstützung der Zweckgesellschaft verpflichten könnten. Hierunter fallen auch Angaben zu Ereignissen und Umständen, die zur Entstehung von Verlusten für das Mutterunternehmen führen können, wie zB bestimmte Rating-Trigger, deren Bruch die Inanspruchnahme der gewährten finanziellen Unterstützung zur Folge hat.</td><td>Angaben zu Art und Ausmaß der Beziehungen zu Zweckgesellschaften:
■ Angaben u.a. zu Art, Zweck, Größe und Aktivitäten sowie zur Finanzierungsstruktur der Zweckgesellschaft.
■ Als Sponsor einer Zweckgesellschaft hat das berichtende Unternehmen zu erläutern, bei welchen Zweckgesellschaften und warum es sich als Sponsor sieht. Des Weiteren sind sämtliche Erträge aus den Zweckgesellschaften sowie der Buchwert aller auf diese übertragenen Vermögenswerte zum Zeitpunkt der Übertragung anzugeben.</td></tr>
<tr><td>Angaben zu Risiken aus Zweckgesellschaften:
■ Der Buchwert der Vermögenswerte und Schulden, die in Verbindung mit den Zweckgesellschaften stehen, zu denen eine Beziehung besteht.
■ Die Abschlussposten, die solche Vermögenswerte und Schulden enthalten.
■ Der Betrag, der am besten das maximale Verlustrisiko aus der Beziehung zu nicht konsolidierten Zweckgesellschaften widerspiegelt, einschließlich einer Erläuterung, wie dieser Betrag ermittelt wurde. Kann dieser Betrag nicht ermittelt werden, ist auf diese Tatsache hinzuweisen. Die Gründe dafür sind anzugeben.
■ Ein Vergleich zwischen den Buchwerten der Vermögenswerte und Schulden, die in Verbindung mit Zweckgesellschaften stehen, zu denen eine Beziehung besteht, und dem maximalen Verlustrisiko aus diesen Zweckgesellschaften.</td></tr>
<tr><td colspan="2">Angaben zu jeder während der Berichtsperiode von dem Mutterunternehmen oder einer seiner Tochtergesellschaften gewährten u.a. finanziellen Unterstützung, die nicht aufgrund einer vertraglichen Verpflichtung erfolgte. Ferner sind die Art und der Umfang der Unterstützung sowie die Gründe dafür offenzulegen.</td></tr>
<tr><td>Löste die Gewährung einer Unterstützung die Konsolidierung einer bis dahin nicht konsolidierten Zweckgesellschaft aus, so hat das berichtende Unternehmen die Konsolidierungsentscheidung zu begründen.</td><td></td></tr>
<tr><td colspan="2">Auch die Absicht, eine konsolidierte oder nicht konsolidierte Zweckgesellschaft zu unterstützen, ist angabepflichtig.</td></tr>
</table>

Die Angabepflichten des IFRS 12 sind als **Mindestangabepflichten** zu verstehen. Reichen diese nicht aus, um die Art der Beziehungen zu Zweckgesellschaften, die damit verbundenen Risiken sowie Auswirkungen auf die Vermögens-, Finanz- und Ertragslage zu verstehen, ist das berichtende Unternehmen zur Bereitstellung weiterführender Informationen verpflichtet. 183

III. Angabevorschriften nach US-GAAP

Die US-GAAP sehen analog zu IFRS 12 allgemeine **Angaben zu sämtlichen VIEs** vor, die in den Anwendungsbereich der ASC 810-10 fallen, sowie zusätzliche Angabepflichten in Abhängigkeit davon, ob es sich beim berichtenden Unternehmen um den Meistbegünstigten (Primary Beneficiary) und somit das Mutterunternehmen der VIE handelt oder lediglich ein Variable Interest an der VIE und somit keine Konsolidierungspflicht besteht. Ferner sind auch Anhangangaben im Zusammenhang mit der Übertragung von Vermögenswerten nach ASC 860-10-50 zu beachten. 184

185

<table>
<tr><td colspan="2">Allgemeine Angaben zu VIEs
(ASC 810-10-50-2AA)</td></tr>
<tr><td colspan="2">▪ Angaben zu wesentlichen getroffenen Annahmen und Ermessensentscheidungen insbesondere in Bezug auf die Konsolidierung einer VIE sowie die offengelegten Informationen zur Beziehung des berichtenden Unternehmens zu einer VIE.
▪ Angaben zu Einschränkungen, denen die Vermögenswerte und Schulden einer konsolidierten VIE unterliegen, sowie die Buchwerte solcher Vermögenswerte und Schulden.
▪ Die Art der mit einer VIE verbundenen Risiken sowie deren Veränderungen.
▪ Angaben zu den sich aus der Beziehung zu einer VIE ergebenden Auswirkungen auf die Finanz- und Ertragslage sowie die Cashflows des berichtenden Unternehmens.</td></tr>
<tr><td>Berichtendes Unternehmen ist Primary Beneficiary
(ASC 810-10-50-3)</td><td>Berichtendes Unternehmen ist kein Primary Beneficiary, hat aber ein Variable Interest an der VIE inne
(ASC 810-10-50-4)</td></tr>
<tr><td>▪ Die Buchwerte der Vermögenswerte und Schulden einer VIE sowie Abschlussposten, die solche Vermögenswerte und Schulden enthalten, einschließlich qualitativer Angaben zu den Beziehungen zwischen Vermögenswerten und Schulden einer VIE.
▪ Verweis auf das fehlende Rückgriffsrecht der Gläubiger einer VIE auf die übrigen Vermögenswerte des Mutterunternehmens.
Angaben zu sämtlichen Vereinbarungen, die das Mutterunternehmen zur finanziellen Unterstützung einer VIE verpflichten könnten. Hierunter fallen auch Angaben zu Ereignissen und Umständen, die zur Entstehung von Ver-</td><td>▪ Die Buchwerte der Vermögenswerte und Schulden der VIE, an der das berichtende Unternehmen ein Variable Interest innehat, sowie Abschlussposten, die solche Vermögenswerte und Schulden enthalten.
▪ Der Betrag, der am besten das maximale Verlustrisiko aus der Beziehung zu einer nicht konsolidierten VIE widerspiegelt, einschließlich einer Erläuterung, wie dieser Betrag ermittelt wurde. Kann dieser Betrag nicht ermittelt werden, ist auf diese Tatsache hinzuweisen. Die Gründe dafür sind anzugeben.
▪ Eine tabellarische Vergleichsdarstellung zwischen den Vermögenswerten und Schulden der VIE einerseits und dem maximalen Verlustrisiko aus der Beziehung zur VIE andererseits. Dabei sind sowohl qualitative als auch quantitative Angaben erforderlich, um</td></tr>
</table>

lusten für das Mutterunternehmen führen können.	den Abschlussadressaten mögliche Unterschiede zwischen den beiden Beträgen zu erläutern. ■ Informationen zu Liquiditätsfazilitäten, Garantien und anderen Verpflichtungen Dritter, die Einfluss auf die Risikotragung des berichtenden Unternehmens haben können. ■ Bei nach Maßgabe der ASC 810-10-25-38D (Shared Power) nicht konsolidierten VIEs eine Begründung für das Vorliegen der geteilten Entscheidungsmacht sowie Angaben zu den getroffenen Annahmen und Ermessensentscheidungen.
Berichtendes Unternehmen ist entweder Primary Beneficiary oder hat ein Variable Interest inne. (ASC 810-10-50-5A)	
■ Begründung der Konsolidierungs- bzw Nichtkonsolidierungsentscheidung.[206] ■ Erläuterung der Faktoren, die zu einer nachträglichen Konsolidierung bzw Nichtkonsolidierung einer VIE geführt haben, sowie der Auswirkungen auf den Abschluss des berichtenden Unternehmens. ■ Angaben zu jeder während der Berichtsperiode von dem berichtenden Unternehmen oder eines seiner verbundenen Unternehmen gewährten u.a. finanziellen Unterstützung, die nicht aufgrund einer vertraglichen Verpflichtung erfolgte. Ferner sind die Art und der Umfang der Unterstützung sowie die Gründe dafür offenzulegen. ■ Auch die Absicht, eine konsolidierte oder nicht konsolidierte VIE zu unterstützen, ist angabepflichtig. ■ Qualitative und quantitative Angaben u.a. zu Art, Zweck, Größe und Aktivitäten sowie zur Finanzierungsstruktur der VIE.	

186 Insgesamt lässt sich ein hoher Konvergenzgrad zwischen den Angabepflichten nach IFRS und US-GAAP erkennen. Angesichts der in beiden Rechnungslegungssystemen vollzogenen Abkehr vom Risk-and-reward-Ansatz kommt eine entscheidende Bedeutung insbesondere den Angaben zu den mit Zweckgesellschaften verbundenen **Risiken** zu.

E. Fazit

187 Zusammenfassend lässt sich festhalten, dass die mit Zweckgesellschaften verbundenen bilanziellen Fragestellungen durch einen hohen Komplexitätsgrad gekennzeichnet sind und eine unverändert große Relevanz für den Konzernabschluss haben.

188 Die **retrospektive Anwendungspflicht** des IFRS 10[207] wird von den Unternehmen eine erneute Prüfung sämtlicher bereits bestehenden und neuen Beziehungen zu Zweckgesellschaften auf das Vorliegen von Beherrschung und somit der Konsolidierungspflicht erfordern. Auch sei auf den nicht zu unterschätzenden Aufwand bei der Informationsbereitstellung im Zusammenhang mit den neuen Angabepflichten nach IFRS 12 hingewiesen.

189 Ferner ist anzumerken, dass mit der Verabschiedung des IFRS 10 die Bestrebungen des deutschen Gesetzgebers, bei der Konsolidierung von Zweckgesellschaften durch die Übernahme

206 Macht das berichtende Unternehmen von der Ausnahmevorschrift der ASC 810-10-15-17(c) für vor dem 31.12. 2003 gegründete VIEs Gebrauch, sind Anhangangaben nach ASC 810-10-50-6 zu beachten.

207 Vgl IFRS 10.C2.

des Risk-and-reward-Ansatzes in § 290 HGB eine Annäherung der handelsrechtlichen Rechnungslegung an die IFRS zu erreichen, für **vorläufig gescheitert** erklärt werden müssen.

Die nachfolgende Tabelle fasst die wesentlichen Bilanzierungsregeln für Zweckgesellschaften nach HGB, IFRS und US-GAAP synoptisch zusammen, um die Gemeinsamkeiten und Unterschiede noch einmal zu verdeutlichen. 190

191

	HGB	IFRS	US-GAAP
Konsolidierung von SPEs			
Beteiligung an der SPE Voraussetzung?	Nein	Nein	Nein
Mehrheit der Chancen und Risiken aus der SPE Voraussetzung?	Ja	Ja (SIC-12), Nein (IFRS 10)	Nein
Beherrschung (*control*)	Über die Mehrheit der Chancen und Risiken	Über die Mehrheit der Chancen und Risiken (SIC-12), künftig über Entscheidungsmacht, variable Rückflüsse und die Möglichkeit zur Beeinflussung variabler Rückflüsse durch Ausübung der Entscheidungsmacht (IFRS 10)	Über die Möglichkeit zur Bestimmung der Aktivitäten, die die Leistungsfähigkeit der VIE am meisten beeinflussen, sowie Übernahme von Verlusten bzw Gewinnen
Prinzipal-Agenten-Beziehungen geregelt?	Nicht explizit	Explizit	Explizit (derzeit im Entwurf)
Gesonderter Ausweis der Aktiva und Passiva der SPE in der Bilanz des Mutterunternehmens?	Nein	Nein (aber Angaben im Anhang)	Ja (für Vermögenswerte und Schulden der VIE mit eingeschränktem Rückgriff)
Konvergenz mit anderen Rechnungslegungssystemen?	Teilweise (Anlehnung an SIC-12), zukünftig geringer wegen IFRS 10	Teilweise (ASC 810)	Teilweise (IFRS 10)
Bilanzabgang bei Übertragung			
Übertragung auch von Teilen von Vermögenswerten?	Nicht vorgesehen	Grundsätzlich möglich	Grundsätzlich möglich (restriktiver als IFRS)
Rechtswirksame Übertragung des Vermögenswerts Voraussetzung?	Ja	Nein	Ja

	HGB	IFRS	US-GAAP
Konzeptionelle Grundlage	Übergang des wirtschaftlichen Eigentums	Mehrstufig: ■ Risk-and-reward-Ansatz ■ Control-Ansatz ■ Continuing Involvement-Ansatz	Aufgabe der effektiven/wirtschaftlichen Kontrolle
Relevante Risiko-Chancen-Kategorien	Bonitätsrisiken	Bonitätsrisiken, Fremdwährungsrisiken, Zinsänderungsrisiken u.a.	(Kein unmittelbarer Risiko-Chancen-Bezug)
Maßstab des Risikoübergangs	Übergang aller Bonitätsrisiken gemessen an historischen Ausfallquoten plus Zuschlag	Variabilität der barwertigen Netto-Cashflows vor und nach Übertragung	(Kein unmittelbarer Risiko-Chancen-Bezug)
Rückübertragung zulässig?	Nein (außer Clean-up-Call)	Stark eingeschränkt	Nein (außer Clean-up-Call)
Pass-through-Arrangement ausreichend?	Nein	Ja	Nein
Teilabgang möglich?	Nein	Ja (Continuing-Involvement-Ansatz)	Nein
Konvergenz mit anderen Rechnungslegungssystemen?	Gering	Gering	Gering
Anhangangaben			
Gesonderte Anhangangaben für SPEs?	Nein	Ja	Ja
Konvergenz mit anderen Rechnungslegungssystemen?	Gering	Hoch (ASC-810)	Hoch (IFRS 12)

Teil 3 Exkurs: Zweckgesellschaften nach Luxemburger Recht

§ 10 Gesellschaftsrecht

Literatur: *Boone*, The Distribution of Interim Dividend by a Société à Responsabilité Limitée, ALJB, No 41, S. 33; *Corbisier*, Droit des sociétés, Tableau comparatif des droits luxembourgeois, belge et français, Etudes du Laboratoire de droit économique, Bruylant, Bruxelles, 2000; *Kolbach*, „Apport en société non-rémunéré par l'émission de nouveaux titres de société", ACE n° 9, Antwerpen/Luxemburg, November 2010, Kluwer; *Metzler*, Le régime juridique et fiscal des sociétés à responsabilité limitée, Sirey, Bruylant, Bruck, Paris, Bruxelles, Luxemburg, 1933; *Steichen*, Précis de droit des sociétés, troisième édition, Editions Saint-Paul, Luxemburg, 2011, S. 609; *Winandy*, Manuel de droit des sociétés, deuxième édition, Legitech, Luxemburg, 2011.

A. Luxemburger Zweckgesellschaften

I. Anwendbares Recht

Das Prinzip zur Anwendbarkeit des Luxemburger Rechts und somit der Nationalität einer Luxemburger Gesellschaft bestimmt sich gem. Art. 159 des Luxemburger Gesetzes über Handelsgesellschaften vom 10.8.1915 in seiner zur Zeit gültigen Fassung[1] (das **„Gesetz von 1915"**) wie folgt: „Jede Gesellschaft, die ihre Zentralverwaltung im Großherzogtum hat, ist dem Luxemburger Gesetz unterworfen, auch wenn ihre Gründungsurkunde im Ausland aufgenommen worden ist". 1

Ob das Luxemburger Recht auf eine Gesellschaft anwendbar ist, bestimmt sich durch den Sitz der Zentralverwaltung („administration centrale") der Gesellschaft, unabhängig vom Gründungsort der Gesellschaft.[2] Der Sitz der Zentralverwaltung wird im Allgemeinen definiert als der Ort, an dem die Geschäftsführung der Gesellschaft ihre Entscheidungen trifft, die Generalversammlungen der Gesellschafter der Gesellschaft abgehalten werden und die Verwaltung der Gesellschaft sich befindet. 2

1 Zuletzt geändert durch Gesetz vom 3.8.2011.
2 Art. 159 Gesetz von 1915.

3 Somit unterliegt prinzipiell jede Gesellschaft, die in Luxemburg ihre Zentralverwaltung unterhält, dem Luxemburger Recht, auch wenn es sich um eine im Ausland gegründete Gesellschaft handelt. Für in Luxemburg gegründete Gesellschaften gilt grundsätzlich kraft Gesetz die Annahme, dass der Sitz der Zentralverwaltung identisch mit dem in der Satzung festgehaltenen Gesellschaftssitz in Luxemburg ist. Diese Annahme kann aufgrund der konkreten Sachlage einer (ursprünglich) luxemburgischen Gesellschaft widerlegt werden, sprich der Sitz ihrer Zentralverwaltung befindet sich faktisch im Ausland und Luxemburger Recht findet somit keine Anwendung.

II. Kapital- und Personengesellschaften

4 Im Luxemburger Gesellschaftsrecht wird grundsätzlich zwischen Kapital- und Personengesellschaften unterschieden. Zusätzlich spricht man von sog. hybriden Gesellschaften, die Elemente beider Gesellschaftstypen beinhalten, wozu vor allem die „société à responsabilité limitée" (ähnlich einer GmbH) zählt.

5 Die Personengesellschaft ist, wie die Bezeichnung es andeutet, vor allem durch die Person des Gesellschafters charakterisiert, der meist auch die Geschäftsführung der Gesellschaft innehat. Die Haftung ist in vielen Fällen in Bezug auf das persönliche Vermögen des Gesellschafters unbegrenzt. Basis der Geschäftstätigkeit ist ein Gesellschaftervertrag, Ausdruck des starken verbindenden persönlichen Elements („intuitu personae") zwischen den Gesellschaftern einer Personengesellschaft. Folglich bedarf eine Übertragung der Anteile im Prinzip der Zustimmung aller Gesellschafter.

6 Dem gegenüber stehen die Gesellschafter einer Kapitalgesellschaft, in der die Haftung für Schulden der Gesellschaft auf den Betrag der Einbringung von Kapital (als Bareinlage oder Sacheinlage) beschränkt ist und die Persönlichkeit des Gesellschafters weniger Bedeutung hat. Dementsprechend hat das Gesetz von 1915 die Kapitalgesellschaften weitaus ausführlicher reglementiert.

III. Soparfi und Verbriefungsgesellschaft

7 Die Abkürzung „Soparfi" steht für „société de participations financières" (Beteiligungsgesellschaft): Es handelt sich hier um keine gesetzlich definierte, spezielle Gesellschaftsform, sondern vielmehr um eine vor allem steuerrechtlich relevante Bezeichnung von Gesellschaften, deren Gesellschaftszweck vornehmlich im Erwerb, Halten und Weiterverkauf von Beteiligungen aller Art im In- und Ausland besteht. Verschiedene Gesellschaftsformen können den Status einer Soparfi annehmen, vor allem die in Luxemburg in der Praxis hauptsächlich gewählte Gesellschaft mit beschränkter Haftung und die Aktiengesellschaft, die hier anschließend ausführlicher besprochen werden.

8 Verbriefungsgesellschaften sind durch das Spezialgesetz vom 22.3.2004 (das **„Gesetz von 2004"**) in Luxemburg eingeführt worden und können als Aktiengesellschaft, Gesellschaft mit beschränkter Haftung, Kommanditgesellschaft auf Aktien oder kooperative Gesellschaft in Form einer Aktiengesellschaft ausgestaltet werden. Es gibt gem. dem Gesetz von 2004 auch Verbriefungsfonds als Miteigentums- oder Treuhand-Fonds.

9 Der Zweck der Verbriefung besteht darin, nicht liquide Aktiva in liquide und handelbare Aktiva umzuwandeln. Als Verbriefung gilt gem. dem Gesetz von 2004 eine Transaktion, durch die eine Verbriefungszweckgesellschaft Risiken erwirbt oder übernimmt (entweder direkt oder durch ein anderes Unternehmen). Die Verbriefungszweckgesellschaft emittiert im Gegenzug Wertpapiere, deren Wert und/oder Erträge die eingegangenen Risiken widerspiegeln.

Gem. dem Gesetz von 2004 können Verbriefungsgesellschaften alle möglichen Gegenstände und Risiken verbriefen, dh alle möglichen materiellen oder immateriellen, beweglichen oder unbeweglichen, bestehenden oder künftigen Vermögenswerte. Verbriefungen können jedoch auch weiterhin durch Luxemburger Gesellschaften durchgeführt werden, welche nicht dem Gesetz von 2004 unterliegen. 10

B. Hauptmerkmale üblicher Gesellschaftsformen

I. Aktiengesellschaft

1. Struktur, Hauptmerkmale einer Aktiengesellschaft[3]

Das Mindeststammkapital einer „Société anonyme“ (**AG**) beläuft sich auf 31.000 EUR.[4] Das Kapital kann auch in einem entsprechenden, mindestens gleich hohen Betrag in einer Fremdwährung[5] festgesetzt werden. 11

Die Luxemburger AG weist folgende Hauptmerkmale auf: 12

1. die prinzipiell freie Übertragung der Aktien an bestehende Gesellschafter sowie an Dritte. Den Gesellschaftern steht es jedoch frei, die Übertragung in der Satzung oder in privatschriftlichen Gesellschafterverträgen bedingt einzuschränken und/oder an Bedingungen zu knüpfen;
2. die Einbringung von Sacheinlagen in das Gesellschaftskapital und die damit verbundene Ausgabe neuer Aktien oder die Ausgabe von in Aktien wandelbaren Rechtsinstrumenten unterliegen prinzipiell der Erstellung eines Berichts durch einen unabhängigen zugelassenen Wirtschaftsprüfer;[6]
3. die Anzahl der Aktionäre einer AG kann einen Einzelaktionär umfassen, ist darüber hinaus aber unbeschränkt (im Gegensatz zur GmbH) und eignet sich somit für Gesellschaften mit großer Anzahl von Gesellschaftern.

Das Gesellschaftskapital muss vollständig gezeichnet werden, es besteht aber die Option, dieses bei Gründung nur zu einem Viertel einzuzahlen. Die Sacheinlagen müssen spätestens nach fünf Jahren vollständig eingezahlt werden. 13

Aktien können in der Form von Namens- oder Inhaberaktien ausgegeben werden. Die Eigentümer der Namensaktien müssen mit Namen und Anschrift im Aktionärsverzeichnis der Gesellschaft eingetragen sein. 14

Die AG kann verschiedene Kategorien von Aktien ausgeben, die in verschiedene, beliebig viele Klassen eingeteilt werden können. Es ist dabei zu beachten, dass gem. Luxemburger Gesellschaftsrecht alle Aktienklassen den gleichen Nominal- oder Buchwert aufweisen müssen, ohne dass ein Mindest- oder Höchstwert pro Aktie vorgeschrieben ist. 15

Es gibt zusätzlich die Möglichkeit, neben Stammaktien mit Stimmrecht und normaler Beteiligung pro rata am Reingewinn der Gesellschaft, Vorzugsaktien ohne Stimmrecht auszugeben. Diese Vorzugsaktien dürfen aber nicht 50% des Gesamtkapitals übersteigen. Eigentümer von Vorzugsaktien haben im Gegenzug Anspruch auf Vorzugsdividenden oder andere besondere finanzielle Vorzugsrechte, z.B bei Rückzahlung des Kapitals, Zahlung eines Überschusses im Rahmen eines Exits oder einer Abwicklung („liquidation“). 16

Eine AG kann unter bestimmten, vom Gesetz von 1915 limitativ aufgeführten Bedingungen, rückkaufbare Aktien ausgeben und eigene Aktien erwerben, halten und an Dritte veräußern. 17

---

3 Art. 23 ff. Gesetz von 1915.

4 Gem. Art. 26 Gesetz von 1915, beläuft sich das Mindeststammkapital auf exakt 30.986,69 EUR.

5 In der Praxis meist US-amerikanische Dollar.

6 „*Réviseur d'entreprises agréé*“, s. Rn 83.

18 Privatschriftliche Absprachen der Gesellschafter zum Abstimmungsverhalten bei Generalversammlungen einer AG sind unter bestimmten Bedingungen (mit zu beachtenden inhaltlichen und zeitlichen Beschränkungen) erlaubt.

19 Das Gesetz von 1915 unterscheidet bei der AG zwischen Stammkapital und sog. genehmigten Kapital („capital autorisé"). Das Stammkapital entspricht der Anzahl der gemäß der Höhe der Einlagen der Aktionäre ausgegebenen Aktien und kann in der Regel nur durch eine Entscheidung der Aktionäre anlässlich einer Generalversammlung verändert (erhöht oder reduziert) werden.

20 Eine vom Gesetz für AGs vorgesehene Ausnahmeregelung ist die Kapitalerhöhung eines im Rahmen der Gründungsurkunde oder späteren Beschlusses der Generalversammlung der Aktionäre in seiner Höhe und zeitlichen Anwendbarkeit vorbestimmten genehmigten Kapitals, das es dem Verwaltungsrat ermöglicht, in einem maximalen Zeitrahmen von fünf Jahren ab einer solchen Genehmigung das Kapital ohne weitere Zustimmung der Aktionäre zu erhöhen. In der Praxis erlaubt diese Möglichkeit eine schnellere und flexiblere Erhöhung des Gesellschaftskapitals als unter direkter Mitwirkung der Aktionäre.

21 Jede Änderung der Satzung der AG (auch bei GmbHs) bedarf einer notariellen Beurkundung. Diese Änderungen können durch die persönlich anwesenden Aktionäre oder ihre Bevollmächtigten beschlossen werden. Jede Satzungsänderung wird veröffentlicht.

2. Besondere Fragen zur Aktiengesellschaft

a) Finanzbeihilfen

22 Eine wichtige Bestimmung des Gesetzes von 1915 ist Art. 49-6 zur Finanzbeihilfe („assistance financière"), der es prinzipiell einer AG verbietet, direkt oder indirekt Vorschüsse oder Darlehen zu gewähren oder Sicherheiten zu leisten im Hinblick auf den Erwerb ihrer eigenen Aktien durch Dritte.

23 Das vormals absolute Verbot der Finanzbeihilfe ist 2009[7] reformiert worden, da diese Regelung sich in der Praxis als nachteilig für Investoren erwies.[8] Seit 2009 besteht nun unter bestimmten Bedingungen die Möglichkeit für den Verwaltungsrat, nach Genehmigung durch die Generalversammlung der Aktionäre, eine solche Finanzbeihilfe zu leisten (die sog. „Whitewash"-Prozedur). Kernpunkte der Auflagen sind, dass diese Transaktion im (finanziellen) Interesse der Gesellschaft ist, nicht ihre Solvenz gefährdet und vor allem, dass die Gesellschaft eine spezielle Rücklage in Höhe der zu leistenden Finanzhilfe erbringen kann und diese entsprechend in ihren Büchern verbucht. Diese Rücklage ist im Prinzip nicht verfügbar für eine Ausschüttung, solange die Finanzbeihilfe in den Büchern verbucht ist.

24 Nach allgM[9] ist diese Regelung nicht auf eine GmbH anwendbar, dennoch empfiehlt sich eine Prüfung einer eventuellen Finanzbeihilfe auch bei einer GmbH, um potenzielle Risiken einer Haftung der Geschäftsführer für gewährte Finanzhilfen entgegen dem Gesellschaftsinteresse auszuschließen.

---

7 Gesetz vom 10.6.2009.

8 Vor allem bei Akquisitionsstrukturen mit mehreren luxemburgischen Gesellschaften, die sich bei Fremd- und Eigenfinanzierung gegenseitig entsprechende Darlehen und/oder Sicherheiten geben wollten, dies als AG aber nicht konnten.

9 Siehe u.a.: *Steichen*, Précis de droit des sociétés, troisième édition, Editions Saint-Paul, Luxemburg, 2011, S. 609.

b) Vorabausschüttungen[10]

Abgesehen von der Ausschüttung einer Jahresdividende, die anlässlich der Jahresversammlung der Aktionäre von diesen beschlossen wird, kann der Verwaltungsrat auch Vorabdividenden beschließen und ausschütten, unter der Voraussetzung, dass zeitnah (nicht älter als zwei Monate) eine Zwischenbilanz erstellt wird, die ausreichend verfügbare Mittel der Gesellschaft für eine solche Ausschüttung nachweist, und der auszuschüttende Betrag das Nettovermögen der Gesellschaft nicht übersteigt. Das Nettovermögen ergibt sich iSd Art. 72-2 aus dem Ergebnis des letzten Jahresabschlusses zuzüglich Gewinnvortrag und verfügbare Rücklagen vermindert durch Verlustvortrag sowie gesetzlich und satzungsmäßig nicht verfügbare Rücklagen. Zusätzlich muss der Wirtschaftsprüfer der AG die Einhaltung dieser Voraussetzung prüfen und der Vorabausschüttung durch einen schriftlichen Bericht zustimmen. 25

Nach allgM[11] ist diese Regelung mit den gleichen finanziellen und rechtlichen Anforderungen auch auf eine GmbH anwendbar, falls die GmbH zusätzlich in ihrer Satzung ausdrücklich die Möglichkeit der Vorabausschüttung und die damit verbundenen rechtlichen Voraussetzungen vorgesehen hat. 26

c) Verlust von mindestens der Hälfte des Gesellschaftskapitals[12]

Der Verwaltungsrat muss im Falle des Verlustes der Hälfte des Gesellschaftskapitals innerhalb von zwei Monaten nach Kenntnisnahme von dieser Situation eine Generalversammlung der Aktionäre einberufen, die über eine eventuelle Auflösung der AG abstimmen muss. Im Falle eines Verlustes von mehr als drei Viertel des Gesellschaftskapitals kann die Auflösung mit der Mehrheit von nur einem Viertel der Aktionäre beschlossen werden. Diese Konstellation ist bei manchmal hochverschuldeten Zweckgesellschaften durchaus möglich und verlangt deshalb eine erhöhte Aufmerksamkeit des Verwaltungsrates, da dieser im Falle der Nichtbeachtung haftbar ist, nicht nur für die Missachtung der Bestimmungen des Gesetzes von 1915, sondern auch für eventuell der Gesellschaft entstandene neue Verluste ab dem Zeitpunkt der Kenntnis der festgestellten hohen Verluste. 27

Nach allgM ist auch diese Regelung nicht auf eine GmbH anwendbar, dennoch empfiehlt sich erneut eine Prüfung im Falle einer GmbH, um potenzielle Risiken einer Haftung der Geschäftsführer auszuschließen. 28

d) Einlage in eine Gesellschaft ohne Anteilsausgabe

Eine häufig gestellte Frage, vor allem aus dem deutschen Rechtsraum, ist die nach der möglichen Einzahlung einer Einlage in eine Gesellschaft ohne Ausgabe von Gesellschaftsanteilen. Die erbrachte Einlage soll dann als verfügbare Mittel in die freien Reserven der Gesellschaft[13] verbucht werden. In der Praxis haben vereinzelt Gesellschaften eine solche Art der Einlage ohne Anteilsausgabe in ihrer Satzung vorgesehen. Diese Art der Einlage ist jedoch nicht unbedingt mit dem derzeitigen Luxemburger Gesellschaftsrecht vereinbar.[14] Der Haupteinwand ist, dass das Gesetz von 1915 prinzipiell die Arten der Einbringung von möglichen Einlagen im Gegenzug mit der Ausgabe von Anteilen verbindet. 29

---

10 Art. 72-2 Gesetz von 1915.

11 Siehe: *Boone*, The Distribution of Interim Dividend by a Société à Responsabilité Limitée, ALJB, No 41, S. 33.

12 Art. 100 Gesetz von 1915.

13 Freie Reserven bedeutet hier, dass ihre Ausschüttung weder durch das Gesetz von 1915 noch durch die Satzung der betreffenden Gesellschaft verboten ist.

14 AA: *Kolbach*, „Apport en société non-rémunéré par l'émission de nouveaux titres de société", ACE n° 9, Antwerpen/Luxemburg, November 2010, Kluwer.

II. Gesellschaft mit beschränkter Haftung (GmbH)[15]

30 Das Stammkapital einer GmbH muss mindestens 12.500 EUR betragen.[16] Das Gesellschaftskapital muss bei Gründung vollständig gezeichnet und eingezahlt werden.

31 Es können verschiedene Anteilsklassen ausgegeben werden, allerdings nur mit Stimmrecht und gleichem Nominalwert oder Buchwert. Auch hier gilt, dass die Anteile keinen Mindest- oder Höchstwert aufweisen müssen. Die fehlende Möglichkeit der Ausgabe von Anteilsklassen mit Vorzugsrechten, aber ohne Stimmrecht, kann durch die Ausgabe von Anteilsklassen mit hohem Emissionsaufgeld ähnlich strukturiert werden.

32 Die Anteile einer GmbH sind immer in Namensanteile eingeteilt und ihre Eigentümer mit Namen und Anschrift im Anteilsverzeichnis der Gesellschaft eingetragen. Die Namen der Eigentümer einer GmbH werden bei Gründung, Kapitalerhöhung und jeder Anteilsübertragung veröffentlicht.

33 Die Luxemburger GmbH weist folgende Hauptmerkmale auf:

1. eine flexible rechtliche Ausgestaltung der Gesellschaft ist möglich, da sie gesetzlich wenig reguliert ist und viele Einzelfragen in der Praxis nach den Bedürfnissen der Gesellschafter geregelt werden können;
2. die Anteile der Gesellschaft sind nur mit Zustimmung von Gesellschaftern, die mindestens 75% des Gesellschaftskapitals repräsentieren, an Dritte übertragbar. Die Übertragung an andere Gesellschafter ist frei. Die Satzung kann diese Regeln noch weiter einschränken (zB durch das Erfordernis von Einstimmigkeit), jedoch nicht lockern;
3. die Höchstanzahl der Anteilseigner ist z.Z. auf 40 beschränkt.

34 Ein in der Praxis wichtiger Entscheidungsgrund für die GmbH ist, dass das Gesetz von 1915 nicht die gleichen detaillierten Regeln wie bei der AG für die GmbH vorsieht, zB die Bestimmungen zur Geschäftsführung sind weitaus rudimentärer und lassen Spielraum für eine Ausgestaltung durch die Gesellschafter.

35 Es ist im Hinblick auf die Kapitalisierung einer GmbH zu beachten, dass bei Sacheinlagen nicht die Erbringung eines Bewertungsberichts durch einen zugelassenen Wirtschaftsprüfer verlangt wird. Dies spart Zeit und Kosten im Vergleich zu einer AG. Allerdings tragen die Geschäftsführer der GmbH für die angemessene Bewertung des Wertes der Sacheinlage und der entsprechend ausgegebenen Anzahl von Anteilen die Verantwortung.

36 Prinzipiell gilt wie für die AG, dass Kapitalerhöhungen durch einen Beschluss der Anteilseigner im Rahmen einer Generalversammlung erfolgen müssen. In der Praxis werden die für die AG vorgesehenen Regeln betreffend ein genehmigtes Kapital auch mutatis mutandis auf GmbHs angewandt, zumeist einhergehend mit einer Festsetzung der Regeln in der Satzung der GmbH in ähnlicher Formulierung wie für eine AG.

III. Kurzvergleich: AG/GmbH vs. Kommanditgesellschaft auf Aktien[17]

37 In den letzten Jahren konnte man vermehrt die Gründung von Kommanditgesellschaften auf Aktien (*„société en commandite par actions“*, **KGaA**) für Zweckgesellschaften beobachten, vor allem in Kombination mit der Einsetzung einer GmbH als Komplementär.

38 Die Spezifizität der KGaA ist eine gesellschaftsrechtliche Kombination aus einer (einfachen) Kommanditgesellschaft und einer AG. Die KGaA hat als Geschäftsführung und unbeschränkt haftenden Aktionär einen oder mehrere Komplementäre, ohne deren Zustimmung auch die Satzung nicht geändert werden kann. Der oder die Kommanditisten haften nur in

15 Art. 179 ff Gesetz von 1915.
16 Gem. Art. 182 Gesetz von 1915 beläuft sich das Mindeststammkapital auf exakt 12.394,68 EUR.
17 Art. 102 ff Gesetz von 1915.

Höhe ihrer Einlage, haben aber sonst keinen Einfluss auf die Geschäftsführung durch den Komplementär. Um die Haftung des Komplementärs zu begrenzen wird, wie in Deutschland länger praktiziert, der Komplementär in Form einer GmbH organisiert.

Die Vorteile sind die umfassende Kontrollmöglichkeit der KGaA durch den Komplementär als Geschäftsführer der Gesellschaft bei gleichzeitiger Beschränkung der Haftung als Aktionär auf die Haftungssumme einer GmbH. Ein ähnliches Resultat wäre bei einer AG oder einfachen Kommanditgesellschaft nicht möglich. 39

Darüber hinaus gelten die allgemeinen Regeln der AG auch für die KGaA. 40

IV. Spezialgesellschaftsrecht der Verbriefungsgesellschaften unter dem Gesetz von 2004

Eine Verbriefungsgesellschaft, welche dem Gesetz von 2004 unterliegt, kann verschiedene Kategorien von Wertpapieren ausgeben, wie zB Schuldverschreibungen, Aktien und andere Kapitalinstrumente sowie andere Schuldinstrumente. 41

Die Verbriefungsgesellschaften beachten im Prinzip die jeweiligen Regeln ihrer gewählten Gesellschaftsform, zB beim Mindestkapital der Gesellschaft im Falle einer AG beträgt dieses 31.000 EUR. 42

Es besteht die Möglichkeit Teilvermögen („compartiments") aufzulegen, die jeweils einem bestimmten Teil des Vermögens entsprechen, das über verschiedene Wertpapiere finanziert wird. Die Rechte der Investoren und Gläubiger können so auf die Vermögensgegenstände der verschiedenen Teilvermögen beschränkt werden. 43

Eine Verbriefungsgesellschaft, die fortlaufend Wertpapiere an die Öffentlichkeit emittiert, unterliegt der Zulassung und Aufsicht der luxemburgischen Aufsichtsbehörde des Finanzsektors („Commission de Surveillance du Secteur Financier", kurz **CSSF**). 44

C. Gründung, Verwaltung und Auflösung/Liquidation

I. Vorbereitungsphase, Gründungsdokumente und -prozedur

1. Vorbereitungsphase

In der Vorbereitungsphase der Gründung ist der erste Schritt die Eröffnung eines Kontos bei einer in Luxemburg ansässigen Bank. Dies sollte zeitig in die Wege geleitet werden, da es sich in der Praxis meist um den administrativ aufwendigsten Vorbereitungsschritt handelt. 45

Hauptgrund dafür ist die von den Banken im Rahmen der Kontoeröffnung verlangte Erklärung der wirtschaftlich Berechtigten der Gesellschaft gem. den Bestimmungen des Luxemburger Gesetzes vom 12.11.2004 (in seiner aktuellen Fassung) zum Kampf gegen die Geldwäsche und den internationalen Terrorismus. Durch die Erklärung der wirtschaftlich Berechtigten ist, mit entsprechender Begleitdokumentation je nachdem ob es sich um eine Privatperson oder eine Gesellschaft handelt, der Nachweis des Ursprungs der in die luxemburgische Gesellschaft eingebrachten Geldmittel zu erbringen. 46

Die Vorlage derselben Erklärung und Begleitdokumente verlangen im Übrigen auch der Notar zur Gründung bzw die an der Gründung beteiligten Anwälte und Wirtschaftsprüfer. 47

Des Weiteren sind wichtige Punkte die Bestimmung des Namens und vor allem des Sitzes der Gesellschaft. 48

Die Verfügbarkeit eines Namens der Gesellschaft kann durch die beratenden Anwälte bei dem Luxemburger Handelsgericht geprüft werden. Die verbindliche Vorbestellung eines Firmennamens ist nicht möglich. 49

50 Die Wahl des Gesellschaftssitzes erfolgt in Luxemburg zumeist im Hinblick auf die steuerlichen Anforderungen.

51 Entsprechend den Anforderungen der Gesellschaft wählt man, in Absprache mit den an der Transaktion beteiligten Anwälten bzw Steuerberatern, die Anmietung von Büroräumen in Luxemburg (als Maximallösung iSd Substanz, einschließlich der Einstellung von lokalen Mitarbeitern) oder eine sog. Domizilierung (als Mindeststruktur).

52 Bei der Domizilierung handelt es sich um das Zurverfügungstellen einer Anschrift in Luxemburg als Gesellschaftssitz. Diese Adresse wird von diversen national und international agierenden Serviceanbietern, sog. Trust-/Domizilierungsgesellschaften, gegen entsprechende Kosten und Gebühren angeboten. Dazu gehört im Normalfall die Erbringung zusätzlicher Leistungen, die der Verwaltung der Gesellschaft dienen, wie zB Sekretariat, Verwaltung des Bankkontos, Bereitstellung von lokalen gesetzlichen Vertretern, Buchhaltung (mit Erstellung der Jahresabschlüsse), Abgabe der Steuererklärungen usw.

53 Des Weiteren bieten diese Trust-/Domizilierungsgesellschaften auch an, bereits existierende Vorratsgesellschaften zu erwerben, die sofort gegen Gebühr zur Verfügung stehen. Die Investoren erwerben die Anteile der Vorratsgesellschaft und vollziehen so schnell wie möglich nach Erwerb eventuell notwendige Anpassungen betreffend der Satzung, des Namens, des Sitzes, der gesetzlichen Vertreter usw.

2. Gründungsdokumente und -prozedur

54 Alle vorgestellten Zweckgesellschaften bedürfen einer Beurkundung ihrer Gründung durch einen Luxemburger Notar. Der Notar bereitet gem. den Vorgaben der Gesellschaftsgründer die Gründungsurkunde vor, die die künftige Satzung der Gesellschaft und erste Entscheidungen der Gesellschafter zur Ernennung der gesetzlichen Vertreter der Gesellschaft, zur Bestimmung des Gesellschaftssitzes und, falls erforderlich, zur Ernennung eines Prüfers beinhaltet.

55 Die Gründung kann durch die persönlich anwesenden Gründungsgesellschafter oder ihren/ihre Bevollmächtige(n) aufgrund einer privatschriftlichen Vollmacht[18] erfolgen. Die Satzung muss mindestens in einer der drei offiziellen Sprachen Luxemburgs (Luxemburgisch, Französisch oder Deutsch) abgefasst werden. In der Praxis wird häufig Englisch als weitere Sprachfassung gewählt. Diese nicht offizielle Sprache kann auch durch die Gesellschafter bindend für die Satzung bestimmt werden.

56 Der Zeitrahmen der Gründung beläuft sich auf wenige Tage unter der Vorgabe, dass die oben genannten Vorbereitungsschritte abgeschlossen wurden und alle notwendigen Dokumente vorliegen bzw unterschrieben sind.

57 Eine Besonderheit in Luxemburg ist, dass die Gesellschaft mit Unterschrift der Gründungsurkunde sofort handlungsfähig ist, sprich: Die Eintragung in das Handelsregister Luxemburg oder eine Veröffentlichung im Luxemburger Amtsblatt muss nicht abgewartet werden, bevor die Gesellschaft tätig wird.

II. Corporate Governance – Grundsätze der Unternehmensführung

1. Geschäftsführung

a) Allgemeine Regeln

58 Im Luxemburger Recht gibt es grundsätzlich außer den üblichen Auflagen zur Volljährigkeit und Fehlen von strafrechtlichen Verurteilungen keine speziellen Anforderungen an die beruf-

18 Es ist keine notarielle Beglaubigung und/oder Apostille nach der Haager Konvention für Bevollmächtige von im Ausland ansässigen Gründern notwendig.

liche Kompetenz der Geschäftsführer/Verwaltungsratsmitglieder einer nicht regulierten Zweckgesellschaft, die somit nicht der Aufsicht der CSSF unterliegt.

Es gibt auch keine Anforderung an die gesetzlichen Vertreter einer Gesellschaft, ihren Wohnsitz in Luxemburg zu führen oder die luxemburgische Staatsangehörigkeit zu besitzen. Aus steuerrechtlichen Gründen ist es allerdings in manchen Fällen notwendig, iS eines Substanznachweises (der tatsächlichen Geschäftstätigkeit in Luxemburg), mindestens einen Vertreter mit Wohnsitz in Luxemburg oder mindestens in der Großregion Saarland – Lothringen – Luxemburg – Provinz Luxemburg, Belgien, als Vertreter der Gesellschaft zu ernennen, welcher dann beruflich in Luxemburg tätig ist. 59

Es gibt in Luxemburg keine gesetzlich verbindliche Regelung zur Unternehmensführung („*Corporate Governance Rules*"). Als Leitfaden können die von der Luxemburger Börse veröffentlichten sog. zehn gängigen Prinzipien zur Unternehmensführung [19] beachtet werden, diese werden jedoch in der Praxis selten von nicht börsennotierten Gesellschaften angewendet. 60

b) AG[20]

Prinzipiell wird eine AG von einem Verwaltungsrat mit mindestens drei Mitgliedern geleitet. Im Falle einer Einmann-AG ist auch ein einziger Verwalter („administrateur") möglich. Die Ernennung erfolgt grundsätzlich durch die Generalversammlung der Aktionäre. 61

Eine spezifische Ausnahme für AGs ist die sog. Kooptierung („cooptation") eines Mitglieds durch den Verwaltungsrat bis zur nächsten Generalversammlung, die der Ernennung zustimmen muss. Die Kooptierung dient dazu, zeitnah den Ausfall eines Mitglieds (durch langwierige Krankheit, Tod, Rücktritt) durch die Neuernennung eines neuen Mitglieds auszugleichen. 62

Das Mandat eines Verwaltungsratsmitglieds beträgt maximal sechs Jahre, kann aber durch Wiederwahl verlängert werden. Die Abberufung durch die Generalversammlung ist jederzeit ohne Angabe von Gründen möglich. Jede Ernennung/Abberufung muss veröffentlicht werden. 63

Der Verwaltungsrat trägt umfassend die Verantwortung für die Umsetzung des Gesellschaftszwecks und die Leitung der Gesellschaft, mit Ausnahme von Kompetenzen, die vom Gesetz der Generalversammlung übertragen wurden. Der Verwaltungsrat vertritt die Gesellschaft gegenüber Dritten gemäß den in der Satzung veröffentlichen Regeln, die auch Dritten entgegengehalten werden können. Einschränkungen der Befugnisse des Verwaltungsrates durch die Satzung oder Beschlüsse des Verwaltungsrates sind hingegen, selbst wenn sie veröffentlicht wurden, Dritten gegenüber nicht bindend. 64

Die Mitglieder des Verwaltungsrates haften der Gesellschaft gegenüber nach den allgemeinen zivilrechtlichen Regeln ihres Auftrags („mandat") für Fehler in der Geschäftsführung. Mitglieder des Verwaltungsrates haften außerdem im Prinzip gesamtschuldnerisch für die Missachtung des Gesetzes von 1915 oder der Satzung der Gesellschaft, es sei denn, ein einzelnes Mitglied trifft kein Verschulden und dieses Mitglied hat ihm bekannte Verstöße der Generalversammlung zur Kenntnis gebracht. 65

Das Gesetz von 1915 gibt bestimmte Regeln zu Organisation und Mehrheitsentscheidungen[21] des Verwaltungsrates einer AG vor. Darüber hinaus ist es möglich, in der Satzung verschiedene Klassen von Verwaltern mit unterschiedlichen Befugnissen vorzusehen, zumeist 66

19 „Gouvernance d'entreprises – les dix principes de gouvernance d'entreprises de la Bourse de Luxemburg", Oktober 2009.

20 Art. 50 ff Gesetz von 1915.

21 In der gängigen Praxis wird eine einfache Mehrheit bei Beschlüssen des Verwaltungsrates vorgesehen.

um verschiedene Investoren im Verwaltungsrat zu vertreten oder auch um unabhängige Verwaltungsratsmitglieder und direkte Vertreter eines Investors zu unterscheiden.

67 Das Gesetz von 1915 ermöglicht, die AG durch ein monistisches (Verwaltungsrat) oder dualistisches (Vorstand und Aufsichtsrat) Geschäftsführungssystem zu strukturieren.

68 Der Verwaltungsrat hat die Möglichkeit, zusätzlich konsultative Gremien zu bilden. Die vom Verwaltungsrat ernannten Mitglieder können aber in keinem Fall bindende Empfehlungen an den Verwaltungsrat abgeben. In der Regel sind dies in größeren Firmen Gremien zum Audit, zur Personalführung oder auch zur Strategiesuche; die Liste kann entsprechend den Bedürfnissen der Gesellschaft fortgeführt werden.

c) GmbH[22]

69 Die Geschäftsführung einer GmbH besteht aus einem Geschäftsführer oder mehreren Geschäftsführern, die durch die Gesellschafter mit einfacher Mehrheit auf bestimmte oder unbestimmte Zeit anlässlich der Gründung oder nach Gründung per Beschluss der Generalversammlung ernannt werden. Eine Abberufung kann nur aus triftigem Grunde erfolgen, es sei denn, die Satzung sieht etwas anderes vor. Jede Ernennung/Abberufung muss veröffentlicht werden.

70 Im Prinzip besitzt jeder Geschäftsführer die Einzelvertretungsbefugnis der Gesellschaft gegenüber Dritten, es sei denn, die Satzung sieht etwas anderes vor. Des Weiteren hat jeder Geschäftsführer grundsätzlich das Mandat und die Befugnis zur Ausführung aller Tätigkeiten die Gesellschaft betreffend , abgesehen von Befugnissen, die das Gesetz von 1915 ausdrücklich der Generalversammlung der Gesellschafter vorbehalten hat. Die Satzung der GmbH kann die Befugnisse der Geschäftsführer einschränken; diese Einschränkungen sind aber Dritten gegenüber nicht entgegenzuhalten, selbst wenn sie veröffentlicht sind. Die Ausnahme ist, dass die Vertretungsbefugnisse im Falle mehrerer Geschäftsführer mit gemeinschaftlicher Unterschrift, welche in der Satzung veröffentlicht wurden, Dritten gegenüber wirksam sind.

71 Ähnlich der AG können mehrere Geschäftsführer einen Geschäftsführerrat bilden. Die Geschäftsführer einer GmbH haften nach den gleichen Regeln wie die Verwalter einer AG (siehe Rn 65).

2. Gesellschafterversammlung

a) Allgemeine Regeln

72 Es wird in Luxemburg üblicherweise zwischen drei verschiedenen Typen von Generalversammlungen unterschieden, was alle vorgestellten Zweckgesellschaften betrifft:

1. die Jahresversammlung der Gesellschafter zur Verabschiedung des Jahresabschlusses eines Geschäftsjahres;
2. außerordentliche Generalversammlungen (zwingend vor Notar), die Änderungen der Satzung beschließen, und
3. ordentliche Generalversammlungen, die keinen der Tagesordnungspunkte aus 1. oder 2. umfassen, zB die Ernennung/Abberufung der gesetzlichen Vertreter.

22 Art. 191 ff. Gesetz von 1915.

b) AG[23]

Die auf die AG anwendbaren Regeln gelten auch für die KGaA, außer bei bestimmten gesetzlichen Spezialvorschriften für die KGaA.[24] 73

Die Generalversammlungen werden im Prinzip bei Namensaktien mindestens acht Tage vor der Generalversammlung per Einschreiben an die Aktionäre einberufen. Falls die AG Inhaberaktien ausgegeben hat, müssen die Eigentümer dieser Inhaberaktien mit zwei Veröffentlichungen im Abstand von jeweils acht Tagen in nationalen und, jedoch nicht rechtlich zwingend, internationalen Zeitungen zur Generalversammlung einberufen werden. Die Einberufung erfolgt durch den Verwaltungsrat oder auf Antrag von Aktionären, die mindestens 10% des Gesellschaftskapitals repräsentieren. 74

In der AG/KGaA müssen das genaue Datum und der Ort der Jahresversammlung in der Satzung festgeschrieben werden. 75

Die Jahresversammlung und die ordentlichen Generalversammlungen bedürfen keines Quorums zur Anwesenheit der Aktionäre und die Beschlüsse werden mit einfacher Mehrheit gefasst. 76

Beschlüsse der Gesellschafter, um die Satzung der Gesellschaft zu ändern, werden im Rahmen von außerordentlichen Generalversammlungen vor dem Notar getroffen. Die erste Versammlung muss zur Erfüllung des Quorums mindestens 50% des Gesellschaftskapitals umfassen. Kommt es zu einer zweiten Versammlung mangels Quorums bei der ersten Einberufung, bedarf es dann keines Quorums. Satzungsänderungen bedürfen einer Mehrheit von zwei Dritteln der abgegebenen Stimmen, Enthaltungen oder ungültige Stimmen werden nicht gezählt. Dieses Mehrheitserfordernis gilt auch für die zum zweiten Mal einberufene Generalversammlung. 77

Entscheidungen zur Änderung der Nationalität der Gesellschaft oder der Erhöhung der Einlagen der Gesellschafter bedürfen der Einstimmigkeit. 78

Es gibt seit 2011 in Luxemburg spezielle gesetzliche Bestimmungen in Bezug auf die Rechte von Gesellschaftern in börsennotierten Aktiengesellschaften.[25] 79

c) GmbH

Entscheidungen der Generalversammlung werden im Prinzip per schriftlicher Beschlussfassung gefasst, es sei denn, die GmbH umfasst mehr als 25 Gesellschafter oder die Satzung bestimmt die Beschlussfassung im Rahmen einer Generalversammlung. 80

Beschlüsse bedürfen der Zustimmung von Gesellschaftern, die mindestens die Hälfte des Gesellschaftskapitals repräsentieren. Wird dieses nicht erreicht, so ist die einfache Mehrheit unabhängig des vertretenen Kapitals in der zweiten Versammlung ausreichend. Satzungsänderungen können nur mit einer Mehrheit der Gesellschafter beschlossen werden, welche zwei Drittel des Gesellschaftskapitals halten. Die Satzung kann ein höheres Quorum oder strengere Mehrheitsregeln vorsehen. 81

Beschlüsse zur Änderung der Nationalität der Gesellschaft bedürfen der Einstimmigkeit. Keine Mehrheit kann einen Gesellschafter zwingen, seine Einlage in der Gesellschaft zu erhöhen. 82

23 Art. 67 ff Gesetz von 1915.
24 Art. 102 ff Gesetz von 1915.
25 Gesetz vom 24.5.2011.

3. Wirtschaftsprüfer

83 Das Gesetz von 1915 überträgt wichtige Aufgaben des Gesellschaftsrechts an eine bestimmte Kategorie von Wirtschaftsprüfern, die sog. zugelassenen Wirtschaftsprüfer („réviseur d´entreprises agréé"), die von der CSSF zugelassen und kontrolliert werden. Diese Kategorie von Wirtschaftsprüfern muss spezielle berufliche Kompetenzen und Strukturen nachweisen.

84 Die wichtigsten Aufgaben sind die Prüfung von Jahresabschlüssen großer Gesellschaften, vornehmlich AG und die Bewertung und Überprüfung von Sacheinlagen bei Gründungen oder Kapitalerhöhungen, ebenfalls für AG. Außerdem intervenieren Wirtschaftsprüfer im Rahmen von Verschmelzungen/Abspaltungen zur Überprüfung der zu übertragenden Aktiva bzw des Austauschverhältnisses der Anteile kraft Verschmelzung/Abspaltung an die übernehmende Gesellschaft.

85 Wirtschaftsprüfer nehmen auch Mandate als interne Prüfer großer Gesellschaften wahr, sobald zwei von drei der vom Gesetz festgesetzten Kriterien in Bezug auf die Höhe von Bilanzsumme (mind. 4.400.000 EUR), die Höhe von Netto-Umsatzerlös (mindestens 8.800.000 EUR) und Mindestanzahl der Arbeitnehmer (50) erfüllt werden, was in der Regel auf Zweckgesellschaften selten zutrifft.

86 Wirtschaftsprüfer können auch auf vertraglicher Basis mit der Prüfung der Jahresabschlüsse betraut werden, zB wenn die Zugehörigkeit zu einem internationalen Konzern das intern verlangt.

III. Auflösung, Verschmelzung und andere Restrukturierungen

87 In diesem Teil werden die wesentlichen Formen von Restrukturierungen von Zweckgesellschaften nach Luxemburger Gesellschaftsrecht kurz vorgestellt.

1. Abwicklung

88 Es gibt zwei Arten der Auflösung im Gesetz von 1915: kraft Gesetz per Gerichtsentscheidung (richterliche Abwicklung) und durch freiwillige Entscheidung der Gesellschafter (freiwillige Abwicklung).

a) Richterliche Abwicklung[26]

89 Auf die Abwicklung durch Entscheidung eines Gerichts wird hier nicht näher eingegangen. Zusammengefasst handelt es sich um Fälle groben Verstoßes gegen das Gesetz von 1915. Ein signifikanter und in der Praxis recht üblicher Tatbestand ist die Anordnung einer Auflösung in den Fällen, in denen eine Gesellschaft jahrelang nicht ihre Jahresabschlüsse veröffentlicht hat (6.2.1.1.).

b) Freiwillige Abwicklung[27]

90 Die freiwillige Abwicklung („liquidation volontaire") einer Gesellschaft ist eine der Formen der Beendigung einer Zweckgesellschaft, für die es nach Veräußerung der Beteiligungen der Gesellschaft, zB im Rahmen eines Exit, keine Verwendung mehr gibt.

91 Die einzelnen Schritte der Abwicklung aus gesellschaftsrechtlicher Sicht lassen sich wie folgt zusammenfassen. Die Abwicklung erfordert drei Generalversammlungen der Gesellschafter:

1. Die erste außerordentliche Generalversammlung muss vor Notar erfolgen und wird veröffentlicht. Wesentliche Beschlüsse sind die Entscheidung, dass die Gesellschaft sich in

---
26 Art. 203 ff Gesetz von 1915.
27 Art. 141 ff Gesetz von 1915.

der Liquidation befindet, und die Ernennung eines Abwicklers („liquidateur“), dessen Aufgabe es ist, alle ausstehenden Schulden der Gesellschaft zu begleichen (falls er dies nicht kann, muss die Gesellschaft in die Insolvenz treten) und die danach noch bestehenden Aktiva infolgedessen an die Gesellschafter auszuzahlen. Der Abwickler ersetzt die bisherigen gesetzlichen Vertreter der Gesellschaft und repräsentiert die Gesellschaft gegenüber Dritten.

2. Der Abwickler legt einer zweiten (privatschriftlichen) Generalversammlung seinen Bericht zur Abwicklung vor, speziell zur Verwendung der Aktiva der Gesellschaft. Die Generalversammlung ernennt zur Prüfung dieses Berichts einen Prüfer der Abwicklung („commissaire à la liquidation“), dies ist üblicherweise ein Wirtschaftsprüfer.
3. Die dritte und letzte Generalversammlung wird entweder vor Notar außerordentlich abgehalten (aus Gründen der Rechtssicherheit in Bezug auf das Datum der effektiven Auflösung) oder als ordentliche Generalversammlung in privatschriftlicher Form. Nach Durchsicht des Berichts des Abwicklers und zur Kenntnisnahme des Berichts des Prüfers der Abwicklung beschließen die Gesellschafter die Beendigung der Abwicklungsprozedur und folglich die Auflösung der Gesellschaft. Bei ausreichendem Reingewinn nach Abwicklung erhalten die Gesellschafter einen Abwicklungsüberschuss pro rata zur Anzahl der von ihnen gehaltenen Anteile.

Mit Beendigung der Abwicklung wird die Gesellschaft aufgelöst und aus dem Handelsregister gestrichen. Die ehemaligen Gesellschafter verpflichten sich, eventuell nach der Auflösung aufgetauchte Verbindlichkeiten der Gesellschaft zu tragen. Diese Beschlüsse werden auszugsweise im Luxemburger Amtsblatt veröffentlicht. 92

2. Verschmelzung/Abspaltung[28]

Die aktuellen Regeln zur Verschmelzung/Abspaltung beruhen auf der Umsetzung der europäischen Richtlinie 2005/56/EG (die „**Richtlinie**“) in das Luxemburger Gesetz und weisen somit die gleichen Grundregeln auf wie die, die in den anderen Mitgliedstaaten der Europäischen Union gelten. 93

Es gibt zwei verschiedene Arten der Verschmelzung/Abspaltung: durch Aufnahme einer Gesellschaft oder durch Neugründung einer Gesellschaft. Prinzipiell können alle aufgeführten Gesellschaftsformen Teil einer nationalen sowie grenzüberschreitenden Verschmelzungs- oder Abspaltungsprozedur sein, spezifische Regeln sind anwendbar im Falle von Gesellschaftern mit unbeschränkter Haftung, wie zB Komplementär in der Kommanditgesellschaft auf Aktien, der der Verschmelzung/Abspaltung ausdrücklich zustimmen muss. 94

Die Schritte zur Ausführung hier am Beispiel einer Verschmelzung durch Übernahme (mit Abweichungen anwendbar für Verschmelzungen durch Neugründung einer Gesellschaft/Abspaltungen) lassen sich wie folgt zusammenfassen: 95

1. Erstellung eines Verschmelzungsplans durch die gesetzlichen Vertreter beider Gesellschaften;
2. Erstellung eines Berichts an die Gesellschafter beider sich verschmelzender Gesellschaften zur Erklärung des Verschmelzungsplans durch die gesetzlichen Vertreter beider Gesellschaften;
3. Prüfung des Verschmelzungsplans unter Punkt 2. durch einen oder mehrere von den gesetzlichen Vertretern beider Gesellschaften berufene unabhängige Sachverständige (aus dem Kreis der zugelassenen Wirtschaftsprüfer), die wiederum einen Bericht an die Gesellschafter beider Gesellschaften dazu abgeben (und erklären, nach welcher Methode

28 Art. 257–284 (Verschmelzungen), Art. 285–308 (Abspaltungen) Gesetz von 1915.

das Umtauschverhältnis der Aktien/Anteile ermittelt wurde und vor allem, ob der so ermittelte Wert einen angemessenen, sprich fairen, Preis ergibt);
4. Veröffentlichung des Verschmelzungsplans im Luxemburger Amtsblatt; alle relevanten Dokumente der Verschmelzung (siehe u.a. Punkte 1.–3.) werden den Gesellschaftern der sich verschmelzenden Gesellschaften zur Information zur Verfügung gestellt werden;
5. mindestens einen Monat nach Punkt 4: Zustimmung der Gesellschafter der übertragenden und der übernehmenden Gesellschaft jeweils im Rahmen einer außerordentlichen Generalversammlung; Tag der Wirksamkeit der Verschmelzung zwischen übertragender und übernehmender Gesellschaft;
6. Wirksamkeit der Verschmelzung für nationale Verschmelzungen tritt gegenüber Dritten am Tag der Veröffentlichung der Generalversammlung unter Punkt 5. ein. Bei grenzüberschreitenden Verschmelzungen hängt es davon ab, ob die Luxemburger Gesellschaft die übernehmende (Tag der Veröffentlichung der Generalversammlung in Luxemburg) oder übertragende Gesellschaft (sobald das Luxemburger Handelsregister die Mitteilung zur Wirksamkeit der Verschmelzung von dem zuständigen ausländischen Handelsregister erhält) ist.

96 Die wichtigste Folge der Verschmelzung/Abspaltung ist der sog. Universaltransfer aller Aktiva und Passiva der übertragenden Gesellschaft an die übernehmende Gesellschaft kraft Gesetzes, dh mit Ausnahme von Marken- und Patentrechten sowie anderer dinglicher Rechte, außer dinglichen Sicherheiten an beweglichen und unbeweglichen Gütern (diese unterliegen Spezialgesetzen), ohne dass jedwede Formalitäten der Übertragung zu beachten sind.

97 Darüber hinaus hat das Luxemburger Gesetz die Möglichkeiten im Rahmen der Richtlinie des Verzichts auf bestimmte prozedurale Schritte bei der Verschmelzung/Abspaltung in das Gesetz von 1915 aufgenommen. Vor allem im Falle der sog. vereinfachten Prozedur („procédure simplifiée“), die eine Mindestanzahl von rechtlichen Schritten zur Ausführung einer Verschmelzung/Abspaltung für den Fall vorsieht, dass ein einziger Gesellschafter alle Anteile der übertragenden und der übernehmenden Gesellschaft hält.

98 In Luxemburg sind gem. Gesetz von 1915 die Notare mit der Überprüfung der Einhaltung der Verschmelzungs-/Abspaltungsregulierung beauftragt und dadurch auch in grenzüberschreitenden Verschmelzungen/Abspaltungen der Ansprechpartner zu Fragen der Formalitäten der zuständigen nationalen Behörden, denen in anderen Mitgliedstaaten diese Prüfung übertragen wurde.

3. Spezielle Formen der Restrukturierung[29]

a) Teilweise Sacheinlage von Aktiva

99 In diesem Fall handelt es sich grosso modo um die Bildung von Tochtergesellschaften durch die Gesellschaft A, die eine wirtschaftliche Einheit (*„branche d'activité“)* der Gesellschaft A als Einlage in die neu zu gründende Gesellschaft B einbringt und somit Alleingesellschafter der Gesellschaft B wird. Im Gegensatz zu einer Abspaltung gibt es keinen Universaltransfer der betroffenen Aktiva und der dazugehörigen Passiva, sondern es werden die Prinzipien des Zivilrechts zur Übertragung angewandt.

b) Teilweise Abspaltung

100 Eine teilweise Abspaltung ist im Grunde die gleiche Operation wie die teilweise Sacheinlage mit dem Unterschied, dass die Entscheidung durch die Gesellschafter der Gesellschaft A erfolgt und nicht durch die Geschäftsführung der Gesellschaft A. Somit erhalten die Gesellschafter von A direkt neue Anteile der Gesellschaft B in Einbringung der Aktiva von der Ge-

29 Art. 308bis Gesetz von 1915.

sellschaft A, die sie gehalten haben, in die neue Gesellschaft B. Die Gesellschaft A wird nicht aufgelöst wie bei einer normalen Abspaltung, sondern bleibt weiter bestehen, wenn auch in verkleinerter Form.

§ 11 Insolvenzrecht

Literatur: *Dupont*, Mécanismes particuliers de protection contre la faillite, in: André Prüm (Hrsg.), La titrisation, La vie du droit bancaire et financier, Limal 2008, S. 68 ff, Anthémis; *Kayser*, Fiducie ou SPV – quelques aspects de la titrisation en droit luxembourgeois, in: Association luxembourgeoise des juristes de banque, Droit bancaire et financier au Luxembourg, Bruxelles/Louvain-la-Neuve/Paris 2004, B. 2., S. 857 ff, Larcier.

1 Die in diesem Teil behandelten Zweckgesellschaften nach Luxemburger Recht sind alle aufgrund ihrer Gesellschaftsform als Handelsgesellschaften anzusehen[1] und dadurch von Rechts wegen Kaufleute. Nur Kaufleute sind gemäß Luxemburger Recht konkursfähig und können den nachfolgend beschriebenen Insolvenzverfahren unterliegen.

A. Luxemburger Insolvenzverfahren

2 Handelsgesellschaften unterliegen generell dem allgemeinen Luxemburger Insolvenzrecht, außer es gibt anderslautende besondere Bestimmungen. Die in diesem Teil behandelten Zweckgesellschaften unterliegen den allgemeinen Luxemburger Insolvenzbestimmungen, wobei jedoch das Gesetz vom 22.3.2004 betreffend Verbriefung (das Gesetz von 2004) für die Liquidation besondere Regeln vorsieht.

I. Allgemein anwendbare Insolvenzverfahren

3 Wenn ein Kaufmann seine Zahlungen eingestellt hat und seine Kreditwürdigkeit erschüttert ist, dann ist er im Zustand des Konkurses („faillite") und ein Konkursverfahren kann gegen ihn eröffnet werden. Sollte ein Kaufmann Zahlungsschwierigkeiten haben, jedoch nicht die Bedingungen des Konkurses erfüllen, stellt das Luxemburger Recht zwei Arten von Sanierungsverfahren, die kontrollierte Geschäftsführung („gestion contrôlée") und den dem Konkurs vorbeugenden Vergleich („concordat préventif de la faillite") sowie die Möglichkeit eines Zahlungsaufschubs („sursis de paiement") zur Verfügung.

4 Es sollte hier auch erwähnt werden, dass das Luxemburger Handelsgericht, auf Antrag des Staatsanwalts, die Auflösung und Liquidation einer jeden Handelsgesellschaft anordnen kann, wenn diese Tätigkeiten unternimmt, welche gegen das Strafrecht oder schwerwiegend gegen die Bestimmungen des Handelsgesetzbuches oder der Gesetze, die die Handelsgesellschaften regeln, verstoßen.[2] In diesem Fall kann das Gericht entscheiden, dass die sich im Falle eines Konkurses anwendbaren Regeln auf die Liquidation anzuwenden sind.

---

1 Art. 2 des Gesetzes von 1915. Diese Gesellschaften sind auch als Handelsgesellschaften anzusehen, wenn sie keine Handelsgeschäfte führen.

2 Häufige Auflösungs- und Liquidationsgründe sind zB die Nichtveröffentlichung der Jahresabschlüsse, Nichtvorhandensein von funktionsfähigen Verwaltungsorganen der Gesellschaften usw. (siehe auch § 10 Rn 89).

1. Konkurs (faillite)

Ein Konkursverfahren gemäß Art. 437 ff des Handelsgesetzbuches kann nur gegen eine Zweckgesellschaft eröffnet werden, die ihre Zahlungen eingestellt hat und deren Kreditwürdigkeit gleichzeitig erschüttert ist. Vorübergehende Zahlungsschwierigkeiten können vom Gericht als nicht ausreichend angesehen werden, um eine Konkursverfahrenseröffnung zu rechtfertigen; eine einzige Nichtzahlung in Kombination mit einer erschütterten Kreditwürdigkeit kann jedoch gegebenenfalls hierzu ausreichen. Das Gericht prüft insbesondere aufgrund der vorliegenden Fakten und Informationen, ob die zwei Bedingungen am Tag der Konkursverfahrenseröffnung erfüllt sind. 5

Wenn eine Zweckgesellschaft ihre Zahlungen einstellt und ihre Kreditwürdigkeit erschüttert ist, muss sie innerhalb eines Monats nach der Zahlungseinstellung beim Bezirksgericht ihres Gesellschaftssitzes[3] eine Konkurserklärung abgeben. 6

Das Konkursverfahren wird durch ein Urteil des zuständigen Bezirksgerichts, handelnd in Handelssachen, entweder aufgrund der oben beschriebenen Konkurserklärung, des Antrags eines oder mehrerer Gläubiger oder aufgrund der eigenen Initiative des Gerichts, eröffnet. 7

Durch das Konkurseröffnungsurteil wird den Verwaltungsorganen der Zweckgesellschaft automatisch die Verwaltungsgewalt über die Gesellschaft und die Verwaltungs- und Verfügungsgewalt über ihr gesamtes Vermögen entzogen. Im Konkurseröffnungsurteil werden ein oder mehrere Konkursverwalter ernannt, deren Aufgaben insbesondere darin bestehen, die Vermögenswerte und die Verbindlichkeiten der Zweckgesellschaft festzustellen, die Forderungen der Zweckgesellschaft gegenüber Dritten einzutreiben, die Forderungen der Konkursgläubiger gegen die Zweckgesellschaft zu prüfen, das Vermögen der Zweckgesellschaft zu verwalten und zu verwerten und die Masse der Gläubiger der Zweckgesellschaft sowie aber auch die Zweckgesellschaft zu vertreten. Alle nach dem Urteil von der Zweckgesellschaft ohne das Einwirken des Konkursverwalters vorgenommenen Zahlungen, Geschäfte und Handlungen sowie auch Zahlungen an die Zweckgesellschaft sind ungültig. 8

Auch gewisse vor dem Urteil vorgenommene Handlungen und Zahlungen sind gemäß Art. 445, 446 und 448 Insolvenzgläubigern gegenüber null und nichtig oder können von diesen angefochten werden. 9

Art. 445 betrifft bestimmte Handlungen und Zahlungen, welche während der vom Gericht festgelegten maximal sechsmonatigen zwischen der Zahlungseinstellung und dem Konkurseröffnungsurteil liegenden Periode (sog. „période suspecte“)[4] bzw innerhalb von zehn Tagen davor von der Zweckgesellschaft vorgenommen wurden: 10

- Rechtsgeschäfte, durch die die Zweckgesellschaft Eigentum an beweglichen oder unbeweglichen Vermögenswerten ohne Gegenleistung überträgt, sowie entgeltliche Rechtsgeschäfte und Verträge, bei denen der Wert der von der Zweckgesellschaft übertragenen Vermögenswerte merklich den Wert der von ihr erhaltenen Vermögenswerte übersteigt;
- Zahlungen in bar, per Scheck, durch Aufrechnung[5] oder anders von noch nicht fälligen Forderungen sowie Zahlungen für fällige Forderungen, welche nicht in bar oder durch Wechsel getätigt werden;
- Bestellungen von Hypotheken und Pfandrechten für vorher bestehende Schulden.

Die gesetzliche Aufrechnung, welche wirkt, sobald es sich um gegenseitige, vertretbare, definitiv festgestellte, in ihrem Betrag bestimmte, fällige Forderungen handelt, ist jedoch möglich 11

3 Entweder Luxemburg-Stadt oder Diekirch.

4 In der Regel legt das Gericht eine sechsmonatige Periode als période suspecte fest.

5 Siehe Ausnahme der gesetzlichen Aufrechnung im nächsten Absatz und andere Ausnahmen im Bereich der Finanzsicherheiten, Rn 56 ff. Aufrechnungen nach dem Konkurseröffnungsurteil sind prinzipiell nicht wirksam, es sei denn, es handelt sich um zusammenhängende (konnexe) Forderungen (dh aus demselben rechtlichen Zusammenhang entstanden) oder um Aufrechnungen im Bereich der Finanzsicherheiten.

und gegenüber den Konkursgläubigern der Zweckgesellschaft wirksam, wenn die Bedingungen für die Aufrechnung vor dem Konkurseröffnungsurteil erfüllt waren, unabhängig davon, ob dies erst während der période suspecte oder innerhalb der zehn Tage davor der Fall war.

12 Art. 446 sieht weiter vor, dass alle anderen Zahlungen für fällige Schulden sowie alle anderen entgeltlichen Geschäfte der Zweckgesellschaft, welche in der oben genannten période suspecte getätigt wurden, angefochten werden können, wenn sie von der Vertragspartei der Zweckgesellschaft in Kenntnis der Zahlungsunfähigkeit der Zweckgesellschaft getätigt wurden.

13 Art. 447 bestimmt, dass Hypothekenrechte sowie Privilegien bis zum Tag des Konkurseröffnungsurteils wirksam eingetragen werden können. Falls sie jedoch in der période suspecte oder innerhalb der zehn Tage davor entstanden sind und mehr als 15 Tage bis zu ihrer Eintragung verstrichen sind, können sie annulliert werden.

14 Schlussendlich legt Art. 448 fest, dass alle Zahlungen und Handlungen, welche in betrügerischer Absicht zum Nachteil der Insolvenzmasse der Gläubiger getätigt wurden, unabhängig vom Zeitpunkt wann sie getätigt wurden, für null und nichtig erklärt werden können.

15 Das Konkurseröffnungsurteil stellt alle Forderungen der Konkursgläubiger gegen die Zweckgesellschaft fällig. Die Gläubiger werden aufgefordert, durch die Veröffentlichung des Urteils in Luxemburger Zeitungen sowie gegebenenfalls durch persönliches Anschreiben durch den Konkursverwalter, ihre Forderungen innerhalb der vom Gericht vorgesehenen Frist bei der Gerichtskanzlei anzumelden.

16 Ab dem Konkurseröffnungsurteil laufen auf nichtprivilegierte Schulden sowie auf nicht durch ein Pfand oder eine Hypothek besicherte Schulden gegenüber der Insolvenzmasse keine Zinsen mehr auf. Bei privilegierten oder besicherten Schulden laufen die Zinsen weiter; Zinszahlungen können jedoch nur in Bezug auf Geldsummen, welche von Vermögenswerten herstammen, die dem Privileg oder der Sicherheit unterliegen, verlangt werden.

17 Ab dem Konkurseröffnungsurteil können Konkursgläubiger (ausgeschlossen besicherte Gläubiger) nicht mehr ihre individuellen Rechte gegen die Zweckgesellschaft ausüben, sondern müssen über den Weg der Forderungsanmeldung gehen. Nicht besicherte sowie nicht bevorzugte Gläubiger können keine Vermögenswerte, ob beweglicher oder unbeweglicher Natur, mehr beschlagnahmen. Auch Vollstreckungsmaßnahmen durch bevorzugte Gläubiger sind bis zum Abschluss des Prüfungsprozesses der Forderungsanmeldung ausgesetzt. Besicherte Gläubiger können jedoch, gegebenenfalls unter gewissen Bedingungen, ihre Sicherheiten verwerten (s. für den Fall von Finanzsicherheiten Rn 56 ff). Klagen und Vollstreckungsmaßnahmen können nicht mehr wirksam gegen die Zweckgesellschaft vorgenommen werden, sondern müssen sich gegen den Konkursverwalter richten.

18 Zahlungen an gewöhnliche Konkursgläubiger werden nur vorgenommen, wenn nach Befriedigung der bevorzugten Gläubiger (zB das Finanzamt für nicht gezahlte Steuern) und gegebenenfalls Zahlung der besicherten Gläubiger im Umfang der für sie bestellten Sicherheit, noch Vermögen zur Verfügung steht. Zahlungen an gewöhnliche Konkursgläubiger werden verhältnismäßig (au marc le franc) vorgenommen.

2. Kontrollierte Geschäftsführung (gestion contrôlée)

19 Falls die Kreditwürdigkeit einer Zweckgesellschaft erschüttert ist oder die vollständige Erfüllung ihrer Verbindlichkeiten gefährdet ist, kann die Zweckgesellschaft einen Antrag auf eine kontrollierte Geschäftsführung stellen, mit dem Ziel, entweder eine Sanierung oder eine günstige Verwertung ihrer Vermögenswerte zu erreichen. Die kontrollierte Geschäftsführung wird durch eine großherzogliche Verordnung vom 24.5.1935 geregelt.

Um die kontrollierte Geschäftsführung nutzen zu können, darf die Zweckgesellschaft nicht von einem rechtskräftigen Konkursurteil betroffen sein. Die Zweckgesellschaft, handelnd durch eine Mehrheit der Mitglieder ihres Verwaltungsorgans oder der Buchprüfer, muss einen begründeten Antrag beim Bezirksgericht handelnd in Handelssachen ihres Gesellschaftssitzes einreichen, dem verschiedene Dokumente beizulegen sind, unter anderem die Liste der Gläubiger. Auch wenn dies nicht ausdrücklich in der Verordnung vorgesehen ist, so verlangt die Rechtsprechung, dass der Schuldner in gutem Glauben handelt. 20

Das Gericht hört den Antragsteller und prüft anschließend den Antrag. Wenn das Gericht die im Antrag enthaltenen Elemente nicht als zu einer Sanierung und Rückkehr zu einer normalen Geschäftstätigkeit oder zu einer vorteilhafteren Verwertung der Vermögenswerte der Zweckgesellschaft führend ansieht, wird der Antrag verworfen. Gegebenenfalls kann das Gericht, nachdem die Ablehnung des Antrags rechtskräftig geworden ist, ein Konkursverfahren über die Zweckgesellschaft eröffnen, aber nur wenn die Bedingungen hierzu erfüllt sind. 21

Falls der Antrag nicht verworfen wird, wird das Gericht einen Richter damit beauftragen, einen Bericht über die wirtschaftliche Lage der Zweckgesellschaft zu erstellen. Ab diesem Moment sind automatisch, und dies bis zur endgültigen Entscheidung über die kontrollierte Geschäftsführung, alle Vollstreckungshandlungen gegen die Zweckgesellschaft ausgesetzt, inklusive solcher, die von besicherten und bevorzugten Gläubigern angestrengt werden. Eine Ausnahme hierzu besteht allerdings im Bereich der Finanzsicherheiten (s. Rn 56 ff). Auch sind Sicherungsmaßnahmen (deren Vollstreckung ausgenommen) hiervon nicht betroffen. Des Weiteren braucht die Zweckgesellschaft ab diesem Moment für Verfügungshandlungen über ihr Vermögen die vorherige Genehmigung des beauftragten Richters. 22

Nachdem der Bericht dem Gericht vorliegt und die Zweckgesellschaft gehört wurde, kann das Gericht den Antrag auf kontrollierte Geschäftsführung ablehnen (und gegebenenfalls kann ein Konkursverfahren eröffnet werden, nachdem die Ablehnung des Antrags rechtskräftig geworden ist) oder das Vermögen der Zweckgesellschaft der Kontrolle eines oder mehrerer Kommissare unterwerfen. Diese Entscheidung wird veröffentlicht. 23

Ohne die vorherige Genehmigung der Kommissare kann das Verwaltungsorgan der Zweckgesellschaft keine Verwaltungs- oder Verfügungsgeschäfte mehr vornehmen. Die Kommissare müssen zu den Sitzungen des Verwaltungsorgans eingeladen werden und können diesen beiwohnen; sie haben auch das Recht diese einzuberufen. Die Kommissare erstellen eine genaue Finanzsituation der Zweckgesellschaft. Aufgrund dieser Information fertigen sie entweder einen Sanierungsplan oder einen Plan zu Verwertung und Verteilung der Vermögenswerte an, der den Interessen und dem Rang aller betroffenen Parteien Rechnung tragen muss. 24

Der Plan muss veröffentlicht werden; die Gläubiger müssen anschließend ihre Zustimmung oder Ablehnung des Plans der Gerichtskanzlei mitteilen. Damit das Gericht den Plan billigen kann, müssen mehr als die Hälfte der Gläubiger, deren Forderungen zusammen mehr als die Hälfte der gesamten Forderungen gegen die Zweckgesellschaft darstellen, dem Plan zustimmen. Falls das Gericht den Plan verwirft, können die Kommissare einen neuen Plan vorlegen. Wenn das Gericht den Plan billigt, so ist er für die Gläubiger der Zweckgesellschaft (mit Ausnahme der durch Finanzsicherheiten besicherten Gläubiger) bindend. 25

In der Praxis wird die kontrollierte Geschäftsführung fast nicht angewendet. Eine Ursache hierfür ist, dass sie zeitaufwendig ist und auch der sich schon in Schwierigkeiten befindlichen Gesellschaft weitere Finanzmittel entzieht. 26

3. Dem Konkurs vorbeugender Vergleich (concordat préventif de la faillite)

Der dem Konkurs vorbeugende Vergleich wurde durch ein Gesetz vom 14.4.1886 ins Luxemburger Recht aufgenommen, um es einem Kaufmann zu ermöglichen, eine Konkurserklärung durch einen Vergleich mit seinen Gläubigern zu vermeiden. 27

28 Um in den Genuss eines Vergleichs zu kommen, muss die Zweckgesellschaft, durch die Mitglieder ihres Verwaltungsorgans handelnd, einen Antrag beim Gericht ihres Gesellschaftssitzes stellen. Der Antrag enthält unter anderem eine Liste aller Gläubiger sowie einen Vorschlag für die Bestimmungen des Vergleichs. Das Gericht beauftragt einen Richter, kurzfristig einen Bericht zu erstellen. Ab dieser Beauftragung sind alle Vollstreckungshandlungen gegen die Zweckgesellschaft (mit Ausnahme von Finanzsicherheiten) ausgesetzt. Falls das Gericht den Vergleich ablehnt, wird durch das gleiche Urteil ein Konkursverfahren über die Zweckgesellschaft eröffnet. Ansonsten legt das Gericht ein Datum fest, an welchem die Gläubiger über den Vergleich abstimmen sollen. Bevorzugte und besicherte Gläubiger haben kein Stimmrecht, es sei denn, sie verzichten auf ihre Privilegien und Sicherheiten.

29 Damit ein Vergleich Wirksamkeit erlangen kann, muss eine Mehrheit der stimmberechtigten Gläubiger, welche mindestens drei Viertel aller geschuldeten Summen darstellt, diesem zustimmen; des Weiteren muss er vom Gericht genehmigt werden. Das Gericht kann nur einen Vergleich betreffend einen unglücklichen aber gutgläubigen Schuldner genehmigen.

30 Ein genehmigter Vergleich ist auf alle vor dem Vergleich bestehenden Forderungen anwendbar, außer auf Steuer- und andere öffentliche Forderungen sowie Forderungen von bevorzugten und besicherten Gläubigern.

31 In der Praxis wird der dem Konkurs vorbeugende Vergleich eigentlich nicht angewendet. Ein Grund hierfür ist, dass ein Vergleich, der bevorzugte und besicherte Gläubiger nicht mit einbezieht, meistens den Konkurs der Gesellschaft nicht abwenden kann.

4. Zahlungsaufschub (sursis de paiement)

32 Der Zahlungsaufschub kann von einer Zweckgesellschaft angefragt werden, die durch außergewöhnliche und unvorhersehbare Vorkommnisse vorübergehend ihre Zahlungen einstellen muss, die aber, laut ihrer geprüften Bilanz ausreichende Vermögenswerte oder Mittel zur Verfügung hat, um alle ihre Gläubiger gänzlich zu befriedigen. Der Zahlungsaufschub kann auch angefragt werden, wenn eine zwar momentan defizitäre Finanzsituation besteht, es jedoch ernsthafte Argumente für eine Wiederherstellung einer ausgeglichenen Bilanz gibt.

33 Der Antrag muss gleichzeitig beim Bezirksgericht handelnd in Handelssachen des Gesellschaftssitzes der Zweckgesellschaft sowie auch bei der Cour supérieure de justice eingereicht werden.

34 Die Gläubiger werden vom Bezirksgericht zu einer Versammlung vorgeladen, wo sie entweder ihre Zustimmung oder Ablehnung des Zahlungsaufschubs erklären. Das Resultat wird, unter anderem zusammen mit einem Gutachten des Bezirksgerichts, an die Cour supérieure de justice weitergeleitet.

35 Der Zahlungsaufschub kann von der Cour supérieure de justice nur bewilligt werden, wenn eine Mehrheit der Gläubiger, welche durch ihre Forderungen drei Viertel der geschuldeten Summe darstellen, diesem zugestimmt haben. Bevorzugte Gläubiger sind nicht betroffen.

36 Während des Zahlungsaufschubs überwacht ein Kommissar die Geschäfte der Zweckgesellschaft, die ohne dessen Zustimmung keine Verfügungs- oder Verwaltungsgeschäfte vornehmen kann. Zahlungen von vor dem Antrag bestehenden Forderungen an gewöhnliche Gläubiger können während des Zahlungsaufschubs nur verhältnismäßig vorgenommen werden. Vollstreckungsmaßnahmen sind ausgesetzt.

37 Der Zahlungsaufschub hat im Prinzip keine Auswirkung auf Steuer- und andere öffentliche Forderungen sowie Forderungen von bevorzugten und besicherten Gläubigern.

II. Spezifische Verfahren für Verbriefungsgesellschaften

Bei Verbriefungsgesellschaften, die unter das Gesetz von 2004 fallen, muss man zwischen regulierten und nichtregulierten Verbriefungsgesellschaften unterscheiden. 38

Verbriefungsgesellschaften, die fortwährend Wertpapiere an die Öffentlichkeit begeben,[6] brauchen hierfür von der Luxemburger Überwachungsbehörde des Finanzsektors, die „Commission de Surveillance du Secteur Financier" (kurz CSSF), eine Genehmigung. 39

Für nichtregulierte Verbriefungsgesellschaften sind die allgemein gültigen Insolvenzverfahren des Luxemburger Rechts anzuwenden. Das Verbriefungsgesetz sieht jedoch für regulierte Verbriefungsgesellschaften besondere Liquidationsbestimmungen vor, insbesondere für deren Zwangsliquidation. 40

Die CSSF hat die Mission, regulierte Verbriefungsgesellschaften zu überwachen und sich zu vergewissern, dass sie die Gesetze, aber auch ihre anderweitigen Verpflichtungen erfüllen. Wenn die CSSF feststellt, dass eine regulierte Verbriefungsgesellschaft die Bestimmungen des Gesetzes von 2004, ihrer Satzung oder der Bedingungen der von ihr begebenen Wertpapiere nicht beachtet oder die Rechte in Bezug auf die von ihr begebenen Wertpapiere gefährdet sind, kann sie die Verbriefungsgesellschaft anmahnen, diese Situation innerhalb einer von ihr festgelegten Zeitspanne zu beenden. Falls diese Mahnung nicht befolgt wird, kann die CSSF gewisse Schritte gegen die Verbriefungsgesellschaft unternehmen, im schlimmsten Falle kann sie ihr die Genehmigung entziehen. 41

Der Entzug der Genehmigung hat, bis diese Entscheidung rechtskräftig wird, einen automatischen Zahlungsaufschub zur Folge: Die Verbriefungsgesellschaft kann ohne Genehmigung des Überwachungskommissars (die CSSF oder eine andere vom Gericht genannte Person) keine Zahlungen oder anderen Handlungen (außer Sicherungsmaßnahmen) vornehmen und Entscheidungen treffen, es sei denn, das Gericht sieht etwas anderes vor. 42

Nachdem der Entzug der Genehmigung durch die CSSF rechtskräftig geworden ist, verkündet das Bezirksgericht handelnd in Handelssachen, auf Antrag des Staatsanwalts, auf eigene Initiative des Gerichts oder auf Antrag der CSSF, die Auflösung und Liquidation der regulierten Verbriefungsgesellschaft. Das Gericht bestellt einen Konkursrichter sowie einen oder mehrere Liquidatoren. 43

Das Gericht legt die auf die Liquidation anwendbaren Regeln fest, wobei es die für die Liquidation eines Konkurses geltenden Regeln als anwendbar erklären kann. Das Verbriefungsgesetz sieht ausdrücklich vor, dass gewöhnliche Gläubiger nach dem Liquidationsurteil keine Vollstreckungsmaßnahmen mehr vornehmen können. 44

B. Wirkung des Luxemburger Insolvenzverfahrens

Wird ein Luxemburger Insolvenzverfahren über eine Luxemburger Gesellschaft eröffnet, so stellt sich des Öfteren die Frage, was die Auswirkungen dieses Verfahrens auf im Ausland belegende Vermögenswerte sind. 45

Des Weiteren interessiert die Frage im Zusammenhang mit Zweckgesellschaften, was die Auswirkung des Luxemburger Insolvenzverfahrens auf von der Zweckgesellschaft bestellte Sicherheiten oder von der Zweckgesellschaft abgeschlossene Aufrechnungsvereinbarungen sind. 46

---

6 Für mehr Details, siehe CSSF Jahresbericht 2007: http://www.cssf.lu/fileadmin/files/Publications/Rapports_annuels/Rapport_2007/RA2007_chap05_eng.pdf, 9.7.2012.

I. Universalitätsprinzip und Verordnung (EG) Nr. 1346/2000

47 Traditionell folgt das Luxemburger Insolvenzrecht dem Universalitätsprinzip, nach dem sich ein Insolvenzverfahren nach Luxemburger Recht einer Luxemburger Gesellschaft nicht nur auf in Luxemburg belegende Vermögenswerte, sondern auf alle Vermögenswerte der Zweckgesellschaft beziehen, auch auf solche, die sich im Ausland befinden. Gewisse Ausnahmen bestehen jedoch in der Anwendung des Universalitätsprinzips, darunter zB verschiedene Regeln der Verordnung (EG) Nr. 1346/2000 des Rates vom 29.5.2000 über Insolvenzen.

48 Die Verordnung findet Anwendung auf Verfahren, die die Insolvenz der Zweckgesellschaft voraussetzen und den vollständigen oder teilweisen Vermögensbeschlag gegen die Zweckgesellschaft sowie die Bestellung eines Verwalters zur Folge haben. Gemäß der Anlage A zu der Verordnung fallen folgende Luxemburger Insolvenzverfahren in den Anwendungsbereich: Konkursverfahren, kontrollierte Geschäftsführung, dem Konkurs vorbeugender Vergleich.

49 Die Verordnung sieht prinzipiell vor, dass Luxemburger Gerichte dafür zuständig sind, ein Insolvenzverfahren über eine Zweckgesellschaft zu eröffnen, deren Mittelpunkt ihrer hauptsächlichen Interessen in Luxemburg liegt; bis zum Beweis des Gegenteils wird vermutet, dass dieser Mittelpunkt am Ort des satzungsmäßigen Gesellschaftssitzes liegt. Jedoch kann, in Abweichung vom Universalitätsprinzip, ein anderer Mitgliedsstaat ein Sekundärinsolvenzverfahren eröffnen, wenn die Zweckgesellschaft eine Niederlassung in diesem Mitgliedstaat hat; die Wirkung dieser Sekundärinsolvenz ist auf das in diesem Mitgliedstaat belegende Vermögen beschränkt. Diese Sekundärinsolvenz wird vom Recht des relevanten Mitgliedstaats geregelt.

50 Luxemburger Recht hingegen regelt grundsätzlich die Voraussetzungen der Eröffnung des Luxemburger Insolvenzverfahrens, dessen Durchführung und Beendigung sowie auch dessen universelle Wirkung. Jedoch sieht die Verordnung, zusätzlich zu der Ausnahme der von einer Sekundärinsolvenz betroffenen Vermögenswerte, besondere Regeln für bestimmte Rechtsverhältnisse und Verträge vor und entzieht diese dem Einfluss des Luxemburger Insolvenzrechts.

51 Im Zusammenhang mit Luxemburger Zweckgesellschaften sollen nur einige ausgewählte Bestimmungen hier erwähnt werden.

52 Da Luxemburger Zweckgesellschaften häufig genutzt werden, um Immobilien zu erwerben, kann es wichtig sein zu wissen, dass die Wirkung des Luxemburger Insolvenzverfahrens auf einen Vertrag, der zum Erwerb oder der Nutzung einer Immobilie berechtigt, ausschließlich vom Recht des Mitgliedstaats, in welchem die Immobilie belegen ist, bestimmt wird.

53 Eine im Zusammenhang mit Luxemburger Zweckgesellschaften wichtige Regelung betrifft dingliche (*in rem*) Rechte Dritter an körperlichen oder unkörperlichen, beweglichen oder unbeweglichen Gegenständen des Schuldners, die sich zum Zeitpunkt der Eröffnung des Luxemburger Insolvenzverfahrens in einem anderen EU-Mitgliedstaat befinden. Gemäß dieser Regelung werden solche dinglichen (*in rem*) Rechte Dritter im Prinzip von der Eröffnung des Luxemburger Insolvenzverfahrens nicht berührt.

54 Eine ähnliche Regelung, die auch sehr häufig im Zusammenhang mit Luxemburger Zweckgesellschaften von Wichtigkeit ist, bestimmt, dass das Luxemburger Insolvenzverfahren das Recht eines Gläubigers, seine Forderung gegen eine Forderung der Zweckgesellschaft aufzurechnen, nicht berührt, wenn die Aufrechnung nach dem für die Forderung der insolventen Zweckgesellschaft maßgeblichen Recht zulässig ist.

55 Im Fall der dinglichen (*in rem*) Rechte Dritter und der Aufrechnung ist die Regel, dass das Luxemburger Insolvenzverfahren diese Rechte nicht berührt, nicht absolut, sondern die Verordnung sieht gewisse Schutzbestimmungen für die gewöhnlichen Insolvenzgläubiger vor. In der Tat bestimmt die Verordnung, dass die Luxemburger Bestimmungen, die die Nichtigkeit,

Annullierung oder relative Unwirksamkeit gegenüber der Insolvenzmasse und den gewöhnlichen Insolvenzgläubigern behandeln, gegebenenfalls auf die dinglichen (*in rem*) Rechte Dritter und die Aufrechnung Anwendung finden können. Es handelt sich hierbei im Luxemburger Insolvenzrecht um die Regelungen für anfechtbare und nichtige Handlungen und Zahlungen (s. Rn 9 ff). Dingliche (*in rem*) Rechte oder Aufrechnungen werden jedoch gemäß der Verordnung absolut nicht von dem Luxemburger Insolvenzverfahren und den hiervor genannten Bestimmungen berührt, wenn vom begünstigten Gläubiger nachgewiesen werden kann, dass für das dingliche (*in rem*) Recht oder die Aufrechnung das Recht eines anderen Mitgliedstaats maßgeblich ist und das dingliche (*in rem*) Recht oder die Aufrechnung in keiner Weise nach diesem Recht angreifbar ist.

II. Gesetz vom 5.8.2005 über Finanzsicherheiten

Durch ein Gesetz vom 5.8.2005 über Finanzsicherheiten hat der Luxemburger Gesetzgeber bestimmte dingliche (*in rem*) Rechte, jedoch auch Aufrechnungvereinbarungen, im Insolvenzfall einer Luxemburger Zweckgesellschaft weitgehend unangreifbar gemacht. In diesem Beitrag beschränken wir uns auf dingliche (*in rem*) Rechte, die Pfandrechte oder Rechte aus Eigentumsübertragungen als Sicherheit sind und sich auf Forderungen oder Finanzinstrumente im weitesten Sinne beziehen (hiernach Finanzsicherheiten). 56

Das Gesetz bestimmt, dass Finanzsicherheiten sowie die Ereignisse, die die Verwertung der Finanzsicherheit nach sich ziehen, Aufrechnungen zwischen Forderungen und Finanzinstrumenten, die aufgrund einer bilateralen oder multilateralen Aufrechnungsklausel oder Aufrechnungsvereinbarung durchgeführt werden, sowie die zwischen Parteien vereinbarten Bewertungs- und Vollstreckungsbestimmungen unbeschadet der Existenz von Luxemburger oder ausländischen Sanierungs- oder Liquidationsverfahren oder anderen Konkursverfahren, gegenüber Drittparteien, Kommissaren, Verwaltern, Liquidatoren sowie jedweden ähnlichen Organen wirksam sind und ihnen entgegengehalten werden können. 57

Des Weiteren sieht das Gesetz vor, dass die Bestimmungen des Luxemburger Rechts (mit Ausnahme der Bestimmungen betreffend die Überschuldung von Privatpersonen) sowie auch die ausländischen Bestimmungen, die Sanierungs- oder Liquidationsverfahren sowie andere Konkurssituationen, aber auch Beschlagnahmungen regeln, nicht auf Finanzsicherheiten und Aufrechnungsvereinbarungen anwendbar sind und weder deren Ausführung noch die Erfüllung ihrer Verpflichtungen durch die Vertragsparteien verhindern. 58

Da in der Praxis jedoch zahlreiche Verträge betreffend Finanzsicherheiten nicht unter Luxemburger Recht abgeschlossen werden, hat der Luxemburger Gesetzgeber eine spezielle Bestimmung in das Gesetz aufgenommen, welche klarstellt, dass die Luxemburger Bestimmungen, die Sanierungs- oder Liquidationsverfahren sowie andere Konkurssituationen regeln, auch nicht auf Verträge über Finanzsicherheiten anwendbar sind, die einem ausländischen Recht unterliegen, wenn der Besteller der Finanzsicherheit eine Luxemburger Gesellschaft ist. Gleichfalls schützt das Gesetz Aufrechnungsvereinbarungen, die nicht dem Luxemburger Recht unterliegen, in denen jedoch der säumige Schuldner eine Luxemburger Gesellschaft oder eine in Luxemburg ansässige Gesellschaft ist. 59

C. Limited Recourse/Non Petition-Klauseln

In Finanztransaktionen, die durch Luxemburger Zweckgesellschaften ausgeführt werden (zB Verbriefungen, Begebungen von Schuldverschreibungen zur Finanzierung eines Darlehens an einen Konzern usw) findet man in der Praxis öfter sogenannte Limited Recourse- und Non Petition-Klauseln. 60

61 Limited Recourse-Klauseln können definiert werden als Klauseln, durch die ein oder mehrere Gläubiger der Zweckgesellschaft ihre Zahlungsansprüche betreffend eine Forderung auf bestimmte vorhandene Vermögenswerte der Zweckgesellschaft beschränken und, soweit diese nicht zur vollständigen Befriedigung der Gläubiger ausreichen, auf weiter gehende Ansprüche verzichten. Limited Recourse-Klauseln werden von der bestehenden Luxemburger Rechtslehre in Bezug auf Luxemburger Gesellschaften generell als wirksam und gültig angesehen.[7] Sollten die Klauseln einem ausländischen Recht unterliegen, muss ihre Wirksamkeit natürlich auch nach diesem Recht geprüft werden.

62 Non Petition-Klauseln sind Klauseln, nach denen Gläubiger auf ihr Recht verzichten, einen Insolvenzantrag bezüglich der Zweckgesellschaft zu stellen. Es gibt ausländische Rechtsprechung, die den ausdrücklichen Verzicht in den Non Petition-Klauseln als wirksam ansieht; die klassische belgische Rechtslehre ist jedoch der Meinung, dass das Recht, einen Insolvenzantrag zu stellen, ein Recht der öffentlichen Ordnung sei („ordre public"), auf das man nicht verzichten könne. Diese Klauseln werden in der Praxis verwendet, es gibt jedoch nach unserer Kenntnis diesbezüglich keine Luxemburger Rechtsprechung. Aber auch im Falle der Wirksamkeit der Non Petition-Klauseln stellt sich die Frage nach der Sanktion im Falle der Nichtbeachtung einer solchen Klausel. Des Weiteren kann das Luxemburger Gericht auch auf eigene Initiative ein Konkursverfahren über eine Luxemburger Zweckgesellschaft eröffnen, sobald die zwei Konkursbedingungen hierzu erfüllt sind (s. Rn 5). Um diese Unsicherheiten zu vermeiden, sieht das Gesetz von 2004 ausdrücklich vor, dass Non Petition-Klauseln, die in der Satzung oder in einem durch die Verbriefungsgesellschaft abgeschlossenen Vertrag enthalten sind, wirksam sind. Insolvenzanträge, die unter Verletzung solcher Klauseln gestellt werden, müssen im Falle einer Verbriefungsgesellschaft vom Gericht als nicht zulässig abgewiesen werden.

---

7 Siehe hierzu: *Dupont*, Mécanismes particuliers de protection contre la faillite, in: André Prüm (Hrsg), La titrisation, La vie du droit bancaire et financier, Anthémis, 2008, S. 68 ff; *Kayser*, Fiducie ou SPV – quelques aspects de la titrisation en droit luxembourgeois, in: Association luxembourgeoise des juristes de banque, Droit bancaire et financier au Luxembourg, Larcier, 2004, B. 2., S. 857 ff.

§ 12 Steuerrecht

Literatur: *Heintz*, L'impôt sur le revenu des collectivités, in Etudes Fiscales, n° 113/114/115, Gare 1999, Editions Saint-Paul; *Molitor*, Sociétés mère et filiales, in: Etudes Fiscales, Gare May 2009, Editions Saint-Paul; *Schaffner*, Droit fiscal international, Bruxelles/Louvain-la-Neuve/Paris 2005, Promoculture; *Steichen*, Manuel de droit fiscal, Gare 2006, Editions Saint-Paul; *Winandy*, Fiscalité et comptes annuels des entreprises, Luxemburg 2005, Editions Portalis.

A. Steuerliche Behandlung einer gewöhnlichen Zweckgesellschaft

Luxemburger Beteiligungsgesellschaften, auch als „Soparfis" bezeichnet, spielen bei der Strukturierung von Investitionen oft eine wichtige und zentrale Rolle, unter anderem bedingt durch ein **günstiges steuerliches Umfeld:** 1

- Soparfis zahlen bei Gründung lediglich eine Eintragungsgebühr von 75 EUR; Gleiches gilt bei Kapitalerhöhungen.
- Auf Zinszahlungen durch Soparfis wird generell keine Quellensteuer erhoben.
- Die Auflösung der Soparfis kann im Regelfall steuereffizient gestaltet werden.
- Soparfis können die Vorzüge der Mutter-Tochter-Richtlinie[1] und des damit verbundenen Schachtelprivilegs nutzen, die eine Freistellung der Dividenden, der Veräußerungsgewinne und der Quellensteuer ermöglicht.
- Außerdem können Soparfis aus den zahlreichen Doppelbesteuerungsabkommen, die Luxemburg abgeschlossen hat, Nutzen ziehen.

1 RL 90/435/EWG vom 23.7.1990 abgeändert durch RL 2003/123/EG vom 22.12.2003 sowie RL 2011/96/EG vom 30.11.2011.

I. Soparfi – Eine normal steuerpflichtige Zweckgesellschaft

2 Wie oben beschrieben (s. § 10 Rn 7) werden Luxemburger Zweckgesellschaften oder Soparfis als Aktiengesellschaft, Gesellschaft mit beschränkter Haftung oder Kommanditgesellschaft auf Aktien gegründet.

3 Die Soparfi ist in Wirklichkeit eine normal steuerpflichtige Gesellschaft, **ohne speziellen Steuerstatus.** Die Besteuerung der Soparfi unterliegt daher dem Luxemburger Einkommensteuergesetz[2] (**EStG**) sowie den Regelungen und Rundschreiben, die sich darauf beziehen. Außerdem unterliegt die Soparfi der Vermögensteuer laut Vermögensteuergesetz (**VStG**) iVm dem Bewertungsgesetz (**BeWG**)[3] und den generellen Bestimmungen der Abgabenordnung (**AO**).[4] Soparfis sind in der Regel keine mehrwertsteuerpflichtigen Personen, können aber in Ausnahmefällen dem Mehrwertsteuergesetz (**MwStG**)[5] unterliegen.

II. Gründung der Soparfi – Minimale Eintragungsgebühr

4 Die *ad valorem* Eintragungsgebühr auf Gesellschaftsurkunden von erst 1%, dann 0,5% wurde am 1.1.2009 abgeschafft und durch eine minimale Eintragungsgebühr (**Eintragungsgebühr**) von **75 EUR** ersetzt. Diese Eintragungsgebühr fällt bei der Gründung der Gesellschaft sowie bei jeder Abänderung der Gesellschaftssatzung (zB im Falle einer Kapitalerhöhung/-reduzierung) an.

III. Laufende Besteuerung der Soparfi

1. Einkommensteuer

5 Soparfis nehmen ausschließlich die Form von Kapitalgesellschaften an, die von den Gesellschaftern verschiedene juristische Personen und **eigenständige Steuersubjekte** sind.[6]

6 Soparfis unterliegen der Luxemburger Steuerlast auf ihrem **weltweiten Einkommen**, es sei denn, sie können aus Steuerbefreiungen unter nationalem Recht (zB dem Schachtelprivileg, s. Rn 15 ff) oder aus den Bestimmungen von Doppelbesteuerungsabkommen (s. Rn 56) Nutzen ziehen.

7 Der Gesamtsteuersatz für in Luxemburg-Stadt ansässige Kapitalgesellschaften beträgt seit 2011 **28,8%.** Dieser Gesamtsteuersatz setzt sich zusammen aus der Körperschaftsteuer (21%), der Gewerbesteuer (die in jeder Gemeinde anders ausfällt und sich in Luxemburg-Stadt auf 6,75% beläuft) sowie der Solidaritätsteuer (die seit 2011 5% des Körperschaftsteuersatzes beträgt).

8 Obwohl es kleinere Unterschiede gibt, sind die Bemessungsgrundlagen für Körperschaftsteuer und für Gewerbesteuer ungefähr die gleichen.

2. Mindestbesteuerung für Soparfis

9 Seit dem 1.1.2011 erhebt Luxemburg eine Mindeststeuer von **1.575 EUR** (inkl. der Solidaritätssteuer) auf in Luxemburg ansässige Gesellschaften, deren Vermögenswerte zu mehr als 90% aus sogenannten finanziellen Aktiva, (übertragbaren) Wertpapieren oder Bargeld bestehen.[7] Diese Mindestbesteuerung betrifft vor allem Soparfis.

---

2 Einkommensteuergesetz vom 14.12.1967.
3 Vermögensteuergesetz und Bewertungsgesetz, beide vom 16.10.1934.
4 Abgabenordnung vom 22.5.1931.
5 Luxemburger Mehrwertsteuergesetz vom 12.2.1979.
6 ISv Art. 159 EStG.
7 Art. 174 Abs. 6 EStG.

3. Vermögensteuer

In Luxemburg ansässige, unbeschränkt steuerpflichtige Gesellschaften unterliegen einer Vermögensteuer von 0,5% auf ihrem **weltweiten Nettovermögen.**[8] Jegliche Beteiligungen, Immobilien, Verbindlichkeiten (zB Wertpapiere und Darlehen) und andere Vermögenswerte, die zum 1.1. durch eine juristische Person mit Wohnsitz in Luxemburg oder durch eine Luxemburger Betriebsstätte einer nichtansässigen Gesellschaft gehalten werden, werden in die Bemessungsgrundlage der Vermögensteuer einbezogen. 10

Passiva, die in direktem Zusammenhang mit den jeweiligen Vermögenswerten stehen, sind hingegen von der Bemessungsgrundlage der Vermögensteuer abzugsfähig. Um zu vermeiden, dass eine unnötige Vermögensteuerbasis entsteht, ist es daher äußerst wichtig sicherzustellen, dass jeglichen Forderungen der Soparfi **entsprechende Verbindlichkeiten** gegenüberstehen. 11

Durch Gründung einer speziellen Rückstellung in ihren Büchern, die während der fünf darauffolgenden Jahre bestehen bleiben muss, kann die Gesellschaft, auf Anfrage, die zu zahlende Vermögensteuer um ein Fünftel des Betrags dieser **Rückstellung** reduzieren.[9] 12

4. Mehrwertsteuer

Obwohl Soparfis **in der Regel keine mehrwertsteuerpflichtigen Personen** sind, ermöglichen es ihnen verschiedene Tätigkeiten, als in Luxemburg mehrwertsteuerpflichtige Personen angesehen zu werden. 13

Dienstleistungen, die an die Soparfi erbracht werden, können in bestimmten Fällen der Luxemburger Mehrwertsteuer (von zzt. in der Regel **15%**) unterliegen. Falls die Tätigkeiten der Soparfi von der Mehrwertsteuer befreit sind, ist diese Luxemburger Mehrwertsteuer nicht abzugsfähig. 14

IV. Das Schachtelprivileg

Das Schachtelprivileg soll steuerliche **Doppel- oder Mehrfachbelastungen vermeiden**, die sich bei der Verschachtelung von Kapitalgesellschaften ergeben. Im Fall von Schachtelgesellschaften werden die Gewinne bzw die Beteiligungswerte aus der Bemessungsgrundlage der jeweiligen Steuer ausgenommen. Es handelt sich hierbei keinesfalls um ein für die begünstigten Gesellschaften geschaffenes Privileg, sondern um eine notwendige Korrektur (entstanden auf Basis der Mutter-Tochter-Richtlinie) zur Vermeidung von Mehrfachbesteuerungen. 15

1. Quellensteuerbefreiung

Luxemburg erhebt im Prinzip eine 15%ige Quellensteuer auf Dividendenausschüttungen an ausländische sowie an Luxemburger Anleger.[10] Dividendenausschüttungen von einer unbeschränkt steuerpflichtigen Luxemburger Kapitalgesellschaft sind von der 15%igen Quellensteuer befreit, wenn sie unter das sogenannte Schachtelprivileg[11] fallen. 16

Um in den Genuss des Schachtelprivilegs zu kommen, muss der Gesellschafter entweder 17

- eine unbeschränkt steuerpflichtige Luxemburger Gesellschaft sein oder
- eine nicht in Luxemburg ansässige **unbeschränkt steuerpflichtige Gesellschaft** sein, die entweder in der EU/EWG oder in einem Land ansässig ist, mit dem Luxemburg ein

8 § 8 VStG.
9 § 8 a VStG.
10 Art. 146 und 148 EStG.
11 Art. 147 EStG. Diese Quellensteuer, die von der Tochtergesellschaft zurückbehalten wird, kann im Nachhinein auf die finale Luxemburger Steuerschuld des Gesellschafters angerechnet werden.

Doppelbesteuerungsabkommen hat, und (bei nicht in der Mutter-Tochter-Richtlinie erwähnten Gesellschaften) einem Steuersatz von mind. 10,5% (berechnet auf einer ähnlichen Basis wie in Luxemburg) unterliegt, oder deren Luxemburger Betriebsstätte.

18 Außerdem muss der Gesellschafter mind. 10% der Anteile in der Luxemburger Zweckgesellschaft oder Anteile, die einen Erwerbspreis (inkl. Agio) von mind. 1,2 Millionen EUR hatten, für eine Mindestdauer von zwölf Monaten halten. Sofern die zwölfmonatige Mindestdauer zum Zeitpunkt der Ausschüttung nicht erfüllt ist, kann von der Quellensteuer abgesehen werden, wenn sich der Gesellschafter verpflichtet, die Anteile nicht vor Ablauf dieses Zeitraums zu veräußern. Dabei ist **keine Garantieleistung erforderlich.**

2. Freistellung von Dividenden

19 Dividendenausschüttungen von

- einer in Art. 2 der Mutter-Tochter-Richtlinie erwähnten Gesellschaft,
- einer **unbeschränkt steuerpflichtigen** Luxemburger Kapitalgesellschaft, die nicht in Art. 166 (10) EStG erwähnt wird, oder
- einer nicht in Luxemburg ansässigen **Gesellschaft,** die einem Steuersatz von mind. 10,5% berechnet auf einer ähnlichen Basis wie in Luxemburg unterliegt,

sind von der Luxemburger Einkommensteuer befreit, wenn sie die in Art. 166 EStG erwähnten Bestimmungen erfüllen.

20 Außerdem muss der **Gesellschafter** entweder

- eine **unbeschränkt steuerpflichtig**e Luxemburger Gesellschaft sein oder
- eine Luxemburger Betriebstätte
  - einer in Art. 2 der Mutter-Tochter-Richtlinie erwähnten Gesellschaft,
  - einer in einem Land, mit dem Luxemburg ein Doppelbesteuerungsabkommen hat, ansässigen Gesellschaft, oder
  - einer in der EU/EWG ansässigen Gesellschaft

sein.

21 Genau wie bei der Quellensteuerbefreiung muss der Gesellschafter mind. 10% der Anteile in der Tochtergesellschaft oder Anteile, die einen Erwerbspreis (inkl. Agio) von mind. 1,2 Millionen EUR hatten, für eine Mindestdauer von zwölf Monaten halten. Auch hier kann von der Besteuerung abgesehen werden, wenn sich der Gesellschafter verpflichtet, die Anteile nicht vor Ablauf der zwölf Monate zu veräußern. Luxemburger Zweckgesellschaften werden meist so strukturiert, dass sie diese Bedingungen erfüllen.

22 Sollten die Bedingungen des Schachtelprivilegs nicht erfüllt sein, sieht Art. 115 Abs. 15 a. EStG eine **50%ige Steuerbefreiung vor für Kapitalerträge** iSv Art. 146 Abs. 1 EStG, die von

einer in Luxemburg ansässigen unbeschränkt steuerpflichtigen Kapitalgesellschaft,

einer in einem Land, mit dem Luxemburg ein Doppelbesteuerungsabkommen abgeschlossen hat, ansässigen Gesellschaft, die einem Steuersatz von mind. 10,5% (berechnet auf einer ähnlichen Basis wie in Luxemburg) unterliegt, oder

einer in Art. 2 der Mutter-Tochter-Richtlinie erwähnten Gesellschaft

ausgeschüttet wurden.

3. Freistellung von Veräußerungsgewinnen und Recapture

23 Die großherzogliche Regelung vom 21.12.2001 sieht eine Steuerfreiheit für Veräußerungsgewinne vor, die durch eine Luxemburger Kapitalgesellschaft erzielt wurden, die mind. 10% der Anteile in der Tochtergesellschaft, oder Anteile, die einen Erwerbspreis (inkl. Agio) von mind. 6 Millionen EUR hatten, für eine Mindestdauer von zwölf Monaten gehalten hat oder

halten wird. Die Tochtergesellschaft muss dabei die oben genannten, für die Steuerbefreiung von Dividenden anwendbaren, Kriterien erfüllen.

Wenn eine Beteiligungsgesellschaft ihre Anteile mithilfe von verzinslichem **Fremdkapital** rückfinanziert, ist das Schachtelprivileg aber nur eingeschränkt anwendbar. 24

Im Prinzip sind Zinszahlungen, Wertabschreibungen oder andere Ausgaben, die mit einem betrieblichen Unternehmen zusammenhängen (hier die Beteiligungen), von der Besteuerungsgrundlage des Gesellschafters abzugsfähig. Dies gilt nicht für Zinsausgaben, Abschreibungen oder andere **Ausgaben in direktem Zusammenhang mit Beteiligungen**, die die Erfordernisse des Schachtelprivilegs erfüllen. Solche Ausgaben sind nur von der steuerlichen Bemessungsgrundlage der Gesellschaft abzugsfähig (vorbehaltlich der sogenannten Recapture-Regel), sofern sie den Betrag der steuerbefreiten Dividenden überschreiten.[12] 25

Veräußerungsgewinne, die prinzipiell gemäß Schachtelprivileg einkommensteuerbefreit sind, sind dies nur, soweit sie über den Betrag der vorher abgezogenen und im Bezug mit der betroffenen Beteiligung stehenden Zinsausgaben, Abschreibungen oder sonstigen Ausgaben hinausgehen. 26

4. Vermögensteuer

§ 60 BeWG sieht eine Freistellung von der Vermögensteuer vor für Beteiligungen an anderen Kapitalgesellschaften, die unter das sogenannte **Schachtelprivileg** fallen, dh Anteile die mind. 10% des Gesellschaftskapitals ausmachen oder einen Einkaufswert von 1,2 Millionen EUR haben. Anders als für die Freistellung von der Quellensteuer und/oder von der Einkommensteuer bei Dividendenausschüttungen (s. Rn 16 ff und Rn 19 ff) gibt es bezüglich der Vermögensteuer **keine Mindestdauer**, während der der Gesellschafter die Anteile halten muss, um freigestellt werden zu können. 27

V. Kapitalisierung der Soparfi – Eigenkapital und Fremdkapital

1. Allgemeines

Das Verhältnis zwischen Eigenkapital und Fremdkapital einer Zweckgesellschaft in Form einer Soparfi ist **nicht gesetzlich vorgegeben**, sondern beruht allein auf von der Luxemburger Steuerverwaltung festgelegten Regeln. 28

Aus Luxemburger Sicht sollte eine Gesellschaft Beteiligungen zu mind. 15% mit Eigenkapital finanzieren (bzw zu mind. 1% mit Gesellschaftskapital und zu 14% mit Instrumenten, die dem Eigenkapital angeglichen werden, wie zB zinsfreie Darlehen). Die restliche Finanzierung von Beteiligungen aus Eigenmitteln kann über Gesellschafterdarlehen erfolgen. 29

Sollten diese Richtlinien nicht befolgt werden, können Zinszahlungen auf den Teil des Darlehens, das jene Gesellschafterdarlehensfinanzierungsschwelle überschreitet, als Dividendenausschüttungen angesehen werden und somit eine 15%ige Quellensteuer auslösen. 30

Das Verhältnis von **15% Eigenkapital und 85% Fremdkapital** findet übrigens prinzipiell nur auf die Gesellschafterfinanzierung Anwendung. Was die Höhe der Fremdfinanzierung (zB Bankendarlehen) von Soparfis betrifft, gibt es keine besonderen steuerrechtlichen Regelungen. 31

Beteiligungsgesellschaften können mithilfe verschiedener Arten von Gesellschafterfremdfinanzierung strukturiert werden und somit ihre steuerliche Bemessungsgrundlage reduzieren. Hierbei muss natürlich das oben erwähnte Verhältnis zwischen Eigenkapital und Fremdkapital beachtet werden. Die **Reduzierung der steuerlichen Bemessungsgrundlage** kann durch 32

12 Art. 166 Abs. 5 EStG.

diverse verzinsliche Darlehen erzielt werden, unter anderem partiarische Darlehen oder Wandelanleihen.

2. Wandelanleihen

33 Klassische Wandelanleihen sind von einer Gesellschaft ausgegebene und in der Regel mit einem Nominalzins ausgestattete verzinsliche Wertpapiere, die dem Inhaber das Recht einräumen, die Wertpapiere während einer Wandlungsfrist sowie zu einem im Vorfeld festgelegten Verhältnis in Aktien des Emittenten der Wandelanleihen einzutauschen.

34 „Convertible Preferred Equity Certificates“ (**CPECs**) sind umwandelbare **hybride Finanzierungsinstrumente**, die nach Luxemburger Gesetz typischerweise als Schuldverschreibungen angesehen werden; abhängig von ihren Eigenschaften können sie aber, aus Sicht des Inhabers, als Eigenkapital der ausgebenden Gesellschaft behandelt werden.

35 Die Haupteigenschaften von Wandelanleihen (inkl. CPECs) sind im Regelfall:

- langfristige Wertpapiere mit einer Laufzeit um die 30 Jahre;
- Nachrangigkeit gegenüber anderen Gläubigern;
- keine Stimmberechtigung (außer für Angelegenheiten, die durch Anleiheinhaber in Luxemburg ansässiger Unternehmen gebilligt werden müssen) und
- Umwandelbarkeit in Aktien des Emittenten der Wandelanleihen.

Das Luxemburger Recht sieht **keine spezifischen Bestimmungen** für CPECs vor.

36 Durch Luxemburger Gesellschaften ausgegebene Wandelanleihen werden sowohl nach Luxemburger Wirtschaftsrecht als auch aus steuerlicher Sicht als **Schuldverschreibungen** behandelt. Die Zahlungen auf die Wandelanleihen (insbesondere regelmäßige Zahlungen von Erträgen oder die Zahlung von Rücknahmeerlösen) sind nach Luxemburg Steuerrecht Zinsen.

37 Die Qualifikation als **Zinszahlungen** ermöglicht es der Soparfi quellensteuerfreie Ausschüttungen vorzunehmen, auch wenn der Gesellschafter aufgrund seiner Ansässigkeit oder seiner Form weder das Schachtelprivileg noch die Doppelbesteuerungsabkommen in Anspruch nehmen kann. Tatsächlich unterliegen Zinszahlungen (einschließlich aufgelaufener, aber noch nicht ausgezahlter Zinsen) in Luxemburg derzeit keiner Quellensteuer, es sei denn, die Zinszahlungen hängen von den auf Ebene der Soparfi erwirtschafteten Gewinnen ab[13] oder erfolgen an oder zugunsten von natürliche(n) Personen oder bestimmte(n) andere(n) Rechtsträger(n) und unterliegen somit den Bestimmungen der Richtlinie des Rates der Europäischen Union vom 3.6.2003 im Bereich der Besteuerung von Zinserträgen (**Zinsbesteuerungsrichtlinie**) (s. auch Rn 45 ff).

3. Partiarische Darlehen oder Wertpapiere

38 Als partiarisches Darlehen bezeichnet man ein langfristiges Darlehen an eine Gesellschaft, bei dem der Gläubiger **neben einem festen Zins eine prozentuale Gewinnbeteiligung** erhält, ohne jedoch am Liquidationserlös beteiligt zu sein.

39 Die Haupteigenschaften partiarischer Verbindlichkeiten sind:

- langfristige Wertpapiere/Darlehen;
- Erfolgsabhängigkeit der regelmäßigen Zahlungen und
- Nachrangigkeit gegenüber anderen Gläubigern.

40 Um sicherzustellen, dass Zahlungen unter dem partiarischen Darlehen als Zinszahlungen angesehen werden, sollte das partiarische Darlehen nicht der Ausschüttung der auf Ebene der

13 ISv Art. 146 Abs. 1 3. EStG iVm Art. 97 EStG.

Gesellschaft erwirtschafteten Gewinne dienen, sondern **nur die Einkünfte aus einer gewissen Anlage** an den Gesellschafter weiterleiten.

VI. Back-to-back-Finanzierung – Transfer Pricing-Richtlinie

Unter einer Back-to-back-Finanzierung werden Fallgestaltungen verstanden, bei denen die Soparfi ein verzinsliches Darlehen erhält (zB von ihrem Gesellschafter) und die Erträge dieses verzinslichen Darlehens nutzt, um einer Tochtergesellschaft ein verzinsliches Darlehen in gleicher Höhe zu geben. 41

Ein Rundschreiben vom 28.1.2011[14] führte in Luxemburg neue Regelungen bezüglich **konzerninterner Back-to-back-Finanzierungstätigkeiten** ein, die oft über Soparfis strukturiert werden. 42

Insbesondere sollen Gesellschaften, die innerhalb eines Konzerns Finanzierungstätigkeiten haben und diese mit Fremdkapital rückfinanzieren (egal ob Gesellschafter- oder Drittfinanzierung), u.a. folgende Voraussetzungen erfüllen: 43

- **Risikobehaftetes Mindesteigenkapital** von 1% des Nominalbetrags der ausgegebenen Finanzierung, wobei dieser Betrag auf 2 Millionen EUR gedeckelt ist;
- **Luxemburger Steuerpflichtigkeit einer Mehrheit der Geschäftsführer**, die außerdem die erforderlichen beruflichen Fähigkeiten besitzen müssen, um ihre Funktionen zu erfüllen, sowie die Befugnis haben, die Gesellschaft zu binden und
- **Treffen wichtiger Entscheidungen in Luxemburg**, wo auch mind. einmal jährlich Gesellschafterversammlungen und Geschäftsräte stattfinden sollen.

Außerdem soll die Gesellschaft einen Bericht anfertigen, der belegt, dass die Vergütung für die Finanzierungstätigkeiten (die sowohl das Risiko als auch die Tätigkeiten deckt) einem Drittvergleich nach **OECD-Standards** standhält. 44

VII. Zinszahlungen der Soparfi

Zinszahlungen auf verzinsliche Darlehen oder Wertpapiere (einschließlich aufgelaufener, aber noch nicht ausgezahlter Zinsen) unterliegen in Luxemburg derzeit keiner Quellensteuer, es sei denn, die Zinszahlungen sind Funktion der Gewinne der Soparfi[15] oder erfolgen durch eine Luxemburger Zahlstelle an oder zugunsten von **natürliche(n) Personen oder bestimmte(n) andere(n) Rechtsträger(n)** im Sinne der Zinsbesteuerungsrichtlinie, der Luxemburger Gesetze vom 21.6.2005 oder des Luxemburger Gesetzes vom 23.12.2005, abgeändert durch ein Gesetz vom 17.7.2008.[16] 45

Die 35%ige Quellensteuer (die laut Gesetz vom 21.6.2005 anfällt) kann durch einen freiwilligen **Informationsaustausch** der nicht in Luxemburg ansässigen natürlichen Personen abgewendet werden, nicht aber die 10%ige Quellensteuer für in Luxemburg ansässige Gläubiger (die durch das Gesetz vom 23.12.2005 eingeführt wurde). 46

Derzeit sieht die Luxemburger Steuerverwaltung eine Luxemburger Beteiligungsgesellschaft nicht als Luxemburger Zahlstelle im Sinne der Zinsbesteuerungsrichtlinie an (s. Rn 37 und 45 ff). 47

14 Rundschreiben EStG 164/2 vom 28.1.2011, vervollständigt durch Rundschreiben EStG 164/2bis vom 8.4.2011.

15 ISv Art. 146 Abs. 1 3. EStG iVm Art. 97 EStG.

16 Auch die Auszahlung des Nominalbetrags einer Schuldverschreibung, zB im Rahmen der Einziehung, des Rückkaufs oder des Tausches, unterliegt in Luxemburg keiner Quellensteuer, soweit die Auszahlung nicht an bestimmte natürliche Personen bzw bestimmte andere Rechtsträger (im Sinne der Zinsbesteuerungsrichtlinie) erfolgt.

VIII. Besteuerung bei Auflösung/Verschmelzung einer Soparfi – steuerlich neutral

1. Verschmelzung

48 Gemäß Art. 170 Abs. 1 EStG sind Erlöse aus einer Verschmelzung auf Ebene der übernommenen Gesellschaft **prinzipiell besteuerbar.**

49 Nichtsdestotrotz ermöglicht Art. 170 Abs. 2 EStG unter Berücksichtigung verschiedener Bedingungen im Falle einer Verschmelzung die Übertragung von Vermögenswerten **ohne unmittelbare Besteuerung** der Veräußerungsgewinne, die somit bis zu einem späteren Zeitpunkt aufgeschoben wird.

50 Um aus dieser Sonderregelung Nutzen ziehen zu können, müssen sowohl die übernehmende als auch die übernommene Gesellschaft in Luxemburg (oder in einem Mitgliedstaat der EU) ansässige, unbegrenzt steuerpflichtige Kapitalgesellschaften sein. Die Gesellschafter der übernommenen Gesellschaft müssen Beteiligungen in der übernehmenden Gesellschaft (ggf zuzüglich einer Entschädigung im Wert von maximal 10% des Nennwertes dieser Beteiligungen) als Entgelt gegen die Übertragung der Aktiva erhalten. Außerdem muss die Übertragung der Aktiva unter **Bedingungen** erfolgen, **die eine spätere Besteuerung der Veräußerungsgewinne ermöglichen**, dh die Aktiva müssen zum Buchwert an die übernehmende Gesellschaft übertragen werden. Ferner behalten sie in den Büchern der übernehmenden Gesellschaft das Erwerbsdatum, das sie auf Ebene der übernommen Gesellschaft hatten.

2. Auflösung

51 Luxemburg erhebt **keinerlei Quellensteuer** auf Erlöse, die bei der Auflösung einer Beteiligungsgesellschaft ausgeschüttet werden.

52 Außerdem wird der **Rückkauf einer gesamten Anteilsklasse** oder der Rückkauf aller Anteile eines Anlegers steuerrechtlich als Teilauflösung angesehen und somit von der Quellensteuer befreit. Die Steuerverwaltung erlaubt solche quellensteuerbefreite Anteilsrückkäufe prinzipiell nur, sofern die Gesellschaft maximal zehn Anteilsklassen ausgegeben hat und nicht mehr als einen Rückkauf pro Jahr unternimmt.

IX. Weitere Vorteile der Soparfi aus steuerrechtlicher Sicht

1. Ansässigkeitsbescheinigung durch die Luxemburger Steuerverwaltung

53 Eine Gesellschaft ist ansässig in Luxemburg im Sinne des Luxemburger Steuerrechts, wenn sich ihr **satzungsmäßiger Sitz oder** ihre **zentrale Geschäftsleitung** in Luxemburg befinden.[17]

54 Die Luxemburger Steuerbehörden erteilen auf Anfrage eine Ansässigkeitsbescheinigung, sofern verschiedene Bedingungen erfüllt sind, insbesondere soweit jegliche ausstehende Steuerschuld der Gesellschaft beglichen wurde.

55 Um als in Luxemburg ansässige Gesellschaft anerkannt zu werden, sollten Soparfis einige aus Luxemburger Sicht **wichtige Kriterien** beachten (wobei die Wichtigkeit solcher Kriterien im Einzelnen durchaus abweichend von ausländischen Finanzbehörden ausgelegt werden kann):

- Mindestkapital in der Gesellschaft,
- Mietvertrag und/oder Kaufbescheinigung für eine Bürofläche,
- Arbeitnehmer an Ort und Stelle,
- qualifizierte und unabhängig agierende Geschäftsleiter und
- Treffen von wichtigen Entscheidungen in Luxemburg, wo sowohl die Versammlungen der Verwaltungsräte als auch die Gesellschafterversammlungen stattfinden.

17 Art. 159 EStG.

2. Doppelbesteuerungsabkommen

Unter bestimmten Umständen können Gesellschaften, die ihren Wohnsitz in einem Vertragsstaat haben, mithilfe von Doppelbesteuerungsabkommen **niedrigere Quellensteuerraten** (zB auf Dividenden) erreichen. Zurzeit hat Luxemburg Doppelbesteuerungsabkommen mit insgesamt 64 Ländern abgeschlossen.[18] 56

X. Personengesellschaften

Im Gegensatz zu Kapitalgesellschaften sind Personengesellschaften zwar von den Gesellschaftern verschiedene juristische Personen, steuerlich aber **transparent**[19] und von daher vergleichbar mit der deutschen Kommanditgesellschaft. Die Einkünfte einer Personengesellschaft werden im Regelfall direkt beim Anteilhaber besteuert, ob die Gesellschaft sie ausschüttet oder nicht. 57

Die Personengesellschaft selbst unterliegt in Luxemburg nur der **Gewerbesteuer**, sofern sie eine gewerbliche Aktivität hat, was durch Anwendung der Geprägetheorie in einzelnen Fällen sogar vorausgesetzt wird (so zB prägt ein Komplementär in Form einer Kapitalgesellschaft die einfache Kommanditgesellschaft). 58

Obwohl Soparfis nicht die Form einer Personengesellschaft annehmen können, werden vereinzelt Personengesellschaften in Form einfacher Kommanditgesellschaften als Luxemburger Zweckgesellschaften eingesetzt. 59

B. Steuerliche Behandlung einer Verbriefungsgesellschaft

Laut dem Gesetz von 2004 über Verbriefungen können Verbriefungsorganismen, die diesem Gesetz unterliegen, die Rechtsform einer Gesellschaft oder die Rechtsform eines von einer Verwaltungsgesellschaft verwalteten Fonds annehmen. Im Rahmen dieser Ausführungen wird lediglich die steuerliche Behandlung der Verbriefungsgesellschaften erläutert. 60

I. Verbriefungsgesellschaften als „gewöhnliche“ Kapitalgesellschaften im Sinne des Luxemburger Steuerrechts

1. Steuerliche Bemessungsgrundlage

Die steuerliche Bemessungsgrundlage einer Verbriefungsgesellschaft hängt direkt von ihrer Gewinn- und Verlustrechnung ab. Alle besteuerbaren Einkünfte der Verbriefungsgesellschaft (dh sowohl regelmäßige Kapitalerträge als auch Veräußerungsgewinne) unterliegen prinzipiell dem **gewöhnlichen Steuersatz** der Luxemburger Körperschaftsteuer sowie der Gewerbesteuer. 61

---

18 Südafrika, Deutschland, Armenien, Österreich, Aserbaidschan, Bahrein, Barbados, Belgien, Brasilien, Bulgarien, Kanada, China, Süd-Korea, Dänemark, Vereinigte Arabische Emirate, Spanien, Estland, Vereinigte Staaten von Amerika, Finnland, Frankreich, Georgien, Griechenland, Hong Kong, Ungarn, Indien, Indonesien, Irland, Island, Israel, Italien, Japan, Lettland, Liechtenstein, Litauen, Malaysia, Malta, Marokko, Mauritius, Mexiko, Moldawien, Monaco, Mongolei, Norwegen, Usbekistan, Panama, Niederlande, Polen, Portugal, Katar, Tschechische Republik, Slowakische Republik, Rumänien, Vereinigtes Königreich, Russland, San Marino, Singapur, Slowenien, Schweden, Schweiz, Thailand, Trinidad und Tobago, Tunesien, Türkei, Vietnam.

19 ISv Art. 175 EStG oder § 11 StAnpG.

2. Mindestbesteuerung

62 Die Mindeststeuer von 1.575 EUR wird ebenfalls bei Verbriefungsgesellschaften erhoben, sofern diese nicht der Aufsicht der Luxemburger Behörde CSSF unterliegen.[20]

3. Doppelbesteuerungsabkommen

63 Als „gewöhnliche" Kapitalgesellschaft, die prinzipiell der Luxemburger Körperschaft- und Gewerbesteuer unterliegt (dh nicht von einer subjektiven Steuerbefreiung profitiert), kann die Verbriefungsgesellschaft aus den Doppelbesteuerungsabkommen zwischen Luxemburg und anderen Vertragsstaaten Nutzen ziehen.

II. Verbriefungsgesellschaften als Kapitalgesellschaften

1. Abzugsfähigkeit von Verbindlichkeiten gegenüber Anlegern und Gläubigern

64 Sämtliche Zahlungen an Anleger und sonstige Gläubiger oder Verbindlichkeiten gegenüber Anlegern und sonstigen Gläubigern einer Verbriefungsgesellschaft sind von der steuerlichen Bemessungsgrundlage der Verbriefungsgesellschaft abzugsfähig.[21] Dies gilt sowohl für Zinszahlungen als auch für Ausschüttungen, die im Sinne des Gesellschaftsrecht die Form von Dividenden annehmen.

65 Wenn alle Gewinne ausgeschüttet werden (was als solches strukturierbar erscheint), kann somit eine bedeutende **Senkung der steuerlichen Bemessungsgrundlage** erreicht werden, soweit die Höhe aller Einkünfte den steuerlich abzugsfähigen Kosten entspricht.

2. Quellensteuer

66 Da aus steuerlicher Sicht **alle Ausschüttungen** einer Verbriefungsgesellschaft als **Zinszahlungen** angesehen werden, wird darauf keine Quellensteuer erhoben, es sei denn, die oben erwähnten (s. Rn 45 ff) Bestimmungen der Zinsbesteuerungsrichtlinie sind anwendbar.

3. Vermögensteuerbefreiung

67 Verbriefungsgesellschaften sind in Luxemburg von der Vermögensteuer befreit.[22]

4. Mehrwertsteuer

68 Es wird keine Mehrwertsteuer erhoben auf Dienstleistungen, die unter anderem als **Anlageberatung oder Verwaltungsdienstleistung** an die Verbriefungsgesellschaft angesehen werden können.[23]

20 Art. 174 Abs. 6 EStG, s. ebenfalls Rn 9.
21 Art. 46 Nr. 14 EStG.
22 Abs. 3 Nr. 4 VStG.
23 Art. 44 Abs. 1 d) MwStG.

Stichwortverzeichnis

Fette Zahlen bezeichnen die Paragraphen, magere die Randnummern.

FSC
www.fsc.org
MIX
Papier | Fördert gute Waldnutzung
FSC® C083411

Kolibri 360 GmbH
Ferdinand-Jühlke-Straße 7
99095 Erfurt, Deutschland
produktsicherheit@kolibri360.de